KB207405

조셉 머피

영적 성장의
비밀

JOSEPH MURPHY

조셉 머피
영적 성장의 비밀

잠재의식에서 발견한 믿음과 기도의 힘

조셉 머피 지음 | 조율리 옮김

믿고 기도하라,
그러면 얻을 것이다

노르웨이 오슬로에서 소규모 강연을 했을 때의 일이다. 그 자리에는 저명한 언어학자도 듣고 있었다.

"기도에 응답을 받으리라고 믿은 다음에는 어떻게 해야 하나요?"

그의 질문에 나는 이렇게 답했다.

"소망을 이루는 데 필요한 모든 행동은 필연적으로 일어납니다."

잠재의식은 강제적인 습성이 있다. 잠재의식의 믿음과 가정假定은 모든 현재의식의 행동을 좌우하고 통제하고 지시하며 강요한다. 이는 무한한 지성이 하는 일이다. 즉 사람이 하는 모든 일은 믿음에 따라 자동으로 일어난다.

나의 의지로 무언가를 하고 있다고 생각할 수 있지만, 사실 잠재의식은 행동 하나하나를 통제한다. 물론 나에게는 자유가 있다. 내가 품는 아이디어, 욕망, 개념을 선택할 자유 의지가 있다. 정신적으로 어떤 아이디어를 생생한 현실이라 받아들일 때, 아이디어는 나의 세계에 펼쳐진다. 내가 하는 모든 일이나 나에게 생기는 모든 일은 믿음 때문에 일어나고, 마음속에서 무언가가 진실이라고 가정할 때 주관적인 지혜는 특정한 행동을 하라고 자동으로 지시한다.

그렇다면 믿음은 언제 내 마음속에 싹트는가. 믿음의 법칙을 여기서는 마음의 법칙, 영적 법칙 등 다양하게 부른다. 그리고 자주 나오는 만큼 중요한 개념이 있다.

'생명의 법칙은 곧 믿음의 법칙이다.'

이 책을 통해 위대한 생명의 법칙을 공부할 것이다. 생명의 법칙은 건강과 행복, 평화, 질서, 아름다움, 올바른 행동, 풍요의 법칙이다. 무한한 지성에 시선을 돌려 기도할 때 무한한 지성은 나를 모든 방면으로 이끌고 안내할 것이다.

이 책은 지난 40년 동안 정신적·영적 법칙을 연구한 결실을 한데 모은 것이다. 나는 사람들이 마음의 법칙을 제대로 알고 이해했으면 하는 마음에 이 책을 썼고, 독자들이 정신적·영적 법칙을 적용하여 가능한 한 쉽게 결과를 도출할 수 있도록 여러 방법과 기술을 상세하게 소개했다.

이 책의 1부에서는 성경을 중심으로 마음의 법칙을 설명한다. 이를 효과적으로 이용할 수 있는 기도의 사용법도 알려준다. 사실 어떤 종교를 믿든, 어떤 철학적 지식을 가지고 있든, 어떤 과학적 발견을 믿든 가장 중요한 것은 내 안에 있는 영적인 생각과 가까워지는 것이다.

나는 미국, 유럽, 인도, 호주, 이스라엘, 남아공 등 세계 여러 곳에서 라디오와 TV, 공개 강연 및 비공식 강연을 했고, 강의한 내용을 최대한 이 책에 담으려 애썼다. 이런 행사와 강연, 개별 상담 등을 통해 직접 마주한 수많은 사람들이 이 책에 담긴 만고불변의 진리 덕을 봤다고 알려 왔다. 고맙다는 뜻이 담긴 전화와 편지도 끊이지 않았다.

이 책에서 설명하는 정신적·영적 법칙을 사용해서 긍정적으로 삶이 바뀌었다고 나에게 알려 온 사람들의 종교는 다양하다. 불가지론자나 무신론자도 있었다. 사회적 지위나 소득 계층도 다 달랐고, 영화배우, 작가, 의사, 기업가, 교수, 미사일 공학자, 기술자, 주부, 속기사, 정원사, 가사 도우미, 운전기사 등 하는 일도 다양했다. 그들의 공통점은 운명이 자기 손에 달렸음을 깨달았다는 것이다. 그로 인해 그들은 다음과 같은 놀라운 경험을 했다.

- 좌절을 딛고 소망을 이뤘다.
- 죄책감을 떨쳐냈다.
- 막막하기만 하던 사업이 번창하기 시작했다.
- 불화와 갈등만 가득했던 가정과 직장에서 조화를 되찾았다.
- 배우자를 미워하고 원망하며 이혼 위기에 처했던 부부가 다시 서로를 아끼게 되었다.
- 불화와 혼란만 겪던 상태에서 벗어나 다시 마음의 평화를 얻었다.
- 생계조차 잇기 힘들던 사람이 행운의 원천을 접하고 풍요로워졌다.

2부에서는 이렇게 세계 여러 나라를 돌아다니며 만난 다양한 종교의 가르침을 전한다. 수많은 종교가 믿음의 법칙을 이용해 잠재의식을 사용하고 있음을 알 수 있다.

생각은 실로 위대하다. 마음속으로 생각한 그대로 이루어지기 때문이다. 이 책을 읽으며 차츰 배워 나가겠지만, 생각이 결과를 만들어 낸다. 조화라는 보편적 법칙의 관점에서 생각을 올바르게 정립하면 행복하고 생산적인 삶을 영위할 수 있다. 이 책을 통해 내 생각이 생명의 열쇠를 쥐고 있음을 배울 것이다.

그들은 생명의 법칙에 관한 지식을 기도에 적용하는 법을 깨달았다. 또한 현재의식과 잠재의식을 연결하여 삶 속에 건강과 부와 사랑, 아름다움을 불어넣는 방법을 깨달았다. 이 책을 읽고 생명의 법칙을 적용한다면 건강하고 행복한 삶을 살 수 있다. 세상에 도움을 주는 존재가 될 수 있고 그 누구보다 성공할 수도 있다.

이 책을 통해 마음의 법칙을 이해하고 매사에 마음의 법칙을 부지런히 적용할 때 믿음은 비로소 결실을 맺을 것이다. 이 책은 아주 간단명료하게 쓰였다. 이 책은 내면의 힘을 사용하여 두려움과 걱정, 불안을 떨쳐 내는 법을 알려 주고, 의미 깊고 행복하며 풍요로운 삶의 길로 안내한다.

이제 '승리하는 삶'이라는 위대한 길을 찾는 여정을 시작해 보자.

차례

제2부 믿음의 힘을 나의 것으로 만들어라

─────── 우리가 가지고 있는 마음의 본질을 '마음밭'이라고 표현한다. 그리고 시시때때로 바뀌기 쉬운 생각과 인상과 믿음은 마음밭에 뿌리는 씨앗이다. 어떤 씨를 심느냐에 따라 과실이 정해지듯이 좋든 나쁘든 잠재의식에 남기는 모든 인상은 경험으로 나타난다.

"남에게 대접을 받고자 하는 대로 남을 대접하라."

이 황금률은 나 자신에게도 적용된다. 농작물을 거두기 위해서는 씨를 심어야 하는 것처럼, 내가 무언가를 받고자 한다면 먼저 마음에 그에 맞는 씨앗을 심어야 한다. 부를 손에 쥐려면 먼저 부자가 되리라는 생각을 잠재의식에 새겨야 한다. 잠재의식에 새긴 모든 내용은 우주의 스크린에 표현되기 때문에, 무언가를 얻으려면 그만한 준비가 되어 있어야 한다.

삶에서 일어나는 문제는 내가 무언가를 잘못 생각하고 있다는 자연의 경고 신호다. 나는 내가 진정으로 믿는 것을 밖으로 드러내므로 생각의 변화만이 나를 자유롭게 할 수 있다. 원인과 결과의 법칙은 항상 작동한다. 인간의 정신적 동의와 참여 없이는 아무 일도 일어나지 않는다. 어쩌다가 우연히 일어나는 사고는 없다.

믿음의 힘을 가장 잘 보여주는 것이 바로 종교다. 그리고 우리가 믿는 종교 역시 자연의 법칙에 부합해야 한다. 종교와는 가장 거리가 멀어 보이는 현대 과학 역시 자연의 법칙을 따른다. 자연의 법칙을 거스를 수는 없다. 그러므로 자연의 법칙에 부합하는 종교를 믿으면 지식과 양심이 생긴다. 성경은 정신적·영적 법칙을 설명하고 물리적이고 현세적인 상징을 다룬다.

종교를 가지고 마음의 법칙에 관한 지식을 쌓았다 할지라도 그 진리를 일상생활에 적용하지 않으면 소용이 없다. 말은 살이 되어야 한다.

다음의 진리를 마음속에 새기자.

'마음만 준비되어 있다면 모든 것은 준비되어 있다.'

이는 내가 추구하는 모든 것이 이미 무한한 마음속에 있다는 뜻이다. 이 진리에 부합하는 생각을 하라고 마음에 명해야 한다. 소망, 아이디어, 계획, 목적이 무엇인지 정신적·정서적으로 명확하게 인식하기만 하면 된다. 그러면 소망과 아이디어, 계획, 목적이 손이나 심장처럼 정말 실재한다는 것을 깨닫는다.

내 안에 있는 힘 혹은 신은 무소불위하며 천하무적이다. 그 힘은 내가 건강하고 행복하길 바란다. 하지만 자신을 낮추고 부족한 상태로 있는 것이 미덕이라고 믿는 사람이 많다. 이는 우리가 어릴 적 타인이 내 잠재의식에 심은 그릇된 믿음 때문이다. 잠재의식에서 그러한 잘못된 믿음을 근절하고, 무한한 부富와 성공이 우리 주변에 있음을 깨우쳐야 한다. 해변의 모래와 하늘의 별을 헤아릴 수는 없는 법이다. 도로를 운전할 때 길가에 핀 꽃을 세어 본 적이 있는가? 그런 것과 같이 어디를 보아도 부는 넘쳐난다.

내가 성공할 것임을 믿어야 하며 내가 잘될 수밖에 없음을 깨우쳐야 한다. 마음에서 선입견과 그릇된 믿음 그리고 미신을 지우고, 진실하고 공정하며 고귀하고 가치 있는 것만 생각하라. 생각을 바꾸고 바꾼 생각을 고수하라.

1
나에게 좋은 것이
곧 하나님의 뜻

"하나님께서 저를 그냥 내버려 두면 행복하고 즐거울 텐데요. 지금보다 더 성공할걸요."

어떤 사람이 나에게 이런 말을 했다. 이 사람은 정말로 하나님이 고난을 주신다고 믿었고, 어째서인지 본인이 신보다 우주를 더 잘 운영할 수 있으리라 생각했다.

"저를 실패로 내몬 것은 다른 사람이 아니라 하나님이에요. 하나님 때문에 문제가 생기고 안 좋은 일이 일어났어요. 하나님이 너무 원망스럽습니다."

나는 이 사람에게 하나님과 인생의 고난, 고통, 비극은 아무 상관이 없다고 설명해 주었다. 인간은 자신의 부정적이고 파괴적인 사고로 인해 질병과 괴로움, 고통, 실패를 경험한다. 인간은 원인이 있는 데에 결과가 있다는 자연의 법칙을 믿으며 자신을 벌한다. 인간이 그릇된 행위를 그만둘 때 벌은 멈춘다.

나는 하나님이 인간에게 병과 질병, 고난을 보내셨다고 말하는 건 신성 모독이라고 지적했다. 사실은 그 반대다. 그릇된 생각과 마음의 법칙에 대한 무지가 부정적인 일들을 일으키는 것이다.

인간의 무지와 무경험으로 실수를 저질러 놓고 하나님을 탓해서는 안 된다. 자연의 힘은 선하지도 악하지도 않다. 선과 악은 사고방식과 행동 방식, 사물에 대한 태도에 달려 있을 뿐 그 자체로 악하거나 선하지 않다. 바람은 배를 좌초시키기도 하고 안전한 항구로 인도하기도 한다. 전기는 유용한 도구이지만 잘못된 방식으로 사용하면 감전 사고가 난다.

인간의 무의식적 마음은 악하지 않다. 악을 생각하면 악이 따를 것이고 선을 생각하면 선이 따를 것이다. 인간은 마음의 정원에 무슨 씨앗(생각)을 심을지 결정해야 한다. 왜냐하면 씨앗(생각)은 심는 대로 자라기 때문이다. 이 장을 읽고 여기 담긴 아이디어를 실생활에 적용해 보라. 값으로 따질 수 없을 정도로 유용할 것이다.

"세상에 좋고 나쁜 건 없다. 좋다고 생각하면 좋고 나쁘다고 생각하면 나쁘다."

셰익스피어의 말이다. 지금 이 순간 내가 마주한 문제는, 문제를 극복하는 능력을 증명해 보일 멋진 기회이기도 하다. 문제를 극복할 수 있는 지혜와 힘은 내 안에 있으니 도전해 보자. 인생에서 문제와 고난, 어려움이 없었다면 우리는 결코 성장하지 못했을 것이다.

귀가 거의 들리지 않고 눈도 거의 보이지 않는 남성이 있었다. 그는 수년 동안 눈이 멀고 귀가 먹어 가는 걸 원망하며 쓸쓸해했다.

"왜 하나님이 저에게 이런 시련을 주셨을까요?"

그는 불안감과 열등감에 사로잡혀 있었다. 앞은 거의 보이지 않았고, 보청기를 껴도 소리가 시원하게 들리지 않았다. 보청기 착용이 꽤 불편했기에 그는 언제나 짜증이 난 상태였다. 하지만 눈과 귀가 불편하다는 걸 친구들이 몰랐으면 했다.

"어제 길에서 너 봤는데 나를 못 본 채 지나가더라."

친구들이 이런 말을 했을 때는 창피해서 어쩔 줄 몰랐다. 그는 그럴 때마다 변명거리를 찾아야 했고 원망과 분노는 커져만 갔다.

그는 자신이 받은 축복의 목록을 만들었다. 그는 사랑스럽고 한결같은 아내와 똑똑한 세 딸을 두었음에 감사했다. 사랑이 넘치는 가정과 친절한 이웃에 감사했다. 그는 하나님을 비난하는 일을 멈췄다. 나아가 보고 싶지 않고 목소리를 듣고 싶지 않은 몇몇 사람들이 있다는 걸 인정했다. 그는 미워하는 사람들을 축복하고 마음속에서 놓아 줌으로써 이러한 감정을 극복했다. 그는 다음과 같이 끊임없이 기도했다.

저의 비전은 영적이고 영원합니다. 저의 비전은 마음의 품격을 대변합니다. 제 눈은 신성한 아이디어이고 항상 완벽하게 기능하고 있습니다. 저는 영적 진리를 분명하고 강력하게 인식합니다. 이해의 빛이 제 안에 비추므로 매일 하나님의 진실을 더 많이 볼 수 있습니다. 영과 마음과 몸으로 앞을 볼 수 있습니다. 진리와 아름다움의 이미지가 여기저기에 보입니다. 무한한 치유력은 지금 이 순간 제 눈을 새로 만들고 있습니다. 새로운 눈은 완벽하고 신성한 도구이며 내부와 외부로부터 메시지를 받을 수 있게 해줍니다. 하나님의 빛이 제 눈과 귀에 드러납니다.

저는 진리를 듣고 진리를 사랑합니다. 저는 진리를 압니다. 제 귀는 언제나 온전하게 기능하는 하나님의 완벽한 아이디어이자 하나님의 조화를 드러내는 도구입니다. 하나님의 사랑과 아름다움과 조화가 제 눈과 귀를 통해 흐릅니다. 저는 무한자와 조화를 이루고 있습니다. 하나님의 미세한 음성이 제 안에 들려옵니다. 치유의 현존이 소리를 빠르고 또렷하게 듣게 합니다. 제 귀는 열려 있고 자유롭습니다.

한 달이 지나자 그는 성격이 많이 변했음을 느꼈다. 시력과 청력도 놀라울 정도로 향상되었다. 정상에 가까울 정도로 보고 들을 수 있었다. 자신의 문제를 뛰어넘은 것이다. 그는 지금까지 나쁜 일이라고 생각했던 것을 아주 좋은 일로 바꾸었다. 지금 그는 행복하고 즐겁고 자유롭게 지내고 있다.

나의 시련을 하나님의 뜻으로 왜곡하지 마라

미국의 시인 헨리 워즈워스 롱펠로는 이렇게 말했다.

"우리에게 안식을 주는 유일한 과학은 신의 뜻에 따르는 것이다."

하나님은 모두가 건강하고 행복하며 즐겁게 살아가길 바라신다. 그러므로 인생을 멋진 경험으로 채우고 하나님이 원하시는 사람이 될 때까지 지혜와 진리, 아름다움을 매일매일 더 많이 표현해야 한다. 여기서 하나님이 원하시는 사람이란 행복하고 즐겁고 자유로운 사람을 말한다. 빛과 영감으로 가득 차 입술로 영원히 하나님을 찬미하며 땅 위를 걷는 사람을 말한다.

많은 이들이 저지르는 비극적인 실수는, 악이 무엇인지를 가르치기 위해 하나님께서 나쁘거나 불쾌한 일들을 만든다고 믿는 것이다. 이런 기이한 발상을 하는 이유는, 하기 힘든 일을 시키는 감독관이나 말을 듣지 않는 아이들에게 벌을 주는 변덕스러운 독재자로 하나님을 바라보기 때문이다.

세상에는 경이롭고 값진 진리가 있다. 하나님께서는 내가 더 큰 평화를 누리고 자신을 더 풍부하게 표현하길 원하신다. 지혜를 쌓고 알찬 경험을 하며, 온전한 건강과 번영을 누리길 언제나 원하신다. 또한 더 많은 사람에게 더 크게 봉사할 수 있는 역량을 갖추길 원하신다. 한마디로 하나님은 우리가 더 풍요로운 삶을 살기를 바라신다. 만약 하나님의 뜻이 병에 걸리는 거라면 의사와 심리학자, 간호사, 목사, 성직자, 랍비는 하나님의 뜻을 거스르는 것이다. 물론 질병에 걸리는 게 하나님의 뜻이라는 말부터가 이치에 어긋난다.

심신이 병들어 좌절했다면, 외롭고 권태에 시달린다면 그리고 가난하거나 소외감을 느낀다면 하나님의 뜻을 표현하는 게 아니다. 인간이 하나님의 뜻을 표현하지 않는다면 삶에는 불화와 혼란이 끊이지 않을 것이다. 하지만 하나님과 하나가 되어 하나님의 뜻과 조화, 평화, 활력을 표현하면 번영을 경험할 것이다.

《에딘버그 강의》를 비롯해 마음의 과학에 관련된 다수의 책을 저술한 토머스 트로워드에 따르면, 의지는 하나님의 성향이며 하나님은 생명이시기에 자신에게 해로운 일이 일어나기를 바라지 못하신다고 했다. 생명은 그 자체로 사랑과 기쁨, 평화, 아름다움을 느끼고 언제나 자신의 본성을 표현하는 성향이 있다.

하나님의 뜻은 하나님의 본성이다. 하나님은 사랑이시므로 하나님은 나에게 사랑스럽지 않은 것을 바랄 수가 없다. 하나님은 절대적인 평화이시다. 하나님은 내가 불화와 혼돈, 혼란을 겪는 걸 원하지 않으신다. 하나님은 생명이시고, 생명은 죽음을 바랄 수 없다. 죽음은 생명의 본성에 모순되기 때문이다.

하나님은 절대적인 기쁨이시므로 슬픔이나 비탄을 바라지 않으신다. 하나님은 절대적으로 순수하고 조화로우시기에 병이나 질병을 바라지 않으신다. 하나님은 온갖 종류의 부를 무한하게 가지고 계시므로 가난을 바랄 수가 없으시다. 가난을 생각하는 건 하나님의 풍요를 부정하는 것이다. 하나님은 내가 꿈꾸는 것보다 더 많은 걸 이루길 바라신다. 그러므로 "나는 가난하다" "나는 약하다" "나는 병들었다" "나는 피곤하다" "나는 파산했다"라고 말하는 것은 잘못이다. 잠재의식 속에 있던 부정적이고 파괴적인 생각을 말로 내뱉으면 정말 그러한 조건을 끌어들여 경험과 사건으로 발현된다.

하나님의 뜻은 나를 통해 표현된다

사전에는 뜻will을 선택, 의도, 경향, 결단, 성향이라고 정의 내린다. 전지전능한 하나님의 뜻을 실현하기 위해서는 잠재의식에서 뜻이 형체를 갖출 때까지 열정을 가지고 온 마음을 다해야 한다. 또한 뜻이 내면에 생생히 살아 있도록 생기를 불어넣어야 한다.

현명하게 선택하는 법을 배우면 행복, 평화, 안전, 기쁨, 건강, 풍요 등 삶의 모든 축복을 선택하고 마음속에 하나님의 영적 가치와 진리를 담을 수 있다. 사과를 먹으면 사과가 피의 일부가 되는 것처럼, 영원한 신리가 삼재의식의 한 부분이 되도록 마음이 바쁘게 움직일 것이다.

영적 인도와 올바른 행동, 신성한 질서, 신성한 성공을 선택하라. 하나님은 내 안에 거하심으로 하나님의 진리는 곧 나의 진리다. 하나님은 별을 만드시든 행성을 만드시든 나무나 우주를 만드시든, 언제나 성공하신다. 그러므로 나는 성공하기 위해 태어났다. 무한자는 실패하는 법이 없다.

인간의 마음을 가진 세속적인 사람은 무의식적으로 온갖 종류의 질병과 불행, 결핍, 한계를 택한다. 그런 사람은 생각이 곧 사물이고 상상한 것이 곧 현실이며, 느끼는 걸 끌어당긴다는 사실을 깨닫지 못한다. 만일 스스로 생각하지 않는다면 신문 기사나 이웃의 말, 인간의 마음이 그의 생각을 채울 것이고 인생은 궁지에 몰린다.

하나님의 뜻이 언제나 나를 통해 표현되고 있음을 깨달아라. 하나님의 뜻이 삶의 모든 방면에서 표현되고 명확해진다고 확언하는 습관을 들여라. 물론 "하나님의 뜻이 이루어질 것이다"의 의미를 확실하게 알고 있어야 한다.

하나님의 사랑은 끝이 없고 아름다움은 형언할 수 없다. 하나님은 무한한 지성을 갖추신 분이고 절대적인 조화를 가져오신다. 전지전능하고 최고로 높은 분이시자 절대적인 평화를 뜻한다. 절대자에게는 분열이나 다툼이 없다. 신은 무한히 선하신 분이고, 세상에 완벽한 선을 써내려가는 유일한 분이시다. 그러니 다음과 같은 방법으로 올바르게 기도하자.

하나님의 뜻은 조화와 온전한 건강, 행복, 평화, 기쁨, 풍요, 사랑, 그리고 완벽하게 신성한 표현으로 제 삶에 드러나고 있습니다. 정말 멋집니다!

이 기도문을 주기적으로 읊으면, 현재 상황과 환경이 마법처럼 내가 생각하는 모습으로 변할 것이다. "하나님의 뜻이 제 삶을 지휘하고 있습니다"라고 말해 보라. 보석처럼 빛나고 아름다운, 영적인 구절이다. "하나님의 계획이 내 인생에서 분명하게 드러납니다"라고도 말해 보라. 이 구절도 놀라운 힘을 지니고 있다. 하나님의 계획은 하나님의 뜻이다. 그리고 하나님은 아름다움, 질서, 대칭, 사랑과 건강 등 우리에게 이로운 것만을 계획하신다. 하나님이 우리에게 세우신 계획은 하나님을 더 많이 표현하는 것이다. 이것은 앞으로 나아가고, 하늘로 향하고, 하나님 앞으로 나아가는 것이기도 하다.

"하나님의 뜻이 이루어질 것입니다"는 훌륭한 기도이며 내가 쓸 수 있는 최고의 영적 전략이다. 특히 이 말씀의 영적 의미를 이해하면 더욱 그렇다. 모든 일에서 하나님의 뜻이 이루어지리라는 생각을 확실하게 마음속에 품고 있으면 그 건설적인 믿음이 나의 삶을 지배하고, 믿는 대로 표현하고 행동하게 한다. 마음을 지배하는 확신이 인생 전체를 좌우하고 통제하는 것이다.

하나님의 빛과 사랑이 모든 면에서 우리를 인도하고 다스리는 것을 알면, 잘못된 판단이나 현명하진 못한 결정, 시간과 노력을 쓸데없이 낭비하는 일로부터 보호받을 것이다.

하나님의 무한한 부는 나의 것

"하나님이 그 물건을 가지라고 하신다면야, 당연히 갖고 싶지요."

나는 이런 말을 종종 들었다. 하나님은 내 안에 거하시는 신성한 현존이자 생명, 무한한 지성이자 전능한 분이시다. 그러므로 내가 원하는 걸 가지지 말라고 할 이유가 없다. 건강, 평화, 기쁨, 본연의 자리, 풍요,

집, 결혼 등 내가 바라는 대상이 그 무엇일지라도 말이다.

다른 한편으로는 "그런데 저에게 안 좋을 수도 있지 않을까요?"라는 말을 하며 미신을 믿는 사람도 많다. 이러한 표현을 쓰는 사람들은 두 가지 힘이 작용하는 이중적인 세계에 살고 있다. 하나님과 악마를 동시에 믿는 것이고, 마음을 두 곳에 두는 것이다.

세상에는 올바른 행동의 원칙이 있을 뿐, 잘못된 행동의 원칙은 없다. 기쁨의 원리는 있지만 슬픔의 원리는 없다. 진실의 원리는 있지만 부정의 원리는 없다. 진리의 원리는 있어도 오류의 원리는 없다. 조화의 원리는 있지만 불화의 원리는 없다.

내가 즐겁고 자유롭고 빛나는 걸 바라지 않는 신이 어디 있겠는가? 나는 하나님의 자질과 속성, 잠재력을 표현하고 끝없는 영광을 누리기 위해 이 세상에 왔다.

치유를 받고 나의 참모습을 표현하고 싶다면, 깊은 지혜와 영적 이해를 구한다면, 부를 얻고 하고 싶은 일을 하고 싶다면 하나님은 내가 원하는 모든 걸 이루길 바란다는 사실을 의심해서는 안 된다.

만약 하나님이 내가 병들길 원하시거나 기이한 방법으로 나를 시험에 들게 한다고 생각한다면, 질병을 주시는 하나님께 관심을 둘 가치가 없다고 생각한다면, 믿음은 거짓된 미신에 불과하다.

하나님은 내가 건강하고 행복하길 바라신다. 부족과 제한이 미덕이라고 믿는 사람이 많다. 이는 우리가 어릴 적 타인이 내 잠재의식에 심은 그릇된 종교적 믿음 때문이다. 잠재의식에서 그러한 잘못된 믿음을 근절하고, 하나님의 무한한 부富는 우리 주변에 있음을 깨우쳐야 한다. 해변의 모래와 하늘의 별을 헤아릴 수는 없는 법이다. 도로를 운전할 때 길가에서 꽃을 세어 본 적 있는가? 그 어디를 보아도 하나님의 부가 넘쳐난다.

하나님의 아이디어는 무한하다. 그리고 나는 수많은 사람에게 일자리를 줄 수 있는 아이디어를 떠올릴 능력이 있다. 아이디어는 곧 부다. 발명품이나 책, 벤처 사업, 새로운 부동산 개발 프로젝트는 마음에서 나온 아이디어다. 오늘날 사람들은 광활한 광야에 기쁨을 심고 꽃을 피울 수 있다는 걸 증명하고 있다. 자연은 한없이 풍요롭고 넉넉하다. 인간의 탐욕과 욕망 때문에 인위적인 결핍이 생기는 것이지, 인간의 마음에 깃들어 있는 하나님의 지혜나 창조적 아이디어는 부족하지 않다. 하나님이 주시는 걸 받고 사용할 준비가 되어 있다면 말이다.

모든 건 하나님으로부터 나온다는 것을 믿어라. 하나님께서는 언제 어디서든 필요한 걸 모두 마련해 주신다. 내가 의식을 일으키면 외부세계나 경제 상황, 주식 시장의 변동, 인플레이션, 디플레이션 또는 다른 사람의 의견이 나에게 영향을 줄 수 없다는 걸 안다.

여기서 말하는 의식은 영적 인식의 차원으로, 하나님이 모든 것을 마련해 주신다는 걸 믿는 마음속 장소다. 부를 얻는 통로는 근원이 아니므로 통로와 근원을 혼동해서는 안 된다. 모든 게 하나님으로부터 나온다는 걸 믿으면 경제적으로 완전히 자유로워지고 모든 면에서 번영할 것이다.

기도의 응답을 받는 기쁨

사람들은 병이 들어 좌절하거나 화가 날 때 또는 불행하고 가난에 시달릴 때는 하나님께 영광을 돌리지 않는다. 나는 하나님의 참모습을 드러내고 묘사하며 표현하기 위해 이 자리에 있다. 사랑의 하나님을 믿는 건 사랑을 표현하는 것이고, 풍요의 하나님을 믿는 것은 풍요로운 삶을 표현하는 것이다.

연극 대본이나 소설을 쓰거나 집을 짓고 싶은 마음이 든다고 치자. 무언가를 창조하는 행위가 하나님의 뜻에 어긋난다고 생각하는 건 우매한 일이다. 하나님은 내 안에 계시므로 무언가를 표현하고자 하는 욕망은 하나님으로부터 나온다. 하나님은 글을 쓰고 무언가를 만들라고 우리에게 두뇌와 마음, 손을 주셨다. 성취하고 표현하고 싶은 충동과 모든 것들을 할 수 있는 지성과 능력을 주셨다.

누군가가 "하나님, 제가 극본을 쓰길 원하신다면 알려 주세요"라고 말하는 걸 상상해 보라. 어처구니가 없을 것이다. 나의 아이디어나 욕망은 먼저 현재의식에서 적절해야 하고 진짜라고 느껴져야 한다. 잠재의식에서 이러한 아이디어나 욕망을 받아들이면 잠재의식은 아이디어를 실현하게 할 것이다. 현재의식이 품은 단순한 소망과 욕망은 잠재의식에서 확신이 된다. 잠재의식은 그 안에 새겨진 아이디어를 반드시 이루려는 강박적인 속성이 있다. 그렇기에 잠재의식은 세상을 움직이는 힘이다.

얼마 전 한 남성이 나를 찾아왔다. 그는 한번 마시기 시작하면 필름이 끊길 때까지 계속 마시는 알코올 의존자였다. 다시 말해 술 앞에서는 자제력을 잃었다. 그의 잠재의식은 스스로에게 술을 강요했다. 그의 이야기는 누구나 한번쯤은 들어 봤을 법하다. 그는 바람을 피웠고 아내에게 이혼당했다. 그는 이혼까지 할 필요가 있느냐며 아내를 원망했고 자기를 다시 받아 주지 않는다고 미워했다. 그리고 정신적 고통을 덜기 위해 술을 마시기 시작했다. 머리가 아플 때 아스피린을 먹는 것처럼 고통을 잊기 위해 습관적이고 반복적으로 술을 마셨다. 기운을 내려고 술을 마실 때마다 그는 내면에 있는 하나님의 힘을 거부하고 잠재의식에 '나는 나약하고 열등하다'는 암시를 내리고 있었다.

특정한 사고나 행동을 반복하면 패턴이 확립되고, 그 생각으로 잠재의식이 넘칠 때까지 계속되면 습관이 형성된다. 그의 잠재의식에는 "술 한잔해"라고 반복적으로 상기시키는 정신적인 바텐더가 생겼다. 이제 그는 술이 한 잔만 들어가도 자제력을 잃는다. 현재의식은 술을 마시고 싶지 않지만, 잠재의식은 그렇지 않았다. "술을 마셔야 해"라고 속삭인다.

이 남성은 패턴을 뒤집고 강박적으로 술을 마시게 했던 법칙을 다르게 적용하여 알코올 의존에서 벗어났다. 그는 주기적이고 체계적으로 자유와 마음의 평화를 생각했다. 먹는 음식과 마시는 음료는 끊임없이 펼쳐지는 신의 아이디어이며, 내 몸에 조화와 건강, 평화를 가져다주리라 주장했다.

그는 자유롭고 행복하며 즐거워하는 모습을 상상하면서 매일 여러 차례 마음속에서 영화를 상영했다. 자신이 하고 싶은 걸 하는 모습을 떠올렸고, 술을 끊은 걸 축하해 주는 친구들의 생생한 목소리를 들었다. 술을 마시고 싶은 유혹이 들 때마다 그는 마음속 영화를 상영했다. 전능하신 하나님이 마음의 영화를 통해 흐르면, 정신적·영적 삼투 현상에 따라 정신적인 이미지가 잠재의식으로 가라앉아 마음의 암실에서 현상된다고 생각했다.

잠재의식에서 같은 생각을 반복하고 믿음을 가지고 기도하면 인상이 새겨진다. 자유와 마음의 평화를 계속해서 상상하면 동이 트고 어두운 그림자가 사라진다. 파괴적인 습관으로부터 완전히 벗어나고자 하는 욕망이 잠재의식에 새겨지고, 이는 곧 변하지 않는 깊은 신념이 된다. 현재의식의 뜻이 잠재의식의 뜻이 되는 것이다. 잠재의식의 법칙은 강제적인 속성이 있기에 자유를 표현하라고 그에게 강요했다. 한때 그의 발목을 잡은 법칙은 곧 그를 자유롭게 하여 하나님의 자녀로서 영광스러운 자유를 누릴 수 있었다.

아버지의 뜻이 하늘에서와 같이 땅에서도 이루어지게 하소서.

이 기도는 놀라운 효과를 발휘한다. 여기서 '하늘'은 나의 마음 또는 정신적·영적 인식이다. 내 마음의 하늘에서 진짜라고 느끼는 것이 현실 또는 신체나 세상, 환경, 조건 등의 객관적인 차원에서 경험으로 펼쳐진다는 것을 의미한다.

'뜻'은 목표나 이상, 계획을 정의하고 선택할 수 있는 능력을 말한다. 목표를 사랑하고, 선택한 목표에 자양분을 공급하며 관심을 기울여라. 목표에 오롯이 정신을 쏟으면서 전념하라. 결국 나의 뜻은 마음에 뿌리를 내려 사막을 낙원으로 바꿀 것이다. 나의 뜻은 곧 하나님의 뜻이 되어 기도의 응답을 받는 기쁨을 누릴 것이다. 정말 멋진 일이다!

- 하나님께서는 질병과 고통을 주지 않으신다. 병에 걸리고 고통받는 이유는 잘못된 생각을 하기 때문이다.

- 자연의 힘과 능력은 그 자체로는 악하지 않다. 인간이 그 힘과 능력을 어떻게 사용하는지에 달렸을 뿐이다.

- 세상에 좋고 나쁜 건 없다. 좋다고 생각하면 좋고 나쁘다고 생각하면 나쁘다.

- 풍요롭고 행복하며 즐거운 삶을 사는 건 하나님의 뜻이다. 예수님이 말씀하신 것처럼 하나님은 우리가 풍요로운 삶을 살아가길 바라신다.

- 하나님이 일부러 불쾌하거나 안 좋은 일을 만들었다고 생각하는 건 잘못된 생각이다.

- 몸이 아프거나 우울한 상태는 하나님의 뜻과 어긋난다.

- 하나님의 뜻은 하나님의 본질이다. 하나님은 사랑이다. 사랑은 사랑스럽지 않은 것을 바라지 않는다.

- 우리는 하나님의 자질과 능력, 면모를 재현하기 위해 이 자리에 있다.

- 우리는 선택하는 능력이 있다. 건강과 행복, 평화, 하나님의 지도 그리고 올바른 행동을 선택하라.

- 목표를 사랑하고 목표에 자양분을 공급하며 관심을 기울이면서 나의 뜻(현재의식의 선택 또는 결정)이 하나님의 뜻(잠재의식의 신념)이 되게 하라. 그러면 기도의 응답을 받는 기쁨을 누릴 것이다.

2
효과적인 기도란
생각을 확신으로 바꾸는 것

"너희가 기도하면서 구하는 것은 무엇이든 이미 그것을 받은 줄로 믿어라. 그리하면 그대로 이루어질 것이다. 너희가 기도할 때, 어떤 사람과 서로 등진 일이 있다면 용서하여라. 그래야 하늘에 계신 아버지께서도 너희의 잘못을 용서해 주실 것이다."(마가복음 11장 24~25절)

1963년 5월 뉴욕 타운홀에서 강연했을 때의 일이다. 한 남성이 면담을 신청했다. 그는 어디서도 일자리를 구하지 못했다고 했다. 6개월 동안 실직 상태였기에 이대로 영영 일자리를 얻지 못할 거라고 낙담했다. 아내와 세 딸을 두었는데도 인생에서 낙오했다고 믿었고 미래를 두려워했다. 나는 다음과 같이 말해 주었다.

"선생님께서는 훌륭한 환경에서 자라 왔고 남들이 가지지 못한 재능을 가지고 있습니다. 선생님을 필요로 하는 자리가 어디엔가는 있을 것입니다. 앞길을 가로막는 유일한 장애물은 부정적인 믿음입니다. 지금 해야 할 일은 부정적인 마음 상태를 건설적으로 바꾸는 것입니다. 내면에 있는 힘과 능력, 경험을 믿으면 선생님의 인생 전체가 바뀔 것입니다. 이 우주에 부적합한 것은 없습니다.

모든 사람에게는 맞는 자리가 있습니다. 우주는 내가 필요하고 나를 원합니다. 나이가 많고 흰머리가 났다고 움츠러들지 말고 오랜 세월 동안 쌓아 온 재능과 능력, 경험을 내세워야 합니다. 나를 필요로 하는 사람이 어딘가에는 있습니다. 내가 어떤 자리를 간절히 원하는 만큼 나를 채용하기를 원하는 사람이 있다는 뜻입니다.

잠재의식의 주관적 지혜가 나를 올바른 기회로 이끌고 안내하리라 믿으십시오. 잠재의식이 인도한다는 사실을 믿으면 문이 열릴 것입니다. 생명이 나를 창조한 건 다 이유가 있어서입니다. 그러니 이 인생에서 나의 역할을 받아들이세요. 지금 인도를 받고 있다고 믿으면 정말 인도를 받을 것입니다.”

나는 그에게 특별한 기도문을 써주었다. 그리고 이 기도문을 천천히 큰 소리로 되풀이하라고 했다. 여기 적힌 말 한마디 한마디를 진실이라 믿어야 한다고 말했다.

“구하는 것은 무엇이든 이미 그것을 받다고 믿어라.”(마가복음 11장 24절)

이 구절처럼 무언가를 ‘믿는다’는 것은 그걸 진실로 받아들이는 것을 뜻한다. 내가 써준 기도문은 다음과 같다.

저는 수요와 공급의 완벽한 법칙이 있다는 것을 압니다. 필요한 것 모두 즉시 마련됩니다. 제가 있어야 할 자리로 인도를 받습니다. 제 재능을 멋지게 기부합니다. 세가 좋아하는 일을 하고 있습니다. 성실하고 정직하게 일해서 높은 수입을 올립니다.

이 사람이 자리에서 일어섰을 때 그의 마음가짐은 이미 바뀌어 있었다. 문제를 해결할 수 없다는 믿음에서 응답을 받을 수 있다는 믿음으로 옮겨갔다. 강연차 뉴욕을 방문하던 중에 남성을 다시 만났다. 그는 내가 머물고 있던 호텔에 들렀다.

"제게 딱 맞는 자리로 인도를 받았어요. 면접 때 적절한 말을 했고 고용주에게 좋은 인상을 남겼어요. 그 자리에서 바로 채용됐지요."

남성은 효과적으로 기도하는 법을 배우면 엄청난 보상이 따른다는 걸 발견했다.

총체적으로 보면 모든 생각과 느낌은 기도와 다름없다. 기도는 내면에 있는 무한한 지성과 의식적으로 접촉하는 행위다. 내 안에 최고의 지성이 있다는 영적 전제가 있을 때 기도는 효과를 발휘한다. 소망이 진짜 이루어지리라고 받아들이는 만큼 최고 지성은 내가 원하는 것을 이루어 줄 것이다.

효과적인 기도란 긍정적인 태도를 견지하여 생각을 확신으로 변화시키는 것이다. 잠재의식이 소망을 완전히 받아들이면 창조의 법칙을 따르는 잠재의식은 자동으로 작동한다. 이때 확신이 들었는지 안 들었는지 확인해 보는 방법이 있다. 만약 나의 마음이 그 아이디어를 받아들여 정반대의 상황을 상상할 수 없다면 확신이 든 것이라고 할 수 있다. 내가 믿고 싶은 것을 믿어야 잠재의식에 인상이 남고, 잠재의식이 반응할 것이다.

잠재의식은 용서에 응답한다

사업체를 가지고 있는 어떤 여성이 조언을 구하러 온 적이 있다. 그녀는 자살 충동에 시달렸다. 인생이 지긋지긋하고 재미있는 일이 없다고 했다. 삶이 너무 싫은 나머지 더는 살아갈 이유가 없다고 했다. 이야기를 들어 보니 임신했을 때 남편이 자신을 버리고 다른 여성과 도망쳤다는 과거를 알게 됐다. 그녀는 간신히 먹고살 만큼만 벌었고, 사업을 하면서 동시에 아이 양육에도 신경 써야 했다.

전남편은 단 한 번도 양육비를 보내지 않았으며, 공동 계좌에 있던 돈과 다이아몬드 반지까지 가져 갔다. 그 이후로 단 한 번도 남편은 연락이 없었다. 친구들이 이야기해 주길, 쾌속 이혼 신청 제도가 있는 네바다주에서 이혼 신청을 하고 지금은 같이 도망친 여성과 결혼해서 캐나다에서 산다고 했다. 이 여성은 마음이 갈기갈기 찢어질 것 같이 아팠다. 쓸쓸했고 남편을 원망했으며 적개심이 마음속 깊이 쌓여 갔다.

"친구들은 자상한 남편과 행복하게 잘 살아요. 그런데 제 인생은 이렇게 흘러가네요. 혼자 외롭게 늙어 가고 있어요. 너무 억울합니다."

나는 여성에게 전남편을 향한 깊은 증오와 적개심, 원망이 스스로를 옭아매고 있다고 말했다.

"이런 감정 때문에 마음 깊은 곳까지 죄의식이 뿌리를 내린 겁니다. 스스로를 벌주고 싶고 미래가 두려워지죠. 아직 재혼할 준비가 안 되셨습니다. 성경에는 '너희가 기도할 때 어떤 사람과 서로 등진 일이 있다면 용서하여라'(마가복음 11장 25절)라는 말씀이 있습니다. 무슨 일이 있어도 전남편을 완전히 마음속에서 놓아주어야 합니다. 과거에 어떤 짓을 저질렀든 말이에요. 이렇게 하면 자살 충동을 일으키는 죄책감과 자기혐오에서 벗어날 수 있을 것입니다. 전남편의 행복을 빌어 주고 기도해 주십시오."

그녀는 다음과 같이 기도하기 시작했다.

전남편을 완전히 놓아줍니다. 저는 그를 완전히 용서합니다. 전남편이 지금 곁에 있는 반려와 사랑과 평화, 기쁨과 행복을 누리길 진심으로 기원합니다. 전남편의 성공과 안녕을 기뻐합니다. 그가 건강하고 번영하길, 내면의 평화를 찾길 기도합니다. 제가 이뤘으면 하는 것을 전남편도 이루길 바랍니다. 진심을 담아 기도합니다. 이 기도는 제 마음에서 우러나온 것이고 제가 확언하는 진리가 잠재의식에 새겨진다는 것을 압니다. 이제 제 마음에는 상처가 남아 있지 않습니다. 하나님의 사랑이 상처를 녹여 버렸습니다. 저는 이제 자유의 몸입니다.

3주 후 그녀의 연락을 받았다. 편지에는 이렇게 적혀 있었다.

"박사님께서 말씀하신 대로 전남편이 잘되길 기도했어요. 기적이 일어났습니다! 전남편이 캐나다 퀘벡에서 전화를 걸었더군요. 그러고는 한 번도 본 적 없는 딸의 안부를 물었습니다. 딸을 그렇게 대해서는 안 됐다고 지난 몇 주 동안 후회했다고요. 양육비를 한 푼도 보태지 않아 마음이 쓰였나 봐요. 그는 6000달러를 보내 줬고, 딸의 대학 등록금도 다 내준다고 했어요. 꿈만 같아요!"

이것은 '기적'이 아니라 효과적인 기도의 결과다. 그녀는 모든 적대감과 원망을 떨쳐 버리고 전남편을 놓아주었으며 완전히 용서했다. 하나님의 말씀 "너희가 기도할 때 어떤 사람과 서로 등진 일이 있다면 용서하여라"를 따랐고 잠재의식은 용서의 행위에 응답했다.

몇 달 만에 상황은 180도 바뀌었다. 이 여성의 변호사가 청혼을 했고, 나는 기쁜 마음으로 주례를 섰다. 변호사와 여성은 성격이 아주 잘 맞고 잘 어울렸다. 여성은 신성한 끌어당김의 법칙이 작용하고 있음을 분명하게 알았고, 효과적인 기도가 이득을 가져온다는 것을 깨달았다.

구하라 그리하면 주실 것이니

"구하여라, 그리하면 너희에게 주실 것이다. 찾아라, 그리하면 너희가 찾을 것이다. 문을 두드려라, 그리하면 너희에게 열어 주실 것이다. 구하는 이마다 얻을 것이요, 찾는 이마다 찾을 것이요, 두드리는 이에게 열어 주실 것이다. 너희 가운데서 아들이 빵을 달라고 하는데 돌을 줄 사람이 어디에 있으며, 생선을 달라고 하는데 뱀을 줄 사람이 어디에 있겠느냐."(마태복음 7장 7~10절)

성경에 따르면 떡을 달라고 하는데 돌을 주는 일은 없다. 한마디로 내가 구하는 것을 얻을 수 있다. 잠재의식의 응답을 받을 때까지 계속 구하고 찾고 두드려라. 잠재의식은 반응하는 본성이 있다. 모든 문제에 대한 해결책이 있고, 모든 딜레마에서 벗어날 길이 있으며, 모든 병은 치료할 수 있다는 걸 몸소 느끼며 환희에 차야 한다. 하나님과 함께라면 불가능한 일은 없다.

효과적으로 기도하기 위해서는 절대 변하지 않는 하나님의 영원한 진리에 마음을 일치시켜야 한다. 구걸하거나 애원하거나 간청하면 안 된다. 재정비한 마음을 진리에 일치시키기만 하면 된다.

만약 가정이나 직장에 불화가 있다면 하나님은 절대적인 조화 그 자체라고 주장하라. 하나님의 조화가 나의 마음을 관장하고, 다른 사람들의 마음에도 하나님의 조화가 깃들어 있다고 생각하라. 날이 저물고 그림자가 사라지기 전까지(아가서 4장 6절) 계속해서 말이다. 이렇게 기도하면 결과가 있을 것이다.

평화와 화합이라는 관점에서 생각과 이미지, 반응을 재정비하라. 다른 사람 안에서 증오가 보인다면, 하나님께서는 사랑으로 모든 부정적인 감정을 녹인다는 것을 알아야 한다. 참된 하나님은 곧 참된 나라는 진리를 깨우치면, 이러한 진리가 나를 자유롭게 할 것이다.

곤란한 문제에 해답이 보이지 않는다면 하나님의 지혜가 그 답을 알려 주시리라 생각하라. 그러면 정말로 그 해답을 얻을 것이다.

내 삶에서 가장 차원이 높고 가장 좋은 것과 생명의 원리 그리고 현재의식과 잠재의식이 기능하는 방식을 '하나님'이라고 부른다. 하나님의 사랑과 평화, 조화, 기쁨이 있는 곳에는 악이나 해로움, 질병이 없다. 모든 문제를 해결하는 방법은 하나님의 임재를 실천하는 것이다. 즉 하나님의 사랑과 평화, 권능으로 나의 영혼을 채우는 것이다. 아프거나 병에 걸릴 거라고, 실패해서 고통을 겪을 거라고 믿으면 믿음에 상응하는 반응이 일어날 것이다.

그 사람이 의롭든 의롭지 않든 선하든 선하지 않든, 햇살은 모든 사람을 비추고 비는 모든 사람에게 쏟아진다. 하나님의 위대한 진리는 모든 이에게 적용된다. 필요한 것은 하나님을 향한 믿음뿐이다. 믿음의 진짜 의미는 하나님의 임재를 실천하는 것이다.

누가복음 8장에는 12년 동안 혈루증을 앓던 여인의 이야기가 나온다. 당시의 의사가 치료할 수 없는 병이었는데 아마도 암으로 추측된다. 성경에 따르면 여성은 인파를 뚫고 예수님 뒤에 와서 그분의 겉옷을 만졌고, 병이 치유되었다.

심리학의 관점에서 성경을 해석해 보자면 성실하고 인내하는 사람, 치유를 방해하는 타인의 말과 그릇된 믿음·공포를 무시하고 자신의 길을 묵묵히 가는 사람, 하나님께 온전히 헌신하는 사람은 남녀노소를 막론하고 응답을 받았다. 성경에 나오는 여인은 하나님을 온전히 믿고 하나님께 자신을 맡겼다. 하나님께서는 치유력을 행사해서 여인의 몸을 온전케 함으로써 응답을 주셨다.

다음의 질문은 스스로에게 해보자.

- 하나님에 대한 확신이 있는가?
- 내 안의 하나님과 무한한 지성이 나를 치유하고 문제를 해결할 수 있다는 것을 무조건 믿는가?
- 하나님께서 행복과 마음의 평화를 향한 높은 길로 인도하신다고 믿는가?

이 질문들에 그렇다고 대답할 수 있다면 나는 높은 자아 또는 하나님에 대한 확신이 있는 것이다.

하나님과 하나님의 사랑에 관심을 기울여라. 나를 만드신 하나님이 나를 치유할 수 있다고 믿으라. 진실하고 정직하게 하나님께 모든 능력을 바치고 충성하고 헌신하라.

당장 마음을 바르게 쓰기 시작하라. 내 안에 계신 생령과 전능하신 하나님 외에는 다른 존재에 힘을 실어 주면 안 된다. 그러면 혈루증을 앓았던 여인처럼 될 수 있다. 그녀는 믿음으로 인간의 마음을 통과해 정신적·감정적으로 하나님의 존재와 맞닿아 순식간에 치유를 받았다.

효과적인 기도를 위한 네 단계

효과적인 기도를 위한 네 단계를 알려 주겠다.

첫째, 세상에 단 하나밖에 없는 존재이자 유일한 힘인 하나님께 온전히 충성하고 헌신하는 것이다. 힘은 내 안에 있다. 그 힘은 나의 몸을 만들었기에 나를 치유할 수도 있다.

둘째, 어떠한 일이 있어도 하나님을 제외한 외부 사물이나 다른 존재에 권한을 주어서는 안 된다. 사람이나 장소, 사물 등 세상에 존재하는 사물에 힘을 실어 주지 않는다.

셋째, 어떤 문제나 어려움이 닥쳤든 한 발자국 뒤로 물러서서 바라보라. 문제에 너무 몰입해서는 안 된다. 느낌을 담아 모든 걸 아는 듯 확언하라.

> 하나님과 하나님의 치유력이 제 안에 흘러 저를 치유하고 기운을 북돋습니다. 제 존재 전체에 활력이 넘쳐납니다. 하나님은 해답으로, 올바른 행동으로, 신적인 자유로서 제 안에 흐르십니다.

넷째, 행복한 결말에 감사를 표하라. 기쁨을 담아 이렇게 말하라.

> 하나님 아버지, 이렇게 완벽한 해답을 주셔서 정말 감사합니다. 지금 하나님께서 행동하심을 압니다. 저는 그분의 옷에 정신적으로 닿았고, 하나님이 임하셔서 권능을 행사하실 때 일어나는 반응을 느꼈습니다. 정말 멋집니다!

내 안에 거하시는 하나님께로 돌아가 하나님의 평화와 조화, 온전함, 아름다움, 한없는 사랑과 무한한 능력을 떠올려 보아라. 하나님께서 우리를 사랑하시고 돌봐 주신다는 것을 알아야 한다.

다음 이야기는 효과적인 기도가 어떤 결말을 가져다주었는지 보여준다. 로스앤젤레스의 한 여성은 아름다운 다이아몬드 반지를 잃어버렸다. 그녀는 한동안 무척 당황했다.

이내 정신을 차리고 자신에게 "반지는 도대체 어디에 있니?"라고 물었다. 그리고 다음과 같이 확언했다.

무한한 마음속에서 무언가를 잃어버리는 건 불가능합니다. 잠재의식은 내 반지가 어디 있는지 알고 그 반지로 나를 이끕니다.

몇 분 후 그녀는 버스 정류장으로 돌아가야 할 것 같다는 느낌이 들었고, 이내 정류장 근처에서 반지를 발견했다. 버스에 타기 전 겉옷을 벗다가 반지가 빠진 듯했다. 진리는 그를 걱정에서 해방해 주었다.

한 사업가는 1만 5000달러를 사기당했다. 위풍당당한 태도를 보이던 사내가 다가와 광산에 투자하라고 했다. 하지만 광산은 애초부터 존재하지도 않았고, 수익 증서는 휴지조각일 뿐이라는 걸 깨달았을 때에는 이미 너무 늦었다. 사기꾼은 종적을 감췄고, 경찰은 아직도 그의 행방을 모른다.

사업가는 예전에 배웠던 진리의 기본 원칙을 떠올렸다. 마음이 손실을 받아들이지 않는다면 절대로 손실을 경험할 수 없다. 그는 무한한 마음속에는 모든 것이 존재함을 알기에, 사실이라 믿고 주장하는 일의 결과를 보여 달라고 주문했다. 그는 다음과 같이 감정을 담아 모든 걸 안다는 듯이 확언했다.

제가 잃은 것은 아무것도 없습니다. 제가 투자한 돈에 마음과 정신을 일치시킵니다. 제 마음은 영적인 질서에 따라 잃은 돈을 채워 넣어 줍니다.

이 기도를 자주 반복했더니 얼마 지나지 않아 다른 투자에서 이익이 났다. 신적 질서에 따라 예전에 사기당했던 돈을 회수할 수 있었다.

잠재의식에 작용하는 무한한 지능은 현재의식의 생각과 상상에 반응한다. 그러므로 현재의식에서 확실하게 결정을 내려야 한다. 무엇을 알고 싶은지 마음을 정한 다음 잠재의식이 응답해 주리라 믿어야 한다. 잠재의식에는 나의 소망을 이룰 비결이 있으며 요청의 본질에 따라 응답하리라고 반드시 확신해야 한다. 그리하면 나의 소망과 요청은 자연스럽게 응답을 받을 것이다.

- 용서란 내가 바라는 것을 상대방에게도 진심으로 빌어 주는 것이다.
- 지금 인도를 받고 있다고 믿으면 정말 인도를 받을 것이다.
- 모든 생각과 느낌은 기도다.
- 효과적인 기도란 긍정적인 태도를 견지해 확신으로 변화시키는 것이다.
- 무한한 지성은 응답을 주는 본성이 있다. 반드시 답을 얻을 것이라고 이해하는 것이 믿음의 바탕이 되어야 한다.
- 계속해서 묻고 찾으며 두드리면 잠재의식은 반드시 반응할 것이다.
- 하나님의 임재를 나타내는 지표는 평화롭고 조화로우며 풍요로운 삶을 살며 온전한 건강을 누리는 것이다.
- 나 자신을 온전하게 임재하는 하나님께 바쳐라. 그러면 하나님께서 응답을 주시고 나를 온전하게 하실 것이다.
- 잠재의식은 잃어버린 물건이 어디에 있는지 안다. 지혜를 구하면 지혜가 응답할 것이다.
- 손실을 보았다고 마음이 받아들이기 전까지는 손실을 경험할 수 없다.
- 내 인생에서 가장 차원이 높고 가장 좋은 것과 생명의 원리 그리고 현재 의식과 잠재의식이 조화롭게 상호작용하는 것을 '하나님'이라고 부른다.

3
원하는 사람이 되고
바라는 것을 가져라

매일 살아 있다는 기쁨을 누리고 있는가? 기적은 내 안에 있다고 생각하는가? 내 삶이 곧 하나님의 삶이고 하나님의 삶이 곧 나의 삶이다. 하나님의 능력은 내 안에서 숨 쉬고, 무한한 생명은 나를 통해 욕망을 표현하고 충족시키려 한다.

우리는 자신을 표현하려는 욕망이 있다. 행복과 자유, 부를 누리며 살고 싶다. 내가 되고 싶은 모습을 갖춘 사람이 되려 하고, 좋아하는 일을 하고 싶다. 사랑하는 사람과 동반자적 관계를 맺고 아름다운 집에서 풍요롭고 넉넉하며 영예롭게 살고 싶다. 세상 모든 발전과 진보의 이면에는 욕망이 있다.

생명의 원리는 우리 모두에게 생명의 원리를 표현하고 경험하고자 하는 욕망을 불러일으킨다. 나무는 성장을 갈망하고 꽃은 피길 원한다. 새는 지저귀고 싶어 한다. 지금 나는 건강하고 행복한 삶을 살길, 내가 있어야 할 자리에 있길, 풍요롭고 안정적으로 살길 바란다. 내가 하는 모든 일은 욕망에 부합하는 일이다. 욕망은 추진력과 자극을 주어 행동으로 연결시킨다. 생명의 원리를 실현하라고 압박하는 것이다.

농부가 씨앗을 뿌리는 이유는 자신과 가족의 먹을거리를 마련하기 위해서다. 인간은 시공을 초월하여 우주를 탐험하고자 하는 욕망이 있기에 비행기와 우주선을 만든다.

욕망은 그것을 받아들이고 실현한다면 삶이 더욱 풍요롭고 행복해지리라는 걸 상기시킨다. 얻을 수 있는 이익이 클수록 소망은 강해지는 법이다. 기대되는 이익 이득이 없거나 성장할 수 없다면 애초에 욕망이 생기지 않을 것이고, 결과적으로 어떠한 행동으로도 이어지지 않을 것이다.

되고 싶고, 하고 싶고, 갖고 싶은 욕망을 실현하지 못하면 좌절감이 든다. 우리는 행복하고 평화로우며 번영하기 위해 그리고 천국의 모든 축복을 누리기 위해 이 세상에 왔다.

욕망이 없는 것은
의욕이 없는 것과 같다

욕망을 없애고 억누르면 불행한 결과로 이어진다. 선한 욕망이든 악한 욕망이든 억압하고 없애는데 성공한다면, 그 어떤 것도 내면을 움직일 수 없을 것이다. 아무것도 느끼지 못할 것이고 행동하려는 동기도 생기지 않을 것이다. 욕망은 둘 중 하나를 우선으로 선택한다는 것을 의미한다. 욕망이 없다면 선택 능력도 없다.

나는 선한 욕망과 악한 욕망을 모두 없애기 위해 노력하는 원주민 신도들을 보았다. 그러자 한때 활기찼던 사람들이 희망 없는 난파선처럼 풀이 죽었다. 욕망의 소멸은 무관심하고 무감각하며 아무런 행동을 하지 않음을 의미한다. 욕망은 모든 느낌과 행동의 원인이자 우주의 작동 원리다. 욕망은 창조적인 힘이므로 지혜롭게 흐르고 지혜로운 곳으로 전달되어야 한다. 욕망과 충족은 내 마음속에서 일어난다.

진정한 의미에서 악한 욕망은 존재하지 않는다. 다만 내면에서 우러나오는 욕망을 잘못된 방향으로 흐르게 하거나 잘못 해석할 수는 있다.

예를 들어 가난하면 재물을 원하고, 병이 들면 건강해지고 싶은 욕심이 생긴다. 감옥에 갇히면 석방되길 원할 것이다. 사랑을 주는 사람과 동반자 관계를 맺길 원할 수도 있고, 내가 있어야 할 본연의 자리에 있고 싶을 수도 있다.

재물을 바라는 사람 중에는 은행이나 가게를 터는 무식한 방법으로 자신의 욕망이나 욕구를 채울 수도 있다. 하지만 욕망을 잘못된 방법으로 충족하면 감옥에 갇힌다. 내면의 욕망을 충족시킬 수 있는 무한한 지성이 있음을 깨우치는 순간 반감과 좌절감은 사라진다. 음식을 먹고자 하는 인간의 욕망은 정당하고 정상적이지만, 빵 한 덩어리를 얻기 위해 누군가를 해치는 행위는 폭력을 행사하는 것이므로 반감과 죄책감, 자멸을 부른다.

인간의 내면에는 스스로를 일으키고 행복과 건강, 마음의 평화라는 왕도로 인도하는 힘이 있다. 그 힘을 사용한다면 하나님이 다른 사람에게 주신 무한한 축복을 빼앗지 않고도 나의 꿈을 이룰 수 있다.

원하는 사람이 되기 위한 기도법

'영적인' 사람이 되는 게 꿈이라는 소녀가 있었다. 어떻게 보면 모든 이들이 원하는 바이지만 마음의 과학에서는 '영적인 사람'을 다르게 해석한다.

진정으로 영적인 마음을 가진 사람은 지금 여기에서 온전히 자신을 표현할 수 있는 사람이다. 문 앞에 있는 자동차는 영적인 아이디어이고 배가 고플 때 먹는 햄샌드위치는 기도에 대한 대답으로 역시 영적인 사물이다. 무대에서 노래를 잘 부르는 건 성가대에서 찬송가를 부르는 사람만큼이나 영적이다. 지붕을 고치는 수리공은 성경을 낭독하거나 설교를 하는 성직자나 사제, 랍비만큼 영적인 일을 한다.

영혼과 몸은 하나이니 물질적인 것을 경멸하지 말아라. 하나님의 영과 인간을 분리해서는 안 된다. 육체로 하는 모든 행위는 그 아무리 기본적인 행위일지라도 내 안의 생령이 생기를 불어넣어 물질적인 형상으로 만드는 과정이다.

얼룩진 바닥을 닦거나 마구간을 청소한다 해도 품격이 떨어지거나 품위가 손상되지 않는다. 세상에 있는 것을 멸시하는 것이야말로 나의 품격을 떨어뜨리고 품위를 실추시키는 행동이다.

하나님께서는 우리가 기도할 때 이루어지리라 믿으면서 구하는 것은 무엇이든지 다 받을 것이라고 말씀하셨다(마태복음 21장 22절). 이러한 진리를 마음에 품고 자발적이고 적극적인 태도를 길러라. 간절하게 원하는 것을 얻을 수 있고, 되고 싶은 사람이 될 수 있다고 마음먹어라.

'나는' 뒤에 붙이는 모든 말이 곧 나의 모습이 된다. "나는 아프다"라고 말하면 정말 아프다. "나는 가난하다"라고 말하면 가난해질 것이다. 왜 가난하다는 느낌과 하나가 되려고 하는가. 다음과 같이 확언하라.

나는 튼튼하고 건강합니다. 신체와 정신이 온전하고 강합니다. 환하게 빛나고 영감을 받습니다.

내가 확언하는 내용이 진짜라고 느끼면 인생에서 기적이 일어날 것이다. 왜냐하면 나는 스스로 있는 자이자 하나님이자 순수한 존재, 인식 그리고 생명을 의미하기 때문이다. 느낌이 제한적인 이미지와 하나가 되는 것을 막아라. 신성하지 않은 두 가지를 합치면 부정적인 결과를 만들어지기 때문이다.

몇 주 만에 소원이 이루어지다

직장을 잃고 파산하여 좌절한 남성이 '잠재의식의 힘' 강의를 들으러 왔다. 그는 집에 가서 강의에서 들은 내용을 실천해 보았다. 그동안 마음에 대한 강의를 한 번도 들어 본 적이 없었지만, 그는 내 강의를 듣고 설득력이 있다고 생각했다.

먼저 간절하게 원하는 세 가지를 하나의 목록으로 만들어 보았다. 첫 번째는 일할 수 있는 직장이었다. 너무 세속적인 소원이라고 할 수도 있겠지만 그에게는 꼭 필요한 것이었다. 그다음에는 자동차와 현금을 목록에 적었다.

그는 생각이 사물로 드러나는지 확인해 보려고 일부러 구체적인 물건들을 택했다. 그는 사물에 관한 생각이 사물 그 자체라는 걸 증명하고 싶었다. 내가 '잠재의식의 힘' 강의에서 사물의 이면에는 아이디어가 실재한다고 말한 적이 있기 때문이다.

그는 어떻게 기도할지 분명하게 정하고 매일 공들여서 실천했다. 노력이 부족했다는 말이 나올 수 없을 만큼 오랫동안 그 방법을 고수했다. 남성은 한두 번 물에 들어가 봤다고 해서 수영하는 법을 터득할 수 없다는 걸 알고 있었다.

먼저 그는 자신이 있어야 할 자리에 있게 해 달라고 기도했다.

무한한 지성이 제게 응답한다는 걸 알고 있습니다. 이제 무한한 지성은 제가 있어야 할 자리를 드러냅니다. 저는 숨겨진 재능이 있다는 걸 압니다. 새로운 직장에서 높은 연봉을 받습니다. 저는 각자가 있어야 할 자리가 있고 하나님의 마음속에서 그 자리가 드러난다는 것을 압니다. 하나님의 인도를 따릅니다.

실험이 시작된 날로부터 2주가 채 되지 않아 그는 샌프란시스코에서 일자리를 얻었다. 그는 감사를 드리며 하나님의 법칙을 기뻐했다. 첫 번째 목표가 달성되자 다음 목표인 차로 넘어 갔다. 그가 말했다.

"차에 대해 드는 생각이 있었어요. 생각은 곧 현실이 될 거고요. 계속 차를 생각하다 보면 반드시 제 눈앞에 드러나리라는 것을 알아요."

얼마 후 그는 한 대회에서 경품에 당첨되었는데, 경품이 마침 자동차였다. 이제 그는 잠재의식의 비밀을 알았다. 아이디어와 자신을 정신적·정서적으로 일치시키면 잠재의식이 아이디어를 실현하리라는 걸 알았다. 그는 매우 감사했다.

마지막 소원은 더 많은 돈을 버는 것이었다. 매일 아침저녁으로 기도하면서 삶에서 순환하는 하나님의 부에 감사를 드렸다. 그리고 부에 관해 품은 아이디어가 이루어졌다고 주장했다. 이윽고 그는 샌프란시스코의 부유한 미망인과 사랑에 빠졌고, 미망인이 자금을 대주어 새로운 사업을 시작했다.

이 남성은 자신의 모든 소망이 이미 이루어졌다고 확실하게 주장했다. 그는 아침저녁으로 기도하는 시간에 모든 소망이 이루어졌다고 기도하면서도 소망을 각각 따로 나열했다.

남성처럼 기도했는데도 몇 주 안에 진전이 없다면 기존의 방법을 버리고 새로운 방법을 택하라. 어둠 속에서 해가 뜨는 것처럼 문제에 대한 확실한 해답이 있음을 잊어서는 안 된다.

생각은 몸을 어떻게 치유하는가

진리를 깨달은 사람은 잔인한 운명이 우리를 질병과 불행, 고통으로 단죄한다고 생각하지 않는다. 평범한 삶을 살아가거나 질병, 비참한 삶에 발이 묶이는 이유는 그릇된 생각과 믿음을 가져서다.

정신의학 분야에서는 마음이 어디서 시작하고 몸이 어디서 끝나는지 구분하는 게 불가능하다고 말한다. 신체 질환의 근본적인 원인은 마음에 얽힌 감정에 내재해 있다고 한다. 좌절하여 분노를 뿜어 낼 때, 이해할 수 없는 욕망을 품을 때, 질투나 불안을 느낄 때 병이 생긴다.

그러니 아픈 몸을 낫게 해 달라고 기도할 때는 병에 걸렸다고 생각하면 안 된다. 질병에 관한 생각은 영적이지 않기 때문이다. 생각은 사물이다. 나의 영적 사고는 세포, 조직, 장기의 형태를 취한다. 통증이 있다든가 혈압이 높다고 생각하면, 내가 이미 걸린 병보다 더 많은 병에 걸리라고 암시하는 행위나 다름없다.

증상이나 병에 걸린 신체 부위에 관해 생각하는 걸 멈추고 하나님과 하나님의 사랑에 마음을 기울여야 한다. 이 세상에 존재하는 치유의 현존은 단 한 분이시므로 치유력도 하나밖에 없다는 걸 깨달아야 한다. 하나님의 행동에 대적할 만한 힘은 없다. 기운을 북돋아 주고 치유하고 강하게 만드는 힘이 내 안에 흐르고, 치유력이 나라는 존재 구석구석을 온전하게 만든다는 걸 사랑을 담아 차분하게 확언하라. 하나님의 조화와 아름다움과 생명이 힘, 평화, 활력, 온전함, 올바른 행동으로 내 안에 드러남을 느껴야 한다.

상상력이 미래의 나를 정한다

"사람은 자신이 상상한 대로 된다."

수천 년 전 유대 신비주의자들이 남긴 말이다. 아이디어는 잠재의식의 심층 또는 외부세계에서 즉흥적으로 떠오르는 이미지다. 상상력은 우주의 스크린에 모든 아이디어를 표현하고 투영한다. 이것이 바로 생각이 사물인 까닭이다. 생각과 사물은 결국 하나의 현실이지만 하나는 내면에, 나머지 하나는 외면에 드러난다.

"인간은 움직이고자 하는 대로 움직이고 행동하고자 하는 대로 행동한다"

100년 전 미국에서 활동한 파이니어스 파크허스트 퀸비 박사의 말이다. 이 말처럼 아이디어가 나를 다스리고 지배한다. 아이디어는 스스로를 실현하려는 경향이 있다. 상상력은 인간의 원초적인 능력이다. 상상력을 현명하고 분별력 있고 건설적으로 사용해야 한다. 사랑스럽고 평판이 좋은 사람을 상상해 보라.

"우리의 형상을 따라서 우리의 모양대로 사람을 만들자."(창세기 1장 26절)

하나님께서는 자신을 해와 달, 별, 세상과 사람이라 상상하고 스스로를 상상한 대상으로 느끼셨다. 생각과 느낌(남성과 여성)이 합쳐지면 우주가 탄생한다. 하나님께서는 스스로를 사람이라고 상상하셨고, 사람이 된 느낌을 품으면서 상상하던 모습대로 되셨다.

이미지에 생명을 불어넣고 이미지가 드러나리라고 확신하면, 내가 품은 이미지가 경험으로 생생하게 드러날 것이다. 이렇게 하면 내가 되고 싶은 모습이 될 수 있다.

이 장에서 살펴본 진리의 중요한 부분을 다시 한번 짚고 넘어가겠다. 씨앗을 심는 건 흙 속에 있는 씨앗에 생명을 불어넣는 게 아니다. 일단 씨앗을 심고 흙에 규칙적으로 물을 주면 싹이 트고 식물이 자라난다.

우리의 마음에 빗대어 생각해 보자. 씨앗은 내가 되고 싶거나 하고 싶거나 가지고 싶은 욕망이다. 그러니 씨앗을 마음이라는 흙에 심어야 한다. 너무 애를 쓰거나 힘을 들이지 말고, 욕망을 실현하려는 노력을 멈춰야 한다. 의심과 공포로 가득 찬 부정적인 생각을 멀리해야 한다. 부정적으로 생각하면 확신과 진심을 담아 기도를 올려도 아무런 효과가 없다. 소망이 이루어지는 걸 상상하며 기쁨과 만족감에 젖어 보라.

- 욕망은 모든 느낌과 행동의 원인이자 우주의 작동 원리다.

- 내면의 욕망을 충족하는 무한한 지성이 내 안에 있음을 깨달으면 모든 반감과 좌절감이 사라진다.

- 내 안에는 나를 일으키고 행복과 마음의 평화를 향한 높은 길로 인도하며, 꿈꾸던 것보다 더 좋은 일이 생기게 하는 힘이 있다.

- 평범한 삶을 살아가거나 질병에 걸리고 비참한 삶에 발이 묶이는 이유는 그릇된 생각과 믿음을 가지고 있기 때문이다.

- 좋고 나쁜 건 다 내 생각에 달렸다. 어떤 생각과 느낌을 지니느냐에 따라 우주 만물에 다른 색을 입힐 수 있다.

- 무엇이 되고 싶다거나 무엇을 하고 싶다는 불타는 열망은 나를 성공과 성취의 왕도에 올려놓을 것이다.

- 내가 상상하는 모습과 느끼는 감정이 곧 내가 된다.

- 생명은 언제나 나를 용서한다. 손가락에 화상을 입으면 생명이 상처를 치유하는데, 왜 나는 자신을 용서하고 자유로워지지 못하는가?

- 오랫동안 마음을 부정적이고 자기 파괴적인 방법으로 사용했다 할지라도 올바르게 마음을 사용하는 순간 올바른 결과가 뒤따른다.

- 번영하고 성공하기를 바란다면 "하나님, 인류에 더 큰 봉사를 할 수 있는 길을 보여 주십시오"라고 기도해 보라.

- 하나님의 사랑에 마음을 기울이면 언제나 보호를 받을 것이다.

- 성공과 실패는 마음속에 있는 두 가지 생각이다. 성공한 자신의 모습을 상상하고 생생하게 느끼면, 큰 성공을 거둘 수 있다.

4
믿음과 성공의
인과관계를 깨달았을 때

"성공한 사람 모두가 인과응보를 믿었다"

랠프 월도 에머슨의 말이다. 성공한 사람은 만물을 지배하는 법칙이 있다고 믿는다. 요행으로 일어나는 일은 없고 만물의 시작과 끝 사이에는 '원인'과 '결과'라는 끈끈한 연결고리가 있다고 생각한다. 사물의 본질을 보지 못하고 피상적인 관점을 지닌 사람은 요행을 믿는 한편, 지혜롭고 내면이 단단한 사람은 원인이 있기에 결과가 있다고 생각한다.

"행운 앞에 P를 붙이면 아주 좋은 말(Pluck, 용기)이 된다."

나는 이 격언을 좋아한다. 운이 자신의 운명을 좌우한다고 믿는 사람은 어떤 일이 생기거나 누군가가 나타나길 하염없이 기다린다. 먼 친척이 자신에게 유산을 남겼다는 소식이나 로또 1등 당첨 소식을 가만히 침대에 누워서 기다린다.

하지만 새로운 마음가짐으로 자신의 미래를 일구어 나가는 사람도 있다. 이런 사람들은 성공하고 승리하기 위해 이 땅에 온 것임을 안다. 그래서 열심히 글을 쓰거나 망치를 뚝딱거리며 역량의 토대를 세운다. 근면하고 열성적이고 부지런하며 즐겁게 일한다. 요행을 바라는 사람은 대부분 징징대고 끙끙대면서 불평한다. 운은 우연에 달렸지만, 성공은 품성에 달렸다. 성공한 사람들은 품성이 운명을 결정하는 걸 알기에 자신의 품성을 가꾸어 나간다.

생명의 법칙은 곧 믿음의 법칙이다. 마음이 진실이라고 받아들이고 느끼는 것은 실제로 일어난다. 잠재의식에 인상을 강하게 남기면 경험으로 차례로 발현된다는 걸 믿어라. 마음속 깊이 품은 생각과 느낌이 삶의 모든 방면을 지배한다.

행운이 있다고 믿으면 행운을 얻는다. 마크 트웨인은 말했다.

"행운은 모든 사람에게 찾아온다. 하지만 대부분은 술이나 마시느라 행운이 노크하는 소리를 듣지 못한다."

항상 정신을 바짝 차리고 매사에 주의를 기울이며 살아가야 한다. 그래야 나에게 찾아오는 기회를 잡을 수 있다. 게으르고 무관심하고 나태하게 살아가면서 보상을 바라면 안 된다.

내 생각이 환경을 결정한다

"그의 마음속 생각과 같이 그도 그러하다."(잠언 23장 7절)

인간의 삶의 경험과 조건이 어떻게 생겨나는지를 설명하는 경구다. 내가 종일 어떤 생각을 하느냐에 따라 나라는 사람이 결정된다. 한 사람의 성품은 생각의 총체다. 인과관계는 절대적이고 예외가 없다. 보이지 않는 사고의 영역은 물질적이고 가시적으로 세상에 드러난다. 어떤 생각을 습관적으로 하는가에 따라 삶은 기쁨으로 가득 찰 수도 있고, 고통으로 가득 찰 수도 있다. 그래서 어떤 경험은 달콤하고 어떤 경험은 쓰다.

좋은 운을 경험하기 위해서는 내가 생각과 감정, 반응의 주인임을 깨달아야 한다. 조건을 형성하고 경험을 만들어 내며 사건을 빚는 주체는 나다. 현재의식이 진짜라고 느끼거나 진실이라고 받아들이는 생각은 잠재의식에 뿌리를 내려 머지않아 꽃을 피우고 기회와 경험이라는 열매를 맺는다. 좋은 생각은 토실한 열매를, 나쁜 생각은 형편없는 열매를 맺는다.

사람은 잔인한 운명의 장난으로 감옥에 가거나 부랑자가 되는 게 아니다. 악하고 파괴적이며 죄를 저지르는 생각을 남몰래 마음속에 품고 있었기 때문이다. 잠재의식이 그러한 생각으로 넘치면 그 생각과 흡사한 경험을 한다.

나는 겉으로 보기에는 굉장히 신실한 한 남성을 알고 있다. 그는 교회의 중추적 인물로 모든 예배와 행사에 참석했다. 하지만 징크스가 자신을 따라다닌다는 생각에 시달리고 있었다. 어쩌다 차를 도난당했고, 가게에 불이 났으며, 아내는 그를 버리고 다른 사람과 결혼했다. 아들은 집을 나가 아버지와 연락을 끊었다.

나는 그에게 온갖 종류의 안 좋은 일이 생기는 이유는 본인이 징크스가 있다고 믿기 때문이라고 말했다. 믿어야 할 것은 하나님은 조화로우시고 생명은 선하며 하나님께서 그를 사랑하시고 인도하심이다. 만약 나를 따라다니는 징크스가 있다고 잠재의식에 말하면, 잠재의식은 일을 더 어렵게 만들 것이다. 일이 지체되거나 장애물이 생기는 등 나름대로 온갖 종류의 문제를 불러일으킬 것이다.

마음가짐을 바꾸자 그를 둘러싼 세상이 변했다. 예전에는 안 좋은 일만 일어났다면 이제는 일이 술술 풀렸다. 잠재의식에 명하는 모든 내용이 현실 세계에 펼쳐진다는 교훈을 온몸으로 부딪치며 깨달았다.

믿음의 법칙에 선악은 없다

얼마 전 한 여성으로부터 편지를 받았다.

"왜 정직하고 선한 사람들은 고생만 하는데 악한 자들은 한도 끝도 없이 번영하는 걸까요?"

어떤 의미로 '선한 사람'이란 표현을 썼는지는 잘 모르겠다. 아마도 피상적인 관점에서 교회에 나가고 정직하게 일하며 이웃에게 친절한 사람, 자선을 베풀며 아내와 가족에 헌신적인 사람, 교리를 지키고 교회 행사에 참석하는 사람을 지칭하는 듯하다. '악한 자'는 종교가 없고 교회에 나가지 않는 사람, 다른 사람을 속이고 물건을 훔치는 사람, 술에 찌들어 사는 사람, 하나님이나 최고의 권세를 부인하는 사람을 일컫은 듯싶다. 정말 그렇게 생각했다면 굉장히 얕은 생각이다.

소위 말하는 '악한 자'가, 본인이 성공하고 번영하며 건강한 삶을 살리라 믿었기 때문에 정말로 번영했을 수도 있다. 번영의 법칙은 좋은 사람이든 나쁜 사람이든 모든 이에게 적용된다. 태양은 정의로운 자와 정의롭지 않은 자 모두를 비춘다. 법칙은 도덕과 무관하다. 살인자가 헤엄치는 법을 안다면 물은 살인자를 거룩한 분처럼 받쳐 줄 것이다. 흉악범도 영적으로 빛나는 사람과 똑같이 공기를 들이마실 수 있다. 또한 정직하고 선한 사람일지라도 불쾌하고 악하며 혐오스러운 생각을 남몰래 품을 수 있다. 고통을 가져다주는 건 은밀한 생각이다. 우리는 겉모습만 보고 그 사람이 어떤 사람인지 판단하는 경향이 있다. 그러나

은밀하게 품은 두려움, 불만, 원한, 증오, 질투는 눈에 보이지 않는다.

중요한 건 내면의 움직임이다. 마음속 깊이 품은 생각과 느낌이 중요하다. 믿는다고 입 밖으로 고백하는 내용이 아니다. 교리와 규율, 계명을 지키고 예배와 교회 행사에 참석한다고 할지라도, 아이들에게 사탕을 주고 눈먼 이에게 적선을 할지라도, 병자들을 찾아가 위로할지라도, 이러한 행동은 외부적으로 '선하다'고 여겨질 뿐 하나님의 기준에서 선한 것은 아니다. 이것이 "그의 마음속 생각과 같이 그도 그러하다"가 뜻하는 바다.

하루 14~16시간 동안 매우 열심히 일한다 해도, 실패를 두려워하거나 죄책감을 느끼고 벌을 받아야 한다고 생각한다면 실패할 것이다. 왜냐하면 믿는 대로 이루어지기 때문이다.

생명의 법칙은 곧 믿음의 법칙이다. 일반적인 관점에서 볼 때 부정직하고 하나님의 임재를 부인하는 사람일지라도, 본인이 성공하고 부자가 되리라고 생각한다면 가난할 수가 없다. 의롭지 못한 사람이나 악한 자도 나름의 고충이 있고, 소위 말하는 선하고 정직한 사람과 다를 바 없이 생각한 대로 결과물을 얻는다.

꿈은 자신과 하는 미래의 약속

하지만 위대한 법칙은 절대적으로 공정해서 악에 선을, 선에 악을 주지는 않는다. 모든 악은 결국 자신을 파괴한다. "하나님의 맷돌은 천천히 돌지만 갈지 않는 것이 없다"라는 말이 있다. 시간이 오래 걸릴지라도 운명의 결과물은 공정하고 피할 수 없다는 뜻이다. 성경에는 "복수는 내 일이다. 내가 하리라"(로마서 12장 19절)라는 구절이 있다. 악인이나 죄악을 저지른 사람을 보고 속을 태우지 말라는 뜻이다.

잠재의식은 나의 태도에 따라 부정적이거나 긍정적으로 반응한다. 잠재의식은 기록과 같아서 잠재의식에 새겨진 인상을 재현한다. 마음을 건설적이고 조화롭게 사용하고, 다른 사람에게 너무 신경을 쓰지 말고 무난하게 잘 지내라는 의미다.

꿈을 크게 품고 이상을 세워라. 우리는 비전이 있는 곳으로 향한다. 자신이 추구하는 비전을 소중히 여기고, 운이 없다고 징징거리거나 불평하거나 탄식하지 말아라. 이상적인 모습에 한 발짝 더 가까이 가고, 마음속에서 울려 퍼지는 음악을 느끼며, 하나님과 자연의 말로 형용할 수 없는 아름다움과 순수한 생각이 얼마나 찬란한지 생각하라.

이러한 생각이 마음에 뙈리를 틀면 유쾌한 상황과 경험이 내 앞에 펼쳐질 것이다. 내가 품은 비전은 미래에 이러한 사람이 되리라는 약속이고, 이상은 마침내 세상에 드러날 나의 모습에 대한 예언이다.

도토리가 참나무가 되고, 작은 씨앗이 거대한 세쿼이아 나무가 되고, 새가 알을 깨고 나오듯, 하나님께서는 우리가 뜻을 펼치기를 기다리신다. 마음은 내가 은밀하게 사랑하는 대상으로 향하며, 생각했던 내용은 인생에서 정확하게 재현된다. 법칙과 영적인 질서가 지배하는 세상에 운이나 우연, 사고는 없다. 열망하는 만큼 높이 올라가고 나 자신을 낮추는 만큼 낮게 내려갈 것이다.

건설적이고 조화로우며 평화로운 생각을 하지 못하는 사람, 게으르고 나태한 사람, 사물의 본질을 보지 못하는 사람은 행운과 우연, 확률만 바라본다. 이런 사람들은 "운이 좋았네! 천만다행이야"라는 말을 한다. 뛰어난 실력의 피겨 선수가 정상에 도달한 걸 보면서 "행운을 싹쓸

이했군"이라고 말한다. 하지만 이 선수는 피겨를 처음 시작했을 때 숱한 시련과 실패를 겪었다. 셀 수 없이 넘어지고 다쳤으며 많은 희생을 치렀다. 그렇게 목표를 실현하고 관중에게 감동을 주기 위해 길고 고된 연습과 훈련을 했다는 걸 결코 잊어서는 안 된다. 하지만 과정을 이해하지 못하고 결과물에만 집중하는 사람이 많다. 이런 사람들은 성공을 '우연'이라 부른다.

명문대를 졸업한 똑똑한 젊은이가 있었다. 그는 안 좋은 일들만 생긴다고 불평했다. 네 번 연속으로 일자리를 잃었다는 것이다. 이 청년과 대화를 하다 보니 그 이유를 알게 됐다. 다른 직원들과 원만하게 어울릴 수 없었던 게 화근이었다. 동료들에게 일을 미뤘고, 자신의 재능을 온전히 인정받지 못했기 때문에 불성실하게 근무해도 고용주는 불평하면 안 된다고 생각했다. 가는 회사마다 사장님이 차갑고 냉담하며 무관심하다고 험담했고, 회사를 영혼 없는 기업이라고 비난했다.

이 청년에게 동료와 상사를 향한 사랑과 선의, 기쁨을 나누는 법에 대해 조언했다. 그는 다른 직원들과 협력하면서 바르게 생각하고 느끼고 행동하기 시작했다. 그랬더니 자신을 둘러싼 세상이 바뀌기 시작했다. 운은 자신의 손으로 만들어 가는 거라는 것을 깨달은 것이다.

- 생명의 법칙은 곧 믿음의 법칙이다. 무언가를 믿는다는 것은 그것을 진실로 받아들이는 것이다. 정신적으로 받아들이고 진실이라고 느끼는 것은 무엇이든 이루어질 것이다.

- 기회는 곳곳에 널려 있다. 기회를 잡아 활용하는 법을 배워라. 기회를 잡으려면 기민하게 살아야 한다.

- 어떤 생각을 습관적으로 하느냐에 따라 삶은 기쁨으로도, 고통으로도 가득 찰 수 있다.

- 믿는다고 입으로 말하는 게 중요한 게 아니다. 마음속 깊은 곳에서 진정으로 믿는 것이 중요하다.

- 악한 이를 걱정하지 말라. 잠재의식을 어떻게 사용하느냐에 따라 결과는 부정적으로 될 수도 있고, 긍정적으로 될 수도 있다.

- 내가 품은 비전은 미래에 이러한 사람이 되리라는 약속이고, 이상은 마침내 세상에 드러날 나의 모습에 대한 예언이다.

- 과정을 이해하지 못하고 결과물에만 집중하는 사람이 많다. 이런 사람들은 성공을 '우연'이라 부른다.

- 잠재의식에 올바른 명령을 내려라. 징크스가 나를 따라다닌다고 확신하면 내 인생은 온갖 문제로 가득 찬다.

- 특정한 사람이 나에게 보상해 주리라 기대하지 마라. 살면서 넉넉한 보상을 받을 일이 생길 것이다.

5

오감은 진실의 눈을 가린다

우리는 눈으로 태양과 달, 별을 볼 수 있다. 이는 카메라가 작동하는 방식과 비슷하다. 생리학자들에 따르면 나무를 바라볼 때 망막에 위아래가 거꾸로 되어 있는 상이 맺히고, 망막에 맺힌 상은 뇌의 중추로 전달되어 눈이 사물을 인식한다. 이러한 반응을 시각적 인상이라고 하는데, 뇌의 작용이 개입되어 있기에 생리학자들은 흔히 사물을 눈이 아닌 뇌로 본다고 한다.

그래서 우리는 눈에 보이는 것에 속는 경우가 많다. 예를 들어 물속에 막대기를 넣으면 막대기가 구부러진 것처럼 보인다. 눈은 겉으로 보이는 모습만을 인식하기에 종종 사물의 진정한 상태를 보지 못한다. 사람들은 '해가 뜨고 진다'라고 하지만 사실 해는 뜨지도 지지도 않는다. 현실을 객관적으로 바라보지 못하는 이유는 내가 믿는 대로 보고 싶어 하기 때문이다.

그래서 제대로 보려면 마음으로 사물을 봐야 한다. 시각은 영적이고 영원하며 불멸이다. 꿈속에서도 앞이 보이듯 눈을 감아도 색이 보인다. 사람마다 정도의 차이는 있지만 우리 모두에게는 투시 능력이 있다.

시각이 다른 방식으로 작동한다는 걸 깨닫고 자세히 들여다보면 사물도 다르게 보인다. 면도날은 날카롭고 곧아 보이지만 현미경으로 보면 물결 모양을 하고 있다. 강철 조각은 단단한 것처럼 보이지만 과학자들이 엑스레이를 찍어 본 결과 안쪽에 구멍이 많다고 한다. 돋보기로 어머니의 사진을 보면 회색, 검은색, 흰색 점이 다닥다닥 붙어 있는 것처럼 보인다. 종이가 회색인지 검은색인지 흰색인지에 따라 점 색깔도 다르다. 어머니의 모습은 온데간데없다. 눈이 삼차원적인 원근과 입체감을 인지하기 때문에 초상화처럼 보일 뿐이다.

과학적 원리를 설명한 이유는, 사물의 속성은 겉으로 보는 것과 다르다는 걸 알려 주기 위해서다. 다른 사람이 나에게 하는 이야기나 제안이 얼마나 타당하고 진실한지 의문을 품어 본 적 있는가? 오감은 외부세계에서 진짜가 아닐 수도 있는, 위험하고 해로울 수 있는 정보를 가져온다. 우리가 느끼는 감정과 진실이라 받아들이는 생각은 잠재의식으로 들어가 생각의 본질에 걸맞은 효과를 낳는다.

잠재의식을 잘못 사용한다면

감기에 걸리거나 기분이 우울하거나 몸이 쑤시고 아픈 걸 날씨 탓으로 돌리는 사람들이 많다. 하지만 날씨가 "으슬으슬하고 기침이 나게 할 거야. 폐렴이나 감기에 걸려 버려라"라고 말한 적은 없다. 공기는 무해하다. 인간은 자신의 잘못된 관념과 그릇된 신조, 이상한 믿음으로 공기를 오염시키는 것을 중단해야 한다.

나를 병들고 외롭고 불행하게 하며 금전적인 문제를 일으키는 건 사람이나 상황, 조건이 아니라는 진리를 깨달아야 한다. 잠재의식에 있는 믿음과 잠재의식에 새긴 인상은 인생의 경험과 사건으로 펼쳐진다.

사람들은 엄청난 속임수에 빠져 살고 있다. 거짓된 생각과 믿음, 의견, 감각을 증거로 자기 최면을 걸었기 때문이다. 잠재의식은 잠재의식의 법칙에 따라 마음속 깊은 곳에 쌓인 패턴을 표현하고 묘사한다.

거대한 속임수는 삶의 여러 방면에서 작용한다. 악마가 문제를 일으키고 고통을 주었다는 사람들이 있지만 사실 악마라는 건 세상에 존재하지 않는다. '악마'라는 건 생명의 원리를 거스르며 사는 것을 뜻한다. 생명live의 철자를 거꾸로 하면 악evil이 된다. 고대 유대 신비주의자들은 하나님을 비방하거나 하나님의 진리를 거짓으로 말하는 자를 악마라고 불렀다.

선과 악은 인간의 내면에 있는 생령生靈, 곧 마음을 하나님을 향해 어떻게 움직이느냐에 달렸다. 사람이 불을 잘못 사용하면 화상을 입거나 다친다. 마찬가지로 잠재의식의 법칙을 잘못 사용하면 부정적인 반응이 나타날 것이다. 본래 자연의 힘은 나쁘지 않다. 우리가 자연의 요소와 내면의 힘을 어떻게 사용하는지에 따라 부정적인 반응이 일어날 수도 있고, 긍정적인 반응이 일어날 수도 있다.

사물과 조건과 현상이 불행과 고통과 불운을 만든다는 생각이 마음속에 자리 잡는 건 나 자신을 크게 속이는 것이나 다름없다. 거대한 속임수에 넘어가지 않는 유일한 방법은 과학적인 기도 요법을 따르는 것이다. 하나님의 빛이 마음속을 비추게 하라. 기도는 잠재의식에 심은 부정적인 인상이 만들어 내는 해로운 효과를 무력화시킬 수 있다.

하나님은 사랑이자 평화, 기쁨이자 아름다움이시고 온전하고 지혜로우신 분이다. 하나님의 평화의 강과 사랑의 무한한 바다가 현재의식과 잠재의식에 흐르고 있다고 생각하면서, 하나님의 영원한 진리와 진실로 마음을 채워라. 하나님의 진리로 마음을 채우는 습관을 들이면 잠재의식에 내재된 모든 부정적인 패턴을 제거할 수 있다.

'속임수'라는 말 안에는 '진리'의 존재가 내포되어 있다. 실수로 속임수에 넘어 갔을 수도 있지만, 세월이 흘러도 진리는 변하지 않는다. 임재하는 하나님과 조화를 이루면 현재의식에 하나님의 힘이 깃들 것이다. 다음과 같이 담대하게 확언하라.

내 몸 안에 흐르는 성령은 알게 모르게 좋은 일을 가로막는 무의식적 패턴을 깨끗하게 씻어 줍니다. 잠재의식은 진리에 관한 확언을 받아들입니다. 하나님 안에서 나는 자유로우며 평화와 기쁨, 조화가 내면에 가득합니다. 나는 영이므로 하나님께 속한 것만이 내 안에서 작용할 수 있습니다. 내 잠재의식은 영의 온전함과 아름다움을 받아들입니다. 이 기도문은 수년 동안 나를 지배했던 속임수로부터 영원히 해방해 줍니다. 날이 저물고 모든 그림자가 사라집니다.

기도를 해도 치유되지 않았던 이유

최근 한 여성과 이야기를 나눈 적이 있다. 대화를 나누다 보니 그녀의 어머니가 중병에 걸린 걸 알았다. 어머니는 신실한 기독교인으로 마음씨가 곱고 신앙심이 깊었으며 다른 사람에게 관대했다. 그런데 왜 하나님께서는 어머니를 치유해 주지 않은 걸까?

이 질문은 많은 사람에게 영향을 미치는 속임수에 대해 완벽하게 설명한다. 생명의 법칙은 믿음의 법칙이고, 사람들은 믿음을 행동으로 내보인다. 우리는 잠재의식에 씨를 뿌리는 대로 거두는데, 잠재의식에 질병과 두려움, 원망, 원한이라는 씨앗을 뿌리면 정말 병에 걸리거나 두렵고 원망할 일이 생긴다. 성경에 나오는 "씨를 뿌린다"라는 표현은, 하나의 생각을 전적으로 받아들이고 마음속 깊은 곳에 자리한 믿음을 밖으로 보여 준다는 것을 뜻한다.

잠재의식은 일종의 법칙이다. 잠재의식은 내면에 쌓인 모든 생각을 복잡한 패턴으로 배열한다. 이런 무의식적인 패턴은 만병의 근원이다. 하지만 그와 동시에 성공하고 원하는 것을 성취하는 비결이기도 하다.

여성과 어머니는 속임수에 완전히 속아 넘어갔다. 두 사람 모두 질병은 정신 상태나 사고 과정과 무관하다고 믿었기 때문이다. 어머니는 심장 상태가 좋지 않고 치료할 길도 없다고 생각했다. 그렇게 진정으로 믿고 있었기 때문에 치유가 일어나지 않았다.

고칠 수 없는 병은 없다. 병이 나을 일이 없다고 믿는, 생각을 고칠 수 없는 '사람들'이 있을 뿐이다. 병이 나을 확률이 없다고 생각하면 병은 정말 낫지 않는다.

생각을 바꾸자 어머니는 놀라울 정도로 빠르게 치유되었다. 그녀는 생각과 감정이 신체를 바꿀 수 있고, 마음가짐을 바꾸면 신체에 변화가 일어남을 깨우쳤다.

어떤 문제가 닥쳤다면 내가 생각을 잘못하고 있어서 그러한 문제가 일어난 것이다. 일어난 문제를 자연이 보내는 신호로 보고, 생각을 바꾼 다음 그 생각을 고수하라.

두려워하는 일은 결국 일어나고야 만다

"도대체 왜 저한테 이런 일이 생기는 거죠? 전 잘못한 게 아무것도 없는데요."

한 청년의 질문이었다. 나는 청년에게 우리가 하는 모든 경험은 무의식적인 믿음과 가정의 결과라고 알려 주었다. 다시 말해 경험과 조건, 사건은 믿음이 낳은 총체적 결과다. 게다가 어린 시절 형성된 믿음과 생각들도 있다. 지금까지는 잊고 살아왔지만 돌이켜보면 그때 생긴 믿음과 생각들이 잠재의식 깊은 곳에 숨어 있다는 걸 안다. 또한 타고난 성향과 유아기에 형성된 믿음도 있다. 그러한 성향과 믿음은 지금까지도 삶에 영향을 미친다.

예를 들어 사무실에서 누군가가 재채기를 하면, 내가 감기에 걸리는 것은 아닌지 두려워한다. 두려움은 마음을 움직여서, 일어나리라고 예상하거나 두려워하거나 믿는 일을 실제로 일어나게 만든다. 재채기는 따뜻한 방에 있다가 시원한 장소로 나오면 온도 차이 때문에 나올 수도 있다. 재채기는 몸의 균형을 맞추기 위한 자연의 방식이기에 일종의 축복으로 볼 수도 있다. 하지만 많은 사람이 재채기가 나오면 감기에 걸렸을까 두려워한다. 생각이 창조력을 발휘해 감기에 걸리게 한다는 것을 모른 채 말이다.

자신이 무슨 잘못을 했길래 그런 문제가 일어났는지 궁금하다던 이 청년은 사실 그날 아침에 점성술 잡지를 샀다고 고백했다. '오늘의 운세'에서 오늘은 교통사고가 날 수도 있는 위험한 날이니 매우 조심해야 한다고 했다.

운세를 읽자마자 공포에 질려 온몸이 떨렸다. 운전대를 잡고 싶지 않았지만 오디션을 보러 가야 했다. 너무나 중요한 오디션이라 미룰 수 없었고 다른 교통편도 없었다. 그날 사고가 세 번이나 났고 한 사람에게 중상을 입혔다. 연달아 사고가 나자 그는 정신적인 충격을 받았다.

성경에 "그렇게도 두려워하던 일이 밀어닥치고"(욥기 3장 25절)라는 구절이 있다. 정말 사고가 날까 봐 두려워했기에 교통사고가 발생한 것이다. 잠재의식은 감정이 이입된 생각을 극적인 경험으로 바꾼다. 잠재의식은 교통사고에 대한 두려움을 하나의 요청으로 받아들여 우주의 스크린에 표현했다. 뿌리는 대로 거두는 법이다.

나는 청년에게 주기적으로 기도를 드리라고 했다. 진리로 마음을 채운다면 잠재의식이 진리를 받아들여 조화롭고 평화롭게 운전할 것이며 어떤 일도 일어나지 않을 거라는 기도문을 써주었다. 그리고 기도가 나의 한 부분이 될 때까지 주기적이고 체계적으로 반복하라고 했다. 다음은 내가 써준 기도문이다.

이 차는 하나님의 차입니다. 하나님의 아이디어로 만들어진 차로, 자유롭고 즐겁게 한 장소에서 다른 장소로 이동합니다. 이 차가 가는 곳마다 하나님께서 지혜로 인도하십니다. 하나님의 질서와 대칭, 아름다움의 원리로 이 차가 작동합니다. 하나님께서 거룩하게 임하시며 이 차와 모든 탑승자에게 축복을 내립니다. 이 차의 운전자는 하나님의 대사大使로 모든 이에게 사랑과 선의를 베푸는 사람입니다. 하나님의 평화와 진리가 운전자를 지배합니다. 하나님은 이해심이 넓은 분이십니다. 하나님은 모든 일을 바로잡는 결정을 내리어 아름답고 완벽한 상황을 만드십니다. 운전자에 하나님의 영이 거하며, 차가 가는 모든 길을 하나님께 이르는 큰길로 만드십니다.

- 겉모습으로 판단하지 마라. 우리는 눈속임에 넘어가는 경우가 많다. 눈은 겉으로 보이는 정보만을 전달한다.

- 생각이 원인이 되어 사건이나 환경, 조건이라는 결과로 드러난다.

- 잠재의식에 새긴 건설적인 패턴이 나를 성공과 승리로 이끌 것이다.

- 생명의 법칙은 믿음의 법칙이다. 뿌린 만큼 거둔다.

- 삶의 모든 경험과 조건, 사건은 믿음이 낳은 총체적 결과다.

- 현재의식을 하나님의 진리로 채우면 잠재의식이 영원한 진리를 받아들여 경험으로 발현시킬 것이다.

- 나를 병들고 외롭고 불행하게 하는 건 사람이나 상황, 조건이 아님을 깨달아라.

- 선과 악은 마음을 어떻게 사용하느냐에 달렸다.

- 다른 사람이 한 말이나 암시는 나에게 상처를 줄 힘이 없다.

- 실수로 속임수에 넘어 갔을지도 모르지만, 결국에는 진리가 나를 자유롭게 할 것이다.

- 스스로 직접 증명해 보라.

- 나에게 나쁜 일이 일어났다고 해서 사람이나 조건, 상황을 비난하는 것을 멈춰라.

- 나는 사랑의 멜로디와 미움의 찬사 중 무엇을 내 몸에 새길지 선택할 수 있다. 사랑을 선택하라.

6

내 안에 잠재된
엄청난 힘에 다가가라

"하나님과 화해하라. 그러면 은총을 베푸실 것이다."(욥기 22장 21절)

내 안의 잠재된 힘을 깨우기 위해서는 위의 성경 구절과 같이 내 안에 있는 하나님과 친해져야 한다. 세상에서 가장 위대한 발견은 하나님의 힘을 깨우치는 것이다. 하나님의 힘을 발견하는 건 원자력이나 핵에너지의 발견보다 훨씬 더 중요하다.

다음 질문들을 스스로에게 해보자. 중요한 건 솔직하게 진심을 담아 대답하는 것이다.

- 내 안에 있는 무한한 지성이 하나님이라는 걸 믿는가? 하나님이 유일한 존재이자 유일한 힘과 원인임을 진심으로 믿는가?
- 외부의 힘이 일으키는 작용으로 특정한 경험을 하고 사건이 발생하며 조건이 조성된다고 믿는가? 외부에 원인이 있다고 생각한다면 나는 왜 변화를 시도하는가?
- 나는 정말 현상계가 원인이 아닌 결과라고 믿는가?

위의 질문들을 진실로 믿는다면 외부 상황이나 조건 혹은 다른 사람을 탓하지 않고, 징징대면서 불평하지 않을 것이다. 불평하는 대신 생각과 느낌을 하나님과 조화를 이루고 하나님의 율법과 일치시키려고 노력할 것이다. 그러면 나의 세상은 자연스럽게 바뀔 것이다.

현재의식이라는 배의 키는
잠재의식이 쥐고 있다

모든 일이 일어나는 유일한 원인은 정신적 믿음이다. 마음속에서 생각하고 느끼고 믿고 받아들이는 것만이 내 세상에서 일어나는 일들의 유일한 '원인'이 된다. '믿음은 현실이 된다'라는 진리를 잊어서는 안 된다. 내 안에 계시는 하나님의 임재를 느끼고 기뻐하는 게 삶에서 최고로 중요한 일이다.

내 안에 거하시는 무한자의 목소리에 귀를 기울여야 한다. 무한자의 존재를 최고의 가치로 놓고 내 삶을 관장하시는 분으로 드높이면, 인생의 조각 조각이 맞물려 일이 술술 풀릴 것이다.

몇 년 전에 한 남성과 흥미로운 대화를 나눈 적이 있다. 그는 명민했고 기독교 교리를 충실하게 따랐다. 하지만 매우 복잡한 법적 분쟁에 연루되었고, 집에는 아픈 사람도 있었다. 게다가 자녀와는 갈등을 빚고 있었는데, 자녀는 경찰이 집으로 찾아올 정도로 심하게 말썽을 부렸다. 그는 걱정에 휩싸여 밤잠을 이루지 못하는 날이 많았고 고혈압으로 고생하고 있었다. 그런데도 그는 자신이 예민해서 그렇다고만 생각했다.

내가 그에게 내린 처방은 문제로 가득 찬 마음을 비우고 하나님을 생각하라는 것이었다. 동시에 평화와 빛이 흐르는 하나님의 강이 마음 속에 흐르고 하나님의 지혜가 길을 밝혀 주실 것임을 느껴 보라고 조언했다.

그는 내 말을 따른 후부터 중압감이 줄어드는 것을 느꼈고, 현재의식이 고양되고 상황을 통제할 수 있다는 확신이 생기기 시작했다. 문제를 잠시 제쳐두니 마음이 편안해졌다. 그러자 오랜 친구를 만나고 싶어졌고, 친구와 대화를 나누다 보니 마음이 맑아지면서 해답이 보였다.

성경에는 바다에 큰 폭풍이 일었다는 기록이 있다. 우리 모두는 생명의 바다를 항해하는 배에 비유할 수 있다. 우리는 현재의식이라는 드넓은 우주의 바다에 빠져, 어떤 목표에 도달하거나 원하는 것을 성취하기 위해 심리적·영적 항해를 하고 있다.

파도가 배를 덮칠 때도 있다. 이는 실패할 거라는, 무언가가 부족하거나 제한적일 거라는 인간의 믿음을 나타낸다. 때로는 의심과 불안과 우울의 폭풍이 우리를 괴롭힌다.

"살려 주십시오. 우리가 죽게 생겼습니다."(마태복음 8장 25절)

예수의 제자들이 말했다. 여기서 제자들은 내 마음의 능력과 생각, 감정, 믿음, 정신적 태도, 전반적인 기대를 뜻한다. 그러므로 내면을 들여다보고 모든 일이 잘 풀릴 것이라고 믿는 능력을 길러야 한다.

최고의 일만 일어나리라고 즐겁게 기대하고, 무한한 지성이 어려움을 벗어날 길을 안내할 것이라는 확고한 신념을 가슴에 새기는 법을 훈련해야 한다. 하나님이 문제를 해결하시고 길을 열어 주시리라고 굳세게 믿어라. 하나님에 대한 믿음은 두려움과 의심, 걱정을 비롯해 나를 방해하기 위해 스스로가 만든 온갖 시련을 헤치고 물 위를 걸을 수 있도록 이끌 것이다.

"빠져나갈 길이 안 보여. 승산이 없군"이라고 말한다면 혼란과 두려움, 인간의 의견이라는 폭풍을 바라보는 것과 같다. 하지만 하나님, 즉 내 안에 있는 영적인 능력이 충만한 지혜로 모든 걸 알고 있다는 걸 깨달으면, 해결책과 돌파구를 찾고 행복한 결말을 향해 나아갈 수 있을 것이다. 그로써 인간의 지성이 만들어 낸 바람과 절망, 우울, 암울의 파도를 무시할 것이다.

낡은 사고방식에서 벗어나라

과학과 종교는 반원이다. 이 둘을 합쳐야만 하나의 완전한 원이 된다. 과학과 종교가 동떨어져 있지 않다는 것을 깨달아야 한다. 또한 진리의 시험을 통과하지 못하는 구시대적인 관념을 뒤로해야 한다. 25년 전에 발견된 화학과 물리학적 법칙은 새로운 과학적 사실로 끊임없이 대체되고 있다. 한때 사람들은 세상을 고정되고 정적인 곳으로 믿었다. 하지만 요즘 사람들은 세상이 여러 가지 힘이 변화하면서 역동적으로 작용하는 유동적이고 정신적인 곳임을 알고 있다.

과학적인 사고를 하는 사상가들이 참이라고 주장하는 명제 중에도 거짓인 것들이 많다. 낡고 독단적인 신념을 버리고, 지식 없이 어떤 명제가 참이라고 단정 짓는 행위를 멈춰야 한다. 세상이 6일 만에 창조되었고, 인류의 조상이 아담과 하와라고 믿는 사람들이 아직도 있다. 종교는 새로운 진리에 끊임없이 열려 있어야 한다. 오늘날 종교는 혁명에 견줄 만한 급격한 변화를 겪고 있지만, 하나님의 가르침을 인지하고 묵상한다면 하나님의 진리가 마음에 끝없이 드러날 것이다.

신조나 교의, 전통은 오늘날의 문제를 해결하지 못할 것이다. 인간은 자신의 숨겨진 능력을 발견하고 그러한 능력에 기대는 법을 배워야 한다. 내면의 지혜와 능력을 활용하면 즐거움과 평화의 길로 인도받을 것이다.

얼마 전 한 남성의 편지를 받았다. 그는 독실한 기독교인으로, 가난한 자에게 기부하고 일요일마다 교회에 갔으며 계율과 교리를 실천했다. 하지만 그는 이렇게 말했다.

"인생이 엉망진창이에요. 몸이 아프고 정신적으로 힘든 데다가 재정 상태는 점점 안 좋아지고 있어요. 모든 게 망하기 직전입니다. 뭐가 문제일까요?"

대화를 나누다가 나는 그가 대학에서 철학을 전공했다는 걸 알았다. 주일학교 교사였던 그는 플라톤, 아리스토텔레스, 마이스터 에크하르트를 비롯해 고대 그리스 철학자 플로티노스의 이론을 열심히 공부했다. 신비주의자와 철학자의 어록들을 눈 감고도 읊을 정도였다.

하지만 이러한 추상적인 사상에 통달하는 동안에도 철학적 개념이 평화를 가져다주도록 철학과 자신을 일치시킨 적은 없었다. 그에게 이 글들은 일종의 지적 훈련이었기에 마음에 와닿을 정도로 적절하게 활용하지는 않았다.

그는 우주의 하나님께서 저 먼 곳에서 인간을 바라보고 있다고 믿었다. 그리고 하나님을 두려워했다. 죄를 처단하고 마지막 날에 심판하러 오시는 무자비하고 잔인한 존재라 생각했기 때문이다. 그러니 하나님은 자신이 고통받기를 원하신다고 생각했다. 그의 종교는 과학적이지 않았고 실제로 상식을 벗어났다. 그의 종교관은 비합리적이고 비이성적이며 그 무엇보다도 비과학적이었다.

나는 그에게 잠재의식이 어떻게 작용하는지 설명해 주었다. 땅에 콩을 심으면 콩이 나고 팥을 심으면 팥이 나듯이, 잠재의식에 새긴 내용은 그대로 외부세계에 표현된다. 그는 습관적으로 부정적인 생각을 하고 문제가 생길까 두려워했기 때문에 자신을 벌주었으며 혼란스러운 삶을 살았다는 걸 깨달았다.

무소불위의 힘과 마주하는 법

마음이 작용하는 방식을 생생하게 보여 주는 또 다른 예를 소개하겠다. 남편이 바람피운다는 것을 안 이후로 화가 잔뜩 나 그를 증오하고 원망하는 여성이 있었다. 그녀는 자녀들에게도 아버지를 미워하라고 가르쳤다. 남편의 정부를 끔찍하게 질투했으며, 심지어 그 여성을 죽이고 싶어서 총까지 샀다고 고백했다.

나는 그녀에게 지금 올라오는 감정을 주체하지 못한다면 자신을 갉아먹는 해로운 감정들이 무의식적으로 반사 작용을 일으켜 원치 않은 살인을 저지를 수도 있다고 설명했다. 그녀가 믿는 계파의 교리는 문제 해결에 아무런 도움이 되지 않는다는 것이 증명되었다. 그녀는 '배에 잠들어 계신' 하나님의 존재와 힘을 깨워야 했다.

그녀는 세상 모든 종교의 교리는 겉으로는 다르게 포장되어 있고 다르게 해석할 수 있는 여지가 있지만, 근본적으로는 성경의 가르침과 같음을 깨달았다.

"그의 마음속 생각과 같이 그도 그러하다."(잠언 23장 7절)

여기서 '마음'은 잠재의식을 의미한다. 잠재의식에 새기는 내용은 외부세계에서 실현될 것이다. 잠재의식에 주입된 생각과 느낌에는 생명이 있기에 경험으로 드러나기 마련이다. 잠재의식은 새겨진 내용을 강박적으로 표현하려는 충동이 있음을 잊어서는 안 된다.

이 여성은 케케묵은 종교관을 내려놓고 그릇된 견해를 버렸다. 배의 선장인 자신이 암초를 향해 배를 몰고 있었다는 걸 깨달았다. 종교적 가르침과 신조, 전통적 개념이 이 여성을 실패로 몰아넣었던 것이다. 그래서 다음과 같이 기도했다.

제 남편과 그의 정부를 하나님께 온전히 넘깁니다. 하나님은 위대한 구원자이십니다. 제가 어떤 사람인지 잘 아시고 저를 돌보아 주십니다. 신비롭고 경이로운 신성한 힘이 영혼에 평화를 가져다주고 조화롭고 기쁜 삶으로 인도하기를 기대합니다. 하나님의 사랑이 제 마음과 몸을 채운다는 걸 계속 기억하며 살겠습니다. 우주의 힘이 나를 치유하고 보호하며 평화와 번영의 새로운 길을 열어 준다는 것을 압니다. 성령이 제 마음에 흘러 폭풍우를 잦아들게 하는 걸 압니다. 이 신성한 영은 제 마음을 채우고 파도를 가라앉히며, 그분의 힘은 제 몸을 튼튼하게 하십니다. 하나님께서는 지금도 제 안에 불어치는 폭풍우와 파도를 잠재우십니다. 제 영혼은 아주 평화롭습니다.

그녀는 이 기도를 하루에 여러 번 천천히, 사랑을 담아 되풀이했다. 그러자 남편은 아내에게 돌아와 용서를 구했다. 드디어 가정에는 평화가 찾아왔다.

어떤 종교를 믿든 어떤 철학적 지식을 가지고 있든 어떤 과학적 발견을 믿든 간에 제일 중요한 것은 내 안에 있는 영적인 생각과 가까워지는 것이다. 내 안에 있는 힘은 무소불위한, 천하무적의 힘이다.

얕은 지성과 부정적인 감정을 버리고
믿음의 왕국으로 나아가라

영국 치체스터에서 발간되는 〈생각의 과학 리뷰〉의 편집장 H. T. 햄블린이 영국과 독일의 전투기가 본인 집 근처에서 공중전을 벌였던 일에 대해 이야기해 주었다. 독일 전투기와 싸우던 영국 전투기는 불길에 휩싸여 초원에 추락했다. 햄블린은 조종사가 안전하게 착륙하게 해 달라고 기도했는데, 정말로 젊은 영국 조종사는 털끝 하나 다친 곳 없었다. 사고에서 살아남은 조종사는 이렇게 말했다.

"비행기가 추락하는 걸 알고 있었지만 전혀 두렵지 않았습니다. 어떻게 설명해야 할지 모르겠네요. 제 안에서 어떤 변화가 일어났습니다. 어쨌든 화상을 입거나 다치지 않는다는 걸 직감했습니다."

다니엘서에도 이를 뒷받침하는 내용이 있다. 바빌론 왕은 황금 우상을 만들어서 백성에게 절을 하라고 명령을 내렸다. 만일 절을 하지 않는 사람이 있다면 그를 불구덩이에 던져 넣을 것이라고도 했다. 그러나 사드락Shadrach과 메삭Meshach, 아벳느고Abednego는 하나님을 섬겼기 때문에 우상을 향해 절하지 않았다.

"보아라, 내가 보기에는 네 사람이다. 모두 결박이 풀린 채로 불구덩이 속에서 걷고 있다. 그들에게 아무런 상처도 없다. 더욱이 넷째 사람의 모습은 신의 아들과 같다."(다니엘서 3장 25절)

여기서 '신의 아들'은 어떠한 곤경에서도 나를 구원해 주시는, 모든 사람의 내면에 거하는 하나님의 현존을 가리킨다. 사람은 고차원적인 현재의식 속에서 의식의 상태를 높이며 살아갈 수 있다.

"예수께서는 주무시고 계셨다."(마태복음 8장 24장)

이 구절처럼 잠재의식에는 하나님의 권능과 지혜가 잠들어 있다. 믿음이 있는 사람은 눈을 뜨고 내면에 있는 하나님의 은총을 깨운다. 그는 내면이 진짜 왕국임을, 자신의 이상이나 소망이 내면의 왕국에 실재함을 알고 있다.

믿음이나 느낌은 비록 형체가 없고 보이지 않지만 하나님의 임재를 뜻하며 조건과 사건, 경험으로 나타남을 알고 있다. 그러므로 믿음이 있는 사람은 의심과 두려움의 물 위를 걸어 약속한 땅, 즉 마음속에 간직한 목표로 당당하게 나아간다. 그는 이 모든 게 어떻게 이루어지는지도 알고 있다. 나의 이성과 지성이 부정하는 것을 진실이라고 받아들이는 것이 바로 믿음이다.

- 하나님과 가까워지고, 높은 자아, 즉 내 안에 있는 하나님과 친해지는 것이 가장 중요하다.
- 어떤 상황을 딛고 일어서고 싶다면, 상황을 통제할 능력이 내게 있음을 잊지 마라.
- 하나님이 문제를 해결하시고 길을 열어 주시리라고 굳세게 믿어라. 그러면 모든 장애물이 마법처럼 사라질 것이다.
- 믿음은 이성과 감각이 부정하는 것을 진실이라고 받아들이는 것이다.
- 반복적인 사고는 잠재의식에 인상을 새긴다. 잠재의식은 그 내용을 꼭 실현하려는 강박적인 습성이 있다.
- 하나님을 믿고 신뢰하면 모든 곤경에서 나를 구해 주신다.
- 마음의 법칙과 원리를 절대적으로 신뢰하라.
- 믿는 대로 이루어진다.
- 모든 문제에 대한 해결책은 언제나 존재한다. 행복한 결말을 맞으리라고 오랫동안 생각하면, 생각한 것을 경험할 것이다.
- 생각은 사물이다.
- 과학적으로 사고하는 사상가들이 참이라고 주장하는 명제 중에도 사실은 거짓인 것이 많다.
- 화학이나 물리학 법칙처럼 마음의 법칙은 사람을 가리지 않고 모두에게 적용된다.

7
마음이 준비됐다면
모든 준비는 끝났다

"내가 원하는 것은 무엇이든 가질 수 있어요. 마음속에서 이미 가졌다고 믿는다면요."

미국 덴버에서 열린 '잠재의식의 힘' 여름 세미나에서 한 여성이 내게 한 말이다. 나는 그녀에게 가질 수 없는 단 하나가 있다고 설명해 주었다. 바로 '거저 얻는 것'이다. 공짜는 없다. 무언가를 얻는다면 그 대가를 치러야 한다. 이 여성은 피부병이 낫게 해 달라고 10년 동안 기도해 왔지만 아무런 진전이 없었다. 여러 기능성 화장품을 써보고 연고를 발라 보았지만, 눈에 띄는 효과를 보지 못했다. 이 여성은 한 번도 대가를 치른 적이 없다. 여기서 대가는 무한한 치유를 하는 존재에 대한 믿음을 의미한다.

"너희 믿음대로 되라."(마태복음 9장 29절)

성경 구절처럼 믿는 대로 된다. 믿음은 만물을 창조하신 유일한 창조주이자 전능하신 생령에 관심을 가지고 헌신하고 충성하는 것이다. 이 여성이 치러야 할 대가는 하나님의 능력과 치유력을 인정하고 받아들이며 지금 치유가 일어나고 있다는 확신을 가지는 것이었다. 하지만 그녀는 믿음을 가지는 대신 외부 조건에 힘을 실어 주었다.

"내 피부는 햇볕에 민감해요. 한랭 알레르기도 있어요. 팔 전체에 난 습진은 유전이에요. 어머니도 비슷한 피부병이 있으셨거든요. 유전자와 염색체 탓이죠, 뭐."

그녀의 정신은 갈래갈래 나뉘어 있었다. 하나님과 믿음의 법칙에 주의를 기울이지 않았다. 하나님을 신뢰하면서도 하나님께서 치유해 주실 거라고 믿지 않았다. 치러야 할 대가를 치르지 않은 것이다. 그래서 나는 이 여성에게 다음과 같은 기도문을 알려 줬다.

제 몸과 모든 기관을 창조한 무한한 치유의 현존은 제 몸이 어떻게 작용하고 기능하는지 훤히 꿰고 있습니다. 저는 하나님의 위대함과 영광이 제 몸과 마음에서 뚜렷하게 드러나리라 주장하며 그렇게 느낍니다. 하나님의 온전함과 활력, 생명이 제 안에 흐르고, 치유의 빛이 저라는 존재를 구성하는 모든 원자를 변화시킵니다. 모든 사람을 너그럽게, 완전히 용서합니다. 제 친척과 시댁에 생명과 사랑, 진리와 아름다움을 쏟아붓습니다. 저는 모든 사람을 용서했다는 걸 압니다. 왜냐하면 마음속에서는 누구든 만날 수 있고 마음에 어떠한 상처도 남아 있지 않다는 걸 알기 때문입니다. 지금 치유가 이루어지고 있다는 것에 감사드리며 하나님께서는 응답을 주신다는 것을 압니다.

그 여성은 이 기도문을 천천히, 차분하고 경건하게 하루에 세 번씩 반복했다. 덴버를 떠나기 전 그녀에게 정신적, 신체적으로 놀라운 변화가 일어났고, 눈으로 봐도 피부병이 빠르게 호전되는 걸 알 수 있었다고 내게 말했다.

치유의 은총을 받기 위해서는 착실하게 기도하고 마음을 준비해야한다. 지금까지 이 여성은 대가를 치르지 않은 채 식습관, 기후, 유전 등외부적 요인으로 피부병이 생겼다고 생각했다. 마음은 분열되어 있었고 하나님께 충성하지 못했다.

만물은 성령에서 나온다. 하나님은 조물주이시고 전지전능하시다. 내가 하나님의 힘 말고 다른 힘이 있다고 가정하면 마음은 분열된다. 잠재의식은 분열되고 혼란스러운 마음에 반응하지 않는다. 엘리베이터를 타고 위와 아래 버튼을 동시에 누르면 위로 올라가지도 아래로 내려가지도 않은 채 그 자리에 그대로 머무는 것처럼 말이다.

네 길을 주께 맡기라

믿음은 마음의 법칙을 이해하고 매사에 마음의 법칙을 부지런히 적용해 볼 때 생겨난다. 과학자는 자연과 자연의 법칙을 끊임없이 연구하면서 점차 믿음을 키워 나가 훌륭한 일을 해낸다. 화학자가 화학 지식을 쌓아 인류의 고통을 덜어 주고 힘든 일을 쉽게 만들어 주는 훌륭한 화학물질을 만들어 내듯이, 마음의 법칙에 관한 지식을 쌓으면 믿음을 키울 수 있다.

아인슈타인은 수학을 좋아했다. 그리고 수학은 아인슈타인에게 우주에 숨겨진 비밀을 보여 주었다. 아인슈타인은 우주의 법칙에 매료되어 있었다. 시간과 공간, 사차원에 관심을 기울이고 몰두했으며 쉬지 않고 연구했다. 그러자 잠재의식은 이에 응답하여 아인슈타인이 관심을 가진 대상의 비밀을 드러내 주었다.

에디슨은 전기가 어떤 원리로 작동하는지 곰곰이 생각하면서 실험하고 원리를 해명하려고 노력했다. 세상을 빛으로 밝히고 인류에 봉사하고자 하는 간절한 소망이 있었다. 그러자 전기가 비밀을 알려 주었다. 에디슨은 응답을 받으리라고 확신했고, 인내심과 끈기, 자신감이라는 대가를 치렀다. 일에 관심과 흥미를 두고 완전히 몰입했고 마음과 영혼에 깃든 주관적인 지성이 응답하리라는 걸 알았기 때문에 수많은 발명을 할 수 있었다. 그는 잠재의식이 언제나 응답을 주었기 때문에 쉬지 않고 발명을 할 수 있었다.

나는 한 음악가에게 자기 분야에서 일인자가 되려면 다음과 같이 기도해야 한다고 말했다.

> 하나님은 위대한 음악가이십니다. 저는 하나님의 도구이자 하나님이 흐르시는 통로입니다. 하나님께서는 조화와 아름다움, 기쁨, 평화로 내 안에 흐르십니다. 하나님께서는 사랑의 영원한 선율을 저를 통해 연주하십니다. 제가 연주할 때 저는 하나님의 선율을 연주합니다. 저는 높은 곳에서 영감을 받았습니다. 웅장한 리듬은 하나님의 영원한 조화로움을 드러냅니다.

몇 년 후 그는 엄청난 성공을 거두었다. 그가 치른 대가는 온갖 축복을 흐르게 하는 영원한 존재를 향한 관심과 경외, 헌신이었다.

겨우 먹고살 만큼 버는 사람이 빠듯한 생활을 벗어나기 위해서는 대가를 치러야 한다. 하지만 그가 치러야 할 대가는 밤늦게까지 고된 일을 하는 게 아니라, 잠재의식에 부라는 아이디어를 심어 주는 것이다. 잠재의식은 내가 무엇을 가져야 하는지 결정할 권한이 있다. 하루에

14~15시간씩 일해도 마음이 생산적이지 않으면 땀방울은 헛수고로 돌아간다.

하나님의 나라는 내 안에 있다. 이 말은 즉 무한한 지성과 끝없는 지혜, 그리고 전지전능한 하나님께서 나의 잠재의식에 거하신다는 뜻이다. 나는 하나님의 무한한 아이디어를 사용할 수 있다. 하나님과 조화를 이루고 하나님께서 내가 알아야 할 것을 보여 주신다는 점에 기뻐하라.

"네 길을 주님께 맡기고 주님만 의지하라. 주께서 이루어 주실 것이다."(시편 37편 5절)

마음과 정신을 온전히 열어라

집 근처에 한 남성이 살고 있었다. 1950년에 파산했던 그는 하나님께 인도해 달라고 기도했고 창조적 지성에게 다음 단계를 밝혀 달라고 부탁했다. 그러자 사막으로 걸어 들어가는 이미지가 강력하게 보였다. 무슨 의미일까 곰곰이 생각하던 중 장인을 뵈러 가야겠다는 생각이 불현듯 들었다. 장인은 그에게서 잠재력을 느꼈고 사막 지역의 토지를 판매하는 영업사원이자 홍보담당자로 고용했다. 오늘날 그는 백만장자로 자신의 사무실을 가지고 있다.

우리 안에는 직관력이 살아 숨쉰다. 그렇기에 어떻게 하면 좋을지에 대한 답도 내면에서 나온다. 하나님의 선물을 온전히 받기 위해서는 마음과 정신을 열어야 한다. 하나님은 선물을 주시는 분이시고 그 자체로 선물이시다. 하나님께서 이미 선물을 주셨으므로, 인간은 하나님의 선물을 받는 법을 배워야 한다. "그들이 부르기 전에 내가 응답하며"(이사야서 65장 24절)라는 성경 구절처럼 무한한 지성은 답을 알고 내 생각에 응답한다.

마음에서 선입견과 그릇된 믿음, 미신을 지우고 '마음만 준비되어 있다면 모든 것은 준비되어 있다'라는 진리를 깨우쳐라. 즉, 내가 추구하는 모든 것이 이미 무한한 마음속에 있다는 뜻이다. 예로부터 전해 내려오는 진리에 부합하는 생각을 하라고 마음에 명해야 한다. 소망, 아이디어, 계획, 목적이 무엇인지 정신적·정서적으로 식별하기만 하면 된다. 그러면 소망과 아이디어, 계획, 목적이 손이나 심장처럼 정말 실재한다는 것을 깨닫는다.

기도에 응답을 받으리라는 가정을 하고 땅 위를 걷는다면, 소망의 실체를 객관적으로 경험하는 기쁨을 누릴 것이다. 발명가는 무언가를 발명하기 전에 마음속에 그려 본다. 발명가가 마음속에 품은 이미지는 객관적인 세계에 내놓은 발명품처럼 실제로 존재한다. 주관적으로 품은 소망이나 새로운 계획이 실재하는 이유다.

영국의 사상가 헨리 햄블린은 한때 재정적으로 어려운 상황에 있었다고 털어놓았다. 어느 날 눈길을 뚫고 집으로 걸어가는 도중, 하나님의 부와 사랑, 선함은 런던에 떨어지는 수십억 개의 눈송이와 같다는 것을 깨달았다. 그는 다음과 같이 확언했다.

마음을 열고 하나님의 무한한 부를 받아들입니다. 하나님의 부와 사랑, 영감이 런던 전역에 내리는 눈송이처럼 제 마음에 떨어집니다.

그날 이후로 부는 막힘없이 그에게 흘러들어 왔다. 끝이 보이지 않을 정도였다. 그다음부터 단 한 번도 재물이 부족한 적이 없었다. 잠재의식에 변화를 주었고 잠재의식에서 변한 내용이 실제로 이루어진 것이다. 다른 곳으로 이사하지도 않았고 주변 환경도 그대로였다. 변한 것은 내면이었다. 그는 영적·정신적인 측면을 넘어 인생의 모든 측면에서 부가 흐르는 수단이 되기 시작했다.

"네가 하는 모든 일에서 주님을 인정하라. 그러면 주께서 네 길을 인도하실 것이다."(잠언 3장 6절)

- 치유를 받기 위해서는 무한한 치유를 일으키는 존재에 대한 믿음이라는 대가를 치러야 한다.

- 현재의식과 잠재의식의 상호작용에 대해 배우면 배울수록 믿음이 더 커진다.

- 인내심과 끈기를 가지고 좋은 결과가 있으리라고 확신하면 이에 상응하는 보수가 뒤따를 것이다.

- 다른 사람을 진정으로 사랑하면 그 사람이 성공하고 행복하며 잘 지낸다는 것에 기뻐한다.

- 마음은 생산적이어야 한다. 그렇지 않으면 수고는 헛될 것이다.

- 내 안에는 모든 문제의 답을 알고 있는 무한한 지성과, 내 생각에 응답하는 본질이 있다.

- 무한자와 조화를 이루면 영적·정신적 측면을 비롯해 삶의 모든 방면에서 부가 흐를 것이다.

- 아무런 노력을 하지 않고 원하는 바를 이룰 수는 없다.

- 나의 정신적·정서적 욕망을 파악하고 응답을 받는다는 가정을 하면서 나아가라. 그러면 정말로 응답을 받을 것이다.

- 어떻게든 해보려고 아등바등 기를 쓰거나, 피땀 흘려 일하거나, 악착같이 달려든다고 해서 무언가를 이룰 수 있는 건 아니다. 하나님을 경외하고 하나님의 능력에 맞닿는 게 성취를 이루는 길이다.

8

내 생각만이 나를 움직일 수 있다

"그의 마음속 생각과 같이 그도 그러하다."(잠언 23장 7절)

생각은 내가 아는 유일한 창조력이다. 그러므로 하나님과 영원한 진리라는 관점에서 생각해야 한다. 인간의 의견에 귀 기울이거나 잘못된 믿음을 가지면 안 된다. 세상의 눈으로 모든 걸 바라봐서는 안 된다.

진실은 하나님이 나를 통해 표현하신다는 거다. 나는 하나님의 도구다. 그러므로 이제 내 생각과 아이디어, 마음속에 그리는 이미지에 힘이 있음을 깨닫기 시작해야 한다. 잠재의식에 거짓 인상을 남기고 하나님의 진리를 부분적으로만 이해하여 마음을 어수선하게 만드는 것을 지양해야 한다.

영적으로 발전하기를 원한다면 상황과 조건, 사람을 비롯한 모든 외적인 것에 힘을 실어 주는 행위를 단번에 멈춰야 한다. 이 세상에 존재하는 유일한 힘은 하나님이시고, 나는 하나님과 함께한다. 그러니 다음과 같이 확언하라.

하나님은 임재하는 유일한 분이시고 유일한 권세이십니다. 내 생각은 곧 하나님의 생각이고 나의 선한 생각에는 하나님의 능력이 깃들어 있습니다. 하나님은 내 안에 계신 성령으로 나를 창조하셨습니다. 하나님께서는 나를 통해 조화와 기쁨, 평화를 표현하고자 하십니다.

성직자, 의사, 기자 등 누가 됐든 다른 사람이 내리는 암시에는 어떠한 힘도 서려 있지 않습니다. 두려움과 무력감을 심어 주는 암시를 보내도 하나님과 만물이 선하다고 믿는 사람은 꿈쩍도 하지 않습니다. 라디오와 텔레비전, 신문은 좋고 나쁜 암시를 쉴 새 없이 쏟아냅니다. 하지만 그러한 보도에 전혀 영향을 받지 않는 사람도 많습니다. 그들처럼 나도 모든 부정적이고 파괴적인 암시를 거부할 수 있는 능력이 있습니다. 왜냐하면 내 생각만이 무언가를 창조할 수 있기 때문입니다. 나는 어떤 생각을 할지 선택할 수 있습니다.

두려움과 불안, 안 좋은 일이 생길 것 같은 예감은 외부에 있는 악의적인 힘을 믿어서 생긴다. 이는 기본적으로 잠재의식에 관해 무지해서 그렇다. 내가 인식하는, 눈에 보이지 않는 창조력은 생각뿐이다. 생각에 창조력이 깃들어 있고 생각이 사물로 드러난다는 사실을 알면 세상의 모든 굴레에서 단번에 해방된다.

과학적인 사고를 하는 사람들은 사물이나 조건, 사람, 상황에 힘을 실어 주지 않는다. 자기 생각과 감정이 운명을 만든다는 것을 알기에 그들의 마음은 고요함과 균형, 평정심으로 가득하다.

또한 특정한 일이나 사람을 두려워하지 않는다. 부정적이고 두려워하는 생각이 나의 유일한 적임을 알기 때문이다. 좋은 생각을 하면 좋은 일이 생기고 나쁜 생각을 하면 나쁜 일이 생긴다. 이 문장에 담긴 진리를 가슴에 깊이 새기고, 내 안에 있는 힘을 막대기나 돌, 다른 사람의 어리석은 의견에 실어 주는 것을 멈춰라.

타인의 말에 흔들리지 않는 마음

몇 년 전 스페인 마드리드의 한 호텔에서 있었던 일이다. 호텔 방 열쇠를 받으려고 줄을 서 있었다. 내 차례가 다가오고 있었는데, 화난 여성을 진정시키려는 직원의 목소리가 들려왔다. 여성은 직원을 멍청한 바보라 모욕하며 당장 해고해야 한다고 소리질렀다. 직원의 반응은 흥미로웠다.

"사모님, 죄송합니다. 뭔가 착각하신 것 같은데요. 예약 기록이 조회가 안 되네요. 예약 목록을 봤는데 거기에도 이름이 올라와 있지 않고요. 제가 할 수 있는 한 최선을 다해 볼게요. 분명 방법이 있을 거예요."

여성이 거친 말을 쏘아붙이기 시작했으나 직원은 부인의 말을 끊고 침착하게 답했다.

"이런 일이 생겨서 정말 유감입니다. 저였어도 똑같은 기분이 들었을 겁니다."

나는 젊은 직원을 유심히 관찰했다. 그는 화가 났다고 같이 쏘아붙이지 않았다. 얼굴색은 그대로였고 짜증이 나거나 신경이 거슬린 것 같지도 않았다. 그는 뉴욕에서 온 여성을 침착하고 초연하게 바라보았다. 동시에 친절했고 유쾌했으며 예의 바르고 일 처리가 빨랐다. 내 체크인 차례가 되자 나는 그에게 말했다.

"정말 침착하시네요. 당신의 평정심에 감탄했습니다. 칭찬을 받으셔야 마땅해요."

그러자 그는 누가복음 21장 19절을 인용하며 답했다.

"'참고 견디면 너희의 목숨을 얻을 것이다'라는 말씀이 있지요."

그는 호텔에서 일하는 모든 직원, 즉 종업원, 객실 안내원, 청소부, 운전기사 등은 여름방학을 맞아 유럽 각국에서 일하러 온 대학생이라고 했다. 대학생은 부인이 쏘아붙이는 거친 말이 마음을 뒤흔들게 내버려 두지 않았다. 그는 생각과 반응의 주인이었다. 그는 인내심이 대단했는데, 이는 성숙하고 정신적으로 건강하며 철학을 이해하고 있음을 뜻했다. 그는 앞으로, 또 위로 뻗어나갈 것이다.

힘은 다른 사람이 아닌 바로 내 안에 있다는 것을 명심해야 한다.

몸의 고통에 마음을 빼앗기지 마라

"낫고 싶으냐."(요한복음 5장 6절)

임재하는 하나님이 나를 치유할 수 있으리라 정말로 믿는가? 내 안의 무한한 치유력을 절대적으로 신뢰하는가? 아니면 질병과 마음은 무관하다고 믿는가? 불치병에 걸렸고 하나님께서 내가 병에 걸려 고생하길 원한다고 생각하는가? 만약 그렇게 생각한다면 무력감, 질병, 고통에 관한 생각이 건강과 활력, 마음의 평화를 빼앗아 가는 것이다. 그릇된 아이디어에 힘을 실어 주지 않는 이상 그러한 아이디어에는 아무런 힘이 없다.

1963년 2월, 홍콩의 사업가들을 대상으로 강연을 한 적이 있었다. 강연에 참석한 한 남성은 자신의 병이 낫지 않았던 이유에 대해 조목조목 설명했다. 날씨와 과거, 조건, 상황, 유전자 탓을 하고 온갖 변명과 구실을 늘어놓았다. 그는 내면의 무한한 치유력보다 외부적인 것을 더 중요하게 생각했다. 하나님을 노하게 하여 벌을 받은 것으로 여겼고 자신의 처지를 체념한 상태였다.

그는 지난 5~6년간 다리 궤양으로 고생했다. 엄청난 고통에 시달렸고, 다리를 절었기 때문에 목발도 필요했다. 괜찮아졌다가도 다시 안 좋아지기를 반복했다. 그의 아버지도 같은 병으로 고생했기에 이 병은 유전이라고 생각했다. 그래서 그냥 이 상황을 받아들였다고 했다.

"일어나, 네 자리를 들고 걸어가라."(요한복음 5장 8절)

나는 그에게 이 성경 구절을 들려 주고 의미를 설명했다. 이 구절은 외부의 거짓 암시에 빠져 마음의 침대에 가만히 누워 지내지 말라는 뜻이다. 마음속에서 하나님의 힘을 끄집어 내 치유력을 불러내라. 그러면 치유력이 내 안에 흘러 나에게 활력을 불어넣고 에너지를 주며 나를 변화시켜 나를 온전케 할 것이다.

남성은 병을 두려워하고 재발하리라 생각하는 걸 멈췄다. 대신 아침저녁으로 5~10분 동안 진심으로 이렇게 확언했다.

제게는 질병 치유법을 아는 침묵의 동역자가 계십니다. 그분의 치유력은 지금 온전한 아름다움을 선사합니다. 침묵의 동역자가 사랑, 아름다움, 완벽함으로 제 존재를 흠뻑 적십니다. 저를 창조하신 무한한 지성은 치유의 과정을 알고 계십니다. 무한한 지성은 신성한 질서에 따라 저를 치유합니다. 저는 무한한 지성을 믿고 받아들이며 기뻐합니다. 왜냐하면 침묵의 동역자가 답변을 주고 계시기 때문입니다.

접근 방식이 조금씩 바뀌자 다리를 저는 것도 나아졌다. 그는 마침

내 고통에서 벗어나 건강한 삶을 살기 시작했다.

1963년 6월, 그에게서 편지가 왔다. 목발을 불에 태웠다고 쓰여 있었다. 그는 자유롭고 행복한 사람이 되어 땅을 딛고 걸어갔다. 하나님의 능력을 사용해 일어나 걷기로 한 것이다.

낮은 파장에서 나를 구원하라

"네 믿음이 너를 구원했다."(마가복음 5장 34절)

창문을 열면 햇빛과 태양의 열기가 들어와 집 안 공기를 따뜻하게 데운다. 하나님과 나를 연결하는 통로인 마음과 정신을 열어 하나님의 치유력을 받아들이면 하나님의 치유력이 내 안으로 흘러들어 와 빈 곳을 구석구석 채울 것이다.

마음속 창고에 무엇이 들어 있는지 들여다보았는가? 그릇된 믿음과 관념, 무가치한 이미지 등으로 어수선하게 가득 차 있지는 않은가? 하나님을 둘러싼 그릇된 관념을 모두 청산하고, 내면에 있는 유일한 창조력을 믿어라. 그러면 하나님의 뜻대로 삶은 더 풍요로워지고 내가 꿈꿔 왔던 것보다 더 좋은 일이 생길 것이다.

만물의 근원인 지성에 온 주의를 기울이고 사랑하고 숭배하라. 지성은 건강과 행복, 안전, 마음의 평화의 원천으로 인생에서 기적을 일으킨다. 더는 공포와 무지, 미신에 홀리거나 세뇌당하면 안 된다. 내 정신이 힘을 보태지 않으면 그 누구도 나에게 최면을 걸 수 없다.

질병은 아무런 힘이 없다. 질병의 원리는 존재하지 않는다. 질병은 내 잠재의식에 살고 있는 잘못된 생각의 패턴이다. 하나님의 온전함,

아름다움, 완벽함이 거하면 질병은 사라진다. 내가 조화로운 생각을 하면 새로운 원인이 생겨나 새로운 결과를 가져다줄 것이다. 여기서 새로운 결과란 건강을 뜻한다.

침착하고 균형 잡힌 태도를 유지하라. 불안하고 신경질적인 사람이나 광신도는 암시에 걸리기 쉽다.

종교를 가지고 마음의 법칙에 관한 지식을 쌓았다 할지라도 하나님의 진리를 일상생활에 적용하지 않으면 소용이 없다. 말은 살이 되어야 한다. 아이디어와 진리가 우주의 스크린에 구현되어야 한다는 뜻이다.

말하고 행하고 표현하는 방식에서 내가 하나님을 어떻게 생각하는지 드러난다. 나는 일하고 다른 사람들과 살아가면서 하나님을 극적으로 드러내고 묘사하기 위해 이 세상에 왔다.

내가 무언가를 비난하면 결국 비난하는 대상과 같다. 다른 사람을 비난하고 비판하고 흠잡기 시작하면, 나는 비판하는 대상과 닮아갈 것이다. 마음속에 원한과 적의를 품고 비통해할 때 마음은 부정적이고 두려움과 원한이 넘치는 암시를 더 잘 수용할 수 있는 상태가 된다.

그 이유는 분명하다. 우리는 진동수와 파장대가 낮은 영역에서 활동한다. 그러므로 내 마음은 사람들의 마음에서 흘러나오는 온갖 종류의 분노와 미움이 섞인 진동에 열려 있다. 비슷한 것끼리 서로 끌어당기기 때문에 사람들이 내뿜는 부정적인 파장은 부정적인 감정이 진동하는 정도에 맞춰진다. 그러니 우리가 가진 모든 힘과 능력을 하나님께 바쳐야 한다. 산을 향해 눈을 돌리면 산에서 누군가가 손을 내밀어 주듯, 하나님께 눈을 돌리면 내가 가는 길에 그 어떠한 악도 없을 것이다.

- 내 생각은 하나님의 생각이다. 나의 선한 생각에는 하나님의 능력이 깃들어 있다.

- 다른 사람의 암시 그 자체로는 나에게 어떤 영향력을 끼치지 못한다. 내 생각은 매우 강력하여 타인의 모든 부정적인 암시를 거부할 수 있다.

- 이 세상에 존재하는 힘은 단 하나, 하나님뿐이시다. 이 힘은 분열하지 않고 다른 힘과 적대하지도 않는다. 하나님의 한 부분은 다른 부분과 엇갈리게 작용할 수 없다. 이 사실을 깨달으면 모든 두려움이 사라진다.

- 두려움과 불안, 안 좋은 일이 생길 것 같은 예감은 외부의 힘을 믿기 때문에 생긴다. 하나님 외에 다른 힘은 없다. 세상에 존재하는 유일한 악은 무지다.

- 나는 내 모든 생각의 주인이다. 모든 경험의 반응도 나에게서 나온다. 힘은 내 안에 있다.

- 하나님께서는 내가 더 풍요롭게 살기를, 내가 가진 꿈보다도 더 크게 이루기를 원하신다.

- 병을 고칠 수 없다는 생각과 적개심을 거두어라. 하나님의 사랑은 나를 치유할 수 있다.

- 나는 하나님의 자녀이고 무한한 힘과 지혜를 가진 하나님과 함께한다는 것을 깨달으면 어떤 시련도 극복할 수 있다.

9
죽은 과거의 그늘에서 벗어나
운명을 바꾸는 법

몇 년 전 캐나다 몬트리올에서 강연했을 때의 일이다. 한 여성이 상담을 받으러 내가 묵고 있던 마운트 로열 호텔로 왔다. 그녀의 첫마디는 이랬다.

"미쳐 버리겠어요! 잠을 잘 수가 없어요. 내가 너무 싫어요. 그냥 콱 죽고 싶어요."

이 젊은 여성은 교양이 넘쳤고 교육을 잘 받았다. 번듯이 차려입었고 매우 아름다웠다. 아주 부유했고 호화로운 아파트에서 살았다. 저명한 사업가와 결혼해서 세 명의 자녀를 두고 있었다. 그런데 그녀와 이야기를 나누다 보니 자책하는 태도가 행복을 가로막고 있다는 걸 알 수 있었다. 벌을 받으리라는 비정상적인 두려움이 죄책감을 유발하는 것도 한몫했다.

결혼하기 10년 전, 그녀는 유흥업에 종사한 적이 있었다. 자신의 과거가 알려질까 봐 두려웠고, 남편이 이 일을 알까 봐 전전긍긍하면서 지냈다. 이 여성은 과거를 후회하고 자신을 혐오하는 마음이 너무 컸던 나머지 죽어도 싸다고 생각했다. 남편과 아이들의 사랑을 받을 자격이 없다고 믿었다. 남편을 무척 사랑했는데도 말이다.

남편은 자신이 만난 사람 중 가장 친절하고 훌륭한 사람이었지만, 자신은 남편이 마련해 준 아름다운 집과 값비싼 차, 선물해 준 명품들을 받을 만한 가치가 없는 사람이라고 생각했다. 한동안 진정제를 먹고 정신과 치료를 받았지만 아무런 효과가 없었다.

"치료는 아무 도움이 되지 않았어요. 안에서부터 곪아 있거든요."

"지금은 남편만 사랑하시지요?"

"물론이죠. 결혼한 이후로 아이에게는 최고의 엄마이자 남편에게는 헌신적이고 충실한 아내가 되려고 노력했어요. 남편을 정말 사랑해요."

"선생님이 치유해야 할 것은 딱 하나입니다. 바로 지금 마음속에 품고 있는 생각입니다. 그 생각을 바로잡으면 삶이 조화롭고 기쁘게 변할 것입니다. 지금 겪는 경험 모두 현재의 생각과 믿음이 외부로 표출되는 것입니다.

과거는 과거에 대한 기억일 뿐 그 이상도 그 이하도 아닙니다. 과거가 좋았건 나빴건 간에, 과거 사건의 결과는 현재의 내가 과거를 어떻게 생각하는지 표현하는 거예요. 내가 지금 경험할 수 있는 유일한 고통과 쓰라림은 현재의 고통뿐입니다. 그러므로 생각을 바로잡아야 합니다.

지금 평화와 조화, 기쁨, 사랑, 선의를 느껴 보세요. 내 마음이 평화와 조화, 기쁨, 사랑과 선의에 머무르고 조화로운 삶을 살겠다고 주장할 때 그리고 무엇보다도 과거를 잊을 때 새롭고 영광스러운 삶은 내 것이 될 것입니다.

지금 좋은 사람이라는 게 가장 중요하죠. 과거는 과거일 뿐이에요. 현재보다 중요한 건 아무것도 없습니다. 지금 좋은 아내이자 어머니로 살고 계시잖아요. 삶의 축복을 누리실 완벽한 자격이 있습니다."

나는 심하게 말썽을 피우던 한 소년의 이야기도 그녀에게 들려 주었다. 어머니는 아들에게 잡다한 집안일을 잔뜩 주고 일주일 동안 밖에 나가지 못하게 막았다. 예상과 달리 소년은 어머니가 시킨 일을 모두 즐겁게 끝냈다. 주말에 어머니가 말했다.

"정말 착한 아들이구나. 훌륭하게 해냈어."

어린 아들이 대답했다.

"엄마, 나 한 번도 말썽 피운 적 없었던 것처럼 지금은 아주 잘하고 있지 않아요?"

"그럼, 물론이지!"

나는 여성에게 어머니와 똑같은 말을 해주었다.

"나쁜 일에 손댄 적이 없었던 것처럼 지금 잘하고 계세요."

사람이 그렇게 변하는 것은 처음 보았다. 그녀의 눈과 온몸에 활기가 돌기 시작했다.

"등에 지고 있던 무거운 짐을 누가 치워 준 것 같아요! 맞아요, 저는 좋은 사람이에요. 과거는 과거일 뿐 아무 힘이 없어요."

여성은 활기 넘치는 모습으로 걸어 나갔다. 홀가분해하며 아주 기뻐했고 황홀에 가까운 표정을 지었다.

그녀는 자신의 과거가 장애물이라고 생각했다. 장애물을 치우기 위해 내가 해야 할 일은 현재의 생각을 바꾸는 것이다. 지금 하는 생각을 바꾸면 인생 전체가 변한다. 여성은 이러한 진리를 깨우쳤기에 하나님의 넘치는 영광을 누릴 수 있었다.

내가 진정으로 원한다면 얼마든지 인생을 바꿀 수 있다. 소화를 잘 시키고 온전한 건강을 누리고 싶다면 누군가를 원망하는 걸 멈추고 의지를 굳건히 해야 한다. 부정적인 사고를 건설적인 사고로 대체해야만 발전하면서 앞으로 나아갈 수 있다.

부모에 대한 원망을 자식에게 풀지 마라

새롭게 태어나고 싶은가? 정말로 조건이나 경험, 성격을 180도 바꾸고 싶은가? 조건이나 경험, 성격을 바꾸려면 일단 삶을 변화시키겠다고 굳게 마음먹어야 한다. 태어날 때부터 잠재의식에 새겨져 나를 지배해 온 오래된 고정관념, 아이디어, 믿음을 단순하게 반복하는 기계적인 생활을 그만두고 마음을 다해 변하고 싶어 해야 한다. 생각을 바꾸면 운명을 바꿀 수 있다.

한 여성이 이혼하고 싶다는 편지를 보내왔다. 남편이 집에서 너무 강압적으로 군다며 이혼을 원했다. 아이들도 아빠를 무서워했다. 남편과 이야기를 나눠 보니, 그는 두려움을 오랫동안 억누르고 살아온 사람이었다. 게다가 그의 아버지는 지나치게 난폭하고 엄격했다. 아버지가 다음 차원의 삶으로 넘어간 지 이미 오래되었는데도 아버지를 마음속 깊이 원망하고 있었다.

나는 그가 아버지에게 복수하고 싶기에 무의식적으로 자녀들을 강압적으로 대하고 속박한다고 진단 내렸다. 그는 내 말을 이해했고, 결혼 생활을 지키기 위해 자신을 바꾸고자 했다.

그는 아버지에게 조화와 기쁨, 평화와 삶의 축복을 빌어 주는 기도를 하면서 아버지를 보내 주었다. 증오의 뿌리가 시들 때까지 계속해서 기도했다. 하루에 세 번 시간을 정해서 시편 23편, 27편, 91편을 기도문 형식으로 읊었다. 습관으로 정착될 때까지 기도했다.

가장 높으신 분의 보호를 받으며 사는 너는, 전능하신 분의 그늘 아래 머무를 것이다. 나는 주님께 "주님은 나의 피난처, 나의 요새, 내가 의지할 하나님"이라고 말하겠다. 주님은 너를 사냥꾼의 덫에서 빼내 주시고, 죽을 병에서 건져 주실 것이다. 주님이 그의 깃으로 너를 덮어 주시고 너도 그의 날개 아래로 피할 것이니, 주님의 진실하심이 너를 지켜 주는 방패와 갑옷이 될 것이다. 그러므로 너는 밤에 찾아드는 공포를 두려워하지 않고, 낮에 날아드는 화살을 무서워하지 않을 것이다. 흑암을 틈타 퍼지는 염병과 백주에 덮치는 재앙도 두려워하지 말아라.

네 왼쪽에서 천 명이 넘어지고 오른쪽에서 만 명이 쓰러져도, 네게는 재앙이 가까이 오지 못할 것이다. 오직 너는 너의 눈으로 자세히 볼 것이니, 악인들이 보응을 받는 것을 볼 것이다. 네가 주님을 네 피난처로 삼았으니, 가장 높으신 분을 너의 거처로 삼았으니, 네게는 어떤 불행도 찾아오지 않을 것이다. 네 장막에는 어떤 재앙도 가까이하지 못할 것이다.

천사들에게 명하셔서 네가 가는 길마다 너를 지키게 하실 것이니, 너의 발이 돌부리에 부딪히지 않게 천사들이 너를 붙들어 줄 것이다. 네가 사자와 독사를 짓밟고 다니며, 사자 새끼와 살모사를 짓이기고 다닐 것이다.

(하나님께서 말씀하신다) "그가 나를 간절히 사랑하니, 내가 그를 건져 주겠다. 그가 나의 이름을 알고 있으니, 내가 그를 높여 주겠다. 그가 나를 부를 때 내가 응답하고, 그가 고난 받을 때 내가 그와 함께 있겠

다. 내가 그를 건져 주고 그를 영화롭게 하겠다. 내가 그를 만족할 만큼 오래 살도록 하고 내 구원을 그에게 보여 주겠다."(시편 91편)

그는 새롭게 바꾼 사고방식을 고수했다. 그 결과 가정은 평화롭고 행복해졌으며 자녀들은 아버지에게 사랑을 표현하기 시작했다. 얽힌 타래를 풀면 문제의 핵심에 도달할 수 있다.

진짜 문제에 직면하는 용기

알코올 의존자 중에는 의존에서 벗어나고 싶지 않아 하는 사람들이 있다. 그들은 원한이나 불만, 자책, 원망, 빈약한 의지 등 정신적인 걸림돌을 제거하려는 마음이 조금도 없다. 알코올 의존자가 자신은 알코올에 의존하고 있다고 인정하고, 자유와 마음의 평화를 간절히 바란다면 이미 절반 이상은 성공한 것이다. 자유롭게 뻗어 나가는 자신의 모습을 생각하면 전능하신 분께서 신성한 능력으로 뒷받침해 주신다. 하나님의 도움을 받는 즐거움을 알면 유혹이 와도 흔들리거나 술에 다시 손을 대야겠다는 갈망이 사라진다.

어렸을 때부터 당연하게 받아들였던 케케묵은 관점들과 의견, 그릇된 믿음을 없애야 한다. 사람들은 죽은 자의 생각대로 생각하고 표현한다. 과거는 이미 죽었는데도 수백만 명의 마음을 지배하는 듯하다. 나는 지난 50년 동안 이미 사멸한 생각에 빠지거나 사물을 새로운 관점에서 바라보지 못하는 사람들과 이야기를 나누었다.

타인의 말에 휘둘릴 건가, 아니면 줏대 있게 생각할 건가? 우리는 로

봇처럼 살기 위해 태어난 게 아니다. 내 힘으로 생각해야 한다. 다른 사람이 나를 대신해서 생각하거나 말하도록 내버려 두면 안 된다. 타인의 두려움과 증오, 악의, 질병 등 부정적이고 불행한 생각으로 내 마음을 상하게 하거나 오염시키지 마라. 귀가 얇으면 생각이 타인의 편견과 공포로 물들 수도 있다.

이미 세상을 떠난 사람이 젊은 남성을 통해 말하고 행동한 이야기를 소개한다. 한 젊은 남성이 아내와 이혼하려던 참이었다. 왜냐하면 아내가 아이들에게 자신이 원하는 대로 기도를 시키지 않기 때문이었다.

그의 정신적 장애물은 광신도에 가까웠던, 지나치게 깐깐한 어머니였다. 어머니는 매일 밤 잠들기 전에 무릎을 꿇고 정해진 기도문을 반복적으로 암송하라고 시켰다. 어린 시절에 그는 자기 전에 기도를 시키는 어머니를 원망했다. 그래서 그의 잠재의식에는 어머니가 내린 '처벌'에 대한 반항심이 억눌려 있었다.

심리학적 관점에서 말하자면, 젊은 남성은 어린 시절에 어머니가 강요했던 종교의식을 세 딸에게 강요함으로써 어머니에게 맺힌 한을 풀었다. 아내의 방식은 달랐다. 잠들기 전 침대에 누워 몇 가지 간단한 기도를 가르쳤는데, 하나님은 사랑을 베푸시고 아버지처럼 딸들을 보살펴 주신다고 강조했다.

나는 젊은 남성에게 당신이 지금 아내를 원망하는 이유에 대해 설명해 주었다. 나는 그가 어머니에게 품었던 적대감을 부인에게 투영하고 있음을 지적했다. 그는 결혼 생활의 행복을 가로막는 장애물이 자기 마음속에 있음을 깨달았다. 그는 나의 해석을 기꺼이 받아들였고, 설명을 통해 치유의 과정을 거쳤다.

과거의 망령이 나를 조종하도록
내버려 두지 마라

몇 년 전 한 영국 신문에서 〈더 타임스〉의 노스클리프 경을 다룬 기사를 읽은 적이 있다. 매주 토요일 오후만 되면 〈더 타임스〉 본사에 어떤 남성이 왔는데, 그는 침대가 있는 방에 들어가 다음 월요일 아침까지 밖으로 나오지 않았다.

의아하게 생각한 노스클리프 경은 그에게 그곳에서 무엇을 하는지 물었다. 이 남성은 주말에 금이 필요할지 몰라서 은행에서 약 11킬로그램의 순금을 가지고 왔다고 했다. 이 사실에 놀란 노스클리프 경은 은행에 확인 전화를 걸었는데, 이 행동을 지난 100년 동안 매주 반복하고 있다는 어처구니없는 이야기를 들었다.

자초지종은 이랬다. 1815년 워털루 전투 당시 〈더 타임스〉 사장이 일요일에 내린 지시 때문이었다. 속보 경쟁을 하던 당시 신문사는 현장에 취재 기자를 보내고 싶었지만, 당장 자금이 없었다. 다음 날 사장은 런던은행과 협의를 했다. 매주 토요일 오후에 은행이 문을 닫으면 〈더 타임스〉로 1000파운드를 보내기로 말이다. 이 이야기는 죽은 자의 생각이 100년 동안 시스템을 어떻게 지배했는지를 보여 준다. 시간과 돈, 노력을 낭비하는 어리석은 짓을 노스클리프 경은 당장 중지시켰다.

30~40년 전과 똑같은 사고 작용을 하고 반응하면서 과거의 사고방식을 반복하고 있지는 않은가? 편견과 두려움, 선입견, 질투가 있는 것은 아닌지 나 자신에게 물어 본 적 있는가? 이런 감정들이 왜 내 마음속에 있는지 생각해 보았는가? 비정상적인 두려움에 관해 누군가에게 상의해 보았는가? 만약 누군가와 이야기를 나누거나 상담을 받았다면

두려움은 해로운 감정이 합쳐져 만들어 낸 그림자이고, 그 그림자에는 힘이 없다는 것을 알 것이다.

우리는 이제 조상들처럼 노새를 타고 샌프란시스코에 가지 않는다. 조랑말 속달 우편을 이용해 시카고에 편지를 보내지도 않는다. 마찬가지로 과거의 죽은 생각과 미신, 무지한 믿음이 나의 마음을 지배하고 다스리며 조종하도록 내버려 두어서는 안 된다.

근거 없는 불안을 깨트리는 법

아내를 상대로 이혼 소송을 시작한 남성이 있었다. 가장 큰 불만은 아내가 너무 사치스럽다는 것이었다. 아내와 이야기를 해보니, 아내는 한 번도 남편에게 고맙다는 인사를 받아 본 적이 없다고 했다. 살림을 꾸리는 게 얼마나 수고스러운 일인지 이해받지도 인정받지도 못했다. 아내의 마음속 깊은 곳에는 언제나 불안이 도사리고 있었다. 그래서 돈으로 안정감을 사려 한 것이다.

부부는 진정한 동반자가 되기 위해 노력하기로 했다. 남편은 사업 자산에 관한 정보를 공유했고, 부인은 남편에게 무슨 일이 생겨도 잘 헤쳐 나갈 준비가 되어 있음을 보여 줬다. 부부는 매일 밤 조화, 서로의 건강과 평화를 빌며 하나님에게 인도를 구하고 바른 행동을 하게 해 달라고 기도했다.

그러자 사랑의 빛이 모든 장애물을 사르르 녹였다. 하나님의 사랑이 생각과 말과 행동에 녹아들게 하라. 그러면 마법에 걸린 것처럼 인생 전체가 마음속에 품은 생각과 이미지처럼 변할 것이다. 너무나 커 보였던 문제가 웃음이 나올 정도로 사소하게 변하기도 한다.

단순히 마음속의 생각을 두려워하는 것은 아닐까? 하나님의 믿음이 있는 곳에서는 두려워할 게 없다. 모든 믿음을 하나하나씩 확인하고 왜 그런 믿음이 생겼는지 믿음의 근원을 추적해야 한다. 이제 명확한 결정을 내려라. 원리를 이해하지 못한다면 믿어서는 안 된다. 잠재의식과 생각의 힘에 관해 배우면 치유의 원리가 내 안에 있음을 발견한다.

하고 싶어 했던 프로젝트를 시작하거나 고용주가 맡긴 일을 끝내고 싶어도 그 일을 완수할 수 없다는 걸 아는 때가 있다. 사람들은 마지막 순간에 꼭 무슨 일이 일어난다고 불평한다. 서명을 하려던 사람이 갑자기 죽거나 막판에 마음을 바꿨다고 말이다.

일이 지연되거나 문제가 생기는 건 외부적인 원인 때문이 아니라 내 마음 때문이다. 나는 내가 두려워하는 것을 끌어들인다. 기대하는 바를 경험하는 것이다. 소위 말하는 징크스를 깨고 담대하게 확언하라.

성경에서는 나와 아버지는 하나라고 하십니다. 하나님께서 나를 통해 생각하고 말하고 행동하십니다. 세상에는 단 하나의 힘만이 존재합니다. 그 힘은 조화롭고, 나와 합일을 이룹니다. 그 어떤 사람도, 장소도, 사물도 하나님이 하시는 일을 방해할 수 없습니다. 하나님께서 나를 통해 일하시기 때문에 나의 사업은 곧 하나님의 사업입니다. 나는 하나님 안에서 숨 쉬고 움직이며 살아갑니다. 내 안에 하나님이 거하시고, 움직이시며 자신을 온전히 표현하십니다. 하나님의 일은 지체되는 법이 없습니다. 하나님은 언제나 성공하시고 하시는 일마다 완수하십니다. 하나님에 대한 진리는 곧 나에 대한 진리입니다. 나는 신성한 사랑을 담아 영적인 질서 아래에서 내가 하는 모든 일을 신성하게 완수하고 결실을 봅니다.

모든 일을 일으키는 유일한 원인은 생각이다. 열정과 열의를 담아 원하는 일을 하라. 어려움에 부닥쳤다면 이를 명료하고 명쾌하며 영적으로 생각하는 법을 배우는 기회로 삼아라. 하나님과 조화를 이루면 모든 문제를 딛고 일어날 것이다. 왜냐하면 하나님이 실패하는 법은 없기 때문이다.

- 과거는 죽었다. 과거는 나에게 영향력을 끼치지 못한다. 현재의 생각만이 유일한 힘을 지니고 있다. 무엇이 되었든 사랑이 넘치며 가치 있는 것을 생각하라.

- 중요한 순간은 지금 이 순간뿐이다. 현재의 생각을 바꾸고 새로운 사고방식을 고수하면 운명은 바뀐다.

- 지금 내가 좋은 사람이라면 과거에도 좋은 사람이다.

- 새로운 사람으로 태어나려면 온 힘을 다해 사고를 바꾸고 새로운 사고방식을 고수해야 한다.

- 줏대 있게 생각하라. 다른 사람이 나를 대신해서 생각하거나 말하도록 내버려 두면 안 된다. 레코드에 기록된 음악만을 재생하는 축음기 같은 존재가 되어서는 안 된다.

- 전통, 신조, 교리 같은 과거의 죽은 생각에 시간, 돈, 에너지, 노력을 낭비하는 중인지 생각해 보라.

- 기도란 하나님의 선물을 받아들이는 것이다. 내면으로 들어가 내가 원하는 사람이 되는 느낌에 빠져 보라.

- '집 안에 적이 있다'라는 말은 내 마음 속에 두려움, 의심, 증오가 있다는 뜻이다.

- 기억만 있고 상처는 없다면, 누군가를 진정으로 용서했다는 뜻이다.

10

마음속 바다를 잔잔하게 다스려라

"너희에게 평화를 주노니, 너희는 근심하지 말고 두려워하지도 말아라."(요한복음 14장 27절)

우리는 마음의 평화를 바란다. 우리는 건강과 풍요를 누리지 못하거나 진정한 자아를 표현하지 못할 때, 또는 성취에 대한 욕망을 충족시킬 수 없을 때 좌절감을 느낀다. 내면에 갈등이 일어나고 혼란스러워 고통 받는다. 마음의 평화는 자신의 되고자 하는 욕망을 실현할 전능한 힘이 내 안에 있음을 알 때 찾아온다.

마음의 평화를 한결같이 유지하는 비결은, 내 안에 무한하신 하나님이 거하시고 하나님의 힘이 내재해 있음을 깨닫는 것이다. 하나님의 힘은 이루 말할 수 없는 평화를 준다.

하나님의 사랑, 조화, 힘과 정신적·정서적으로 하나가 되어라. 그리고 하나님의 자질이 나를 통해 흐른다고 생각하라. 그러면 질병을 유발하는 생각과 앙심, 원한, 보복 등 부정적인 생각 패턴이 담긴 독주머니가 정화될 것이다. 부정적인 생각은 내면을 혼란스럽게 하고 스트레스와 중압감만을 준다.

신문에서 급성정신장애로 정신병동에 입원한 사람의 수가 1000만 명에 육박한다는 기사를 읽었다. 이러한 환자 중 다수는 두려움과 질투, 원망에 사로잡혀 좌절한 상태다. 정신의 독은 그릇된 생각을 하고 건설적이고 조화롭게 사고하지 못해서 생겨난다. 조화와 평온을 경험하려면 스트레스 속에서도 감정을 조절해야 한다.

맥코이 박사에게 흥미로운 이야기를 들었다. 몬트리올대학교 실험의학수술연구소의 한스 셀리에 박사가 진행한 실험에 대해서였다. 실험 결과에 따르면 스트레스와 중압감을 느낄 때 부신과 뇌하수체는 신체의 안위를 위협하는 상황에 대처하기 위해 호르몬을 분비해 혈액으로 방출시킨다고 한다.

예를 들어 열이 나거나 감기에 걸리거나 실수로 몸을 다치면 응급 상황에 대처하기 위해 부신과 뇌하수체에서는 방어 기전으로 몸을 치유하기 시작한다. 하지만 병에 걸리거나 비극적인 상황에 처하는 상상 또는 재산적인 손실을 보거나 사고가 나리라는 상상을 하면, 나의 잠재의식은 걱정으로 인한 스트레스와 실제적인 신체 질환이나 부상이 초래하는 무의식적인 스트레스 상황을 구분하지 못한다.

셀리에 박사는 걱정, 조바심, 분노 등의 부정적인 이미지에 집착하면 호르몬이 과도하게 분비되어 신체에 혼란을 주고, 당뇨병이나 관절염을 비롯한 심신 질환을 일으킬 수 있다는 것이다.

부정적인 이미지가 병으로 드러나다

천식을 매우 심하게 앓고 있던 열 살짜리 소년과 이야기를 나눈 적이 있다. 소년의 주치의는 여러 검사를 해보았고 진정제도 처방했지만 전혀 차도가 없었다.

놀라운 점은 소년이 샌프란시스코에 있는 할머니와 같이 살았을 때는 단 한 번도 발작을 일으킨 적이 없다는 것이었다. 지난 여름 내내 그는 할머니 댁에 머물렀고 천식 증상을 단 한 번도 겪은 적이 없었다.

이야기를 들어 보니 소년의 아버지는 위압적이고 자기중심적이며 공격적이었다. 아들을 끊임없이 나무랐고 학교에서 뭘 잘못했는지 눈에 불을 켜고 찾는 등 그를 거칠게 대했다. 어머니는 종일 바빴다. 점심 모임, 차 모임, 칵테일파티에 참석하느라 아들에게 신경 쓸 시간이 없었고 사랑을 주지 않았다. 아들은 관심 밖이었다.

집에 돌아오면 부모는 서로를 죽이지 못해서 안달 난 것처럼 싸웠다. 소년은 부모님이 이혼해 한 분을 앞으로 영영 보지 못할까 봐 두려웠다. 천식은 소년이 두려움이 표출된 것이었고, 내면의 생명력을 갉아먹고 있었다.

부모님과 아들은 매일 한자리에 모여 시편 23편, 27편, 91편, 46편, 1편과 2편을 돌아가면서 기도하기로 했다.

하나님은 우리의 피난처이시며, 힘이시며, 어려운 고비마다 우리 곁에 계시는 구원자이시니, 땅이 흔들리고 산이 무너져 바다 속으로 빠져 들어도, 우리는 두려워하지 않는다. 물이 소리를 내면서 거품을 내뿜고 산들이 노하여서 뒤흔들려도, 우리는 두려워하지 않는다.
오, 강이여! 그대의 줄기들이 하나님의 성을 즐겁게 하며, 가장 높으신 분의 거룩한 처소를 즐겁게 하는구나. 하나님이 그 성 안에 계시니, 그 성이 흔들리지 않는다. 동틀녘에 하나님이 도와주신다.

민족들이 으르렁거리고 왕국들이 흔들리는데, 주님이 한 번 호령하시면 땅이 녹는다. 만군의 주님이 우리와 함께 계신다. 야곱의 하나님이 우리의 피난처시다. 땅을 황무지로 만드신 주님의 놀라운 능력을 와서 보아라. 땅 끝까지 전쟁을 그치게 하시고, 활을 부러뜨리고 창을 꺾고 방패를 불사르신다.

너희는 잠깐 손을 멈추고, 내가 하나님인 줄 알아라. 내가 뭇 나라로부터 높임을 받는다. 내가 이 땅에서 높임을 받는다. 만군의 주님이 우리와 함께 계신다. 야곱의 하나님이 우리의 피난처시다.(시편 46편)

기도를 시작한 후로 가정에는 평화와 느긋한 분위기가 새롭게 싹텄고 사랑과 조화, 선의가 집을 가득 채웠다.

복 있는 사람은 악인의 꾀를 따르지 아니하며, 죄인의 길에 서지 아니하며, 오만한 자의 자리에 앉지 아니하며, 오로지 주님의 율법을 즐거워하며 밤낮으로 율법을 묵상하는 사람이다. 복 있는 사람은 시냇가에 심은 나무가 철따라 열매를 맺으며 그 잎이 시들지 아니함 같으니, 하는 일마다 잘 될 것이다. 그러나 악인은 그렇지 않으니, 한낱 바람에 흩날리는 쭉정이와 같다. 악인은 심판받을 때에 몸을 가누지 못하며, 죄인은 의인의 모임에 참여하지 못한다. 의인의 길은 주님께서 인정하시지만, 악인의 길은 망할 것이다.(시편 1편)

결국 소년의 천식은 사라졌다. 기관지 근육이 수축했던 건 그가 항상 긴장하고 부정적인 분위기에서 지냈기 때문이다. 집안에 분노, 원망, 적대감이 서려 있으면 아이들은 고통받을 수밖에 없다. 실제로 그들은 이미지 속에서 자라고, 가정을 지배하는 정신적인 분위기와 비슷하게 성장한다.

어찌하여 뭇 나라가 술렁거리며, 뭇 민족이 헛된 일을 꾸미는가? 어찌하여 세상의 임금들이 전선을 펼치고, 통치자들이 공모해 주님을 거역하는가? 어찌하여 주님과 그의 기름 부음 받은 이를 거역하며 "이 족쇄를 벗어 던지자. 이 사슬을 끊어 버리자" 하는가?

하늘 보좌에 앉으신 이가 웃으신다. 주님께서 그들을 비웃으신다. 마침내 주님께서 분을 내고 진노하셔서, 그들에게 호령하시며 이르시기를 "내가 시온 산에 왕을 세웠다" 하신다.

"주님께서 내리신 칙령을 선포한다. 주님께서 이르시기를 '너는 내 아들, 오늘 내가 너를 낳았다. 내게 청하여라. 뭇 나라를 유산으로 주겠다. 이 끝에서 저 끝까지 너의 땅이 되게 하겠다. 네가 그들을 철퇴로, 질그릇 부수듯이 부술 것이다' 하셨다."

그러므로 왕들아, 지혜롭게 행동하여라. 세상의 통치자들아, 경고하는 이 말을 받아들여라. 두려운 마음으로 주님을 섬기고, 떨리는 마음으로 주님을 찬양하여라. 그의 아들에게 입맞추어라. 그렇지 않으면 그가 진노하실 것이니, 너희가 걸어가는 그 길에서 망할 것이다. 그의 진노가 지체 없이 너희에게 이를 것이다. 주님께로 피신하는 사람은 모두 복을 받을 것이다.(시편 2편)

인간의 간절한 소망 중 하나는 마음의 평화다. 내면의 평화를 경험하기 위해서는 하나님과 조화를 이루고 나를 통해 하나님의 평화의 강이 흐르도록 해야 한다. 조마조마하거나 야단법석을 떨거나 에너지를 허투루 쓰지 말아야 한다. 걱정은 비축해 둔 감정적·육체적·영적 에너지를 빼앗는다.

슬픔이나 증오, 원한, 불만을 품고 일상생활에서 계속해서 화를 낸다면 내면의 평화는 찾아오지 않는다. 이러한 종류의 생각은 잠재의식에 독주머니를 만들어 고혈압, 심장 질환을 비롯해 여러 질병과 증상을 일으킨다. 잠재의식이 죄책감으로 가득 차 있으면 벌을 받아야 한다는 느낌이 들고 그에 따라 무의식적으로 고통 받는다.

증오, 악감정, 자기 비난으로 가득 찬 독주머니를 비우고 하나님의 사랑으로 나의 영혼을 채워라. 편하게 앉아서 긴장을 풀고 10~15분 동안 다음과 같이 확언하라.

하나님의 사랑이 제 마음과 정신을 가득 채웁니다. 주변 사람들뿐만 아니라 모든 사람에게 사랑과 선의를 쏟아붓습니다. 특정한 사람에게 원한이나 악감정이 든다면, 다시 그 사람을 마음속에서 만났을 때 마음이 쓰리지 않을 때까지 정신을 집중해 축복을 쏟아붓습니다.

마음의 평화는 약으로 되찾을 수 없다

마음의 평화를 느끼고 휴식을 취하기 위해 진정제를 복용하는 사람들이 많다. 약물은 잠시 내 기분을 북돋고 행복감을 줄 수 있지만, 효과는 일시적일 뿐이고 근본적인 것을 바꾸지는 못한다. 핵심은 마음가짐을 바꾸는 것이다.

자극제나 진정제는 불안, 지나친 긴장, 걱정을 해결해 줄 수 없다. 내 안에 계신 하나님의 현존과 능력을 깨닫고, 하나님의 영적인 힘과 조화를 이루면 하나님께서는 길을 인도해 주시고 조화와 영적인 질서, 풍요를 불어넣어 주실 것이다. 무한한 힘은 생각의 본질에 반응하는 습성이 있다.

창조력은 내 안에 있다. 상황이나 조건, 사건, 다른 사람들의 말이나 행동에 있지 않음을 기억하라. 다른 사람이나 조건이 특정한 내용을 암시할 수는 있지만, 나의 우주에서 생각하는 사람은 나 하나뿐이다. 그래서 나는 모든 부정적인 암시를 거부하거나 받아들일 수 있다.

사람이나 조건, 사건에 정신적·정서적으로 어떻게 반응하느냐에 따라 몸은 긴장하고 불안해하며 혈압을 높일 수도 있다. 내 안의 신성한 중심에서 생각하고 말하며 행동하고 반응하기 시작하라. 정신적으로 무너지거나 감정이 폭발하기 전에 다음과 같이 확언하라.

내 안에 있는 하나님께서 생각하시고 말씀하시고 행동하시며 모든 일에 반응하십니다.

이 확언은 마음을 가라앉히고 나를 성령이 거하시는 높은 곳에 머무르게 한다.

우리는 도전을 맞닥뜨리고 어려움과 문제, 스트레스, 삶의 압박감을 극복하기 위해 이 자리에 있다. 살아가면서 받는 스트레스나 불안감에 무감각해지려고 약에 의지하는 건 잘못이다. 우리는 삶의 도전과 시련을 극복하기 위해 이 세상에 왔다. 그러한 과정 없이는 결코 내 안의 신성을 발견하지 못할 것이다.

잔잔한 마음속 바다에서
목표를 향해 순항하라

마태복음 8장에는 조화와 마음의 평화를 위한 놀라운 청사진이 등장한다.

"바다에 큰 풍랑이 일어나 배가 뒤집힐 위험에 처했다. 예수께서는 주무시고 계셨다. 제자들이 다가가 예수를 깨우고 '주님, 살려 주십시오. 우리가 죽게 생겼습니다'라고 하자 '왜들 무서워하느냐, 믿음이 적은 사람들아' 하시고, 일어나 바람과 바다를 꾸짖으시니, 바다가 아주 잔잔해졌다."

여기서 바람은 현재의식에 존재하는 두려움과 불안, 불길한 예감을 의미하고, 물결은 절망과 우울, 증오, 공포의 물결을 뜻한다. 내 안에 폭풍우 치는 바다가 있을지라도 나는 마음의 수레바퀴를 잠재우고 차분하게 확언할 수 있다.

> 임재하는 하나님께서는 현재의식에서 평정과 균형과 평화로, 마음에서는 하나님에 대한 사랑과 신뢰로, 내 몸 안에서는 활력으로 흐르십니다.

이렇게 하면 내면의 평화를 발견하고 내 몸과 마음 전체에 하나님이 흐르시는 것을 차분하게 느낄 수 있을 것이다. "바다가 아주 잔잔해졌다"는 구절의 의미다.

하나님의 생각과 내 안에 있는 치유력에 닿으려고 하는 마음은 하나님과의 조화를 가져다준다. 그리고 영적 능력을 발산시켜 마음을 평화롭게 하고 나아가 이해력을 증진한다.

나는 선장이고 내가 가고 싶은 항구로 배를 몰고 갈 수 있다. 조건과 상황, 환경적인 문제와 정신적으로 맞서 싸운다면 실제로 원인에 영향을 미치는 문제와 골칫거리를 더 크게 만들 뿐이다. 내가 반응하고 느끼는 방식에 따라 불안, 신경증, 고혈압, 두통이 생긴다.

원인은 나의 일이나 상사, 이웃에 있지 않다. 원인은 내 안에 있고, 내 생각이 원인을 만든다. 타인과 외부 상황에 대해 반응하는 방식에 대한 책임은 오롯이 나에게 있음을 잊어서는 안 된다. 나는 나의 우주에서 생각하는 유일한 사람이다.

비전을 두는 곳으로 내가 향한다는 사실을 잊지 말아라. 만약 실패를 상상한다면 하루에 14시간을 열심히 매진해도 성공하지 못할 것이다. 전제가 잘못되면 결론도 잘못되기 마련이다. 마음은 삼단논법에 따라 작동한다. 그러므로 올바른 전제를 세우면 다른 곳으로 엇나가지 않고 결론으로 이어질 수밖에 없다. 이러한 진리를 알면 마음의 평정, 균형, 평화를 얻을 수 있다.

크게 생각하고 더 깊이 느껴라

마음속에서 전능하신 하나님 아버지와 교감할 수 있다는 걸 깨달아야 한다. 하나님과 합일을 이루었기에 나는 강하고 확신에 차 있다. 마음은 평화롭고 자신감이 넘친다. 나는 만물에 생명력을 불어넣는 하나이신 분과 연결되어 있다. 약하거나 부족하다고 느낄 때, 긴장되고 불안할 때면 내 안에 계신 하나님 아버지와 하나가 되어 확언하라.

그분은 나의 영혼을 회복시키십니다.

이렇게 생각하고 행동하는 것이 하나님과 진정으로 교감하는 길이다. 모든 질서의 가장 높이 계신 분께 진심으로 기도하는 법이기도 하다. 나는 영적인 우주에 사는 영적인 존재다. 영적인 우주는 온전한 하나님의 통치를 받고 있으며 흠잡을 데 없는 하나님의 신성한 법칙에 따라 작동한다. 이를 알면 부족하거나 열등감을 느끼지 않을 것이며 타인을 비난하거나 비판하지 않을 것이다. 우리는 내면에서 느끼는 것을 다른 사람에게 투영하는 경향이 있다.

하나님과 함께하면 스스로가 부적절하거나 단점이 있다고 생각하지 않는다. 또한 비정상적이고 열등하다는 생각을 타인에게 투영하지도 않는다. 매일매일 하나님과 하나 됨을 느끼면 나의 궤도에 들어오는 모든 이에게 축복의 광채와 빛을 쏟아 내고 자신감, 기쁨, 치유의 떨림을 선사할 것이다. 하나님의 법칙은 한시도 빠짐없이 작동하므로 나는 완전히 하나님께 기댈 수 있다.

하나님은 실패하는 법이 없으시다. 나는 임재하는 그분의 진리를 믿어야 하고, 그 믿음은 통찰력, 지혜, 이해력을 바탕으로 해야 한다. 몇몇 기도에 답을 받지 못해 걱정되거나 불안하다면 내면의 하나님께 다음과 같은 방법으로 기도를 바쳐라.

하나님, 저는 이것을 받아들입니다. 당신의 지혜 속에서 위대하고 성대하며 더 멋진 것을 받아들입니다. 하나님 아버지, 감사합니다.

"주님께 의지하는 사람들은 늘 한결같은 마음을 가진 사람들이니,

그들에게 평화를 주시기 바랍니다."(이사야서 26장 3절)

이 구절을 함께 생각해 보는 것도 좋다. 마음의 조화와 평화를 원하면 다음의 기도도 함께해 보자.

저는 마음속에서 드는 소망이 제 안에 있는 하나님으로부터 오는 것을 알고 있습니다. 하나님은 제가 행복하길 원하십니다. 생명과 사랑, 진리, 아름다움은 저를 위한 하나님의 뜻입니다. 저는 정신적으로 선합니다. 저는 하나님이 흐르시는 완벽한 통로입니다.

저는 노래하며 하나님의 존재 안으로 들어갑니다. 하나님을 드높이며 하나님의 성전으로 들어갑니다. 그 안에서 저는 행복하고 즐거우며 마음이 잔잔하고 평화롭습니다. 부드럽고 조용한 소리(열왕기 상 19장 12절)가 귓가에 속삭이며 완벽한 답을 주십니다. 하나님은 저를 통해 당신을 표현하십니다.

저는 언제나 제가 진정으로 있어야 할 자리에서 좋아하는 일을 합니다. 저는 인간의 의견을 진리라고 받아들이지 않습니다. 저는 이제 제 안으로 들어가 하나님의 움직임을 감지하고 느낍니다. 사랑을 담은 메시지를 속삭이시는 하나님의 선율이 들립니다.

제 마음은 곧 하나님의 마음입니다. 제 마음 안에는 늘 신적인 지혜와 지성이 담겨 있습니다. 제 두뇌는 현명하고 영적으로 생각하는 제 능력을 상징합니다. 하나님의 아이디어는 완벽한 순서로 제 마음속에 펼쳐집니다. 저는 언제나 안정되고 균형이 잡혀 있으며 마음은 고요하고 침착합니다. 왜냐하면 저의 모든 요구에 완벽한 해결책을 하나님께서 언제나 보여 주시리라는 것을 알기 때문입니다.

- 평화롭고 조화로운 가정 분위기를 유지하라. 아이들은 가정을 지배하는 정신적인 분위기, 이미지와 비슷하게 성장한다.

- 증오와 악감정, 자기 비난으로 가득 찬 마음의 독주머니를 비우기 전에는 내면의 평화를 찾을 수 없다. 하나님의 사랑으로 영혼을 채우면 마음의 평화가 찾아온다.

- 진정제는 일시적으로만 효과가 있다. 마음에 평화나 안정을 주지는 못한다. 원인은 내 생각과 느낌에 있다. 모두에게 평화, 조화, 사랑, 선의를 베푸는 생각으로 마음을 분주하게 하라. 마음가짐을 바꾸면 평화와 조화가 찾아올 것이다.

- 증오는 신체를 전반적으로 쇠약하게 하는 치명적인 독이다. 신성한 사랑과 조화에 부합하는 생각을 하면 내면의 평화를 찾을 수 있다.

- 나의 믿음은 하나님의 인도, 사랑, 조화, 법칙, 질서와 같은 방향이어야 한다. 의식과 잠재의식의 작용과 변치 않는 하나님의 진리를 믿는 게 참된 믿음이다. 하나님과 만물의 선함을 믿으면 인생에서 기적이 일어날 것이다.

- 생각은 창의적이다. 종일 하는 생각이 나를 만든다. 잠재의식에 관한 지식은 온갖 공포와 걱정, 불길한 예감과 두려움에서 나를 구해 줄 것이다.

- 나는 비전을 두는 방향으로 향한다는 사실을 잊지 말아라. 크게 생각하고 깊이 느껴라. 마음속에서 하나님과 하나 됨을 알고, 나의 궤도에 들어오는 모든 이에게 지금부터 영원히 축복의 광채와 빛을 쏟아 내고 자신감, 기쁨, 치유의 떨림을 선사하라.

11

죄책감이라는
가짜 목소리에서 해방되려면

죄책감은 매우 흔한 감정이다. 현대의 심신의학과 정신의학 분야에서는 깊은 죄책감이 좌절감과 연결되어 있다고 지적한다. 또한 죄책감은 성격 장애와 신체 질환으로도 이어지며, 나아가 사업과 가정에도 영향을 미친다.

모두가 죄책감을 가진 것처럼 보이지만 사실 죄책감은 비정상적이고 부자연스러운 상태다. 예를 들어 아이는 죄책감을 지니고 태어나지 않는다. 죄책감은 외부로부터 온다. 대부분 부모나 선생님 등이 주입하는 것이고, 인간의 믿음과 결부된다.

아기는 죄의식 없이 태어나지만, 어머니가 화를 내거나 기분이 안 좋으면 자기 때문인 줄 알고 처음으로 죄책감을 느낀다. 음식과 안락함, 사랑과 안정을 얻기 위해 아이는 어머니에게 기댈 수밖에 없으므로 아기에게 어머니는 신이나 다름없는 존재고 권위와 규율을 상징한다.

세상에 태어날 때 인간은 무엇이 진정으로 가치 있는 일인지 모른다. 어린 시절 우리는 인간이 만들어 낸 종교, 신조, 교리, 관습, 법, 규칙, 규정에 대해 아무것도 몰랐다. 아이는 작은 동물이나 마찬가지이기에 생각과 감정을 억제하지 않고 자유롭게 행동한다. 그런 아이를 어머니는 혼낼 수 있다.

아이를 질책하며 어머니는 하나님이 벌을 주실 거라고 하곤 한다. 어린아이는 어머니의 말을 이해하지 못하고 당황한다. 그리고 본능적으로 아이는 어머니의 사랑, 안정감과 단절되었다고 느낀다. 아이는 자신이 이해하지 못하는 일로 벌을 받아 혼란스러워하고, 스스로를 나쁜 아이라 결론 내린다. 태어나서 처음으로 죄를 지었다는 느낌을 받아 당황한 아이는 자신을 보호하려 한다. 어머니가 질책하거나 분노를 표출하면 본능적으로 반응한다. 어머니를 두려워할 수도 있고, 성질을 부리면서 나름의 반격을 할 수도 있다.

부모님이 원하는 방향과 정반대라서 자신의 욕망이 좌절되면 아이의 죄책감과 죄의식은 깊어만 간다. 성인이 되어서는 종교, 사회, 국가의 법과 관습 때문에 욕망이 좌절되기도 한다. 본능에 따르고 싶지만, 권위 있는 사람이 "안 돼"라고 말하면 욕망은 권위와 충돌한다.

원죄와 세례의 진정한 의미

아담과 하와가 죄를 지었기 때문에 아이들도 원죄를 가지고 태어난다는 이론은 시대적으로 맞지 않는 교리다. '원죄'의 진정한 의미는 신성한 기원을 잊고 하나님의 진리 대신 인간의 명령을 따르고 미신을 믿는 것이다.

세상의 모든 아이는 인간의 마음을 가지고 태어나 주변 환경의 지배를 받는다. 외부의 힘에 휘둘리는 게 원죄가 본래 뜻하는 바이기도 하다. 마음의 법칙을 배우고 내 안에 신성이 있음을 깨달으면 어린 시절의 금기와 제한, 그릇된 믿음, 타락한 교리에 얽매이지 않는다.

자녀의 마음을 정화하고 싶다면 가정을 하나님의 임재로 채워야 한다. 하나님이 하실 법한 생각을 하면 가정은 사랑스러운 기분과 분위기로 가득 찰 것이다. 그리고 아이들이 가정의 이미지, 분위기와 비슷하게 자라는 것을 볼 것이다. 이것이 세례의 진정한 의미다.

잔에 담긴 물이 더럽다고 비난하고 욕한다고 해서 더러운 물이 깨끗한 물이 되는 건 아니다. 하지만 깨끗한 물을 붓다 보면 어느새 잔은 깨끗한 물로 가득 찰 것이다.

아이에게 인간은 본래 사악하며 원죄를 가지고 태어났다고 말해서는 안 된다. 우리가 하나님의 자녀라고 가르쳐야 옳다. 진정한 아버지는 하나님이시고, 하나님은 곧 사랑이라고 말이다.

또한 사랑스럽지 않은 일은 하면 안 된다는 것을 가르쳐야 한다. '선한 양심'은 황금률을 지키고 다른 사람을 사랑하며 정직이 최상의 방책이라 생각하고 행동하는 것이다. 그러면 타인의 무언가를 훔치려고 할 때 내면에서 "안 돼, 그러면 안 돼"라는 목소리가 들린다.

어머니와 아버지의 역할은 스컹크와 고양이의 차이점을 설명하듯, 옳은 것과 그른 것의 차이점을 가르치는 것이다. 자녀는 학교에 가서 예의범절을 배우고 적절한 가르침을 받아야 한다. 무엇이 옳고 진실하며 고귀한지, 하나님의 자질이 깃들어 있는 것은 무엇인지 배워야 한다.

일요일에 교회에 가지 않아 하나님이 벌을 내리실까 봐 두려워하는 소년이 있었다. 이는 부모와 선생님이 무의식적으로 심어 놓은 미신이자 그릇된 믿음의 속삭임이다. 이러한 믿음 때문에 아이는 죄책감을 느꼈고 벌을 받아야 한다고 생각했다.

어린 시절 우리는 금기와 제한, 훈계 속에서 살아가고 "하지 마"라는 말을 쉴 새 없이 들으면서 자랐다. 행실이 나쁘거나 죄를 저지르면 하나님의 벌을 받으리라는 말을 듣곤 했다. 행동을 고치거나 특정한 교리를 믿지 않으면 불지옥이 기다린다는 말이 익숙하지 않은가? 아이들의 마음은 온갖 기이한 관념과 잘못된 교리로 오염되고 더럽혀져 있다.

하나님은 그 누구도 벌하지 않으신다. 하나님은 이미 나를 용서하셨으므로 나도 나 자신을 용서해야 한다. 생각을 바꾸고 바꾼 생각을 고수하라. 무엇이 되었든, 진실하고 공정하며 고귀하고 가치 있는 것을 생각하라.

하나님의 힘은 내면에 있다

과거 사람들은 자신들이 통제할 수 없는 힘에 지배를 받는다고 느꼈다. 태양은 따사로웠지만 때로는 땅을 메마르게 했다. 불은 생명을 앗아갔고 천둥소리에 공포를 느꼈다. 물이 범람하면 키우던 가축들이 익사했다. 고대 사람들은 신이 외부에서 힘을 행사한다고 생각했다. 원시적이고 근본적인 믿음이었다.

자연의 사랑과 신의 노여움, 재앙에 대한 두려움과 희망에서 최초의 종교적인 아이디어가 피어났다. 원시인은 아주 기본적인 추리 능력만 갖추었기 때문에, 자신보다 더 강한 사람이 자신을 해치려고 할 때 뇌물을 주거나 저자세로 나가면 상대방의 마음을 달랠 수 있다고 생각했다. 추론 능력이 부족했던 그들은 바람과 별, 물의 지성에 빌기 시작했다. 자신의 말을 듣고 기도에 응해 주기를 바라며 바람과 비의 신들에게 제물을 바쳤다.

고대인은 신의 노여움을 달래기 위해 송아지, 어린 양, 염소, 비둘기를 제물로 바치는 의식을 하곤 했다. 태풍이 불어닥치거나 흉작, 큰 가뭄이 들면 사람들은 신의 노여움을 샀다고 믿었다. 사제들은 사람들에게 답을 주어야 했다. 그럴듯한 답을 주지 않으면 사람들이 사제를 죽였기에, 사제들은 사람들의 미신적 상상력을 충족시키는 답을 했다.

현대의 과학자는 자연의 법칙을 따른다. 자연의 법칙을 바꿀 수는 없기 때문이다. 우리가 믿는 종교도 자연의 법칙에 부합해야 한다. 자연의 법칙에 부합하는 종교를 믿으면 지식과 (선한) 양심이 생긴다.

황금률과 사랑의 법칙이라는 관점에서 생각하라. 화학, 물리학, 수학 및 공학의 법칙을 거스를 수 있다고 생각하는가? 무게 중심에서 멀리 떨어진 곳에 바퀴를 달 것인가? 종교적인 믿음이라는 핑계로 구시대적이며 미개한 미신과 편견을 아직도 믿고 있는 것은 아닌가? 과거의 죽은 생각을 교리로 포장한 덫이 나를 지배하고 있는 것은 아닌가?

위대한 생명의 법칙을 공부해 보라. 하나님은 생명이시며, 그 생명은 나를 통해 아름다움과 조화, 기쁨, 사랑, 질서, 풍요를 표현하려 한다. 하나님의 나라는 내 안에 있다. 무한한 지성에 시선을 돌려 기도할 때 무한한 지성은 나를 모든 방면으로 이끌고 안내할 것이다. 생명의 법칙은 건강과 행복, 평화, 질서, 아름다움, 올바른 행동, 풍요의 법칙이다. 신적인 질서는 하늘의 제일 법칙이다.

양심은 진정한 내 목소리가 아니다

우리는 내면의 자존감을 지키며 살아가야 한다. 그리고 하나님을 인정하고 하나님의 자질과 속성, 잠재력에 경의를 표해야 한다. 모든 사람 안에는 하나님이 거하시므로 모든 이의 자아에는 하나님이 임하시고 하나님의 힘이 깃들어 있다. 모든 이는 이 세상에서 사랑받고 있으며, 하는 일을 모두 완수할 수 있을 정도로 충분한 능력을 갖고 있다.

나는 생명의 계획을 이루는 데 필요한 존재이며, 우주에서 나의 역할을 충실히 수행하고 있다. 나는 스스로를 온전히 표현하고 가치 있게 살아가기 위해 이 세상에 왔다. 하나님과 하나가 될 때 안도감을 느낄 수 있다. 인간은 자신과 함께 살아가므로 나 스스로를 사랑하는 법을 배워야 한다.

내면의 하나님을 드높이지 않으면 스스로를 열등하고 부적절하다고 느끼며 불안에 빠져 죄인이라 느끼기까지 한다. 자신을 죄인으로 여기는 사람은 행복할 수 없다. 행복하게 살아가기 위해서는 자신을 사랑하고 자존감을 높여야 한다.

죄책감은 양심에서 비롯된다는 것을 깨달아야 한다. 양심의 소리를 하나님의 목소리라고 주장하는 사람이 많지만, 사실은 그렇지 않다. 양심은 내면의 느낌이자 다른 사람의 목소리다. 그리고 그 목소리는 무지와 두려움, 미신, 거짓 그리고 신에 대한 기이한 관념일 때가 많다.

스페인 종교 재판 당시 수천 명의 개신교 신자들이 양심이라는 미명 하에 처형당했다. 여기서 '양심'은 종교적 증오와 편협함을 대변한다. 고고학자에 따르면 고대 바빌로니아에서는 부모가 만든 사소한 규율이나 규칙을 아이가 위반하면 돌로 쳐서 죽였다.

오늘날 많은 사람이 신경과민적 양심의 피해자다. 양심은 종교와 인종, 사회적 영향력에 따라 다르기에 내가 양심이라고 부르는 것과 하나님의 목소리를 구별하는 법을 배워야 한다.

하나님께서는 언제나 평화로운 어조로 말씀하시고 결코 혼란스럽게 하지 않으신다. 하나님의 목소리는 항상 건설적이고 조화로우며 평화롭다. 하나님의 목소리는 언제나 생명을 향하고 더 풍요로운 삶을 지향한다.

한 젊은 여성이 나를 찾아왔다. 그녀는 병에 걸릴까 두려워 하루에 100번 정도 손을 씻는다고 고백했다. 여성은 가톨릭 신자였는데 남편은 유대교를 믿었다. 여성의 어머니로부터 종교가 다른 사람과 결혼하는 행위는 악하다고 비난을 퍼붓는 편지를 받기 전까지만 해도 이 둘은 매우 행복했다.

나는 여성에게 사랑에는 신조도 인종도 종파도 없으며 사랑은 모든 종교적 교리를 초월한다고 말했다. 그녀는 사랑이 최고로 군림할 때 그 누구도 자신의 결혼 생활을 깨뜨릴 수 없다는 걸 깨달았다. 화를 주체할 수 없는 순간에도 도리어 웃는 법을 배웠다.

그녀는 어머니가 왜 이런 우스꽝스러운 편지를 썼는지 이해했다. 어머니는 온갖 종류의 종교적 금기와 편견에 세뇌되어 있었고, 너무나 엄격했다. 그래서 하나님이나 진리가 아닌 미신과 편견, 무지의 관점에서 편지를 썼다는 것을 깨달았다.

하나님 안에서는 노예도 자유인도 없으며, 가톨릭 신자나 개신교 신자, 힌두교 신자나 무신론자도 없다. 하나님은 종교가 없으므로 종교적 교리나 신조, 인간이 만든 의견에 대해서는 아무것도 모르신다.

여성은 기도하는 법을 배웠고, 어머니로부터 사랑과 친절, 선의가 가득 찬 편지를 받는 상상을 했다. 여성은 매일 밤 상상 속에서 어머니를 포옹하며 사랑과 평화, 기쁨을 전했다. 상상 속에서 어머니는 편지를 읽어 주었는데, 영혼을 기쁨으로 가득 채우는 편지였다.

그녀는 3주 동안 매일 밤 기도했다. 그 후에 어머니로부터 편지가 왔다. 비난해서 미안하다는 내용이었다. 어머니의 편지에는 매일 밤 그녀가 상상하고 진짜라고 느끼면서 기뻐했던 단어들이 거의 그대로 적혀 있었다.

돌아가신 분에 대한 죄책감

많은 사람들이 부모님이 다른 세상으로 떠날 때 곁에 있어 드리지 못했다는 죄책감에 휩싸여 산다. 흔히 이렇게들 말한다.

"살아 계실 적에 더 효도했어야 하는데…."

"아버지를 용서하지 못했는데 지금은 돌아가셔서 안 계셔요."

"집을 비우고 외출했을 때 어머니가 세상을 떠났습니다. 마지막을 함께하지 못했습니다."

이에 대한 답은 성경에 나와 있다. 성경은 나 자신과 다른 사람을 용서하는 법을 가르쳐 준다. 제일 먼저 깨달아야 할 부분은 마음의 원리는 시공간을 뛰어넘는다는 것이다.

정신적 긴장을 풀고, 효도를 하지 못해 후회가 되는 부모님을 생각하라. 나는 어머니를 생각하겠다. 어머니와 대화하고 있다고 상상해 보자. 어머니께 사랑스럽고 아름답다고 말하고, 어머니를 얼마나 사랑하는지 표현하자. 마음속으로 어머니를 칭찬하고, 하나님이 어머니 안에 거하신다는 걸 깨달아라. 하나님의 사랑과 빛과 진리와 아름다움이 어머니 안에 흐르고 있다고 생각하고, 하나님의 생명과 함께 살아 있음을 느껴라.

영혼이 기쁨으로 채워지는 게 느껴질 때까지 이러한 상상 속의 장면에서 살아라. 한 편의 영화를 보듯 장면을 상상하면 반응이 오고 죄책감으로부터 해방될 것이다. 어머니도 자유로워질 것이다.

하나님이 행동하시기에 나도 어머니도 과거의 모든 사건을 잊어버릴 것이고, 완전한 치유가 따를 것이다.

- 죄책감은 정신적 질환이며 비정상적이고 부자연스러운 것이다. 죄책감을 지니고 태어나는 사람은 없다.
- 갓 태어난 아이는 죄의식이 없다. 어머니가 화를 내거나 기분이 상했을 때 아기는 처음으로 죄책감을 느낀다.
- 이해할 수 없는 일로 벌을 받으면 아이는 혼란스러워하고 자신을 나쁜 아이라고 결론 내린다.
- 양심은 내면의 느낌이자 다른 사람의 목소리다. 부모나 선생님이 마음속에 무지, 두려움, 미신, 거짓을 심어 놓아서 들리는 목소리일 수도 있다.
- 잘못된 것들을 옳다고 받아들이기 때문에 죄책감에 휩싸인다.
- 하나님께서 벌을 내리실 거라며 아이를 겁주는 것은 잘못된 일이다. 하나님은 그 누구도 벌하지 않으신다.
- 선한 양심이란 황금률을 지키고 다른 사람을 사랑하며 정직이 최상의 방책이라는 것을 아이들에게 가르치는 것이다.
- 원죄의 진정한 의미는 신성한 기원을 잊고 하나님의 진리 대신 인간이 명하는 바를 따르는 것이다.
- 하나님은 어떤 종교도 믿지 않으시므로 종교적 교리나 신조, 인간의 의견에 관해서는 아무것도 모르신다. 하나님께서는 사람을 차별하지 않고 모든 이를 똑같이 대하신다.
- 하나님과 영적인 진리가 나를 통제하도록 하라.

12
자기 확신이라는 마법

나는 생명의 표현이다. 나는 생명에게 매우 중요한 존재이고, 생명은 내가 풍요롭게 살아가고 능력을 펼치는 데 지대한 관심이 있다. 나는 이 세상에서 꼭 해야 할 특별한 일이 있고, 세상에 하나밖에 없는 사람이다. 다른 사람들과 다르게 생겼을뿐더러 생각하는 것도 느끼는 것도 믿는 것도 다르다. 나는 특별한 자질과 유일무이한 능력을 갖추고 태어났다. 특별한 선물을 가지고 태어난 나는 세상 그 누구도 표현할 수 없는 방식으로 생명을 표현할 수 있다.

내가 이 세상에서 무슨 일을 할 수 있고 무슨 일을 해야 하는지를 배운다면, 나의 운명을 개척하고 세상에 존재하는 이유를 충족할 것이다. 또한 인생에서 자신의 역할을 맡고 상황 속에서 나의 중요성을 느낄 것이다. 나는 상상력·사고력·판단력을 갖추고 선택하고 행동하는 능력을 타고났다. 생명은 나를 통해 에너지, 활력, 평화, 사랑, 기쁨, 지혜 등 모든 영광스러운 자질을 표현하려고 한다.

갈릴리해에서 어떤 남성을 만난 적이 있다. 그는 아주 흥미로운 이야기를 해주었다.

"몇 년 전에 독일에 살았었는데 당시 매우 부자였습니다. 주식과 채권, 부동산을 많이 가지고 있었고 좋은 학교를 나왔죠. 자신감이 넘쳤어요. 하지만 전쟁이 일어났습니다. 가족은 모두 목숨을 잃었고 저는 강제 수용소에 수감되었습니다. 전쟁이 끝나고 수용소에서 풀려났지만 무일푼이었어요.

하지만 세상이 망하더라도 하나님은 굳건하시다는 걸 알았죠. 하나님이 계시는 것만으로도 충분했어요. 하나님께 의지하니 응답을 주셨습니다. 저는 지금 행복하고 자유로운 삶을 살고 있어요. 직업적으로도 성공해서 많은 이들에게 존경을 받고 있습니다."

나는 어떻게 기도했는지 물었다. 그는 기도에 다음과 같은 내용을 담았다고 한다.

하나님께서는 길을 보여 주시고 새로운 문을 열어 주십니다. 그분은 제게 인생의 새로운 길을 밝혀 주십니다. 하나님께서는 제게 자신감을 심어 주시고 평화와 건강, 부를 주십니다. 하나님께서 저를 보호해 주시고 언제나 지켜보고 계십니다. 지금부터 영원히 저를 보살펴 주시리라는 걸 압니다.

이 남성은 자신감의 비밀을 발견했다. 친구들은 그에게 도움을 요청했고 돈이 술술 들어 왔다. 새로운 땅에서 새로운 기회가 열린 것이다. 그는 이제 자신이 꿈꿔 왔던 것 이상으로 승승장구하고 있다.

자신감은 '믿음과 함께하는 것'을 뜻한다. 여기서 믿음은 내 안에 임하는 하나님과 그분의 능력을 인식하는 것이다. 겸허한 태도로 내가 하나님의 자녀라는 믿음을 가지면 승리하고 성공하는 삶을 살 수 있다.

많은 어려움과 넘기 힘든 장애물이 있을 것이다. 만만치 않은 방해물과 맞서야 할지도 모른다. 하지만 진정한 의미에서의 자신감을 가지면 모든 문제에 담대하고 즐겁게 맞설 수 있다. 하나님과 동행하면 자신감이 깊어지고 단단해진다. 변하지 않는 자신감을 가지고 인생의 부침을 헤쳐 나갈 수 있다.

하나님과 모든 선한 것에 대한 믿음은 자신감을 선사한다. 자신감은 눈을 빛나게 하고 새로운 자세를 갖게 하며 삶에 대한 새로운 발상을 심어 준다. 입가에 미소가 걸리고 활력과 힘이 넘친다. 자세와 태도, 제스처, 말투, 눈빛에서 자신감이 드러난다. 행동과 몸짓 하나하나에 가치와 청사진이 드러나는 것이다.

진정으로 자신감을 얻으려면 나와 세상을 창조하신 영원한 생명의 원리에 믿음을 두어야 한다. 즉 현재의식과 잠재의식의 작용을 연구하고 직접 적용해 보면 자신감을 얻을 수 있다. 잠재의식은 습관적인 사고에 반응한다. 살아가면서 어떤 생각을 할지, 어떤 이미지를 그릴지, 어떤 반응과 응답을 할지 선택할 수 있고, 감정을 건설적으로 전달할 수 있다. 라디오나 텔레비전을 조립할 때나 화학과 물리학, 수학 또는 전자공학에 대한 지식을 쌓았을 때 나오는 자신감과 마찬가지로 잠재의식에 대한 지식을 쌓으면 자신감이 커진다.

눈과 귀로 진리를 되뇔 때
울리는 치유의 진동

"공포에 질려 한밤중에 깹니다. 뭔가 끔찍한 일이 일어날 것만 같은 두려움을 느끼며 하루하루를 맞이합니다."

큰 기업체를 운영하는 지인이 불안감에 휩싸여 나에게 한 말이다. 그는 거액의 빚을 지고 있었기에 파산할까 봐 두려워했다. 매일 밤 성경 구절을 읽었지만 두려움이 가시지 않았다. 그는 사업이 망하리라고 생각하는 것 같았다.

나는 그에게 주기적으로 기도하라는 처방을 내렸다. 내가 써준 기도문은 다음과 같다.

저는 저의 사업이 하나님의 사업임을 압니다. 하나님이 언제나 함께 하심을 믿습니다. 내 안의 지혜를 전적으로 신뢰하며, 내면의 지혜로 모든 문제를 해결할 수 있다는 걸 압니다. 저는 마음을 내려놓고 안정감을 느낍니다. 모든 문제에는 조화로운 해결책이 있습니다. 모든 비즈니스 관계가 조화의 법칙에 부합한다는 것을 알고 있습니다. 행복, 번영, 평화가 사업을 지배하도록 다른 사람과 조화롭게 일합니다. 무한한 지성은 제가 인류를 위해 봉사할 수 있는 더 나은 방법을 알려줍니다. 제 사업의 주인은 하나님이시고 하나님은 이 일에 저를 고용하셨습니다. 제 마음은 확신으로 가득 차 있습니다.

사업가는 하루에 10번씩 힘찬 목소리로 기도문을 읽었다. 치유의 진동이 눈을 거쳐 공포에 휩싸인 뇌로 전달되리라는 걸 알았다. 그의 귀도 마음을 달래는 치유의 진동이 울리는 소리를 듣고 뇌에 전달했다. 열흘 동안 그는 눈과 귀로 진리를 받아들여 마음을 가득 채웠다. 그렇게 공포심을 모두 지우는 데 성공했다. 이제 그의 마음은 평화와 자신감으로 가득 찼다.

또한 자신의 사업이 다른 사람들을 위해 봉사할 좋은 기회라는 것도 깨달았다. 그러자 자신과 직원을 몰아붙이면서 화를 버럭 내던 일도 그만두었다. 한 달이 다 되어 갈 무렵 그는 나에게 이렇게 말했다.

"이제 저는 사업이 표현의 수단이자 생명의 원칙이 흐르는 통로임을 압니다. 생명의 원칙은 직원과 고객에게 멋지게 봉사할 수 있는 방향으로 흐릅니다. 긴장이 풀렸고 마음에는 평화가 찾아왔습니다. 은행은 제게 기꺼이 돈을 빌려 주었고 사업은 번창하고 있어요. 자신감을 회복했습니다."

내가 특별할 수밖에 없는 존재임을 깨달아라

나 자신을 인정하고 스스로를 높게 평가하라. 하나님은 본인을 표현하시고자 나라는 개별적인 생명체를 만드셨다. 나는 하나님의 아들이자 살아 계신 하나님의 표현이다. 이런 마음가짐이 열등감을 없앤다.

"저는 수줍고 소심합니다. 쉽게 부끄러움도 타고요. 괜찮은 사람은 아니죠. 흙수저로 태어났거든요. 좋은 교육을 받지도 못했고 대학교도 나오지 못했어요."

이런 부정적인 생각이 마음을 스쳐 지나가면 자신을 지키기 위해 방어적인 반응이 나온다. 혼자 있고 싶다며 두문불출하는 사람도 있다. 그들은 다른 사람을 멀리하고 자기중심적으로 변한다. 결국 삐딱하게 생각하고 마음이 꼬인다. 이런 사람들은 상처받을까 두려워서 다른 사람의 집에 놀러 가거나 동네 모임에 나가지 않는다. 마음의 종기가 곪아 터질까 조마조마해 한다.

이러한 태도를 보이는 이유는 거부당했다는 느낌과 내 안에 계신 하나님께 확신을 갖지 못해서다. 대다수의 사람들이 가진 정신적 트라우마는 어린 시절로 거슬러 올라가는데, 부모님이 "넌 못났어. 아무것도 이뤄 내지 못할 거야. 니 아빠(혹은 엄마)처럼 술주정뱅이가 될걸" 같은 암시를 걸었기 때문이다.

열등감과 거부당했다는 느낌을 극복하는 방법은 두 가지다. 첫째는 자신에 대해 다르게 생각하는 것이고, 둘째는 조건과 상황, 사건이 원인이 아니라 결과임을 깨닫는 것이다. 기본적으로 두려움은 원인이 외부에 있다고 믿기 때문에 생긴다. 원인은 내 생각과 정신에 있다.

나는 하나님의 힘으로 모든 것을 할 수 있다. 하나님의 힘은 나를 강인하게 한다. 하나님이 내 안에 임하시고 내 안에 힘, 아름다움, 사랑, 평화, 안정의 형태로 흐르시며 내가 있어야 할 자리에 나를 데려다주심을 느껴라. 하나님과 하나임을 깨닫고 조화와 건강, 평화, 기쁨, 힘, 행복을 생각할 때 임재하는 하나님께서 응답을 주시고 삶에 필요한 자질을 가져다주신다. 이러한 사고 패턴에 하나님이 임하여 계실 때 다른 사람들의 말이나 행동, 생각과는 상관없이 나만의 창의성이 계발되고 내가 원하는 모습이 된다. 다음 기도문이 담고 있는 진리를 확언하고 느낌으로써 모든 열등감을 없앨 수 있다.

저는 하나님의 생명, 사랑, 진리와 아름다움이 흐르는 통로입니다. 하나님은 저를 통해 당신을 표현하십니다. 하나님은 제 아버지이십니다. 하나님께서는 저를 사랑하시고 돌봐 주십니다. 저는 하나님의 독특한 표현이며, 세상에는 저 같은 사람이 더는 없습니다. 하나님은 저를 통해 독특하고 비범한 방식으로 당신 자신을 표현하려고 하십니다. 저는 그분의 능력과 힘이 흐르는 관로입니다. 매일 숨은 능력을 더 많이 표현하고 있습니다. 모든 사람에게 사랑과 선의를 베풀고, 제가 바라는 걸 다른 사람도 이루었으면 좋겠습니다. 저는 하나님 아버지와 하나입니다. 제 아버지는 하나님이십니다.

하루에 여러 번, 특히 밤에 잠들기 전에 이러한 진리를 숙고하면 열등감과 거부당하는 느낌이 사라지는 것을 느낄 수 있다. 내 잠재의식에 생명을 부여하는 생각과 새로운 정신 패턴을 새겨 놓으면, 잠재의식은 새로운 이미지를 받아들여 과거의 흔적을 지운다는 것을 잊지 마라. 기도는 모든 문제를 일으키는 주관적인 패턴을 제거하여 잠재의식을 변화시킨다. 기도는 나의 마음을 하나님의 진리로 채우고, 나의 마음에서 하나님 또는 진리에 어긋난 것을 몰아낸다.

성공을 위한 믿음의 갑주를 입어라

사람들은 너무나 소극적인 태도로 인생을 살아가고 있다. 하나님께서 나를 통해 생각하고 말씀하시고 행동한다는 것을 깨우치고 하나님의 전신 갑주를 입어라.

딜레마에 빠졌거나 당혹스러운 상황 또는 어려운 일을 마주했을 때 열등감을 느낀다면, 문제를 극복하고 성취하며 행복한 해결책에 도달할 힘이 내 안에 이미 있다고 생각해 보라. "내가 전능하신 하나님의 힘으로 정복하리라"라고 스스로에게 말하라.

어려운 문제에 직면했을 때 내면의 신성을 인식하고 자신에게 이렇게 말하라. 앞으로 나아가고 상황을 해결하려 노력하면서 최선을 다하면 무한한 영이 나를 돕고 지지해 줄 것이다.

> 하나님께서 문제 위에 군림하십니다. 나는 하나님을 보았습니다. 하나님께서는 내가 알아야 할 것과 행해야 할 것을 무엇이든 계시해 주십니다.

믿음이란 아이디어나 생각, 이미지가 마음속에서 실재하는 걸 인식하는 것이다. 나의 손이나 심장처럼 책이나 연극, 음악, 발명에 관한 아이디어가 실제로 존재한다는 것을 알 때 믿음이 생긴다. 믿음은 내가 소망하던 것의 실체이자 보이지 않는 사물이 존재한다는 증거다. 비록 눈에 발명품이 보이지 않을지라도 마음속 아이디어에 관심을 주면 성장의 법칙에 따라 새로운 발명이 떠오른다. 믿음은 땅에 심은 씨앗처럼 나의 아이디어를 펼치는 데 필요한 모든 것을 끌어당긴다.

걱정은 좋은 일에서 관심을 거두고 삶의 부정적인 면에 초점을 맞추게 한다. 이러지도 저러지도 못하는 상황에서 어떻게 빠져나올지 머리를 싸매지 말고, 하나님이 머무시는 중심으로 돌아와 그 안에서 답을 찾아라.

실패를 생각하는 마음은 발가벗은 마음이다. 내 마음은 하나님과 모든 선한 일에 대한 믿음으로 둘러싸여야 한다. 나는 하나님의 선함과 하나님의 인도를 믿어야 한다. 임재하는 하나님께서는 나를 보호해 주신다. 나의 마음이 하나님으로 둘러싸이는 건 하나님의 옷을 입는 것과 같다. 운동복을 입고 대통령 만찬에 가거나, 예복을 입고 수영장을 가는 건 말이 안 된다. 내 마음은 하나님의 옷을 입었는가 아니면 낡을 대로 낡은 옷을 입었는가? 언제나 믿음의 옷을 입어야 한다. 여행을 떠날 때면 다음의 확언을 하라.

하나님의 사랑은 곧고 아름다우며 즐거운 길을 열어 주십니다.

미국의 철학자 윌리엄 제임스는 이렇게 말했다.

"인생은 멋지고 살 만한 가치가 있다고 믿어라. 그렇게 믿으면 정말로 이루어진다."

실패했고 무언가가 부족하며 제한적이라는 이야기를 하지 말아라. 목표 및 포부와 하나가 되어야 한다. 소심함이란 마음의 상태이고, 소심한 사람들은 일반적으로 자기중심적인 성격을 숨기기 위해 마음속으로 능숙하게 도피하는 이기주의자들이다.

소심하다면 두려워하는 대상과 맞섬으로써 반드시 두려움을 없애야 한다. 인생이라는 경기에서 승리의 기쁨을 맛봐야 하고, 패배해도 미소를 지을 줄 알아야 한다.

- 생명의 원리에 확신을 가져라. 생명의 원리는 생각에 반응하고 결코 어긋나는 법이 없다.

- 생명의 원칙이 나를 인도해 주리라고 믿고 확신하면 나 자신과 지혜, 힘에 대한 자신감이 생긴다.

- 나는 생명의 표현이다. 생명은 나의 안녕과 발전, 재능을 펼치는 데 관심이 있다.

- 사업은 다른 사람에게 봉사할 기회다. 봉사할 수 있는 더 나은 방법을 계시해 달라고 무한한 지성에게 부탁하라.

- 나 자신을 인정하고 높게 평가하라. 하나님은 자신을 표현하기 위해 나라는 생명체를 특별히 만드셨다.

- 진정한 의미에서의 자신감을 얻으려면 나와 세상을 창조하신 영원한 생명 원리에 믿음을 두어야 한다.

- 두려움은 원인이 외부에 있다고 믿기 때문에 생긴다. 모든 일의 원인은 마음속에 있는 창조력이다. 생각을 바꾸면 운명을 바꿀 수 있다.

- 나는 하나님의 힘으로 모든 것을 할 수 있다. 하나님의 힘은 나를 강인하게 한다.

- 마음속에서 하나님의 힘을 인식할 때 극복하지 못하리라 믿었던 장애물이 극복된다.

- 궁극적인 소망을 실현하는 데 온 정신을 집중한 사람은 쉽게 낙담하지 않는 법이다.

- 인생은 좋고 살 만한 가치가 있다고 믿어라. 그렇게 믿으면 정말 멋진 삶을 산다.

13
나를 가로막는 시련은
내 생각이 만든 결과

오디션을 보는 동안 음정이 세 번이나 맞지 않아 계약을 따내지 못한 가수가 있었다. 두려움은 그의 적이었다. 하지만 기도를 통해 두려움의 반대편, 즉 믿음과 확신으로 나아갈 수 있다는 걸 깨달았다. 그는 청중 앞에서 마이크를 잡고 노래를 부르는 모습을 상상하며 마음의 수레바퀴를 하루에 2~3번씩 잠재웠다.

생각한 대로 행동하면 정말 생각한 대로 될 것이다.

이렇게 확언하면서 청중 앞에서 노래를 부르는 기쁨과 성취의 짜릿함을 느끼기 시작했다. 그는 흡족할 만한 반응을 얻을 때까지 꾸준히 상상했고, 잠재의식에 자신의 소망을 심는 데 성공했다. 마음에는 평화가 찾아왔고 만족감을 느꼈다. 그는 자신의 소망을 받아들일 정도로 사랑했으며 "온전한 사랑이 두려움을 내쫓는다"는 걸 스스로 증명했다.

두려움이 닥쳤을 때 가장 먼저 해야 할 일은 근원, 즉 사랑이신 하나님과 정신적인 합일을 이루는 것이다.

이를 위해 시편 27편을 천천히, 나지막이 사랑을 담아 읽어 보라.

주님이 나의 빛 나의 구원이신데, 내가 누구를 두려워하랴. 주님이 내 생명의 피난처이신데, 내가 누구를 무서워하랴.

나의 대적자들, 원수들, 저 악한 자들이 나를 잡아먹으려고 다가왔다가 비틀거리며 넘어졌구나. 군대가 나를 치려고 에워싸도 나는 무섭지 않네. 용맹한 전사들이 나를 공격하려 할지라도 나는 하나님만 의지하려네.

주님, 소원이 하나 있습니다. 오직 그 하나만 원합니다. 한평생 주님의 집에 살면서 주님의 자비로우신 모습을 보고 성전에서 주님과 의논하면서 살아가길 원합니다.

재난의 날이 오면 주님의 초막 속에 나를 숨겨 주시고, 주님의 장막 은밀한 곳에 나를 감추시며, 반석 위에 나를 올려서 높여 주실 것이니, 그때 나는 나를 에워싼 저 원수들을 내려다보며 머리를 치켜들겠습니다. 주님을 찬양하며 주님의 장막에서 환성을 올리고 제물을 바치며 노래하겠습니다. 내가 주님을 애타게 부를 때 들어 주십시오. 나를 불쌍히 여기시고 응답해 주십시오.

주님께서 "너희는 나의 얼굴을 찾으라" 하셨을 때 "주님, 내가 주님의 얼굴을 찾겠습니다" 하고 답했으니, 주님의 얼굴을 내게 숨기지 말아 주십시오. 주님의 종에게 노하지 마십시오. 나를 물리지 마십시오. 주님은 나의 도움이십니다. 나를 버리지 마시고 외면하지 말아 주십시오. 주님은 나를 구원하신 하나님이십니다. 아버지와 어머니가 나를 버려도 주님은 돌보아 주십니다.

주님의 길을 가르쳐 주십시오. 원수들이 틈을 엿보고 있으니, 안전한 길로 인도하여 주십시오. 그들이 거짓으로 증언하며 폭력을 휘둘러서 나에게 대항해 오니, 내 목숨을 원수의 뜻에 맡기지 마십시오.

이 세상에 머무는 내 생애에, 주님의 은덕을 입을 것을 나는 확실히 믿습니다.

너는 주님을 기다려라. 강하고 담대하게 주님을 기다려라.(시편 27편)

이렇게 하면 정신이 정반대 방향, 즉 하나님의 믿음을 향해 움직인다. 두려움은 하나님의 힘과 선함을 부정하는 것이고, 믿음이 위아래로 바뀐 것이다. 두려움은 마음의 그림자다. 그림자에는 아무 힘이 없다.

"온전한 사랑이 두려움을 내쫓나니."(요한1서 4장 18절)

이 성경 구절처럼 선을 사랑하고 하나님의 위대한 진리에 마음을 두면 모든 두려움이 사라질 것이다.

내가 무언가를 두려워한다면, 내 안에는 두려워하는 것과 정반대의 욕망이 반드시 있음을 알아야 한다. 원하는 것에 주의를 집중하면 정반대되는 대상과도 화해가 시작될 것이다. 욕망은 하나님의 천사이자 하나님의 사자使者로서 우리 모두에게 "더 높은 곳으로 올라오라"라고 말한다.

모든 진보의 이면에는 욕망이 있다. 내 욕망에 주의를 기울이고 거기에 흠뻑 빠져 보자. 나는 내 마음을 지배하는 아이디어가 이끄는 방향으로 움직인다. 욕망을 충족시켜 얻을 수 있는 이익이 클수록 욕망은 강해지기 마련이다.

사랑은 감정적인 애착이다. 이상에 충실하고 온 마음을 다해 헌신하는 것이다. 사랑을 하면 두려움이나 부정적인 생각이 사라지고 이상은 현실이 된다. 이 가수는 인생에서 정반대되는 것들과 화해했고, 불화가 있는 곳에 평화를 가져오는 방법을 배웠다. 정신적·감정적으로 이상과 하나가 될 때까지 이상을 사랑하고, 그 이상을 이루기 위해 최선을 다 하자.

내 안의 힘을 알기 전까진
절대 포기하지 마라

나의 운명은 하나님과 하나가 되어 하나님의 권능과 지혜를 경험하고 하나님의 힘과 빛을 느끼는 것이다. 누군가의 노예를 자처하거나 호구 노릇은 그만하라.

"운명이니 어쩔 수 없죠."

"포기할래요. 이게 하나님의 뜻인가 봐요."

"불치병이래요. 희망이 보이지 않아요."

이런 말을 해서는 안 된다. 하나님이 나의 죄를 벌하시기에 고통받아야 마땅하다는 태도나 말은 스스로 노예를 자처하고 속박시키는 짓이다. 우리는 아버지가 남겨준 유산을 누리려고 이 세상에 왔다. 살아 계신 하나님의 자녀로서 부여받은 신성한 운명을 깎아내리지 마라. 생각과 느낌이 운명을 만든다.

하나님의 능력을 사용하여 고통을 딛고 일어설 수 있다는 것을 깨닫지 못한 채 불행이나 질병, 가난을 체념하듯이 받아들여서는 안 된다. 육체적이든 정신적이든 물질적이든 속박의 굴레에 갇히는 건 옳지 않다. 나의 본분이라고 체념하거나 현재 상황에 안주하는 것은 미덕이 아니다. 질병이나 가난을 어쩔 수 없다고 체념하면 온전한 건강과 풍요를 놓친다. 체념은 무지와 두려움, 미신, 나태가 합쳐진 것이다. 질병이나 불화, 가난, 외로움 또는 불행을 가만히 앉아서 당연하다는 듯이 받아들이지 마라.

전쟁에 참전했던 병사의 이야기다. 그는 전투 중 부대에서 낙오해 탄환이 비처럼 쏟아지는 곳에 홀로 놓이게 됐다. 두려움에 다리가 사시나무처럼 떨렸다. 하지만 침착하게 시편 23편을 되뇌니 마음속에서 평화의 물결이 강하게 일어났다. 몸을 피할 수 있는 안전한 길이 보였고 무사히 탈출했다.

그는 만약 극한의 공포에 사로잡혔다면 옴짝달싹 못 한 채 목숨을 잃거나 크게 다쳤을 거란 걸 알았다. 그는 마음의 추를 반대편, 즉 하나님에 대한 믿음으로 보냈다. 하나님은 나의 목자이시니 온갖 해악으로부터 나를 보호해주시리라 믿었다.

나는 마음속 하나님의 발현

"하나님께서 말씀하셨다. 너희는 모두 신들이고, 가장 높으신 분의 아들들이지만."(시편 82편 6절)

"나와 아버지는 하나다."(요한복음 10장 30절)

자식과 부모가 한 뿌리에서 나왔다는 건 모두가 아는 사실이다. 이 구절들은 나와 하나님이 정신적·영적·육체적으로 하나라는 뜻이다. 내 안에 무한함이 있기에 인간의 영광에는 끝이 없다. 나는 무한하게 성장하고 영적으로 발전할 수 있다. 나의 여정은 언제나 앞으로, 위로, 하나님께로 향한다.

가장 좋은 기도 방법은 매일 아침 마음의 수레바퀴를 잠재우고 5~10분씩 하나님의 조화와 건강, 평화와 기쁨, 온전함과 사랑이 나를 통해 흐른다고 느끼는 것이다. 나는 하나님이 흐르는 통로다. 하나님은 나의 동반자이자 본연의 자리를 보여 주시고 나를 통해 자신을 표현하신다. 겸허하고 경건하게 기도하면 영적인 의식이 확장되어 내가 꿔 왔던 꿈보다 더 큰 꿈을 이룰 것이다.

하나님을 벌을 주시거나 시험에 들게 하는 엄하신 분이라 생각하는가? 아니면 질투심이 많고 잔인하며 변덕스러운 독재자라고 생각하는가? 그렇게 생각하는 사람의 마음은 혼란과 혼돈, 당혹으로 가득 차 내면의 갈등이 끊이지 않을 것이다. 이러한 생각은 그 자체로 혼란스러우므로 결국 삶도 혼란스럽고 비참해진다. 온종일 하는 생각이 그 사람을 만드는 법이다.

하나님은 우리의 아버지이시고 우리는 그분의 자녀라는 걸 예수님께서 명확히 하셨다. 그러므로 하나님과 나의 관계는 아버지와 아들처럼 아주 가깝고 사랑이 오가야 한다. 살아가는 동안 어떤 일을 겪어도 하나님을 진노하시는 분 또는 무차별적으로 복수하는 분으로 생각해서는 안 된다. 이러한 생각을 마음에 품으면 불행과 고통이 끊이지 않을 것이다. 믿음은 나를 지배하는 주인이니 삶에 드러나기 마련이다.

"믿는 사람에게는 모든 일이 가능하다."(마가복음 9장 23절)

참된 하나님만을 믿으면서 사랑스럽고 가치 있는 것을 받아들여라. 전능하신 하나님의 선함과 사랑, 인도, 조화, 지혜를 믿어라. 하나님은 기쁨을 주시고 풍요롭게 하시는 분이다. 하늘의 축복이 지금, 이곳에 내린다고 믿고 축복을 받으리라고 기대하라. 하나님은 아버지처럼 우리를 사랑하고 돌봐 주시는 분이다. 하나님은 내가 행복하고 즐겁고 자유롭기를 바라신다. 나는 살아가는 기쁨과 신성을 표현하여 세상을 축복하기 위해 이 자리에 있다.

나는 몸과 마음 그리고 내 주변에 하나님의 빛을 비추기 위해 이 자리에 있다. 하나님의 빛을 퍼뜨리는 것이 지금 여기에서 내가 하나님께 영광을 돌릴 수 있는 유일한 길이다. 하나님은 손을 대시는 일마다 성공하신다. 나는 하나님의 자녀이므로 하나님의 진리는 곧 나의 진리다. 나는 하나님의 모든 부를 상속받았다.

마음의 평화, 본연의 자리, 풍요, 안전을 거부하는 것은 하나님이 사랑으로 내려 주신 거룩한 임무를 행하지 않는 것이다. 응답을 받을 때까지 계속 물어 보고 두드려라.

"두드려라. 그러면 너희에게 열어 주실 것이다."(마태복음 7장 7절)

이 구절은 마음속으로 명료하고 확실한 결정을 내린다면 지혜와 능력이 가득한 잠재의식에서 응답을 얻을 것임을 뜻한다. 하나님의 약속을 무슨 일이 있어도 신뢰하고, 응답을 받으면 응답을 따르라.

"구하여라. 그러면 너희에게 주실 것이다."(마태복음 7장 7절)

성경에서 '구하다'는 내가 선함을 주장하면 잠재의식이 내가 주장하는 바를 존중하고 인정하리라는 뜻이다. 나를 돌봐 주시고 인도해 주시며 보호해 주시면서 사랑이 넘치는 아버지로 하나님을 바라보라. 하나님을 이렇게 바라보는 습관을 들이면 언제나 번영하고 하나님의 인도를 받을 것이다. 내 본연의 자리에서 내가 좋아하는 일을 하면서 행복하게 살 것이고, 여러 방면에서 셀 수 없을 정도의 축복을 받을 것이다. 내 마음속에 품은 하나님의 모습이 나에게 발현된다.

악마라는 이름의
나를 좀먹는 '두려움'을 이겨라

로타르 폰 블렝크 슈미트 박사는 자신이 언제나 악마와 싸우고 있다고 말했다. 그가 말하는 악마는 다른 게 아니라 어려움과 문제들이었다. 박사는 실패할지도 모른다는 두려움이 들 때마다 기도로 두려움에 맞섰다. 차분하고 조용한 상태로 답을 구하면 문제 해결을 위한 창의적인 생각이 불현듯 잠재의식에 떠오른다. 그와 함께 일하는 엔지니어, 화학자 및 물리학자들은 다양한 금속 합금과 혼합물의 마찰과 저항(악마)을 극복하려고 노력한다.

언제 어디서나 빠져나갈 길은 있고 모든 문제 안에 해결책과 행복한 결말이 존재한다. 어려움과 문제(악마)를 헤쳐나가는 여정 속에서 신성을 발견하고, 기쁨을 맛볼 수 있다.

주변 환경에 적응하지 못하거나 좌절하거나 필요한 게 있다면 모두 단번에 해결하는 방법이 있다. 바로 모든 이에게 사랑과 평화, 선의를 베풀고 내 안에 있는 하나님의 능력을 드높이는 것이다.

내면에서는 소망이 속삭이고 있다. 하지만 동시에 두려움과 의심의 목소리도 들린다. 마음의 평화를 되찾으려면 이런 내적 갈등을 해결해야 한다. 어린 시절에 형성된 조건이나 이미 마음속에서 굳어진 믿음, 종교적 가르침은 하나님과 모든 선에 대한 믿음을 방해하고 좌절시킨다. 마음은 전쟁터나 다름없다.

앞서 말했듯이 나의 소망은 하나님의 소망이며, 그 나름의 수식과 역학을 가지고 있다. 조건이나 상황, 환경은 원인이 아니라 결과이므로 충분히 변할 수 있다. 소망에 도전장을 내미는 두려움은 사라져야 하고, 욕망은 계속 충족되어야 한다. 소망과 반대되는 생각에서 완전히 벗어나라. 소망과 반대되는 생각에 주의를 기울이지 않으면 그 생각은 자양분을 얻지 못해 스스로 굶주려 사멸할 것이다. 인생의 이상과 목표에 마음을 쏟아라.

건강과 행복, 성취 및 발전에 대한 욕망은 선하고 건설적이며 축복받을 만하다. 그러니 목표나 이상, 소망을 고수하고 헌신하며 관심을 기울여야 한다. 마음속에 떠오르는 이미지는 내가 기도를 하는 이유이며 마음의 차원에서 실재한다. 마음을 일으켜 문제를 극복하고 어려움을 초월하라. 그 반대의 이미지가 뭐가 되었든지 소망이 이루어지는 행복한 결말을 그려라.

두려움과 그릇된 믿음은 사라져야 한다. 관심을 주지 않으면 두려움과 그릇된 믿음은 점차 사라질 것이다. 나의 이상에 자신감과 생명을 불어넣는 것, 이게 바로 반대되는 생각과 화해하는 방법이다.

나는 내 안의 하나님을 발견하기 위해 이 세상에 태어났다. 두려움은 실제로 존재하지 않고 오히려 현실을 부정한다. 공수부대원이 된 것처럼 믿음과 상상의 날개를 달아 장애물을 뛰어넘고, 기도의 응답을 받는 기쁨을 느끼며 감사하라.

사랑은 건강과 행복, 풍요, 안전의 법칙을 실현한다. 나 자신에게 바라는 것을 모두에게 빌어 주고, 자신의 이상과 사랑에 빠져라. 나의 이상에 충실하고 이상만 바라보면, 꿈이 이루어지고 하나님의 빛이 나를 비추리라.

- 사랑이란 감정적인 애착으로 이상에 충실하고 헌신하는 것이다. 그렇게 하면 두려움은 사라지고, 이상은 현실이 된다.

- 두려움이 닥치면 마음의 추를 하나님께 돌려놓아라. 그러면 내면의 평화를 찾을 수 있을 것이다.

- 욕망에 주의를 집중하면 반대되는 생각과의 화해가 일어난다.

- 마음속으로 선을 주장하고 느끼면 잠재의식이 선을 실현할 것이다.

- 욕망은 그 나름의 수식과 역학을 가지고 있다. 잠재의식에 생각을 심어 놓으면 흙에서 씨앗이 자라듯 생각도 자랄 것이다.

- 하나님께서 나를 벌하시리라 믿는 건 자신을 속박하는 꼴이다. 불행의 원인은 나에게서 나온다. 생각과 느낌은 운명을 만든다.

- 질병과 가난, 불치병을 체념하게 만드는 건 무지와 두려움, 미신, 나태함의 조합이다.

- 하나님의 응답을 받았다면 응답을 따라라. 하나님의 약속을 절대적으로 신뢰하라. "구하라, 그리하면 받으리라."

- 건강과 행복, 마음의 평화의 법칙을 실현하는 건 사랑이다. 내가 바라는 것을 남에게 빌어 주면 하나님의 빛이 나를 비추리라.

- 어떤 생각을 하는지에 대한 책임은 오롯이 나에게 있음을 잊어서는 안 된다. 나는 나의 우주에서 생각하는 유일한 사람이다.

- 하나님은 내 안에 계시므로 모든 문제 위에 하나님이 군림하실 것이다.

14
감정과 기분이 운명을 만든다

"무엇을 심든지, 심은 대로 거둘 것입니다."(갈라디아서 6장 7절)

잠재의식은 토양과 같아서 뿌리는 대로 거둔다. 평화롭고 조화로우며 건강하고 번영하는 생각의 씨앗을 심으면 풍요로워질 것이고, 질병과 결핍, 분쟁과 다툼, 논쟁의 씨앗을 심으면 부정적인 일들이 생길 것이다. 마음의 정원에 심는 씨앗의 종류와 상관없이 뿌린 씨앗이 자라날 것이다. 성경의 관점에서 씨앗을 심는다는 건, 진심으로 마음속 깊이 믿는 것을 밖으로 드러내는 것이다.

불행이나 사고, 비극은 정신적·정서적 장애의 징후이고, 마음속에 품은 내용은 밖으로 나타나기 마련이다. 내 생각은 하나님의 생각이고 나의 선한 생각에는 하나님의 능력이 깃들어 있다.

하루에도 몇 번씩 마음을 차분히 가라앉히고 천천히, 조용하게, 사랑스럽게 확언하라.

하나님은 제 안에 조화, 건강, 평화, 기쁨, 온전함, 완벽함으로 흐르십니다. 하나님께서는 제 안에서 걸으시고 말씀하십니다. 하나님의 말씀은 언제나 제 주변에 있습니다. 제가 가는 곳마다 하나님의 지혜가 모든 면에서 저를 지배하며 하나님의 올바른 행동이 승리합니다. 제가 가는 모든 길은 즐거움의 길입니다. 제가 걷는 길은 평화입니다.

이 영원한 진리를 곱씹으면 잠재의식에 신성한 질서의 패턴을 확립할 것이다. 잠재의식에 새긴 것은 무엇이든 밖으로 표출된다. 그러므로 기도를 하면 구름으로 뒤덮인 현존이자 하늘에서 응답을 주시는 하나님 아버지가 언제나 우리를 살펴 주신다는 걸 알 것이다.

우리는 좋은 것을 선택할 수 있다

우리는 인간의 마음, 즉 생명이라는 위대한 정신의 바다에 있다. 인간의 마음은 질병과 사고, 죽음, 불운 등 온갖 비극을 믿는다. 회개하지 않는다면, 즉 주체적으로 생각하지 않는다면 인간의 마음은 나를 대신하여 생각할 것이다. 인간의 마음이 하는 생각은 점차 잠재의식에 스며들어 포화 상태에 이르고 사고나 질병, 재난을 갑작스럽게 촉발한다.

대다수의 사람은 주체적으로 생각하지 않고 흘러가는 대로 산다. 거짓과 참을 구분할 수 있을 때에야 비로소 진정으로 생각한다고 할 수 있다. 생각하는 건 선택한다는 것이다. 우리는 '예'와 '아니오'를 말할 수 있는 능력이 있다. 그러므로 진리에는 '예'라고 답하되 하나님의 진리가 아닌 것은 '아니오'라고 거부하라. 선택하는 능력이 없으면 개인이라 말할 수 없다. 나는 받아들이고 거부할 수 있는 능력이 있다. 다음 성경 구절을 묵상하라.

"마지막으로 형제들이여, 무엇이든지 참된 것과 경건한 것, 옳은 것과 순결한 것, 사랑스러운 것과 명예로운 것, 덕이 되고 칭찬할 만한 것이면, 이 모든 것을 생각하십시오."(빌립보서 4장 8절)

생각에 반응하는 무한한 지성이 있다는 걸 알 때, 어떤 문제가 있든 신성한 해결책과 행복한 결말이 있다는 걸 알 때 잠재의식은 응답하고 완벽한 계획을 드러낼 것이다. 그리고 어디로 가야 할지 알려 주는 내면의 주관적인 지혜를 발견할 것이다.

나에게 벌을 주는 건 나 자신이다

한 여성이 나를 찾아왔다. 몇 년 동안 기질적 병변으로 고생하던 여성이었다. 엑스레이를 찍어 보고 온갖 종류의 치료를 받았으나 차도가 없었다. 기도도 해보고 명상 요법도 따라 봤지만 변한 건 없었다.

"하나님은 제게 원한을 품고 계신 게 분명해요. 제가 죄인이라 벌을 받는 거예요."

여성은 답답한 나머지 전생을 읽어 주는 최면술사까지 찾아갔다. 최면술사는 여성이 전생에 사람들에게 상처를 주고 지은 죄가 커서 지금 고통을 받는 거라고 말했다. 그녀는 가슴을 붙잡으며 물었다.

"그래서 병이 안 낫는 걸까요?"

이 모든 건 말도 안 되는 기괴한 논리다. 최면술사의 설명은 불행에 고통을 더해 줬을 뿐, 병을 치료하거나 위로를 주지 못했다. 나는 하나님은 한 분이시라는 변치 않는 진리를 설명해 주었다. 하나님은 인간을 창조한 창조적 지능이시고, 창조적 지능이 내 안에 깃들어 있기에 내가 믿는 대로 이루어진다.

"너희 믿음대로 되라."(마태복음 9장 29절)

"그의 마음속 생각과 같이 그도 그러하다."(잠언 23장 7절)

이 구절들은 사람의 생각과 느낌이 운명을 만든다는 것을 의미한다. 하나님이 자신을 벌주고 있으며 벌을 받아야 마땅하다고 느끼는 사람은 고통받을 것이다. 만약 건설적이고 현명하며 분별력 있게 생각하지 못한다면 다른 사람이나 인간의 마음이 나를 대신해서 생각할 것이고, 내 인생은 엉망진창이 될 것이다. 그러나 하나님을 무한히 선하시고 한없는 사랑이시며 절대적인 조화이자 끝없는 지혜라 생각한다면, 임재하는 하나님께서 상호관계의 법칙에 따라 나의 믿음에 응답을 주실 것이다. 그리고 수많은 방법으로 축복을 내릴 것이다.

생명의 힘은 그 자체로 악하지 않다. 생명의 힘을 어떻게 사용하느냐가 중요하다. 원자력 역시 그 자체로는 악하지 않지만, 사용하는 방식에 따라 좋을 수도, 나쁠 수도 있다. 사람들은 전기를 사용해서 다른 사람을 죽일 수도 있고, 진공청소기로 바닥을 깨끗하게 청소할 수도 있다. 물은 목마른 아이의 갈증을 해소할 수도 있지만, 물에 빠진 아이를 익사시킬 수도 있다.

인간의 생각이 세상에 있는 사물의 용도를 결정한다. 세상의 힘과 물체를 어떻게 사용할지 결정하는 건 인간의 마음이고, 인간의 마음에서 선과 악의 움직임을 결정하는 건 하나의 힘, 창조력밖에 없다. 창조력은 온전하고 순수하며 완벽하며 인간 내면에 깃들어 있다. 외부의 사물에 힘을 부여하지 않는다면 우주에 드러나는 힘은 없다.

이 여성은 고통받아야 하는 이유에 정당성을 부여하려고 알리바이를 찾고 있었다. 원인은 항상 잠재의식에 있음을 깨닫지 못한 채 밖으로 시선을 돌린 것이다.

나는 그녀에게 이성관계에 관해 말해 달라고 부탁했다. 그녀는 사실 5년 전에 바람을 피운 적이 있다고 고백했다. 남편을 두고 바람을 피운 것에 죄의식을 느낀 여성의 말투에는 후회가 가득 묻어났다. 기질적 병변이 생긴 진짜 이유는 양심의 가책을 내려놓지 못했기 때문이다. 그녀는 신이 벌을 내린 것이 아니라 스스로가 벌주고 있었다는 것을 깨달았다.

생명이나 하나님은 벌을 내리지 않는다. 손가락에 화상을 입었으면 생명의 원리에 따라 물집이 생기고 새살이 돋아나면서 피부가 온전한 상태로 회복된다. 비위생적인 음식을 먹으면 음식물을 역류시켜 건강을 회복시키려고 한다. '상처를 치료하는 건 의사지만 치유하는 건 하나님이시다'라는 오래된 속담이 있다.

죄책감을 내려놓자 어떠한 치료법과 명상 요법으로도 낫지 않았던 병변과 증상이 일주일 만에 사라졌다. 죄책감보다 더한 고통이나 파괴적인 감정은 없다. 여성은 파괴적인 생각을 하면서 지난 5년 동안 자신을 벌주고 있었다. 신을 비난하는 것을 멈추니 무한한 치유력이 온몸에 넘쳐났다. 하나님이 몸의 모든 세포에 거하자 병변이 사라졌다.

만약 내가 50년 동안이나 전기나 화학의 원리를 오용하고 있다가 지금 와서야 올바르게 사용한다고 할지라도, 전기가 내게 원한을 품고 있다고는 말할 수 없을 것이다. 마찬가지로 아무리 오랫동안 마음을 부정적이고 자기 파괴적인 방법으로 사용했다고 할지라도, 올바르게 마음을 사용하는 순간 올바른 결과가 따를 것이다.

가장 두려워하는 일이
현실에 일어나는 이유

하나님은 언제나 건강하시다. 내 안에 하나님이 살아 계시며 하나님의 진리는 곧 나의 진리이므로 나도 병에 걸릴 수 없다. 이러한 믿음을 가지면 병드는 일이 없을 것이다. 믿는 대로 되리라.

"사람들은 운명이 자신이 모르는 방식으로 이어져 있다고 생각한다. 하지만 영혼은 미래에 닥칠 일을 알고 있다. 사건은 생각의 복사판이고 기도하는 대로 이루어진다. 사건은 마치 피부처럼 나라는 사람을 잘 드러낸다."

에머슨의 이 말을 기억하라. 마음의 법칙을 피하는 건 불가능하고, 결국 믿는 대로 이루어진다. 여기서 믿음이란 마음속 생각이다. 어떤 외부의 힘이나 사악한 실체가 나를 유혹하거나 해치려 하지 않는다는 걸 기억하자.

사람들은 하나님이나 날씨, 악습, 악마적 실체, 유전, 식습관 때문에 병에 걸렸다고 외부 요인을 탓한다. 하지만 진짜 원인은 기이한 관념과 그릇된 교리다.

전기로 돌아가는 선풍기 근처에 있으면 감기에 걸리거나 목 근육이 결리리라 믿는다면, 이러한 믿음이 마음을 지배하여 감기 증상이 나타날 것이다. "너희 믿음대로 되라"(마태복음 9장 29절)와 일맥상통한다. 선풍기는 몸에 해롭지 않다.

병상에 누워 있던 친구가 있었다. 런던의 병원에 입원해 있던 친구를 만나러 갔을 때 친구가 내게 심정을 토로했다.

"왜 이런 일이 내게 생겼을까? 내가 무슨 짓을 했길래? 왜 하나님이 노하셨을까? 왜 하나님이 벌을 주시는 걸까?"

친구들은 하나같이 그를 친절하고 신실한 사람이라 평가했다. 교회의 기둥 같은 존재였다. 여러모로 훌륭한 친구였지만 그의 병이 치유되거나 병세가 호전되지 않으리라고 믿었던 것도 사실이다. 자신이 하는 생각이 마음에 영향을 미치지 않으며, 마음 나름의 법칙이 있다고 믿었다. 그렇게 믿었기에 자연스럽게 본인의 믿음에 따라 행동했다.

하지만 그 친구는 자신의 삶이 곧 하나님의 삶이고, 마음을 바꾸면 신체에도 변화가 생긴다는 걸 깨닫기 시작했다. 친구는 질병에 힘을 실어 주는 것을 멈추고 다음과 같이 기도했다.

무한한 치유의 현존이 조화와 건강, 평화, 온전함, 완벽함으로 내 안에 흐르고 있습니다. 하나님의 치유를 일으키는 사랑이 세포 하나하나에 깃들어 있습니다.

친구는 이 기도를 반복했다. 믿음이 변하자 놀라운 치유가 일어났다. 이 친구은 지난 몇 년 동안 심장마비가 올까 봐 조마조마하며 살았는데, 가장 두려워하는 일이 현실에서 일어난다는 것을 몰랐다.

생명의 법칙은 곧 믿음의 법칙이다. 삶에서 일어나는 문제는 내가 무언가를 잘못 생각하고 있다는 자연의 경고 신호다. 나는 내가 진정으로 믿는 것을 밖으로 드러내므로 생각의 변화만이 나를 자유롭게 할 수 있다. 원인과 결과의 법칙은 항상 작동한다. 인간의 정신적 동의와 참여 없이는 아무 일도 일어나지 않는다. 어쩌다가 우연히 일어나는 사고는 없다.

- 잠재의식에 씨를 뿌리고 온 마음을 다해 믿으면 잠재의식에 새긴 인상이 발현된다.

- 모든 문제는 무언가를 잘못 생각하고 있다는 걸 알려 주는 하나님의 신호다. 문제가 생겼다면 즉시 사고의 과정을 바꿔 나가야 한다.

- 짜증과 화를 내고 감정적으로 반응하면 노력은 수포가 되고 일은 삐거덕거려 결국 사고로 이어질 수 있다.

- 신성한 질서라는 정신적 패턴을 잠재의식에 새기면 모든 해악으로부터 보호받을 수 있을 것이다.

- 생각하는 건 곧 선택하는 것이다. 영원한 생명의 진리에 '예'라고 말하고 건강과 행복, 지혜, 마음의 평화를 선택하라. 풍요로운 삶을 선택하라!

- 하나님은 그 누구도 벌하지 않으시고 그 누구도 심판하지 않으신다. 잘못된 생각과 그릇된 믿음으로 나 자신을 처벌한다. 나는 내가 믿는 대로 된다. 사랑이신 하나님과 산 자의 땅에서 하나님의 선하심을 믿어라.

- 어떠한 외부 권력이나 사악한 실체도 나를 유혹하거나 해치려 하지 않는다. 원인은 항상 마음속에 있다. 생각과 느낌, 믿음 또는 정신적으로 동의하는 게 원인이다.

- 하나님께서 벌을 내리신다고 믿는 것은 매우 원시적인 사고다. 하나님께서는 나를 사랑하신다. 나는 하나님의 자녀다. 부모님 탓으로도 감히 돌릴 수 없는 일을 하나님 탓으로 돌리는 건 상상도 할 수 없는 일이다.

15

하나님과 조화를 이루면
치유의 힘을 얻는다

"나는 생명을 주고 또 주기 위해 왔다."(요한복음 10장 10절)

작년 버뮤다를 방문했을 때의 일이다. 호텔 로비에서 한 남성을 만났는데, 그는 90세가 넘었다. 호매한 성격에 활력이 넘쳤고, 얼굴은 기쁨과 웃음으로 빛났다. 나는 그에게 아흔이 넘은 나이에도 힘이 넘치는 비법이 무엇인지 물었다.

"아주 간단합니다. 걱정을 버리고 신경을 곤두세우지 마세요. 모든 사람을 선한 마음으로 대하면 됩니다. 원한을 품지 말고 나 자신을 비롯한 많은 이를 용서하세요. 저는 매일 아침 눈을 뜬 후 15분 동안 하나님께서 그분의 에너지와 힘, 기쁨, 사랑, 아름다움을 제 몸 세포 하나하나에 쏟아 주시며 내 존재를 젊게 하고 활력을 되찾게 해주신다고 기도합니다."

이 사람은 평생 한 번도 아픈 적이 없었다. 특별히 따르는 식단 없이 호텔에서 주는 모든 음식을 먹었다. 기쁘고 감사한 마음으로 식사를 했고, 내면의 창조적 지성이 음식을 생활에너지로 전환하고 피부를 매끄럽게 만든다고 여겼다. 그의 말을 들으니 이 성경 구절이 떠올랐다.

"오직 주를 우러러 바라보는 자들은 자기 힘을 회복하리니, 그들은 독수리가 날개를 치듯 올라갈 것이요, 달려도 지치지 않고 걸어도 힘이 들지 않을 것이다."(이사야서 40장 31절)

여기서 '우러러 바라보다'라는 말은 긴장을 풀고 잡념을 버려 하나님과 조화를 이룬다는 뜻이다. 하나님과 조화를 이루는 방법은 간단하다. 사랑을 담아 시편 23편, 27편, 91편을 천천히 묵상하고 성경 말씀에 담긴 진리를 받아들이는 것이다. 그러면 우주의 창조력과 조화를 이룰 것이다.

건강하게 지내고 싶다면 태초부터 전해 내려오는 하나님의 영원한 진리에 마음을 두어야 한다. 생명과 하나님, 자연에 관심을 가지고 인류에 이바지하고 인류를 축복하는 가치 있는 일들에 전념하라. 정신적·감정적으로 몰입하여 열심히 일하면서 그 일이 선한 것을 알면, 몸과 마음은 활기찬 에너지와 열정으로 가득 찰 것이다.

주님은 나의 목자이시니, 내게 부족함 없습니다.

나를 푸른 풀밭에 누이시며 쉴 만한 물가로 인도하십니다. 내게 다시 새 힘을 주시고, 당신의 이름을 위하여 바른길로 인도하십니다.

비록 내가 아주 캄캄한 골짜기로 다닐지라도, 주님께서 나와 함께 계시고 주님의 막대기와 지팡이로 나를 보살펴 주시니, 내게는 두려움이 없습니다.

주님께서는 내 원수들이 보는 앞에서 내게 잔칫상을 차려 주시고 내 머리에 기름을 부으시어 나를 귀한 손님으로 맞아 주시니, 내 잔이 넘칩니다.

주님의 선하심과 인자하심이 내가 사는 날 동안 진실로 나를 따르니,

나는 주님의 집으로 돌아가 영원히 그곳에서 살겠습니다. (시편 23편)

마음가짐을 바꾸면 몸이 변한다

몇 달 전 샌프란시스코에 갔을 때 입원 중인 친구의 병문안을 갔다. 친구는 신장에 염증이 있고 심장도 좋지 않았다.

"곧 퇴원할 거야. 사무실로 돌아가 책상에 앉아 있는 모습과 사랑하는 가족과 집에서 지내는 모습을 끊임없이 상상하거든. 병이 깨끗이 낫고 건강해지면 할 일들을 마음속으로 상상하고 있어. 내게는 건강하게 살 신성한 권리가 있어. 나는 항상 건강할 거야. 별 탈 없이 건강하게 지내는 게 소원이야. 난 괜찮을 거야."

이 친구는 병원에 6주 정도 입원해야 한다는 말을 들었는데, 놀랍게도 단 열흘 만에 주치의의 완치 판정을 받고 퇴원했다.

"낫고자 하는 의지가 대단하셨어요. 자연이 소망에 응답한 거지요."

몸과 마음을 다해 별 탈 없이 건강하게 지내기를 소망해야 한다. 그러면 정말 건강한 삶을 살 수 있다.

친구의 주치의가 담당하던 옆 병실의 환자는 나을 때가 됐는데 차도가 없었다. 그 환자는 병과 싸워 나갈 힘이 없었다. 듣자 하니 아내가 세상을 떠났다고 한다. 사업에 실패한 그는 술에 절어 살면서 가산을 모두 탕진했다. 의사의 말에 따르면 그 남성은 죽을병에 걸렸다고 생각했고 실제로도 죽고 싶어 했다.

이 남성과 이야기를 나누면서 열 살짜리 아들이 있다는 걸 알았다. 그는 아들을 매우 사랑했다. 그의 아들에게는 훌륭한 교육을 받을 권리와 아버지의 사랑을 받을 권리가 있었다. 그러니 아들을 진정으로 사랑한다면 아들을 봐서라도 살아야 하지 않겠느냐고 했다. 아들에게는 아버지가 필요하고, 아버지의 성격과 특성을 닮아간다고도 했다. 나는 아들을 향한 사랑과 의무를 계속해서 강조했다. 그러자 그의 내면에서 생명을 향한 욕망과 살고자 하는 마음이 생겼다. 살고자 하는 마음이 든 이후 그는 빠르게 회복했다. 자기가 하고 싶은 일을 할 수 있기를 진심으로 바랐기 때문이었다.

최근에 위궤양을 앓고 있는 남성과 이야기를 나눈 적이 있다. 그가 물었다.

"궤양은 생각해 본 적도 없는데, 왜 제 몸에 궤양이 생겼을까요?"

남성은 겉으로 보기에는 상냥하고 친절하며 성격이 좋은 것처럼 보였지만 사실 마음속 깊은 곳에는 적대감이 들끓었으며 분노가 억압되어 있었다. 들끓는 분노를 누르다 보니 부정적인 감정이 궤양으로 변해 통증을 일으켰다. 하지만 동시에 이 사람은 다음과 같은 확언을 자주 하기도 했다.

나는 하나님의 온전한 자녀입니다. 나는 하나님과 하나입니다. 그러므로 나는 완전합니다.

그는 이렇게 확언하는데도 왜 낫지 않는지 궁금해했다. 나는 오랫동안 부정적이고 파괴적인 생각을 했기 때문에 궤양이 생긴 거라고 설명했다. 하나님의 생각으로 신체 기관이 생겨났을지라도, 내면에 거하시는 성령이 온전하고 자유로울지라도 마음이 원망과 적개심으로 가득차 있으니 궤양이 치유될 리가 없었다.

그는 마음가짐과 질병은 상관이 없다고 생각했다. 건강하지 않은 식습관 때문에 궤양이 생겼고 이 병으로 죽을 거라고 믿었다. 이런 마음가짐을 가지면 아무리 확언을 해도 소용이 없다. 이때의 확언은 그저 허울 좋은 말에 불과했다.

잠재의식은 신체의 모든 기능을 제어하고, 하루 24시간 내내 쉬지 않고 작동하며 모든 생체 기능을 관장한다. 생각과 느낌, 믿음은 잠재의식에 가라앉아 '잠재의식 사고' 또는 '마음속 생각'으로 변한다.

세균이나 외부적인 원인에 힘을 실어 주는 순간 또는 나를 파괴할 수 있는 지성이나 힘이 암세포에 깃들어 있다고 생각하는 순간, 온전한 신성과 활력에 대한 확언은 결실을 보지 못한다.

마음속 깊은 곳에서는 암으로 죽을 수 있다고 믿으면서 "하나님은 저를 치유해 주십니다"라고 말하는 건 소용이 없다. 신체에는 정신이 응축되어 있다. 즉, 마음가짐을 바꾸면 신체에 변화가 일어난다.

한 축구선수가 이렇게 고백했다.

"저는 3개월 동안 걷지 못했습니다. 병상에 누워만 있었죠. 병원에 있는 내내 축구장에서 축구를 하는 모습을 상상했습니다. 축구하는 장면을 생생하게 보았고 병원에 잠깐만 입원하면 된다고 가슴으로 느꼈습니다."

그는 놀라운 회복세를 보였다. 침대 위에 누워 있으면서도 인생이라는 게임에서 몸과 마음이 온전하게 기능하는 걸 상상했다. 이러한 이미지를 떠올린 덕분에 완전히 건강을 회복할 수 있었다. 만약 자신에게 "나는 불구가 되었어. 불치병에 걸렸어. 희망이 없어"라고 혼잣말을 했다면, 그는 여전히 침대 신세를 면하지 못했을 것이다.

하나님의 빛과 영광 속에서
자유롭게 걸어라

성경에는 "네 자리를 들고 걸어가라"(요한복음 5장 8절)라는 구절이 있다. 이는 하나님의 진리를 받아들이고 하나님의 빛과 영광 속에서 자유롭게 걸어가라는 뜻이다. 마음속에 새로운 비전을 품고 새로운 장소를 상상하면서 걸어라. 신체는 정신적인 비전이나 이미지를 따르므로 비전이 있는 곳으로 가게 마련이다.

이렇게 믿음으로 뒷받침되고 마음에 계속해서 품은 비전은 우주의 스크린에 객관적으로 펼쳐질 것이다. 그러므로 현재의식에 존재하는 패턴에 계속해서 주의를 기울여야 한다. 태만하고 게으르며 무관심하고 나태한 태도를 보이는 건 인간의 마음에 존재하는 생각과 이미지를 내 마음속에 들이는 꼴이다. 마음은 결국 군중심리의 왜곡되고 병적인 이미지로 오염될 것이다.

인간의 마음은 한계와 재앙, 불행, 사고, 죽음, 질병 등 나쁜 일들이 마음가짐과 무관하게 일어난다고 믿는다. 이게 바로 기도를 통해 하나님과 정기적인 교감을 해야 하고 마음을 불변하는 영원한 진리로 채워야 하는 이유다.

하나님의 모든 능력과 지혜는 내 안에 있다. 그 능력과 지혜를 사용하면 모든 문제를 딛고 일어서 삶의 완전한 주인이 될 수 있다. 나의 삶은 곧 하나님의 삶이고 나의 마음은 곧 하나님의 마음이다. 그러므로 나는 영원하고 영생할 것이다. 우리는 언젠가 내면에 거하시는 하나님의 초월적인 영광을 깨우칠 것이다. 그리고 하나님께서 지금 우리를 보시는 것처럼 스스로를 완전한 사람으로 바라볼 것이다.

하나님의 위엄과 힘으로 정신을 무장하고 하나님과 하나라는 걸 깨달아라. 건강하고 행복하며 자유로운 나를 상상하며 하나님의 빛으로 걸어 들어가라. 하나님의 등불이 언제나 나의 발을 비추신다. 하나님의 빛이 통과할 수 있는 열린 통로가 되면 하나님께서는 진리로 심금을 울리신다.

"아버지께서 이르되 너는 항상 나와 함께 있으니, 내 것이 다 네 것이로다."(누가복음 15장 31절)

- 신체는 정신적인 비전이나 이미지를 따른다.
- 탈 없이 건강하게 지내려면 내가 하는 일에 온 정신과 마음을 쏟고 노력하면 된다. 그러면 몸에 에너지와 활력이 가득 찰 것이다.
- 걱정, 원망, 증오, 적대감 등이 신체의 질병을 만든다.
- 질병에서 빠르게 벗어나는 비법은, 아픈 건 일시적이고 언젠간 나으리라는 사실을 깨닫는 것이다. 그런 후에는 일상생활로 돌아간 자신의 모습을 생생하게 그려 보아라.
- 몸을 만든 무한한 지성이 몸을 치유할 수 있음을 깨달아야 한다. 깨달은 후 정신적·육체적으로 인내하면 기적이 일어난다.
- 내적인 잠재력을 발휘하고 하나님의 진리를 흡수하며 진리에 관심을 가질 때, 사회에 공헌하고 재능과 사랑, 우정을 다른 사람과 나눌 때 권태를 딛고 승리할 수 있다.
- 삶에 대한 의지가 약해지면 사랑을 가장 많이 주시는 분이 누군지 생각해 보고 그 사랑을 느껴 보자. 그러면 새로운 활력을 얻어 더 오래 살고자 하는 마음이 들 것이다.
- 하나님의 능력과 기쁨, 힘, 지혜가 들어 올 수 있도록 마음과 정신의 문을 열어 두면 승리하는 삶을 살 수 있다.
- 아무런 탈 없이 건강하게 지내고 싶다는 마음이 크게 들면 정말 무탈하게 잘 지낼 것이다.

16

이별을 마주하고
새로운 시작을 축복하라

"아무리 대장부라 하더라도 죽으면 끝 아닙니까?"(욥기 14장 14절)

수천 년 전에 욥이 이렇게 물었다. 그 이후로도 수많은 사람이 이 질문을 거듭했다. 사실 잠재의식의 관점에서 보면 죽음은 존재하지 않는다. 하나님은 생명이시고 생명은 지금 살아 있는 나의 삶을 뜻한다. 하나님은 시작이 없으므로 끝도 없다. 인간은 하나님의 생명이 발현된 존재이므로 죽음이 있을 수 없다.

육체에는 시작과 끝이 있다. 육체는 생명을 표현하는 수단이다. 삼차원에 있든 사차원에 있든 인간에겐 언제나 육체가 있어야 한다. 하지만 육체가 더는 생명을 표현하기에 적합하지 않을 때, 영은 낡은 육체를 버리고 새로운 육체로 옷을 갈아입는다.

죽음을 끝으로 여겨서는 안 된다. 차라리 새로운 시작으로 보고 죽어서 더 풍요로워진다고 생각해 보자. 누군가가 세상을 떠나면 그 사람을 잃는다고 생각하지 말고 얻는다고 생각해 보자. 이별을 비관하는 대신 사랑하는 모든 이와 재회한다고 생각해 보자. 이 세상을 떠난다고 생각하지 말고 새로운 목적지에 도달하고 있음을 깨달아야 한다. '죽음'이라고 부르는 현실을 맛보았을 때, 죽음은 곧 새로운 탄생이라는 것을 인지할 것이다.

존 밀턴은 "죽음은 영원의 궁전을 여는 황금 열쇠"라고 했다. 죽음은 우리 주위에 흔하다. 죽음만큼 보편적인 것이 없다. 그러므로 죽음을 절대 악으로 여겨서는 안 된다. 죽음은 한 영광에서 다른 영광으로 옮겨 가는 일이다. 죽음은 앞으로 그리고 하늘로 향하며 하나님 앞으로 나아가는 여정이다.

계절이 바뀌거나 새나 곤충이 태어나고 꽃이 필 때 우리는 생명이 소생하고 부활하며 열매를 맺는다고 생각하지만, 인간의 죽음 앞에서는 꿀 먹은 벙어리가 된 채로 죽음을 두려워한다. 죽음과 탄생은 생명의 양면이므로 두려워해서는 안 된다. 삶은 기본적으로 끝없이 변화하는 과정이다. 새로운 것을 위해 낡은 무언가를 포기해야 하는 법이다. 소위 죽음이라는 과정은 낡은 것을 새로운 것으로 바꾼다.

죽음은 새로운 시작이다

다음 차원의 삶에서는 정신적 능력을 완전히 사용할 수 있다. 새로운 환경에서 다른 사람들을 만날 것이고 본인의 이름 또한 알려질 것이다. 삶의 모든 단계를 보고 이해할 것이며 가르침을 얻고 발전할 것이다. 죽음은 단순한 끝 그 이상이다. 어떤 일이 끝나면 항상 다른 일이 시작되기 때문에 사실 죽음은 새로운 시작이다. 다음 차원의 삶에 들어가면 새로운 삶을 산다.

세상을 떠난 아버지를 위해 기도해 달라는 부탁을 받아 두 자매의 집으로 갔다. 언니는 이렇게 말했다.

"하나님의 생명으로 아버지가 살아 계시고 더 높은 차원에서 활동하시는 걸 알고 있어요. 아버지를 위해 기도하고 아버지께 사랑을 보냅니다. 이런 기도가 아버지의 앞날을 도와주리라는 걸 알고 있어요."

아버지는 정확히 2시 정각에 숨을 거두었다면서, 언니는 동생에게 이렇게 말했다.

"시계를 보렴. 지금 시침이 2시에서 3시로 넘어가고 있지? 아버지도 그래. 삼차원에서의 삶은 끝이 났지만 새로운 삶이 시작된 거지."

언니는 모든 끝이 곧 시작이라는 것을 알고 있었다.

사도 바울은 고린도전서에서 진정한 죽음은 없으며 모든 사람은 불멸의 존재라고 말한다. 인생은 발전이자 끝없이 전개되는 과정이다. 다음 차원의 삶에서도 이 땅에서 살아온 기억은 사라지지 않는다. 지상에서 내가 누구고 어떤 사람이었는지에 대한 기억은 다음 세계에서의 삶에서도 연속적으로 이어지고 끊임없이 확장된다. 하나님은 무한하시므로 나도 무한하다. 내 안의 영광과 아름다움은 영원히 닳아 없어지지 않으니, 나라는 존재는 얼마나 멋진가!

한국전쟁에서 사망한 두 아들

한국전쟁에 참전했다가 열아홉, 스물의 나이로 전사한 두 아들을 둔 어머니와 이야기를 나눴다. 두 아들이 다른 세계로 갔다는 소식을 들었을 때 어머니는 마음이 찢어질 것처럼 아팠지만 침착하게 다음의 성경 구절을 확언하며 평정심을 되찾을 수 있었다.

하나님은 죽은 자들의 하나님이 아니라 산 자들의 하나님이시니, 모든 이는 하나님과의 관계 속에서 살고 있습니다. (누가복음 20장 38절)

여성은 눈에 광채를 내뿜으며 나를 바라 봤다. 그녀의 말 한마디 한마디에는 평온함이 담겨 있었다.

"확언을 하면서 제에게 어떤 일이 있었는지 아세요? 갑자기 마음속에 평화의 물결이 치는 걸 느꼈습니다. 평화의 파도가 모든 슬픔을 씻어 주었고 아이들이 살아 있음을 느꼈어요. 아이들의 존재를 느꼈고 부드럽게 어루만질 수 있었습니다. 아주 멋진 경험이었어요."

두 아들은 신앙심이 깊었고 사랑과 기쁨, 활력이 넘쳤다고 했다. 그녀는 계속해서 말을 이었다.

"하나님께서는 정의롭고 선한 분이십니다. 아이들이 보고 싶지만, 아이들은 이미 새로운 차원에서 다른 집을 짓고 있다는 것을 깨달았어요. 그곳에서는 다른 육체로 새로운 과업을 성취하고 있을 거란 걸요."

나는 그녀와 두 아들을 도와주고 싶었다. 그러자 답이 머릿속을 스쳐 지나갔다. 두 아들을 위해 기도하면 되지! 그래서 다음과 같은 기도를 그녀에게 알려 줬다.

모든 생명의 근원이자 은총을 주시는 하나님께서는 아이들을 저에게 빌려 주셨습니다. 아이들을 영원히 제 곁에 둘 수 없음을 알고 있습니다. 언젠가 제 품을 떠나 결혼하고 다른 도시로 이사 가거나 해외에서 살 거라는 걸 알았습니다.

아이들이 저와 함께 있는 동안 그 누구보다 사랑했습니다. 하나님에 대한 사랑과 믿음, 확신, 신뢰 속에서 제가 줄 수 있는 모든 걸 아들들에게 주었습니다.

이제 제 임무는 아이들이 새로운 집을 짓도록 돕는 것입니다. 아이들에게 사랑과 평화, 기쁨을 전하라는 소명을 받았습니다. 하나님의 빛과 사랑, 진리, 아름다움이 아이들을 통해 흐릅니다. 하나님께서 아이들의 영혼을 평화로 채워 주십니다. 그들의 여정을 응원합니다. 인생이란 앞으로 나아가는 것입니다. 아이들을 생각할 때마다 '하나님이 함께 계시니 다 잘될 것입니다'라고 말합니다.

여성은 하루에도 몇 번씩 이 기도를 반복했고, 그러자 마음이 더욱 평온해졌다. 기도를 통해 두 아들을 도왔고 그들을 잃은 슬픔을 극복할 수 있었다.

"슬픔 대신 기쁨의 기름을 발라 주시다."(이사야서 61장 3절)

이 구절은 사랑하는 사람이 세상을 떠났다고 해서 슬퍼하거나 애석해 하지 말라는 뜻이다. 다음 차원으로 넘어간 사랑하는 이들에게 사랑과 평화, 기쁨을 보내는 게 사랑하는 사람을 위해 기도하는 올바른 방법이다. 현재의식에서 세상을 떠난 자를 일으키는 것이 "슬픔 대신 기쁨의 기름을 발라 주시다"의 진정한 의미다. 그가 있는 곳에 하나님께서 임하심을 알고 다시 태어난 걸 기뻐해야 한다. 오늘이 그의 새로운 생일이다.

하나님께서 계신 곳에는 악함이나 나쁜 일이 존재하지 않으므로, 세상을 떠난 사람들을 위해 기도하려면 그들이 기쁨과 사랑이 넘치는 아름다운 곳에 있다는 걸 깨우쳐야 한다. 그들은 우리의 기도를 느낄 수 있고 기도의 축복을 받을 수 있다. 그러니 진심 어린 기도로 세상을 떠난 사람을 일으키고 기쁘게 할 수 있다.

죽어서 세상을 떠났고 무덤 안에 묻혀 있다고 생각하는 대신, 마음의 눈으로 세상을 떠난 사람들을 보라. 형언할 수 없을 정도로 아름다운 곳에 그들이 산다는 것을 볼 수 있을 것이다. 결코 무엇이 부족하다든가 한계나 후회 같은 감정에 몰입해서는 안 된다.

하나님의 사랑 안에서 살 것임을 기도하라

뉴욕에서 만난 어느 배우의 이야기다. 무대에 오르기 불과 10분 전, 그는 아내와 세 자녀가 인도에서 사망했다는 전보를 받았다. 그날 남성은 무대에서 노래하고 춤추며 관객에게 웃긴 이야기를 들려줄 예정이었다. 그는 나에게 이렇게 털어놓았다.

"하나님과 하나님의 사랑에 대해 생각하려고 노력했습니다. 인생은 시계추처럼 움직인다는 것을 알고 있었죠. 비극과 절망을 겪었으니 이제 시계추가 반대편으로 움직일 때라고요. 하나님께 힘과 능력을 주시라고 부탁드리면서 인생에서 가장 멋진 공연을 선보이겠다고 외쳤습니다. 왠지 아내와 자녀들도 제가 그렇게 하기를 바랄 것 같더라고요. 눈물이 뺨을 타고 흘러내렸습니다. 하나님이 떠올랐습니다. 하나님께 저를 도와주시고 눈물을 닦아 달라고 부탁드렸습니다. 사랑하는 아내와 아이들을 위해 기도했습니다. 하나님께서 쉴 만한 물가로 아내와 아이들을 인도하셨고, 하나님의 사랑 안에서 살고 있다고요."

비록 마음은 찢어질 듯 아팠지만 힘차게 승리의 노래를 부르고 어느 때보다 열심히 춤을 췄다. 공연장에 있던 관객은 그의 공연을 보고 박수를 그치지 않았다. 그때가 그의 인생에서 가장 벅찼던 순간이라고 말했다. 하나님이 처음부터 끝까지 함께해 주신다는 걸 느꼈기 때문이다. 깊은 슬픔에서 벗어나 하나님과 하나님의 선함을 생각하려고 노력하다 보니 하나님께서 응답을 주신 것이다.

"주여, 깊은 곳에서 당신을 부르오니. 주여, 제 소리를 들어 주소서. 애원하는 이 소리에 귀 기울여 주소서."(시편 130편 1~2절)

슬픔을 딛고 일어나 자신을 구원하라

몇 년 전, 나는 쉰 살에 갑자기 세상을 뜬 남성의 장례식에 참석했다. 그에게는 열세 살 된 외동딸이 있었다. 아내는 딸을 출산하던 중에 세상을 떠났다. 딸은 이렇게 말했다.

"아빠는 죽음이 끝이 아니라고 했어요. 되돌아가시기 전에 '나를 위해 기도해 주렴. 내가 항상 너를 위해 기도하고 널 보살펴 줄게'라고 말씀하셨죠. 제가 한 모든 말을 아빠가 듣고 계시다는 걸 알았어요. 아빠를 봤거든요. 저를 바라보며 미소를 지으시더라고요. 제가 애통해하거나 울거나 자책하지 않았으면 하시는 걸 알아요. 제가 행복하고 즐겁게 지내길 바라고 대학에 진학해서 훌륭한 의사가 되길 바라셔요. 그러면 아버지도 기뻐하실 테지요. 아버지를 생각하며 눈물을 흘리거나 슬퍼해야 한다고 생각하지 않아요. 아버지가 가르쳐 주신 진리를 충실하게 따르며 사랑을 베풀고 헌신하면서 살아갈 책임이 있습니다."

소녀의 신실한 믿음에 놀랐고, 그 말을 들으니 가슴이 벅차올랐다. 그녀는 소위 죽음이라고 불리는 비극을 마음속에서 해결했다. 하나님께서 동행해 주신다는 느낌과 행복하고 건설적인 사랑의 원리에 대한 영적 지식이 쓰라린 마음을 위로해 주었다.

이 소녀처럼 우리도 침울함과 낙담, 비참함을 딛고 일어설 수 있다. 상황을 딛고 일어나 우리 자신을 구원하라. 사랑과 자신감을 가지고 우정과 신뢰를 키워라. 생산적인 활동을 하고 능력을 쌓으면서 사랑과 재능을 펼치고자 하는 소망에 집중하여 슬픔과 비탄, 외로움의 늪에서 빠져나와야 한다. 외로움과 슬픔이 가시지 않을지라도 굴하지 않고 이러한 긍정적인 자질을 드러내는 것은 곧 내가 들어가 살 집을 마음속에 짓는 것과 같다. 중도에 포기하지 않고 계속해서 하나님을 믿는다면, 하나님께서는 "우리를 떠나지도, 버리지도 않으실 것이다"(신명기 31장 6절).

미래를 위해 기도하면서 현재의 고통을 견뎌라. 왜냐하면 기쁜 일이 우리를 기다리고 있기 때문이다.

나는 수많은 사람의 임종을 지켜보았지만, 그 누구도 세상을 떠나는 걸 두려워하지 않았다. 임종을 앞둔 사람들은 더 큰 차원의 삶으로 들어가고 있음을 본능적이고 직관적으로 느낀다. 토머스 에디슨이 죽기 전에 의사에게 남긴 말이다.

"저곳은 매우 아름답군요."

삼차원의 삶을 떠난 사랑하는 사람들을 생각하며 애석해하는 건 자연스러운 이치다. 하지만 그들은 하나님 아버지의 집에 살고 있으며, 더 높은 주파수대의 세계에 존재하므로 이 세상과는 멀리 떨어져 있음을 알아야 한다.

소위 말하는 죽음은 우리 모두에게 일어날 일이다. 사람이 죽으면 세상을 떠난다고 믿는 것을 그만두어야 한다. 하나님의 생명으로 그들은 죽지 않고 살아 있다. 예를 들어 보자. 라디오와 텔레비전에서 나오는 소리와 영상은 공간을 가득 채우지만, 라디오와 텔레비전이라는 기기가 없으면 듣거나 볼 수 없다. 같은 이치로 믿음이 없으면 세상을 떠난 사람들이 살아 있다는 것을 깨닫지 못할 것이다.

인간은 죽음에 관한 그릇된 믿음에 빠져 있다. 하지만 눈이 아닌 마음으로 죽음을 본다면 시공간을 뛰어넘어 사람이 존재할 수 있음을 깨닫고, 소위 '죽은 자'들의 존재를 보고 느낄 것이다.

나는 사망일이 곧 사차원 세계에서의 생일이라고 생각한다. 지금의 집에서 더 큰 집으로 이사 가는 날처럼 말이다. 약 36년 전, 나는 중증의 질병에 걸려 3일 정도 의식을 잃은 적이 있다. 소위 말하는 임사 체험을 한 것이다.

3일 동안 내 영혼은 유체를 이탈하여, 이 땅을 오래전에 떠났던 친척들과 만나 이야기를 나누었다. 나는 친척들을 단번에 알아보았다. 내게는 신체가 있었는데 현생에서 가졌던 신체와는 다른 능력이 있었다. 예를 들면 닫힌 문을 통과할 수 있었고, 내 여동생이 있는 런던을 비롯하여 파리, 벨기에 등 생각이 옮겨 가는 곳은 어디든 즉각 이동할 수 있었다. 그곳에서 일어나는 모든 일을 보고 들을 수 있었다. 또한 다음 차원에 사는 친구들, 사랑했던 이들과 대화를 나눌 수 있었다.

소통하는 데 언어를 사용한 건 아니다. 생각만으로도 소통할 수 있었다. 경계도 없었다. 모든 것이 살아 있는 것 같았고 시간 감각도 없었다. 자유롭고 즐거웠으며 엄청나게 황홀한 기분이 들었다. 의사는 내가 누워 있는 방으로 들어와 "사망하셨습니다"라고 말했다. 그리고 그가 눈꺼풀을 벌리는 것이 느껴졌다. 눈에 빛을 비추며 동공에 반응이 있는지 보았다. 나는 살아 있다고 말해 주려 했지만, 의사는 내가 그곳에 있는지 모르는 것 같았다. 나는 의사를 툭툭 치며 "나를 내버려 두세요,

다시 돌아오고 싶지 않아요"라고 말했지만 내 손길을 느끼거나 목소리를 들을 수 없는 듯했다.

의사는 강심제처럼 보이는 주사를 놓았다. 정말 화가 났다. 나는 돌아오고 싶지 않았다. 내가 갔던 곳은 너무나 아름답고도 초월적인 세계였고, 새로운 사람들을 만나 공부를 하는 등 다음 차원의 세계를 이제 막 즐기기 시작했기 때문이다. 하지만 나는 소생하고 있었다.

영혼이 다시 잠든 몸으로 돌아가고 있었다. 갑자기 모든 것이 사라지는 것 같았고 감옥에 갇힌 것 같았다. 깨어났을 때 쇼크에 시달렸는데, 사차원의 신체가 표현한 분노가 삼차원의 신체에 들어오려 했던 게 그 이유였다. 현생의 시간관념으로 72시간 동안 의식을 잃었고 세상이 '죽음'이라 부르는 것을 경험했다. 그때 알았다. 소위 죽는다는 것은 더 높은 차원의 마음에서 기능한다는 뜻임을 말이다.

더 높은 차원의 세계에서 산다는 것

우리는 사차원에 살고 있다. 무한하신 하나님 안에서 살고 있으므로 사실 모든 차원에서 살고 있다. 세상을 떠난 사랑하는 사람들도 우리가 사는 세상에서 그들의 삶을 이어 가고 있다. 단지 더 높은 주파수 대역에 거주할 뿐이다. 각각의 주파수가 다르기에 간섭 현상이 일어나지 않는 것이다. 라디오의 전파와 텔레비전의 전파는 파장의 길이가 달라서 서로 간섭이나 충돌이 일어나지 않는다. 우리는 모든 차원의 세계를 관통하고 우리의 여정은 항상 앞으로, 위로, 하나님 앞으로 향한다.

"그대는 변하지 않는다. 태어나지도 않고 변하지도 않으며 태곳적부터 존재한 영원한 그대는 육체가 죽는다고 해도 죽지 않는다. 자기가 태어나지도 않고 변하지도 않으며 죽지도 않는 영원한 존재임을 깨달은 사람이 어떻게 다른 사람을 죽이거나 죽일 수 있다고 생각하겠는가. 낡은 옷을 벗어 버리고 새 옷으로 갈아입듯 육체 속에 살고 있는 참된 나는 육신이 낡으면 낡은 몸을 벗어 버리고 새 몸으로 갈아입는다."(《바가바드 기타》 2장 지혜의 길 중 천상의 노래)

나를 사랑하고 아끼는 손길이 나를 이 세상에 데려다주었다. 나는 하나님의 품에 안겨 사랑을 받았고, 어렸을 때부터 성인이 될 때까지 나의 모든 욕망을 충족시켜 주셨다. 하나님은 사랑이시기에 한 차원에서의 진리는 다른 차원에서도 진리가 된다.

다른 차원으로 넘어 갈 때 나를 세상에 나오게 하고 새 생명을 준 숙련된 간호사와 의사들을 만날 것이다. 나는 사랑을 끌어당길 것이고 사랑하는 사람들을 다시 만나 기뻐할 것이다. 이 세상에서 진리를 가르쳤다면 다른 세상에서도 진리를 가르치고 글을 쓸 것이다. 여행을 할 것이고 이 세상에서 했던 모든 일을 할 것이다.

유일한 차이점은 파장 또는 주파수가 높은 곳에서 활동하리라는 거다. 그곳에는 지상과 다른 시간 체계가 있기에 해나 달은 보이지 않는다. 밤에 잠자리에 들어도 시간을 의식하지 않기에 마음의 활동은 활발하다. 이 세계의 시간과 다음 차원의 시간은 다르다.

- 사랑하는 사람을 영원히 곁에 두는 건 불가능하다. 사랑하는 사람이 나의 곁을 떠날 때는 행운이 깃들길 축복해야 한다.

- 사랑하는 사람이 세상을 떠났다고 해서 눈물을 흘리고 슬퍼해야 하는 건 아니다. 내가 해야 할 일은 사랑과 자유, 기쁨을 보내고 천국의 축복을 받길 기도해 주는 것이다.

- 사랑과 자신감을 가지고 우정과 신뢰를 키워라. 생산적인 활동을 하고 능력을 쌓으면서 사랑과 재능을 펼치고자 하는 소망에 집중하여 슬픔과 비탄, 외로움의 늪에서 빠져나와야 한다.

- 세상을 떠나면 사랑하는 사람들을 다시 만날 것이다. 사랑을 끌어당겨 사랑하는 사람들과 기쁜 마음으로 재회할 것이다.

- 모든 끝은 시작이다. 현재의 차원에서의 삶이 끝나면 새로운 삶이 시작된다.

- 세상에 죽음 같은 건 존재하지 않는다. 죽음이란 곧 사차원의 육체를 가지고 살아감을 뜻한다.

- 우리는 하나의 영광에서 다른 영광으로 옮겨간다. 하나님을 향해 앞으로 그리고 하늘로 나아가는 여정에 있다.

- 생명은 시작도 끝도 없기에 나는 영생한다. 나는 하나님의 생명으로 살아 있다.

17

내 안의 하나님을 느끼는 법

잠재의식의 힘을 주제로 요하네스버그에서 강의를 했다. 요하네스버그는 남아프리카공화국에서 '황금의 도시'라 불린다. 웃음과 환희, 부가 넘치는 도시이지만 동시에 근심도 가득한 도시다. 호텔 매니저는 60여 년 전의 요하네스버그는 조그만 광산촌에 불과했다고 이야기해주었다. 심지어 70년 전에는 아스팔트 도로와 높은 고층 건물 대신 울창한 정글이 있었다고 한다. 그렇지만 오늘날 요하네스버그는 뉴욕처럼 북적거린다.

요하네스버그 약 3000미터 아래에 금광이 있었다. 도시 밑에 도시가 있다고 말할 정도로 금광의 규모는 거대했다. 아프리카 각지에서 금을 캐기 위해 요하네스버그로 몰려들었다. 금광 근처 기숙사에 살면서 일하는 광부의 수가 9000명에 달하기도 했다. 광부들은 다양한 부족 출신으로 각기 다른 관습과 언어를 가지고 다른 신을 믿었다. 그중에는 매우 원시적이고 미신을 믿는 부족도 있었다.

매니저의 말에 따르면, 한 주술사가 원주민에게 죽음의 기도를 하자 의사들이 손을 쓰지도 못한 채 세상을 떠났다고 한다. 한마디로 원주민은 이유를 알지도 못한 채 공포에 시달리다 세상을 떠난 것이다. 하지만 부두교 주술사의 기도는 백인 선교사에게 아무런 영향도 주지 못했다. 선교사는 주술을 비웃으면서 오히려 신앙의 힘을 보여 준 것이다.

적은 내 마음속에 있다. 내 마음속에 있는 적에게 힘을 실어 주지 않으면 누구도 나를 좌지우지할 수 없다. 내 안의 있는 성령은 유일한 주권자이자 지상의 권세다. 내 생각에 응답하는 유일무이한, 불가분의 존재다.

요하네스버그에서 슬하에 자녀 여섯을 둔 한 여성을 만났다. 그녀는 가는 길마다 인도해 주시고 살펴 주시는 위대하신 아버지로 하나님을 섬기며 살라고 자녀들에게 말하곤 했다. 그중 금광에서 일하는 45세 광부인 아들은 6개월밖에 살 수 없다는 청천벽력 같은 소리를 들었다. 그는 주치의에게 이렇게 반박했다.

"의사 선생님, 제 아버지께서는 그렇게 하실 수 없으세요. 저를 그렇게 두시지도 않을 거고요. 제게는 세 자녀가 있고 아들딸들이 저를 필요로 합니다. 아버지께서 저를 사랑하시니 병을 고쳐 주실 거예요."

의사는 농담이라고 생각했지만 남성이 무슨 뜻인지 설명해 주자 그 뜻을 이해했다. 이내 둘은 좋은 친구가 되었다. 병은 치유되었고 이제 아들은 튼튼하고 정력이 넘친다. 지금은 금광을 이끌어가는 사람 중 한 명이 되었다.

아들은 문제에 맞닥뜨릴 때마다 어머니께서 내 안에 거하시는 아버지와 대화를 나눠 보라고 말한 걸 기억하고 있었다. 하나님은 우리를 사랑하시기에 응답해 주실 거라고 했다. 내면의 하나님을 찾자 어려운 상황이 닥칠 때마다 기적이 일어나 이 가족은 행복한 삶을 영위할 수 있었다. 하나님을 친절하고 사랑스럽고 이해심이 많으며 자비로운 아버지로 바라보았기 때문이다.

남성의 여동생은 소아마비를 앓았었지만, 지금은 걷는 데 아무런 지장이 없다. 나는 여동생과도 이야기를 나누어 보았는데, 오빠와 똑같은 말을 했다.

"하나님 아버지께서는 딸이 불구가 되어 살아가길 원하지 않으시겠지요. 아버지는 내가 행복하길 원하신답니다."

나는 그녀에게 어렸을 때 어떻게 기도했는지 물었다.

"매일 밤 '사랑하는 아버지, 몸을 온전하게 쓸 수 있게 해주세요. 노래 부르고 춤추고 명랑하게 살게 해주세요'라고 기도했어요. 2년 동안 그렇게 하니 병이 낫더군요."

하고 싶은 것을 구체적으로 상상하라

남아공 킴벌리에서 열린 강연에서 나는 아주 흥미로운 남성을 만났다. 나는 그의 경험담을 책에 꼭 신겠다고 약속했다.

남성은 2차 세계 대전에 참전했다가 전투 중 총에 맞아 다리가 부러졌다. 그는 당시 무신론자였고 내면의 힘에 관해서는 아무것도 알지 못했다. 군대에서 종교가 무엇이냐고 물었을 때 '인간'이라고 답했을 정도였다. 그는 오랫동안 영국 병원에 입원해 목발을 짚고 다녔다. 그랬던 그가 언젠가부터 이렇게 생각하고 말하기 시작했다.

저를 만든 지성이 제 다리를 치유할 수 있습니다.

그는 건강해지고 다리가 깨끗이 나았을 때 하고 싶은 일들을 상상했다. 전쟁터로 나오기 전에 그는 운동선수였다. 마음속으로는 여전히 운동선수의 삶을 살았고, 자신이 되고 싶은 모습을 상상했다. 그는 마음속 영화의 주인공이 되어 영화 속 삶을 사는 기분을 생생하게 느꼈다. 비록 걷지는 못했지만 휠체어에 앉아 자전거를 타고 등산하고 축구를 하는 상상을 했고, 몸이 튼튼하고 강하다고 주장하기 시작했다.

몇 년 후 나는 놀라운 소식을 들었다. 그가 다시 운동선수로 복귀하여 체급 1위를 거머쥐었다는 것이다. 부러진 뼈는 완벽하게 나았고 다리에는 흉터만 있었다. 이는 진짜라고 상상하고 느낀 것이 현실이 된다는 걸 보여 주는 사례다.

왕처럼 여행하라

케이프타운의 그랜드 호텔에서 만난 한 남성은 내게 이렇게 말했다. "여행할 때는 왕처럼 여행한답니다. 하나님은 백만장자이시거든요." 나는 그의 태도가 마음에 들어 더 자세한 설명을 부탁했다. 그러자 그는 영국에서 비행기를 탔을 때 어떻게 기도했는지 알려주었다.

비행기는 하나님의 생각입니다. 모든 부품은 하나님의 아이디어에서 나옵니다. 하나님은 모든 이를 사랑하시기에 모두가 하나님의 사랑을 받습니다. 저도 모든 이를 사랑합니다. 제 여정 속에서 평화와 풍요, 사랑, 기쁨, 영감이 기다리고 있음을 압니다.

그는 정신적, 영적 삼투 과정을 거쳐 잠재의식의 깊숙한 곳까지 이러한 생각이 파고들 때까지 이 말을 반복했다고 한다.

이 남성은 정말 멋진 경험을 했다! 케이프타운에서는 이방인이었지만 바람직한 사업 전략을 세워 사업이 번창했고 부자가 되었다. 더구나 꿈속에서 그리던 동반자도 만났다. 그는 평화와 사랑, 기쁨과 풍요의 사자가 자신의 시중을 들 것이라고 선언했다.

"특사를 보낸다. 그가 나의 갈 길을 닦을 것이다."(말라기 3장 1절)

다음에 여행할 때는 반드시 내가 왕이고 하나님의 나라에 살며 좋은 일만 생긴다고 확신을 가져라. 내가 원하는 모든 좋은 것은 지금 여기에 있으며 내 것이라고 주장하기만을 기다리고 있다.

일흔 번이라도 용서하라

남아공에서의 일정을 마치고 나는 요하네스버그에서 1만 3000킬로미터 정도 떨어져 있는 호주 서부의 도시 퍼스로 향했다. 전 세계를 돌며 강의를 할 때마다 나는 꼭 퍼스에 들른다.

면담을 요청한 젊은 호주 여성이 있었다. 그녀는 지난 몇 년간 편두통, 부비동염, 위장 장애, 심한 천식 발작 등으로 고생했다고 한다. 그녀는 어머니가 밉고 원망스럽다는 이야기를 들려 주었다. 나는 어머니가 어디에 계시냐 물었다.

"10년 전에 돌아가셨어요."

어머니가 돌아가시면서 뉴질랜드에 있는 여동생에게 재산을 남긴 듯싶다. 지난 10년간 이 여성은 증오라는 정신적인 독을 품고 있었고 이 독은 온몸으로 퍼져 온갖 나쁜 영향을 끼쳤다. 나는 그녀에게 "우리가 우리에게 죄 지은 이를 용서하여 준 것 같이 우리의 죄를 용서하여 주시고"(마태복음 6장 12절) "일곱 번뿐 아니라 일곱 번을 일흔 번이라도 해야 한다"(마태복음 18장 22절)의 뜻을 설명해 주었다. 필요하다면 하루에 1000번도 용서하라고 했다.

그녀는 어머니가 스스로의 마음에 비춘 빛에 따라 행동했음을 알았다. 어머니는 당시의 마음 상태에 따라 본인이 옳다고 느끼는 일을 한 것이다. 그녀는 어머니를 위해 기도해야 한다고 느꼈고 자신과 어머니를 축복했다.

기도는 마음의 상처를 치유한다. 그녀는 눈물을 흘리며 기도했다. 마음의 응어리가 풀려 기분이 한결 가벼워졌다.

하나님은 어머니를 축복하십니다. 어머니가 어디에 계시든 하나님의 사랑이 함께하시기를 빕니다.

하나님의 성령이 그녀를 통해 말씀하셨다. 마음의 상처를 낫게 하는 데 꼭 필요했던 연고이자 용서와 선의, 이해의 성령이었다. 우리는 그녀의 어머니가 하나님의 빛과 사랑과 진리에 둘러싸여 빛나고, 하나님의 평화와 아름다움이 어머니의 영혼에 충만함을 느끼면서 어머니를 위해 기도했다. 하나님의 사랑이 그녀의 마음에 넘쳤고, 축복의 기도는 여성을 치유했다.

그녀는 한 번의 기도로 급격한 변화를 보여 줬다! 여성의 눈에는 빛이 감돌았고 얼굴에는 미소가 돌았다. 광채가 그녀를 감쌌고 무한한 광채가 퍼져 나가는 것 같았다. 모든 증상이 사라졌다. 여성은 "하나님은 사랑이십니다. 나는 나았습니다!"라고 큰소리로 외쳤다. 하나님의 사랑이 얼마나 황홀한지 경험하는 순간이었다. 그 순간은 영원히 지속된다고 흔히 말한다.

일곱 번을 일흔 번까지라도 용서하라. 사랑과 선의의 분위기를 만들고 서로를 이해하며 지은 잘못을 용서하도록 하자. 이 여성의 몸이 아팠던 원인은 바로 어머니를 향한 증오와 죄책감, 두려움 때문이었다. 그녀는 어머니를 미워하는 게 옳지 않은 걸 알았기에 죄책감이 들었고, 죄책감은 어머니에게 악감정을 품어 벌을 받을지도 모른다는 공포심을 불러일으켰다.

두려움은 하나님의 사랑의 막을 상징하는 섬세한 점막을 수축시킨다. 하지만 그녀가 용서의 영에 들어가고 영혼을 사랑으로 채우자 순간적인 치유가 일어났다.

사랑은 사람을 자유롭게 한다. 사랑은 다른 사람에게 베푸는 것이다. 사랑은 하나님의 영으로 얼어붙은 감정을 녹인다. 사랑에는 높이와 깊이가 없고, 오고 가지도 않는다. 사랑은 모든 공간을 채운다. 고대인들은 이를 '사랑'이라고 불렀다.

다른 사람을 용서했는지 알아볼 수 있는 시금석은 바로 사랑이다. 나에게 모욕을 준 사람에게 좋은 일이 생겼다는 소식을 누군가가 내게 전해 주었다고 가정해 보자.

어떻게 반응하겠는가? 화를 내겠는가? 기분이 언짢을까? 차라리 안 좋은 소식을 들었으면 하는가? 그렇다면 이 사람을 아직 용서하지 못한 것이다. 감정의 응어리가 여전히 남아 있는 것이다.

우리는 앞서 살펴본 기도를 실천하고 사랑을 줌으로써 미움의 뿌리를 시들게 할 수 있다. 나를 욕보인 사람에 관해 좋은 소식을 듣고 기뻐할 수 있을 때까지 기도하자. 그가 어떤 사람인지, 실체가 무엇이든지, 어디에 있든지 상관없이 하나님의 법칙이 모든 사람에게 작용하는 것을 보고 기뻐해야 한다.

상상 편지의 힘

호주 시드니에서 특별 공개 강연과 수업을 했다. 내 강연을 들은 학생이 원한을 품었던 사람을 용서한 이야기를 내게 들려 주었다. 그는 직장 상사에게 받은 편지를 읽고 속이 상했다고 한다.

'인내심의 한계에 다다랐어. 더는 참을 수 없어.'

마음속에서는 분노가 끓어 올랐다. 그는 분개하며 스스로에게 이렇게 말했다.

"그렇게 성실하게 수년간 일했는데. 이 상사를 용서하는 건 이제 불가능해."

하지만 그는 마음의 수레바퀴를 잠재우고, 상사가 자신의 업무 성과를 칭찬하는 편지를 쓰는 모습을 상상했다. 상상 속에서 상사는 사랑과 선의의 법칙인 황금률에 따라 남성의 일 처리가 매우 흡족했다고 썼다. 그는 자신을 칭찬하는 내용의 편지를 읽는 상상을 하며 기뻐했다.

"매일 밤 그 편지를 반복해서 읽으면서, 상사의 사인을 몇 번이고 보곤 했어요."

그렇게 상상하자 상사를 향한 증오가 사라졌다. 그의 말을 인용하자면, 세상에서 제일 기이한 일이 일어났다. 상사는 그를 칭찬했고 이제 승진했으니 축하한다는 편지를 보내왔다. 그 편지에는 그가 며칠 동안 상상하고 느낀 내용이 담겨 있었다. 원한과 미움을 사랑과 용서로 대체한 결과다. 용서는 악감정과 적대감이 넘치는 분위기를 사랑과 선의로 대체한다.

이 남성이 해냈듯이 우리도 할 수 있다. 성공한 방법은 누구나 따라 할 수 있다. 그가 한 일은 자신이 받았으면 하는 종류의 편지 받기를 마음속으로 상상한 것뿐이다. 편지를 받으리라 상상했고, 상상의 편지를 읽는 기쁨을 생생하게 느끼자 잠재의식은 사랑을 상사에게 보내 비슷한 답변을 가져왔다. 사랑을 주면 사랑을 받기 마련이다.

"남을 용서하라. 그러면 하나님께서도 너희를 용서할 것이다."(누가복음 6장 37절)

성공과 실패 모두 마음속에 있다

일본에는 '생장의 집生長の家'이라는 종교 단체가 있다. '무한한 생명의 집'이라는 의미로, '일본의 간디'라 불리는 다니구치 마사하루 박사가 이끄는 단체다. 성스럽고 빛나는 영혼이라는 평가를 받는 다니구치 박사는 생장의 집을 통해 현재의식과 잠재의식의 법칙을 전파한다.

나는 그의 학생들을 대상으로 강연을 한 적이 있는데, 강의마다 3000명 정도가 참석했다. 일본에서 정신과학을 공부하는 사람의 숫자는 자그마치 600만 명이 넘는다고 한다. 책은 영어와 일본어로 인쇄되어 있고 일본계 미국인과 일본인이 강의한다. 다니구치 박사는 내 책 중 몇 권을 일본어로 번역했고, 그 책들이 일본에서 인기를 끌었기에 나의 이론이 어느 정도 퍼져 있었다.

오사카에서 강의했을 때의 일이다. 한 유명한 사업가가 두려움이 가득 찬 얼굴로 나를 찾아왔다.

"점쟁이가 말하길 3개월 안에 사업이 크게 실패할 거라고 했어요."

그는 유창한 영어로 말했다. 그 말에 영향을 받아 그는 개인 목표와 사업 목표, 즉 성공과 번영으로부터 점점 멀어져 갔다.

"사람이 시험을 당하는 것은 각자의 욕심에 이끌려 꾐에 빠지기 때문이다."(야고보서 1장 14절)

성경 구절처럼 스스로 함정을 팠다. 성공의 아이디어에 머무는 대신 사업이 망하고 통장에 잔액이 남아나지 않는 생각으로 마음을 가득 채웠다. 상상력이 병적으로 작동하고 있었다. 사실 마음속으로 창조물에 움직이는 이미지를 부여하고 있었지만, 그 이미지는 현실과는 동떨어져 있었다.

"사실 사업은 잘돼요. 그래도 언제까지 이렇게 잘되겠어요. 망할 날이 머지않았어요."

나는 그에게 성공과 실패는 마음속에 있는 두 가지 아이디어라고 설명했다. 만약 실패하리라 생각한다면 당연히 실패를 끌어들일 것이고, 성공하리라 생각하고 성공을 위해 태어났다고 느끼기 시작하면 성공할 수밖에 없다. 성공의 아이디어와 정신적으로 하나가 되고 내면의 주관적인 힘으로 습관적 사고에 반응한다면, 성공을 창조할 수 있다.

그는 자신이 두려워하는 것이 마음속에서만 존재하는 게 아니라는 걸 깨닫기 시작했다. 나아가 그는 그릇된 암시에 꾀여 넋을 놓으면 낙담하고 우울과 실의에 빠질 수 있다는 걸 직접 경험했다. 나는 그의 집에서 한 시간 정도 이야기를 나누었고, 사업가는 성공은 마음에 달렸으며 생각과 느낌이 운명을 빚는다는 깨달음을 얻었다.

실패하리라는 타인의 암시에 마음이 동하면 목표로부터 멀어질 수 있다는 것을 이 사례에서 볼 수 있다. 점쟁이에게는 어떠한 힘도 없었다. 자신의 말에 동의하게 하는 것 외에는 그 어떠한 영향력도 행사할 수 없다. 정말 사업이 망할까 두려워하며 암시를 받아들일 때에만 암시에 힘이 생긴다. 그는 실패하리라는 암시를 거부하고 성공의 아이디어와 자신을 동일시했다. 이런 식으로 실패를 성공의 아이디어로 대체하면 그릇된 암시는 아무런 효과가 없다.

목표에 충실하라. 그러면 믿는 대로(정신적 태도) 될 것이다. 기도할 때는 공포, 한계, 부족 등 부정적인 사고에서 벗어나야 한다. 의심하거나 걱정해서는 안 된다. 부정적인 감정에 집중하면 부정적인 감정에 빠지는 유혹을 받는다. 마음이 방황하고 부정적인 감정과 하나가 되어 기도의 응답을 받지 못할 것이다.

과거를 잊고 미래의 목표를 향하라

자신의 이야기를 책에 실어 달라고 부탁한 영국 여성이 있었다. 이 여성은 복잡한 가정사가 있다며 나에게 면담을 청했다. 그녀는 결혼한 지 39년이 되었고 자녀들은 장성하여 독립했는데, 남편이 인도 태생의 정부와 불륜을 저지르고 있었다. 남편은 그 정부를 지원해 준다는 명목으로 은밀한 만남을 이어 갔다. 여성은 크게 분노했고 상대 여성에게 원한을 품고 미워했다.

그녀는 하나님의 사랑과 평화, 선의로부터 멀어졌다. 눈에는 눈 이에는 이로 복수하고 싶은 마음에 휩싸여 용서의 정신을 잊어버린 것이다. 복수심에 불타자 병에 걸렸고 인생은 막다른 골목에 부딪혔다. 그녀를 막다른 골목으로 몬 것은 하나님이나 악마가 아니다. 세상에 존재하는 유일한 악마는 원망과 증오, 악감정이라는 부정적인 생각뿐이다. 부정적인 생각을 완전하게 거부할 힘을 가지고 있었음에도 여성은 마음의 힘을 남용했다.

나는 그녀에게 홍콩행 비행기를 조종하던 기장의 이야기를 들려 주었다. 기장은 나에게 비행기 운항 원리를 알려 주었는데, 비행기는 항로를 이탈하는 걸 방지하기 위해 여러 가지 등燈을 사용한다고 한다. 악천후 때문에 24킬로미터나 항로를 벗어난 적도 있다고 했다. 그는 불빛을 보고 몇 분 만에 다시 궤도에 올라 하나님의 비행기로 하늘을 날았다. 하나님의 빛이 비행을 인도하신 것이다. 여성도 잠시 항로에서 벗어났지만, 하나님이 쏟아 내시는 빛과 영광과 경이로움을 보고 다시 항로로 돌아올 수 있었다.

"뒤(과거)에 있는 것은 잊어버리고 앞에 있는 것을 향해 몸을 내밀며, 그리스도 예수 안에서, 하나님께서 위로부터 부르신 그 부르심을 받으려, 위를 향해 달려가고 있습니다."(빌립보서 3장 13~14절)

나는 하나님의 영광과 사랑의 빛에서 벗어난 그녀에게, 진정으로 용서하는 마음을 가지고 다시 제자리로 돌아와야 한다고 다독였다. 올바른 일을 하려면 정말 올바른 일을 하고자 하는 마음이 있어야 한다. 마음을 정립하면 목표의 절반은 이미 이룬 것이다. 마음만 먹으면 장애물을 딛고 마음의 평화를 누릴 수 있다. 내면을 변화시키고자 하는 진정한 욕망이 든다.

"사슴이 시냇물 바닥에서 물을 찾아 헐떡이듯이, 내 영혼이 주님을 찾아 헐떡입니다."(시편 42편 1절)

그녀는 제자리로 돌아와 남편과 여성을 용서하기로 했다. 그리고 문제를 해결해 나가는 영적인 과정을 기록했다. 해결책은 단순했다. 기도가 답이었다. 그녀는 준비된 하나님의 선물을 받아들이라는 내용의 기도를 올렸다.

"온갖 좋은 선물과 은혜는 위에서, 곧 빛들을 지으신 아버지께로부터 내려옵니다. 아버지께는 이러저러한 변함이나 회전하는 그림자가 없으십니다."(야고보서 1장 17절)

"사랑하는 형제자매 여러분, 이것을 알아두십시오. 누구든지 듣기는 빨리 하고, 말하기와 노하기는 더디 하십시오."(야고보서 1장 19절)

좋은 소식에는 빠르게 귀를 기울이되 부정적인 생각이나 분노에 침잠해 있으면 안 된다. 내면으로 들어가 내가 원하는 존재가 되는 느낌에 빠져 보라.

여성이 치유를 받은 방법은 다음과 같다. 그녀는 나의 조언에 따라 남편을 축복하기로 마음먹었다. 누군가를 축복할 때는 그 사람에게 하나님의 자질과 속성이 있다고 생각하고 그 사람 안에 거하는 하나님께 충실해야 한다.

내가 만나는 사람 각자가 모두 하나님의 화신이다. 모든 이의 마음에 하나님이 거하므로 하나님의 참된 모습은 다른 사람의 참된 모습이기도 하다. 그녀는 마음과 사랑을 담아 다음과 같이 기도하며 남편을 진심으로 축복했다.

남편은 하나님의 사람입니다. 하나님의 참된 모습은 남편의 참된 모습입니다. 남편은 하나님의 사랑과 조화, 마음의 평화를 표현하고 있습니다. 하나님은 남편을 신성하게 인도하시고 남편에게 빛을 비추십니다. 남편과 나와의 관계에는 신성한 사랑과 평화, 조화만이 깃들어 있습니다. 남편 안에 있는 신성에 경의를 표합니다.

두렵거나 걱정이 되거나 남편을 원망하는 마음이 일 때는 즉시 "남편은 하나님의 사람이십니다. 하나님은 남편을 통해 당신을 표현하고 계십니다"라고 묵묵히 주장하며 하나님의 영적인 진실로 눈을 돌렸다.

그녀는 진심을 담아 기도했고, 하나님의 영예로운 빛줄기에 시선을 고정했다. 끝까지 인내하는 자는 답을 얻는 법이다. 그녀는 불화와 혼란이 지배했던 곳에 조화와 사랑이라는 목표를 세웠고, 그 목표만 바라보았다. 사랑은 감정적인 애착이다. 그리고 그녀는 하나님의 진리들에 정신적으로 그리고 감정적으로 애착을 두었다.

나는 그녀에게 하나님의 진리에 관심을 기울이고 인내하면, 현재의식의 상태를 미래 경험을 예측할 수 있게 재구성할 수 있다고 말해 주었다. 그렇게 그녀는 남편에 관해 하나님의 진리를 확언하면서 현재의식을 재구성했고, 가장 적합한 상태가 되자 답변을 받았다. 그녀는 거짓된 신에게 마음을 뺏긴 적이 없다. 한 번이라도 뺏긴 적이 있다면 힘과 믿음을 잃고 기도가 효력을 발휘하지 않았을 것이다.

응답을 받고 기도가 효과가 있으려면, 기도의 과정에 충실하고 헌신해야 한다. 두려움이나 의심, 걱정 등 외부의 부정적인 관념이 정신에 침투하도록 내버려 두어서는 안 된다. 그렇게 외부의 꼬임에 넘어가면 인생의 진정한 이상과 목표에서 멀어질 것이다. 내가 선택한 이상이나 목표에 충실해야 한다.

실제로 이 여성은 하나님과 진리만을 바라 봤다. 단 한 번도 흔들리지 않았고 언제나 한결같이 성실했다. 그녀는 멈추지 않고 기도했다.

겉으로 보기에 안 좋은 일들이 생기고 모욕적인 대우를 받아도 올바른 마음가짐을 유지했다. 그녀는 진실은 반드시 이긴다는 것을 알고 있었다. 실제로도 그렇게 이루어 졌다. 기도를 드리기 시작한 지 셋째 날 밤, 남편이 집에 와서 다이아몬드 팔찌를 건넸다.

"선물이야. 다른 여성한테 주려고 했는데, 내가 사랑하는 사람은 당신이라는 걸 깨달았어."

남편은 자신이 어리석었음을 인정하고 용서를 구했다.

- 여행할 때마다 신성한 사랑이 내 앞에 곧고, 아름답고, 즐거운 길을 놓는 다는 것을 잊어서는 안 된다. 하나님의 사랑을 의식하며 여행하면 여행 에서 놀라운 경험을 할 것이다.

- 모든 문제에 대한 해결책은 언제나 존재한다. 무한한 지성에게 구하면 응답을 받을 것이다. 방법이 없다고 할 때 하나님께서는 길이 있고 답이 있다고 말씀하신다.

- 행운을 놓치는 이유는, 영적으로 인도받고 올바른 행동을 하게 해 달라 고 기도하는 방법을 모르기 때문이다.

- 내 마음속에 있는 힘을 다른 사람에게 실어 주지 않는 한 그 누구도 나를 통제할 수 없다. 그 힘은 내 생각 속에만 있을 뿐 그 어디에도 없다.

- 하나님을 사랑이 넘치는 아버지로 바라보라. 삶이 다채롭고 즐거워질 것 이다.

- 몸이 온전하고 건강할 때 무슨 일을 할지 상상해 보라. 잠재의식은 나의 상상에 따라 반응할 것이다.

- 하나님의 방법은 너무 깊어서 헤아리기 어렵다. 결말을 상상하면 잠재의 식은 내가 알지 못하는 방식으로 결말을 지을 것이다.

- 나는 생각과 감정, 반응을 완전히 책임지고 있다. 이러한 점에서 나는 나 의 세계의 왕이라고 할 수 있다.

- 잠재의식에 존재하는 믿음과 가정은 우리의 의식적인 행동을 좌우하고 통제하며 다스린다.

- 무한한 지성이 인간과 그의 피조물을 영원히 살피신다.

제 2 부

믿음의 힘을
나의 것으로 만들어라

JOSEPH MURPHY

나는 과거에 출장을 가야 하는 이유에 대해 확신이 서지 않으면 해외 강연을 다니지 않았다. 하지만 그 이유를 안 이후로 출장을 다니고 있다.

한번은 로스앤젤레스에서 출발해 북극 항공로를 따라 유럽, 아프리카, 호주, 뉴질랜드, 인도를 여행한 적이 있다. 북극 항로를 따라 비행하면 감동적인 광경들이 펼쳐진다. 비행기 창문 너머로 밖을 내다봤을 때, 영롱한 불빛과 형형색색의 빛을 보았던 경험을 결코 잊을 수 없다. 내 위에 있던 하늘은 찬란한 불길에 휩싸인 것 같았다. 오로라의 빛은 하늘을 가득 채웠고, 하늘은 불꽃을 품고 있는 것 같았다. 너무나 아름다워 한번 보면 잊을 수 없는 광경이었다. 북극 항로에 펼쳐지는 장관은, 하나님께서 말로 형용할 수 없을 정도로 아름다우시단 걸 상기시킨다. 같은 비행기를 타고 있던 소녀가 말했다.

"엄마, 하늘에서 하나님이 춤을 추고 계세요."

어렸을 때 오로라를 보곤 했지만, 비행기 창문 너머로 이렇게 가까이 본 적은 없다. 이렇게나 아름다운 하나님의 피조물을 본 것도 처음이다. 더욱이 하늘에서 하나님의 춤을 보니 질서와 리듬, 아름다움, 비율이 절로 떠올랐다.

그렇게 떠난 해외 강연에서 나는 수많은 사람을 만났고, 그들이 나를 이미 잠재의식을 통해 만났다는 것을 알게 되었다. 내가 해외 강연을 다닌 것은 바로 이들과 만나기 위해서다. 세계에는 나를 만나야 할 사람들이 있었다. 그것을 내 마음속에서는 끊임없이 알려준다. 그러니 우리는 마음의 울림과 속삭임에 귀를 기울이는 법을 배워야 한다.

1976년 10월, 나는 50일간의 세계여행을 떠났다. 그리스, 튀르키예(터키), 이집트, 요르단, 이스라엘, 네팔, 태국, 싱가포르, 홍콩, 일본, 하와이를 방문해 멋진 곳들을 관광했다. 흥미로운 사람들을 만났고, 여러 성지를 방문했다. 다양한 종교를 주제로 한 강연을 들었고, 성지에서 기적적인 치유가 일어난 이야기를 접했다. 어떤 기도 기법을 사용했는지 그리고 보이지 않는 현존과 힘에 닿기 위해 그들이 활용한 독특한 방식에 대해 들었다.

이 여행 동안 나는 마음의 법칙과 영의 길을 주제로 많은 사람과 이야기를 나눌 기회가 있었다. 방문했던 여러 나라의 사람들이 '잠재의식'의 작동 원리에 관해 알고 싶어 했다는 점도 아주 흥미로웠다. 내가 보고 들은 것 전부를 정신적으로 기록해 놓았는데, 그중 많은 부분을 여기서 풀어 보려 한다.

1

나를 구원할 힘이
내 안에 있다

그리스

모든 방면에서 하나님이 인도해 주시고 지도해 주시리라 믿습니다. 하나님은 사랑으로 앞장서서 곧고 아름다우며 즐거운 길을 열어 주십니다. 버스, 기차, 비행기, 자동차 등 어떤 교통수단을 이용하든 신성한 사랑과 지성이 제 여정을 지배합니다. 하나님께서 세상의 모든 길을 통제하시며, 하늘과 땅을 하나님을 위한 대로로 만드십니다.

강의를 하러 여행길에 오를 때마다 내가 하는 기도문이다. 예로부터 지금까지 왕이 여행을 떠날 때면 행차에 앞서 먼저 특사와 사자를 보내 여행길을 점검했다. 특사는 당연히 왕실에 준하는 대우와 환영을 받았다. 마찬가지로 대통령이 각국을 순방할 적에도 군인들에게 같은 임무가 주어진다. 비밀 경호원들은 다양한 경로를 조사하고 철도 선로와 승차장 등을 언제나 빈틈없이 살핀다. 대통령이나 왕이 여행할 때 도둑이나 불량배들은 가까이 올 수 없다. 왜냐하면 왕의 안전을 위해 모든 예방 조치를 하기 때문이다.

하나님의 사랑을 의식하며 걸어라. 하나님의 사랑이 곧고, 즐겁고,

행복하고, 아름다운 길을 내 앞에 깔아 준다고 생각하라. 그러한 가정을 하고 살아간다면 삶의 여정에서 멋진 사람을 만나 훌륭한 경험을 할 것이다. 여행할 때마다 나의 사람들(생각과 감정)에게 길을 준비하라고 하면, 어딜 가든 반드시 왕실급 대우와 환영을 받을 것이다.

우리는 각자 마음속의 왕이다. 생각의 주인은 나다. 나는 생각을 원하는 대로 배열할 수 있고, 깊게 생각하고 싶은 대상에 주의를 기울일 수 있다. 나의 감정은 생각을 따른다. 나는 왕이고 의식 왕국의 군주다. 두려움, 의심, 걱정, 불안, 비판, 증오와 같은 낯선 방문객들이 나의 왕국(마음)에 들어오지 못하도록 입국을 거부할 수 있다.

나는 왕이므로 신하들에게 명령을 내릴 수 있고, 신하들은 복종해야 한다. 나는 정신적인 왕국에서 모든 적, 즉 부정적인 생각을 죽이고 파괴하고 제거할 수 있는 절대적인 권력을 가진 군주다. 신성한 사랑의 불길을 피우고 올바르게 생각하여 주권을 행사하도록 하자.

즐거운 분위기와 느낌을 선택하자. 나는 조건과 상황, 환경에 어떻게 반응할지 결정할 수 있다. 특사와 사자가 불쾌한 소식을 가지고 오거나 나를 비난하고 비방한다면 내가 왕임을 잊어서는 안 된다. 정신적인 허가를 주지 않는 이상 그 누구도 나를 해할 수 없다. 부정적인 생각이 나를 방해하지 못하게 다음과 같이 말해 보자. 긍정적인 생각으로 부정적인 반응을 거부하자.

나는 왕의 대로를 걷는 왕입니다. 나는 흔들리지 않고 그 무엇도 나를 방해할 수 없습니다. 내 생각과 내가 정신적으로 동의한 것 외에는 그 무엇도 나에게 영향을 줄 수 없습니다. 하나님과 하나님의 진리만 바라보고 충성을 바칩니다.

나의 길은 하나님의 길이다. 하나님께서 걷는 길은 즐겁고 평화롭다. 나는 성령의 인도와 하나님의 인도를 받아 여행한다. 나의 큰길은 고대인의 왕도이자 부처님의 중도中道, 예수님의 곧게 뻗은 좁은 문이다. 내가 가는 큰길은 왕의 길이다. 나는 생각과 느낌, 감정을 다스리는 왕이다.

"우리는 그저 왕의 길만 따라가겠습니다. 임금님의 영토 경계를 다 지나갈 때까지, 오른쪽으로나 왼쪽으로 벗어나지 않겠습니다."(민수기 20장 17절)

하나님은 사랑, 평화, 빛, 아름다움이라는 전령들을 내 앞에 보내어 아름답고, 즐겁고, 행복한 길을 만든다. 늘 하나님의 큰길로 여행하니 가는 곳마다 평화와 기쁨의 전령들을 만난다. 나는 산꼭대기의 길을 간다. 시선을 하나님께 고정하니 내가 가는 길에는 어떠한 악도 없다.

자동차를 운전하거나 대중교통이나 비행기를 타거나 걸어서 여행하는 동안에도, 언제나 하나님의 사랑이 나를 둘러싸고 있다. 하나님의 사랑은 보이지 않는 전신 갑주다. 나는 자유롭고 즐겁고 사랑스럽게 한 장소에서 다른 장소로 이동한다. 여호와의 성령, 즉 하나님께서 나에게 임하여 모든 길을 평안과 아름다움, 화목, 신적인 질서의 대로로 만드신다. 정말 멋지지 않은가!

성경에 담긴 진짜 의미

그리스 아테네는 그곳만의 감흥과 매력이 있는 제법 현대적인 도시다. 방문할 때마다 더 매력적으로 다가오는 도시이기도 하다. 사실 아테네를 방문하는 것 자체가 고대 유물을 탐구하는 것이나 다름없다. 아테네에는 파르테논 신전과 올림피아 제우스 신전이 있고, 엘레프시나와 코린트를 당일치기로 방문해 볼 수도 있다.

코린트의 가이드는 고린도전서와 고린도후서의 저자인 사도 바울이 성도들을 가르치고 찬양했던 그 자리에 우리가 서 있다고 설명해 주었다. 가이드가 덧붙이길, 사도 바울은 인간의 구원자가 예수님이라는 걸 알고 있었다고 한다. 하지만 이 장의 핵심을 파악한다면 그렇지 않다는 걸 알 것이다. 바울은 이렇게 말했다.

"여러분 안에 계신 그리스도요, 곧 영광의 소망입니다."(골로새서 1장 27절)

"그리스도께서 살아나지 않으셨다면 우리의 선포도 헛되고, 여러분의 믿음도 헛될 것입니다."(고린도전서 15장 14절)

"잠자는 이여, 일어나라. 죽은 이 가운데서 일어서라. 그리스도께서 너를 환히 비추어 주실 것이다."(에베소서 5장 14절)

위의 구절들에 담긴 의미는 무엇일까?

나를 구원할 수 있는 사람은 나다. 성경을 문자 그대로 해석했기 때문에 사람들은 성경을 불신하게 되었다. 우리는 세상의 경전이 다양한 상징으로 쓰였다는 걸 이해해야 한다. 여러 성경 구절과 말씀을 문자 그대로 해석하면 안 된다. 만약 어떤 부분에 은유와 풍유가 쓰였고 신비주의가 담겨 있다면 다른 많은 부분도 마찬가지일 것이다. 성경의 많은 부분은 누가 썼는지 알려지지 않았지만, 글쓴이들은 스스로에게 다음과 같이 물었을 것이다.

"어떤 메시지를 전해야 하는지는 잘 알겠는데, 어떻게 해야 사람들에게 더 쉽게 설명할 수 있을까?"

그들은 문제와 어려움, 전쟁, 다툼, 질병 등의 주제를 다룬 후, 그러한 문제들을 극복하는 방법을 설명하기로 했다.

임재를 실천하고 기도하라

신성한 척하거나 찬송가를 부른다고 해서, 교회에 가거나 종교단체의 규칙이나 교리를 따른다고 해서 영광의 희망을 누릴 수 있는 것은 아니다. 영광의 희망을 누리려면 하나님이 내 안에 임하시도록 실천해야 한다. 이는 지금 빛과 사랑, 진리, 아름다움을 표현하고, 최고의 일이 일어나리라고 기쁜 마음으로 예상하면서 살아가는 것을 뜻한다. 활력을 뿜어 내고 가정과 대인 관계가 원만할 때도 하나님의 영광이 있다. 그리스도는 내 안에 임재하는 하나님을 뜻한다.

'그리스도'는 고유 명사가 아니라 칭호다. 그리스도는 성유를 바른 사람 또는 축성 받은 사람을 뜻하는 그리스어로, 히브리어의 '메시아'에 해당한다. 내 안에 계신 그리스도는 곧 내 안에 있는 신성한 현존이며, 나에 대한 영적인 진리를 의미한다.

예수는 한 사람의 이름이다. 예수Jesus와 여호수와Joshua는 동의어인데 '하나님이 해결책이시다'라는 뜻이다. 하나님은 내가 가진 모든 문제를 해결해 주시는 분이다. 다른 사람 안에서 그리스도를 본다는 것은, 영적인 측면에서 보자면 불화가 있는 곳에서 평화를, 미움이 있는 곳에서 사랑을, 슬픔이 있는 곳에서 기쁨을, 질병이 있는 곳에서 온전함과 아름다움과 완벽을 보는 걸 뜻한다. 이러한 정신적이고 영적인 훈련을 하나님의 임재 연습이라고 일컫기도 한다.

"내가 땅에서 들려서 올라갈 때, 나는 모든 사람을 내게로 이끌어 올 것이다."(요한복음 12장 32절)

이는 즉 기도와 묵상을 통해 내가 받아들이는 지점까지 이상을 끌어 올리면 발현되리라는 걸 의미한다. 다르게 표현하면 기도의 응답을 받는 기쁨을 누리게 된다는 뜻이다.

기도할 때 평화롭고 평온하며 자신감의 감각이 따른다면 이는 더 높은 자아인 내 안에 계신 하나님, 스스로 있는 자에 정신적으로 도달했으며, 나 자신을 조금 더 잘 알기 시작했다는 걸 의미한다. 내 안에 계신 그리스도는 전능하신 생령이자 생명의 원리인 '스스로 있는 자'이다. 데카르트는 'Cogito ergo sum'이라는 어록을 남겼는데, 해석해 보자면 '나는 의심한다. 그것은 내가 생각을 한다는 뜻이다. 고로 나는 존재한다'라는 뜻이다.

영에는 사고 능력이 있다. 이러한 사고 능력을 통해 선택하고 비교하며 저울질하고 결정할 수 있다. 우리에게는 자유의지가 있고 선택할 자유와 주도권이 있다. 우리가 인식하는 유일한 무형의 힘은 생각이다. 데카르트는 모든 객관적인 증거는 절대적인 진리가 아니라고 했다. 이 말을 풀이하자면 착시나 다른 사람이 나를 속이는 건 절대적인 진리가 아니다. 우주에서 절대적으로 확실한 단 한 가지는, 하나님은 하나님이라는 사실이다.

친절하고 관대하게 생각과 느낌 속에서 다른 사람들을 일으킨다면 그리고 그들에게 기운을 북돋아 주는 말을 한다면, 이는 내 안의 '스스로 있는 자'의 행동이다. '스스로 있는 자'는 무한한 영이 한 개인으로 드러난 존재이다. 그는 나의 신성을 더 많이 드러내기 위해 이 자리에 있다. 낡은 믿음, 미신, 잘못된 믿음을 버리고 내면에 계신 하나님의 존재에 눈을 뜨면 나는 죽었다가 다시 태어난다.

나에겐 선택지가 있다

함께 여행하던 여성이 이렇게 물어 왔다.

"왜 이런 문제들이 생기는 걸까요? 새로운 삶을 살고 싶다고 기도했고 제가 원하는 게 무엇인지도 아는데, 오히려 모든 게 더 안 좋아지고 있습니다."

나는 그녀의 기도 과정이 잠재의식을 변화시키고 있음을 설명해 주었다. 과거의 상태에서 다른 대상으로 계속 주의를 돌리면 과거의 상태가 점차 해체되는데, 그 변화 과정은 다소 짜증스러울 수 있다.

방을 빗자루로 쓸면 먼지가 날려 방에서 나가고 싶어진다. 하지만 깨끗해지면 방에 들어가 앉고 싶어지고, 방이 마음에 들어 흡족하게 바라본다. 더는 먼지가 보이지 않는다. 열에 아홉은 그렇다. 생명을 주는 패턴으로 잠재의식을 채우면, 잠재의식 안에 숨겨져 있던 오래된 방해물과 콤플렉스가 싸움을 일으켜 약간의 먼지를 일으킨다. 하지만 이 정화 과정을 마치면 나의 세상은 변하고, 나 역시 다른 사람이 된다.

나는 행복하고 즐거우며 자유롭게 살기를 택할 수 있다. 그리고 이는 순전히 본인이 어떻게 하느냐에 달렸다. 미리 정해진 운명은 없다. 숙명이 존재한다면 우리는 짜여진 각본 위에서 배우의 역할을 할 뿐이기 때문에, 세상 누구를 비판하거나 칭찬할 권리가 없을 것이다.

내 안에 있는 하나님의 은총을 불러일으킨다면 원하는 역할을 할 수 있다. 우리가 깨달아야 하는 건 애초에 내면에 잠재해 있지 않은 것을 끄집어 낼 수는 없다는 점이다. 그렇기에 더욱 당신의 자녀가 선한 길을 택했다고 말했을 때 가치가 있는 것이다.

"주님 앞에서는 천 년도 지나간 어제와 같고, 밤의 한 순간과도 같다."(시편 90편 4절)

이는 깨달음에 도달하면 100만 년이 1초 같다는 시적인 표현이다. 하나님의 힘이 내 안에서 부활하면 기도할 때 기적이 일어날 것이다.

이스탄불 여행과 구원에 대한 질문

이스탄불 여행에는 각기 다른 종교를 믿는 21명과 동행했다. 이스탄불은 한 발은 유럽에, 다른 한 발은 아시아에 담근 이국적인 도시였다. 블루 모스크라고도 불리는 유명한 술탄 아흐메트 모스크와 성 소피아 박물관 그리고 히포드롬 광장은 방문해 볼 가치가 있다.

금요일은 이슬람교의 안식일로 대부분의 가게가 문을 닫는다. 사람들은 기도문을 읽고 성직자들은 모스크에서 설교를 한다. 우리가 들렀던 모스크에는 많은 사람이 모여 있었는데, 다들 깊게 침묵하고 있던 나머지 한 사람이 기도하고 있었다는 걸 눈치채지 못할 정도였다. 종교 교리의 본질은 신과 완전히 하나가 되고 신을 최고로 받드는 것이다. 이들은 알라신을 섬기고 예언자 모하메드의 가르침을 따른다.

"하나님께서 세상을 사랑하셔서서 외아들을 주셨으니, 이는 그를 믿는 사람마다 멸망하지 않고 영생을 얻게 하시려는 것이다."(요한복음 3장 16절)

모스크에서 대화를 나눈 남성이 어린 시절 기독교 학교에서 선교사에게 들은 구절을 알려줬다. 그리고 왜 하나님을 구세주로 받아들여야 하는지를 물었다.

나는 다음과 같이 설명했다. 몇몇 설교자는 예로부터 전해 내려오는 성경의 진리를 잊은 채, 성경을 문자 그대로 받아들인다.

"문자는 사람을 죽이고, 영은 사람을 살립니다."(고린도후서 3장 6절)

"땅에서 아무도 너희의 아버지라고 부르지 말아라. 너희의 아버지는 하늘에 계신 분, 한 분뿐이시다."(마태복음 23장 9절)

"내가 나의 아버지 곧 너희의 아버지, 나의 하나님 곧 너희의 하나님 께로 올라간다고 말하여라."(요한복음 20장 17절)

이는 우리가 공통의 아버지 또는 시조에게서 왔고, 같은 생명의 원리를 가지고 있으며 실제로 우리는 모두 형제자매라는 것을 뜻한다. 나는 그에게 나를 구원할 수 있는 사람은 자신뿐이라고 꼬집었다. 왜냐하면 하나님은 모든 이들 내면에 거하시기 때문이다.

"너희는 모두 신들이고, 가장 높으신 분의 자녀들이지만"(시편 82편 6절)

사도 바울은 이렇게 말했다.

"하나님의 영으로 인도 받는 사람은, 누구나 다 하나님의 자녀입니다."(로마서 8장 14절)

하나님께서는 모든 이를 똑같이 대하신다.

"하나님께서는 사람을 차별 없이 대하시기 때문입니다."(로마서 2장 11절)

성경은 근본적으로 심리적이고 영적인 교과서다. 성경 전반에 등장하는 상징과 풍유, 우화, 신화, 암호문, 숫자에 숨겨진 의미를 공부하는 사람은 성경을 문자 그대로 받아들이지 않는다.

성직자들이 내세에서 영혼이 구원받으리라 이야기하지만, 내세는 내일일 수도 있고 다음 주나 내년일 수도 있다. 내면에 있는 생명의 원리는 습관적인 사고와 이미지의 결과물을 우주의 스크린에 끊임없이 창조하고 있다. 인간은 영혼을 잃을 수 없다. 하나님이 자기 스스로를 잃을 수 없는 것과 마찬가지로, 영혼은 영원하기에 파괴되지 않는다.

길을 잃은 영혼이라는 건 존재하지 않는다. 심리학적 관점에서 조화와 건강, 평화를 잃을 수는 있겠지만, 언제든 내면에 있는 무한한 영과 하나가 될 수 있다. 잃었다고 생각했던 것을 다시 주장하고 느끼며 경험할 수도 있다. 인간은 지금 이 자리에서 겪는 질병과 아픔, 빈곤, 부족 그리고 고통으로부터 구원받고 싶어 한다. 이는 당장 긴급하게 해결되어야 하는 중요한 문제이며, 전 세계 모든 지역에서 나타난다.

사람이 지금 하고 있는 생각은 삶의 경험과 조건으로 객관화된다. 예수님이 되었든, 모하메드, 부처, 노자가 되었든, 타인이나 유명인이 나를 구원해 주고 문제를 해결해 주리라고 연관 지어서는 안 된다. 구원해 줄 사람을 찾지 말아라. 정글에서 길을 잃으면 나를 구해 줄 사람이 아무도 없음을 깨닫는다. 하지만 내면의 무한자에게 의지하면 해답이 드러나고 자유롭고 안전한 장소로 인도될 것이다.

"하나님께서 세상을 이처럼 사랑하셔서 외아들을 주셨으니"(요한복음 3장 16절)의 의미는 하나님이 모든 사람을 통해 표현하시고, 그들의 잠재의식 안에 하나님의 힘과 속성이 깃들어 있음을 뜻한다.

사도 바울은 이렇게 말했다.

"나는 그대를 일깨워서, 그대가 나의 안수로 인해, 그대 속에 간직하고 있는 하나님의 은사에 다시 불이 붙게 합니다."(디모데후서 1장 6절)

"여러분은 하나님의 성전이며, 하나님의 성령이 여러분 안에 거하신

다는 것을 알지 못합니까?"(고린도전서 3장 16절)

하나님은 인간이 되는 걸 상상하셨고, 그렇게 스스로 상상하신 모습이 되셨다. 모든 인간은 무한자의 발현이자 투영된 형상이다. 하나님의 능력은 모든 사람 안에 있다. 이미지화하는 능력은 인간의 제일 능력이다. 잠재의식에 새겨진 모든 것은 표현된다. 인간이 상상하고 느끼는 건 무엇이든 형태를 취하고 기능하며 경험이나 사건으로 표현되고 발현된다.

지인이 잠재의식에 새긴 모든 게 발현된 경험에 대해 이야기해 주었다. 그는 어렸을 때 몸이 약했다. 슬럼가에서 태어나 비참한 유년기를 보냈고 배를 자주 주렸다. 그러던 중 함께 모스크에 다니던 사람이, 지금 대학에 다닌다고 상상하고 이미 학위를 딴 것처럼 벽에 걸린 졸업장을 바라보라고 했다. 그렇게 상상하면 알라께서 꿈을 실현해 주실 거라고 말이다.

그는 매일 밤 이 기법을 연습했다. 어느 날, 그는 해변에서 물에 빠진 소녀를 발견하고 서둘러 구했다. 외교관이었던 소녀의 아버지는 딸의 목숨을 살려준 소년에게 정말 고마워했고, 영국 유학비 전액을 지원해 주었다. 지금 그는 성경에서 말하는 영원한 삶을 경험하고 있다.

'영원한everlasting'이라는 단어는, 운명의 큰 부침 없는 삶을 계속해서 살아가는 것을 의미한다. 파란만장하지 않고 질병과 건강, 부와 가난, 우울과 기쁨의 기복 없이 창조적이고 평화로우며 조화로운 삶을 살아가는 것이다. 그는 건설적이고 진보적인 삶을 영위했다.

이론 신학은 성경을 복잡하게 해석해서 추론하는 마음에 혼란을 준다. 그러나 이게 바로 성경 구절이 진정으로 의미하는 바다. 더욱이 구원을 받으려면 예수님이라는 인물을 믿어야 한다고 말하는 건 유대인,

이슬람교도, 불교 신자, 일본 종교인 신토 신자 등에 대한 모욕이다. 무엇으로부터 구원을 받는다는 말인가? 우리는 무지와 두려움, 미신, 가난, 질병으로부터 구원받아야 한다. 무지만이 죄이고, 모든 고통은 그 결과물이다.

하나님은 우주적인 현존이시자 힘이시다. 무신론자든 불가지론자든, 아니면 다른 종교를 가진 사람이든 상관없이 모두 이 힘을 즉시 끌어 쓸 수 있다. 생각은 창의적이다. 내가 되고자 하는 새로운 자아상을 그려라. 믿음과 자신감을 가지고 자아상을 키워 나가면 내 안에 있는 하나님의 창조력을 발견할 것이다. 그러면 나는 나만이 구원할 수 있음을 깨닫고, 하나님이 내 안에 거하신다는 게 증명될 것이다.

세상에는 단 하나의 창조력만 존재한다. 이를 분명하게 알아야 한다. 주장이나 논쟁, 변증법을 넘어 이러한 진리가 내면의 확신으로 자리 잡을 때까지 추론해 내고, 마음속 진리에 평화롭고 조화롭게 거해야 한다. 하나님의 모든 지혜와 힘은 독생자로서 내면에 존재하는데, 이는 곧 내 안에 있는 무한한 영이 스스로를 표현하고 자손을 낳으며 투영한다는 것을 뜻한다.

우리는 유일하신 분의 독생자다. 왜냐하면 세상에는 단 하나의 현존과 힘만이 있기 때문이다. 이슬람교도인 내 친구는 이와 같은 내 설명을 듣고 완전히 흡족해했다. 그는 이제 내 책도 읽고 있다.

거대한 피라미드와 수학적 신비

이집트 남부에 있는 룩소르에 가서 영광스러운 카르나크 신전, 왕가의 계곡, 테베의 멤논 거상을 보면 마치 그 시절로 거슬러 올라간 듯한 느낌이 든다. 방문객에게 경외감과 경이로움을 선사한다. 이 매력적인 지역을 방문하는 건 세 번째다.

우리는 카이로에 있는 이집트 박물관에서 강의를 들었고 투탕카멘의 무덤과 앨러배스터 스핑크스, 기자의 대피라미드에서 출토된 굉장한 부장품들도 보았다. 피라미드에서는 파라오의 전설적인 시대를 빛과 소리로 묘사한 스릴 넘치는 쇼도 열리고 있었다.

피라미드는 세계 7대 불가사의 중 최고로 꼽히며 '돌에 적힌 복음'으로 불리기도 한다. 피라미드가 위치한 곳은 그리니치로부터 경도 31°인 수직선과 북위 30°인 수평선이 만나는 지점으로, 지구 대륙의 넓이를 4등분하는 중간 지점이기도 하다. 그래서 피라미드를 우주의 중심이라고 하는데, 이는 하나님께서 나의 존재 중심에 있다는 위대한 진리를 상징한다.

피라미드는 인간과 우주를 가리킨다. 전 세계 과학자들은 피라미드의 경이로운 구조와 오랜 역사, 피라미드에 쓰인 정교한 건축 솜씨 그리고 신비로운 기원을 연구해 왔다. 피라미드를 주제로 강연했던 강사에 따르면 저명한 천문학자, 수학자, 이집트 전문가, 고고학자들의 대규모 연구 끝에, 피라미드를 처음 설계한 사람들은 아주 고차원적 지성과 우주의 지혜를 가지고 있었다는 결론이 나왔다고 한다.

기자의 대피라미드의 방향은 나침반의 기본방위, 즉 동·서·남·북과 관련이 있는데 이는 인간의 네 가지 부분인 영적, 정신적, 감정적, 육체적인 부분을 상징한다.

이 네 방위는 여호와(야훼YHWH), 즉 'Yod(요드)-He(헤)-Vau(바브)-He(헤)'를 가리키기도 한다. 'Yod'는 의식, 영, 스스로 있는 자를 뜻한다. 'He'는 내 마음속에 품은 아이디어이자 생각, 이미지다. 'Vau'는 느낌과 사랑, 감정을 나타낸다. 마지막 'He'는 스스로가 형상화해 진짜라고 느끼는 것이 발현된다는 의미다. 이게 바로 만물이 창조되는 방식이다. 이런 식으로 만들어지지 않은 것이 없다.

하나님은 소망을 통해 나에게 말씀하신다. 소망의 현실감을 느끼고 자양분을 공급하라. 계속 소망을 품으면서 그것이 이루어지는 현실을 상상하고 행복한 결말을 본다면, 소망은 서서히 잠재의식 속에서 구체화되어 현실로 이루어질 것이다.

'피라미드'라는 단어에는 여러 가지 해석이 존재한다. '태양의 빛'이라고 해석하기도 하지만 피라미드의 진정한 의미는 '10의 척도'이다. 피라미드의 모서리와 변을 더하면 10인데, 이 10이라는 숫자가 남근이라는 관점에서 바라보면 피라미드는 곧 남성과 여성의 생식기관을 의미하는 동시에 우리 안에 있는 남성 원리와 여성 원리의 결합을 상징하는 것이다. 그러므로 피라미드의 진정한 의미는 현재의식과 잠재의식의 상호작용이자 조화, 건강, 평화, 풍요를 가져다주는 조화로운 결합이다. 피라미드에 있는 왕의 방과 왕비의 방은 우리 안에 있는 남성의 원칙과 여성의 원칙을 의미한다.

피라미드에는 원주율이 담겨 있는데, 이는 인간의 이야기를 수치로 표현한 것이다. 피라미드의 밑면의 둘레와 높이의 비를 구해 보면 원주율 π에 2를 곱한 값으로, 원의 둘레와 반지름의 비와 같다. 이는 피라미드에 지구를 담아내고자 하는 생각을 반영한 것으로 해석된다. 피라미드 밑면의 둘레를 지구의 둘레로, 높이를 지구의 반지름으로 생각하면 그 비가 정확하게 맞아떨어지기 때문이다.

원은 시작도 끝도 없는 무한함 그리고 하나님을 상징한다. 지름은 원주를 결정하는데, 여기서 지름은 내가 가진 개념이자 나의 청사진에 대한 스스로의 가치 판단을 뜻한다. 그리고 지인의 범위와 내 세계의 사회적, 정치적, 재정적, 직업적 지위를 결정한다. 나는 항상 지름을 더 크게 만들고 더 훌륭한 자아상을 구축할 수 있다. 이를 통해 내 안의 잠재력을 더 크게 확대할 수 있으며, 더 위대한 방법으로 인류에 봉사하고 모든 방면에서 번영할 수 있다.

- 나를 구원할 수 있는 사람은 나다.
- 성경을 문자 그대로 해석했기 때문에 많은 사람이 성경을 불신하게 되었다. 경전에 다양한 상징이 쓰였다는 걸 이해해야 한다.
- 신성한 척하거나 찬송가를 부른다고 해서, 교회에 가거나 종교단체의 규칙이나 교리를 따른다고 해서 영광의 희망을 누릴 수는 없다. 영광의 희망을 누리려면 하나님이 내 안에 임하시도록 실천해야 한다.
- 활력을 뿜어 내고 가정과 대인 관계가 원만할 때도 하나님의 영광이 있다. 그리스도는 내 안에 임하는 하나님을 뜻한다.
- 내 안에 계신 그리스도는 곧 내 안에 있는 신성한 현존이며, 나에 대한 영적인 진리를 의미한다.
- 하나님은 내가 가진 모든 문제를 구원하고 해결해 주시는 분이다.
- 기도와 묵상을 통해 내가 받아들이는 지점까지 이상을 끌어 올리면 기도의 응답을 받는 기쁨을 누린다.
- 기도할 때 평화롭고 평온하며 자신감의 감각이 따른다면, 이는 더 높은 자아에 정신적으로 도달했으며 나 자신을 조금 더 잘 알기 시작했다는 걸 의미한다.
- 우주에서 확실한 단 한 가지는 하나님은 하나님이라는 사실이다.
- 친절하고 관대하며 생각과 느낌 속에서 다른 사람들을 일으킨다면 그리고 그들에게 기운을 북돋아 주는 말을 한다면, 이는 내 안의 '스스로 있는 자'의 행동이다. '스스로 있는 자'는 무한한 영이 한 개인으로 드러난 존재다. 그는 나의 신성을 더 많이 드러내기 위해 이 자리에 있다.

2
재능과 출신을 뛰어넘는
성공의 비밀

요르단

요르단은 매력적인 나라다. 페트라로 여행을 갔었는데, 웅장한 장밋빛 도시에는 바위를 깎아 만든 고대의 궁전과 무덤, 사원, 계단, 거리가 펼쳐져 있었다. 유서 깊은 도시의 고대 유적을 보다 보면 방문객들은 일종의 경외감에 사로잡힌다. 성경에 등장하는 디본 지역을 여러 차례 발굴해 본 결과, 청동기 초기인 기원전 3000년 경에 이 지역은 다른 민족에게 점령당했었다고 한다.

요르단의 수도 암만에 있는 호텔에서 한 남성과 대화를 나누었는데, 그는 자신의 부모님이 누구인지 모른다고 했다. 슬럼가 출신이지만 외교관이 된 그 남성은 현재는 해외 대사관에 파견되어 일하고 있었다. 휴가를 내서 고향의 역사 유적지를 방문하던 중이라고 했다.

이야기를 나누던 중 우리는 위대한 진리라는 주제로 접어들었다. 출신이 어떠하든 모든 것을 알고 모든 것을 보는 내면의 신성한 현존과 맞닿는 법을 안다면, 상황을 딛고 일어나 초월하여 성장할 수 있다는 이야기를 했다.

그는 유전자가 우리의 운명을 결정하므로, 미래에는 유전자 코드를 바꾸기만 하면 된다는 과학자와 소설가의 말을 인용했다. 그러면 우리가 원하는 유형의 남성과 여성을 이 세상에 창조할 수 있다고 말이다. 혈통서가 있는 말이나 소를 키우는 것과 비슷한 방식이다.

차세대 아인슈타인이나 링컨, 폴란드 초대 총리인 이그나치 얀 파데레프스키, 농화학자인 조지 워싱턴 카버 또는 위대한 정치인이나 학자가 될 만한 아이를 갖고 싶다면, 여성은 자기가 원하는 남성의 냉동 정자를 이용해 인공수정을 하기만 하면 된다고 그는 웃으면서 말했다. 그러면 자신이 흠모하는 부류의 남성 같은 아이를 낳을 수 있다고 말이다. 저명한 사람들로부터 세포를 받아 배양기에 넣으면 원하는 만큼 많은 종류의 인간을 복제할 수 있다고 주장하는 사람도 있다. 이 모든 이야기는 아주 터무니없는 허튼소리이며 허구가 섞여 있다.

물론 눈동자나 머리카락, 피부의 색을 비롯해 많은 특성이 유전자를 통해 후대로 전해지는 것은 사실이다. 또한 특정 질병과 우둔함, 높은 지능 일부는 부모로부터 물려받을 수 있다.

하지만 그보다 내 안에 계신 무한한 현존과 하나님의 권능으로부터 무엇을 받았는지 스스로 물어볼 때다. 우리는 살아 계신 하나님의 성전이며, 우리 내부에 계신 하나님의 모든 능력과 속성, 자질을 드러내기 위해 이 세상에 왔다.

출신이 아닌 내 안의 하나님을 인정하라

다음과 같이 생각해 보라. 나는 아버지를 둔 소년이었고, 아버지에게도 아버지가 있었다. 계속 따라 올라가면 누가 있는가. 원시 세포, 신성한 근원, 만물의 아버지가 있다. 모든 종교에 '우리 아버지'라는 표현이 존재한다. 우리는 공통의 선조인 생명의 원리를 가지고 있다. 아브라함, 모세, 예수, 엘리야, 모하메드 등의 유전자는 모두 우리 안에 있다. 칭기즈칸, 소크라테스, 플라톤, 아리스토텔레스의 유전자도 마찬가지다. 만약 미국 태생이라면 순례자가 상륙한 이후부터 어떤 사람들이 나의 조상이었는지 곰곰이 생각해 보라. 수학자라면 재빨리 계산할 수도 있을 것이다. 젊은 물리학자 로비 라이트는 자신의 혈통이 16세기 초부터 존재했는데, 1600년 이래로 1만 7000명의 조상이 있다는 걸 알아냈다.

내 누나는 영국의 한 수녀원에 입회하기 전에 수년간 교편을 잡았었다. 언제 한번 누나가 말하길, 자신이 가르치던 학급에 매우 똑똑한 학생이 있었다고 한다. 그 소년은 다른 누구보다 뛰어났다. 그래서 그 지역의 신부에게 소년을 추천했고, 신학대학에 보내기로 했다. 등록금은 무료였지만 소년은 다음의 이유를 들면서 거절했다.

"저는 광부의 아들일 뿐인걸요."

소년의 아버지 역시 같은 태도를 보였다. 이러한 마음가짐은 이 소년을 비롯해 많은 아이들의 발목을 잡고 있었다. 여기에는 흥미로운 뒷이야기가 있다.

지역의 상류 인사가 사내아이를 입양하고 싶어 했다. 누나는 근처 보육원에 있던 부모를 여읜 아이를 추천했다. 부부는 아이의 선조들이 몇 세대 동안 광부였다는 사실을 깡그리 무시하고 단번에 아이를 입양했다. 소년은 가정교사의 사교육을 받으며 컸고, 영국의 대학에 진학했다. 그는 당대 상류층의 기준에 맞춰 부유한 집 아이들과 교류했고, 자신의 주변 환경을 지배하던 관습과 전통, 계급제 안에서 성장했다. 방학을 맞아 소년이 고향에 왔을 때 누나에게 전화를 걸어 자신의 파티에 초대했다. 하지만 차로 누나를 데려다준 학생은 들어올 수 없다고 했다. 광부의 아들이라는 것이 그 이유였다.

이제 전체적인 그림이 보일 것이다. 광부의 아들이었던 고아는 좋은 조건 안에서 자라면서 교육과 훈련을 받아 자신을 높게 평가했다. 그렇게 교육받았기 때문에 다른 광부의 아들이 자기보다 열등하다고 여겼다. 앞서 언급한 다른 소년은 굉장히 똑똑했지만 자신이 하층민이라고 가르침을 받았고, 스스로를 열등하다고 생각했기 때문에 대학 공부를 시도해 볼 마음이 부족했다. 길을 막은 건 유전자나 염색체 또는 광부의 아들이라는 출신이 아니었다. 바로 정신적인 태도였다.

자신의 능력과 자질, 성향, 적성, 특성이 부모나 조부모 또는 선조에게서 나온다고 생각하는 건 어리석은 일이다. 자신의 잠재력을 제한하는 꼴일 뿐이다. 나는 하나님으로부터 왔으며, 하나님은 내 안에 거하시고 하늘에 계신 아버지라는 걸 깨달아야 한다. 나는 그분의 지혜와 힘, 영광을 원하는 대로 끌어 쓸 수 있다. 힘과 지혜는 내가 무궁무진한 저장소에 기대기만을 기다리고 있다. 나는 단순히 원자와 분자, 유전자 또는 부모로부터 물려받은 성향을 합쳐놓은 존재가 아니다. 살아 계신 하나님의 아들이며 하나님의 모든 부, 즉 영적·정신적·물질적 부의 상속자다.

"여러분은 이 시대의 풍조를 본받지 말고 마음을 새롭게 함으로 변화를 받아서, 하나님의 선하시고 완전하신 뜻이 무엇인지를 분별하도록 하십시오."(로마서 12장 2절)

새로운 인생을 살기 위한 열쇠는 마음을 새롭게 하는 데에 있다. 마음은 기록용 기계와 같아서 어린 시절에 내가 받아들인 모든 종교적 신념이나 인상, 의견, 사상이 잠재의식에 새겨진다. 하지만 마음은 바꿀 수 있다. 하나님과 같은 생각의 패턴으로 마음을 채우고 아름다움과 사랑, 평화, 기쁨, 지혜, 힘, 창조적인 아이디어를 달라고 요구하면 내면에 있는 무한한 영과 조화를 이룰 수 있다. 그러면 내 안에 있는 영이 응답하여 나의 마음과 몸, 상황을 변화시킬 것이다. 생각은 영과 나의 신체와 물질세계의 매개체다.

선조들이 메이플라워호를 타고 와야만, 그들의 유전자를 물려받아야만, 아니면 말을 기르는 것과 비슷한 방식을 써서 더 우월한 인종을 창조할 수 있다고 믿는 사람의 손을 거쳐야만 이 나라에 위인이 나오는 건 아니다. 여기에 영이나 하나님이 빠져서는 안 된다. 뛰어난 마음을 가진 사람 몇몇은 슬럼가 출신이기도 하다.

내면의 영에 인도와 영감을 구한 조지 카버는 위대한 농화학자가 되어 높은 자리에 올랐고 새로운 사실을 발견했다. 발명품과 화학식을 만들어 미국인과 미국을 축복했다. 그는 노예의 아들로 태어났지만 자신을 노예나 농노로 생각하거나 다른 사람보다 열등하다고 생각하는 걸 멈췄다. 대신 그는 다음과 같이 끊임없이 기도했다.

"네가 하는 모든 일에서 주님을 인정하여라. 그러면 주님께서 네가 가는 길을 인도하실 것이다."(잠언 3장 6절)

그러자 하나님께서 응답과 축복을 내리셨으며 번영하게 하셨다. 스스로에게 물어 보라. 나는 무한자로부터 무엇을 물려받았는가? 이 질문에 하나님의 모든 것이 내 안에 있으므로 권능을 알아차리며, 내면에 있는 현존을 깨우고 기적을 일으켜야 한다고 답해야 한다.

우리는 모두 고귀한 혈통 아래 태어났다

예전에 만났던 훌륭한 외과 의사의 이야기다. 그는 뉴욕 맨해튼의 우범지대 중 하나로 손꼽히는 헬스키친 출신이라고 했다. 그는 어렸을 때부터 도둑질하는 법을 배웠다. 어머니는 매춘부였고, 아버지가 누군지는 알지도 못했다. 모든 상황이 그를 등졌다고 말할 수도 있고, 그런 상황에서 무슨 기회가 있겠느냐고 반문할 수도 있을 것이다. 하지만 그는 일생일대의 기회를 쥐었다.

어느 날 그는 싸움에 휘말려 몸을 다쳤다. 그때 외과 의사가 그의 상처를 소독해 줬는데, 의사가 너무 친절하고 상냥하게 대해 준 나머지 자기도 외과 의사가 되기로 마음먹었다. 그는 이렇게 이야기했다.

"흰 가운을 입고 수술하는 제 모습을 마음속에 그렸습니다. 그리고 도와 달라고 하나님께 부탁했습니다. 그랬더니 갑자기 변화가 찾아왔어요. 더는 도둑질을 할 수가 없었습니다. 열심히 공부했고, 장학금도 받았습니다. 교수님 한 분이 의대 진학 비용을 모두 대주셨어요. '좋은 외과 의사가 되는 것 자체가 빚을 갚는 거란다'라고 말씀하시면서요."

과학자들이 매일 하는 것처럼 우리는 선인장이나 옥수수, 쌀, 과일의 세포 구조를 변화시킬 수 있다. 하지만 하나님과 비슷한 자질을 가진 남성과 여성을 창조하려면 신체나 뇌의 구조에 기대서는 안 된다. 하나님의 자질을 갖춘 인간을 창조하는 건 전적으로 보이지 않는, 내면에 있는 하나님이 가진 무형의 능력을 불러일으킬 수 있느냐 없느냐에 달려 있다. 정직함과 진실함, 정의, 기쁨, 용기, 믿음, 자신감, 영감, 사랑, 선의의 회반죽을 섞어서 만드는 게 아니다. 꿈과 비전, 빛을 섞어 무언가를 만든 후 "이제 새로운 사람을 만들어 냈습니다"라고 말할 수는 없는 법이다. 운명을 결정하는 건 성품이다.

초월하기 위해서는 평화가 필요하다. 내면의 평화는 세상에서 평화롭게 살 수 있게 한다. 세상의 분노와 시련, 고난을 이겨내기 위해서는 사랑과 선의가 필요하고, 마음의 창조적 법칙에 대한 용기와 믿음, 자신감도 필요하다. 이는 다른 인류에게 더 훌륭하게 봉사하고, 변화하는 세상에 평화를 가져올 것이다. 평화와 조화, 기쁨, 사랑, 지혜, 이해는 하나님의 것이다. 이러한 자질을 합쳐 하나의 사람으로 만들어 내는 건 불가능하다. 그러한 자질은 이미 존재하며, 개인이 표출하기를 기다리고 있을 뿐이다.

"나는 그대를 일깨워서, 그대가 나의 안수로 인해, 그대 속에 간직하고 있는 하나님의 은사에 다시 불이 붙게 하려 합니다."(디모데후서 1장 6절)

신비주의 시인 칼릴 지브란은 이렇게 지적했다.

"자녀들은 나를 통해 세상에 오지만 내가 자녀를 만들어 내는 건 아니다."

아버지, 하나님, 보이지 않는 현존 그리고 만물을 창조한 눈에 보이지 않는 힘을 생각해 보면, 나는 고귀한 혈통에서 나왔다는 걸 알 수 있다. 천국이란 살아 움직이는 나의 존재가 있는 무한한 지성을 의미한다. 모든 생명의 근원으로 돌아가 만물의 아버지인, 내 안에 계신 자연그대로의 현존에 인도와 지혜, 풍요와 영광을 주장하며 기도하라.

조건과 상황, 사건, 부모, 조부모 또는 그 이전 선조들의 유전적인 기록에 힘을 실어 주어서는 안 된다. 성별이나 조건은 행운이나 불행의 원인이 아니다. 성령은 만물을 일으키는 최고의 원인이자 유일한 원인, 권능이다. 업보나 과거는 나의 발목을 잡고 있지 않다. 내 안에는 하나님이 거하시니 즐거워하고 기뻐하자. 지혜와 진리, 아름다움 속에서 크게 성장하라.

마음가짐이 곧 믿음이다

링컨은 정치인으로서 여러 번 실패했다. 하지만 그는 자신을 이끌고 인도하는 지상의 권세를 믿고 자신감을 갖고서 끈질기게 계속했다. 소위 말하는 불리한 조건에 눈을 돌리지 않았다. 그는 강의를 듣기 위해 60킬로미터를 걸었다. 부모님은 글을 읽을 줄 몰랐고 극도로 가난했지만 비전이 있었다. 그는 하나님의 힘을 사용하여 자신의 꿈을 이뤘다.

베토벤은 청각장애인이었지만 내면의 귀를 통해 지구의 음악을 들었다. 레오나르도 다 빈치는 가난한 집안 출신이었다. 아버지는 바람둥이였고 어머니는 시골 출신으로 사회적 신분이 낮아서 결혼으로까지 이어지지 못했다. 에디슨은 너무 뒤처진다는 선생님의 의견으로 학교에서 쫓겨났다. 하지만 그는 세상에 빛을 비추기로 마음먹었다. 아인슈타인은 학교에 입학할 만큼 똑똑하지 않다며 여러 학교가 입학을 거부했다. 그런데 앞으로 나아가 수학과 물리학에서 높은 위치에 도달해 세상에 신성한 법칙과 질서를 드러내 보였다. 뉴턴은 매우 가난한 농부의 아들로, 아버지는 그가 태어나기도 전에 세상을 떠났다. 모든 지혜의 근원으로 주의를 돌린 뉴턴은 세상에 작용과 반작용의 법칙을 남겼으며 천문학적 추론과 발견으로 사람들의 지성을 밝혔다.

몹시 가난한 집안에서 이러한 천재성들이 솟아났다는 것을 깨달아야 한다. 영국의 시인 존 밀턴은 앞이 보이지 않았지만 《실낙원》이라는 작품을 남겼다. 신성한 상상력은 밀턴의 영적인 눈으로 기능하여 시간과 공간, 물질을 없애고 내면에 있는 보이지 않는 현존의 진리를 끌어냈다. 밀턴은 상상력을 통해 하나님의 사업을 완수했다.

궁궐에서 태어났거나 왕의 아들이나 귀족의 자손이라고 해서 반드시 밀턴이나 셰익스피어, 서양 미술 최고의 조각가로 손꼽히는 페이디아스처럼 된다는 뜻은 아니다. 신성한 혈통을 물려받은 것을 의식하고 고요하게 묵상하면서 신성한 이미지를 그릴 때, 태초부터 그분이 보이지 않게 하신 일들이 또렷하게 보인다.

나의 마음가짐은 곧 믿음을 나타낸다. 내 안에 있는 창조적 지성에 대한 믿음에 따라 일들이 이루어질 것이다. 내 안에서, 나를 통해, 내 주변에서 작동하는 무한자의 인도와 선함을 인식하라.

몇 년 전 나는 한 변호사의 이야기를 읽은 적이 있다. 변호사는 피고인이 가난한 집안 출신이고 비참한 환경에서 자랐다며 피고인의 악랄한 범죄 행위를 변론했다. 그러자 판사는 변호사에게 이렇게 말했다.

"그런 말은 하지 마십시오. 이 남성의 형제는 똑같은 장소와 환경에서 자랐음에도 불구하고, 이 주에서 가장 저명한 법관이 되었습니다."

나비는 고치에서 나와 날개를 펴고 날면서 아름다움과 영광을 드러낸다. 나비처럼 나 역시 한계와 속박에서 벗어나 믿음과 상상력이라는 날개를 달고, 하늘 높이 솟아올라 나만의 영광을 드러낼 수 있다.

모든 습관은 바뀔 수 있다

부모로부터 피부색과 눈동자 색 그리고 체질을 결정하는 특정한 유전적 경향성을 물려받는 건 사실이다. 나의 기질과 성향은 가정의 정신적, 정서적인 분위기에 영향을 받는다. 모든 아이는 어렸을 때부터 부모가 어떻게 훈련하고 가르쳤는지, 가정의 분위기와 느낌이 어떠한지, 부모님이 어떤 신념을 가졌는지에 따라 다르게 자란다. 하지만 아이가 성장해서 내면의 신성한 현존을 인식하면 그는 떨치고 일어나 어떤 장애물도 초월할 수 있다. 신성한 근원을 인식하여 영원한 진리에 관해 곰곰이 생각하기 시작하면서 부모와 환경의 분위기, 과거와 현재에서 받은 영향을 딛고 일어선다.

우리는 하나님과 삶, 우주를 둘러싼 그릇된 종교적 믿음의 피해자였을 수도 있다. 하지만 건설적이고 조화롭고 평화롭게 생각하는 습관을 들이면 부정적인 믿음을 바꿀 수 있다. 잠재의식은 습관이 자리하는 곳이지만, 모든 습관은 바뀔 수 있음을 인식해야 한다. 지금 가지고 있는 정신적·정서적 두려움과 미신, 금기, 제한은 의심할 여지 없이 어린 시절에 주입된 것이다.

인도와 네팔, 태국을 비롯한 여러 국가를 여행하는 동안, 대학을 졸업할 정도로 고등교육을 받은 사람들이 내게 이런 말을 했다.

"이번 생을 착하게 살지 않으면 다음 생에 호랑이나 사자, 개 같은 동물로 환생할지도 몰라요."

인생의 현재 상태는 업보에 기반하며, 전생에서 뿌린 걸 현생에서 거두고 있다고 그들은 말한다. 과거에 잘못했기에 지금 벌을 받고 있다고 믿었다. 그들에게 카르마는 눈에는 눈, 이에는 이로 벌을 주는 잔인한 법칙이었다.

이 모든 것은 진리와 거리가 멀다. 과거에 어떤 삶을 살았느냐와는 관계없이 현재 올바른 방식으로 살고 있다면, 하나님의 사랑은 자신과 성질이 다른 모든 것을 녹인다. 하나님은 이 자리에서 영원하신 분이다. 업보는 작용과 반작용의 법칙을 의미할 뿐이다. 마음의 원리는 시공간을 뛰어넘는다. 어떤 사람이든 자신에게 하나님의 사랑과 빛, 진리를 수혈함으로써 지금의 삶을 변화시킬 수 있다. 잠재의식을 정화하면 과거에 저지른 실수의 결과물이 지워진다. 잠재의식이 잘못된 믿음으로 오염되었다면, 그 결과를 직접 겪거나 과학적인 기도로 뿌리 뽑을 수 있다. 여기서 과학적인 기도란 하나님의 임재를 연습하는 것이다.

작용은 현재의식에서, 반작용은 잠재의식에서 일어난다. 업보는 극복해야 하거나 갚아야 하는 무서운 형벌이 아니다. 《바가바드 기타 Bhagavad Gita》를 포함한 모든 신성한 문헌에서 업보를 찾아보면, 신성한 근원으로 돌아가 신의 진리에 관해 곰곰이 생각할 때 과거의 상태가 종결되고 새로운 삶이 탄생한다는 가르침을 찾아볼 수 있다. 하나님의 임재를 연습하면 모든 역경은 구원이자 해결책이 된다. 마음가짐이 변하면 모든 게 변한다.

범죄나 오류, 실수 그리고 악행은 잠재의식에서 지워질 수 있다. 잠재의식에 인상이 쌓이면 자연스럽게 따라오는 결과나 처벌로부터 해방될 수 있다. 형식적인 기도를 하거나 특정한 교회에 다닌다고 되는 일이 아니다. 표면적인 것으로는 충분하지 않다. 하지만 한 개인이 하나님 안에서 새롭게 태어나고자 하는 강렬한 소망이나 진정한 굶주림, 갈망이 있다면 성격은 근본적으로 변할 것이다. 더불어 영원한 진리로 마음을 끊임없이 채워서, 잠재의식으로부터 오는 벌이나 반응을 없애버릴 수 있을 것이다.

죽은 습관 버리기

삼차원 사람들의 죽은 생각과 믿음, 의견이 오랫동안 나를 지배하고 있는가? 여기서 죽은 생각이란 무지와 두려움, 미신에 근거한 생각을 뜻한다. 세계 곳곳에서 수백만 명의 사람들이 경향과 두려움, 원망, 탐욕, 적개심, 자책과 같은 감정의 지배와 추동을 받는다. 이 모든 건 인생의 다음 차원으로 넘어간 지 오래된 세대들로부터 유래했다.

부모 또는 조부모로부터 배운 습관을 지금도 따른다고 할지라도, 어린 시절에 배우고 습득한 모든 것은 과학적인 기도를 통해 바꿀 수 있음을 잊어서는 안 된다. 무한한 지성이 나를 창조했으므로 치유도 할 수 있다. 무한한 지성이 장기를 만들고 신체의 생명 활동을 관장한다. 나의 마음은 하나님의 마음이다. 왜냐하면 모든 개인에게는 하나의 공통적인 마음만 존재하기 때문이다. 내 안에는 엄청난 가능성이 있다.

잠재의식의 가정과 믿음, 신념이 모든 현재의식의 행동을 좌우하고 통제한다. 한마디로, 믿음이 발현된 것이다. 어린 시절 주입된 그릇된 사고 패턴에 이제는 좌지우지되지 않을 것임을 깨닫고 지금 마음을 먹어라. 영, 하나님은 유일한 현존이자 권능이자 원인이고 실체다. 하늘에 계신 아버지와 하나가 되어 삶을 변화시켜라.

현대 과학에 따르면 영과 물질은 상호 변환하고 교환될 수 있다. 물질은 영이 보일 수 있는 수준으로 진동이 느려진 것뿐이다. 가정, 직업, 비즈니스 등 환경이 조건을 만든다는 말은 잘못되었다. 이는 그저 암시에 불과하다. 하지만 내가 이러한 암시를 받아들인다면 선조와 같은 낡은 패턴을 계속해서 반복할 것이다. 그리고 그들과 다름없이 신조, 교리, 전통에 근거한 삶을 살 것이다. 창조력은 내 안에 있다. 과학적으로 생각하는 사람은 창조된 것을 원인이 아니라 결과로 생각한다. 창조력의 원초적인 원인이 어디에 있는지를 알면 사람이나 장소, 상황을 탓하지 않는다. 생각은 내가 인식하는 유일한 창조력이다.

무한자의 모든 능력은 내 안에 잠자고 있고 내재해 있다. 그러므로 다음의 훌륭한 기도를 실천해 보자.

> 하나님과 거룩한 현존은 나를 통해 아름다움과 조화, 사랑, 기쁨, 지혜로 흐릅니다. 이해심이 높아지고 신성한 인도를 받으며 풍요가 되어 흐릅니다. 하나님께서 풀잎 하나를 만들어 내는 것처럼, 이 모든 게 하나님께는 쉽다는 것을 압니다. 이에 하나님께 감사드립니다.

밤낮으로 이러한 진리를 되풀이하고, 확언한 내용을 부인하지 않도록 확실히 하라. 그러면 나는 무한자의 아들 또는 딸이고 영원함의 자녀라는 것을 알 것이다. 성경에서 그리스도라고 불리는 무한자의 모든 권능이 내 안에 존재하며, 나를 통해 흐르고 있다. 이러한 권능은 영광의 희망이다. 영적으로 무한자에게 물려받은 것을 바라보라. 인간의 부모나 조상에게 무언가를 물려받았다고 생각해서는 안 된다. 삶을 지배할 힘과 나의 세계를 변화시킬 수단과 능력은 내 안에 있다.

우리는 어린 시절 쉽게 영향을 받았고, 부모님의 믿음과 생각, 조건의 지배를 받았다. 우리에게 심어지는 부정적인 생각이나 두려움을 거부할 만큼 영적인 이해도와 추론력이 높지도 않았다. 하지만 이제 성인으로서, 내가 생각하고 믿고 행동하는 방식에 대한 책임은 오롯이 나에게 있다. 나는 내 우주에서 생각하는 유일한 사람이다. 종일 하는 생각이 나를 만든다. 생각과 느낌이 곧 나이고, 내가 생각한 대로 된다.

- 출신이 어떠하든 내면의 신성한 현존과 맞닿는 법을 안다면 초월하여 성장할 수 있다

- 내 안에 계신 무한한 현존과 하나님의 권능으로부터 무엇을 받았는지 나 자신에게 물어 보자.

- 우리는 살아 계신 하나님의 성전이며, 우리 안에 계신 하나님의 모든 능력과 속성, 자질을 드러내기 위해 이 세상에 왔다.

- 자신의 능력과 자질, 성향, 적성, 특성이 부모, 조부모 또는 선조에게서 나온다고 생각하는 건 어리석은 일이다. 자신의 잠재력을 제한하는 꼴이기 때문이다.

- 나는 단순히 원자와 분자, 유전자 또는 부모로부터 물려받은 성향을 합쳐놓은 존재가 아니다. 살아 계신 하나님의 아들이며 하나님의 모든 부, 즉 영적·정신적·물질적 부의 상속자다.

- 생각은 영과 나의 신체, 물질세계의 매개체다.

- 하나님의 자질을 갖춘 인간을 창조하는 건 전적으로 내면에 있는 무형의 능력을 불러일으킬 수 있느냐 없느냐에 달려 있다. 운명을 결정하는 건 성품이다.

- 내면의 평화는 세상에서 평화롭게 살 수 있게 한다. 세상의 분노와 시련, 고난을 이겨내기 위해서는 사랑과 선의가 필요하다.

- 자녀들은 나를 통해 세상에 오지만 내가 자녀를 만들어 내는 건 아니다.

- 성별이나 조건은 행운이나 불행의 원인이 아니다. 성령은 만물을 일으키는 최고의 원인이자 유일한 원인이고 권능이다. 업보나 과거는 나의 발목을 잡고 있지 않다.

3

별자리에도 적용되는
믿음의 법칙

이스라엘

우리는 차를 타고 알렌비 다리와 요르단강을 가로질러 요르단에서 이스라엘로 이동한 후 성경 속 이야기에 등장하는 유명한 성지들을 관광했다. 여정의 가운데서 이 장에 대한 아이디어가 떠올랐다.

베들레헴은 아주 인상 깊었다. 베들레헴은 빵이라는 의미인데, 여기서 빵은 생명의 빵을 의미한다. 평화와 조화, 기쁨과 영감, 하나님의 인도가 담겨 있음을 상징한다. 베들레헴으로 향하면서 유대Judea의 아름다운 언덕과 계곡도 볼 수 있었다.

예루살렘에 있는 통곡의 벽은 과거를 뒤로하고 현재의 지혜와 진리, 아름다움과 기쁨, 즐거움의 푯대를 향하여 달려가야 한다는 것을 일깨워 준다. 그런가 하면 성 스테판 교회와 바위의 돔은, 교회는 우리 안에 있으며 우리는 내면의 무한자의 경이로움을 끄집어 내기 위해 이 자리에 있다는 걸 상기시켜 준다. 교회church는 더 높은 자아로부터 하나님의 힘과 지혜를 끌어 내는 교회ecclesia로 '어떤 문제를 결정하기 위하여 부름받은 자들의 모임'이라는 뜻이다. 'ecclesia'는 본래 고대 그리스의 여러 폴리스에서 개최된 민회, 즉 시민 총회를 뜻한다. 'ek(밖으로)'와

'caleo(부르다)'의 합성어로 신약 성경에서는 이를 교회로 번역한다. 죄와 악이 가득한 세상에서 불러 모은 성별聖別된 자들의 모임, 곧 예수 그리스도를 구주로 고백하는 성도의 모임을 의미한다. 그리고 바위는 철통처럼 흔들리지 않는, 하나님의 현존에 대한 확신을 의미한다.

베다니Bethany, 나사로의 무덤 그리고 예리코Jericho에도 깊은 뜻이 담겨 있다. 베다니는 예수가 나사로를 죽음에서 소생시킨 마을로 내 안에 있는 하나님의 권능을 통해 모든 문제를 극복하는 것을 의미한다. 예리코는 팔레스타인의 옛 도시로 향기로운 상태를 뜻한다. 기도의 응답을 경험하면 장미 향유를 맡았을 때처럼 그 기쁨을 참을 수 없다. 나사로의 무덤은 질병 또는 좌절, 부활하지 않은 죽은 이상이나 소망을 나타낸다. 신성한 힘을 깨우면 무한자를 불러내어 내 안에 잠들어 있는 소망을 되살릴 수 있다. 무엇이 되었든 잠재의식이 진실이라고 느끼는 걸 부활시켜 우주의 스크린에 투영할 것이다.

사해死海에는 그 안에 아무것도 살지 않는다는 상징적인 의미도 있다. 입구는 있어도 출구가 없기에 죽을 사자를 쓰는 것이다. 내가 가진 재능과 기량, 능력을 아낌없이, 기쁘게 베풀어야 한다는 가르침이 사해에 숨어 있다. 진심과 친절함과 선의를 나누면, 내 주변에 있는 모든 사람 안에 있는 신성을 높일 수 있다.

하나님의 아이디어를 나눠라. 나무가 열매를 맺게 하고 태양이 빛을 내는 것처럼, 하나님의 아이디어를 나누고 이에 대해 의구심을 품지 마라. 하나님의 사랑과 평화, 조화가 내 안에서 신성하게 순환하도록 하라. 나의 부가 현명하고 분별력 있게, 건설적으로 순환하도록 하라. 충만하고 행복한 삶을 영위하기 위해서는 이러한 태도가 꼭 필요하다. 요람에 눕힌 아기에게 어머니가 사랑을 주듯, 사랑을 베푸는 건 당연한 일이다. 어머니는 아이에게 보상을 바라며 사랑을 주지는 않는다.

별자리를 믿느라
마음을 돌보지 못했던 남성

"모든 일이 잘못될 거예요. 제 별자리에 흉성이 있고, 토성이 태양궁과 90도를 이루고 있대요!"

얼마 전 면담하러 온 남성의 말이다. 태양궁은 본인의 양력 생일 별자리로 개인이 성장하고 발전해 나가면서 생명 에너지와 창조적 본능을 어떻게 표현할지를 암시한다. 90도는 긴장과 압력, 좌절, 금지, 붕괴, 내적 갈등 등을 나타내는 상태다.

그는 갑자기 재정적인 손실이 발생하고 시력을 잃은 이유가 별이 그렇게 예정했기 때문이라고 확신했다. 안과에서 검사한 결과, 기분 장애로 인해 시력이 저하된 것이라고 의사가 말했음에도 불구하고 말이다. 그는 동업자의 재정적 성공에 엄청난 질투를 느끼고 있었다. 그게 바로 금전상으로 곤란한 상황에 부닥치고 사업상 위험을 무릅써야 했던 진짜 이유였다.

나는 남성에게 정신적, 정서적 요인이 질병에서 중추적인 역할을 하고 있음을 심신의학이 밝혀냈다고 설명했다. 자신의 별자리 운세를 너무나 두려워했던 남성은 장모에 대한 적개심이 마음에 가득하다는 걸 면담을 통해 알았다. 실제로 그는 장모를 보고 싶지 않았다.

나는 잠재의식이 그의 말을 곧이곧대로 받아들여 눈을 희생양으로 택했음을 알려 주었다. 게다가 동업자의 재정적 성공에 대한 그의 질투는 스스로를 빈곤하게 했다. 그는 자신에게 "동업자는 성공의 사다리를 타고 올라가 부유해질 수 있지만 난 안 돼"라고 말하고 있었다. 상대방을 높이고 자신을 폄하하고 있었던 것이다.

그는 스스로에게 무슨 짓을 하고 있는지 깨달았고, 깨달음은 곧 치유로 이어졌다. 장모에게 이사를 요청했고, 장모는 그의 요청을 받아들였다. 마음으로 놓아주면서 사랑을 담아 다음과 같이 확언하니 원망과 적개심이 사라졌다.

> 장모님께 사랑과 선의를 발산하고 삶에서 모든 축복을 누리길 소망합니다. 장모님 안에서 그리고 장모님을 통해 장모님 주위에서 하나님의 현존이 작용하는 것을 봅니다.

그는 이렇게 기도하는 습관을 들였다. 그러자 시력이 정상으로 돌아왔다. 안과의사도 아무 문제가 없다고 알려 주었다. 그는 동업자의 성공과 번영을 위해 기도했다. 그러자 본인의 사업도 다시 번창하기 시작했다. 자신이 질투하는 사람의 성공과 번영을 위해 기도하는 것이 자신을 위해 기도하는 것이라는 사실을 발견하고 그는 매우 놀랐다. 새로운 마음가짐은 두려움의 자녀인 모든 질투를 해소했다. 별자리 운세를 볼수 있는 표인 12궁도에는 온통 불길한 전조뿐이었지만, 전조는 전조로만 그쳤다.

내 친구 둘의 이야기다. 교수인 두 친구는 50달러를 주고 12궁도를 샀다. 나는 12궁도의 부정적인 암시가 잠재의식에 인상을 남길 수 있으니 표를 읽지 말라고 했고, 친구들은 내 말에 수긍했다. 대신 12개월 동안 두 사람의 별자리 운세를 관리해 주는 역할을 내가 맡기로 했다.

1년간 나는 친구들에게 "그의 마음속 생각과 같이 그도 그러하다"(잠언 23장 7절)의 구절을 들어 생명의 법칙을 세세히 설명해 주었다. 내가 진실이라고 주장하고 느끼는 것은 모두 잠재의식에 새겨지고, 잠재의식에 새겨진 모든 건 결국 표현될 것이다. 또한 마음속에서 관련된 생각이나 등가물이 존재하지 않는데 비슷한 일이 일어나는 건 불가능하다고 설명했다. 모든 사람은 습관적인 생각과 느낌으로 자신의 운명을 빚고 형상화하며 만들어 나간다.

그들의 잠재의식이 부정성과 그릇된 믿음으로 오염되었을지라도, 별자리가 아닌 영원한 진리와 하나가 됨으로써 변화할 수 있다고도 설명해 주었다. 그들은 12궁도를 초월하는 하나님의 진리를 규칙적이고 체계적으로 곰곰이 생각함으로써 정신적·영적 배터리를 충전할 수 있었다.

친구들은 불변하는 진리의 원리에 따라 건설적인 사고를 연습했다. 그렇게 한 해의 끝이 다가왔고, 우리는 내 사무실에 모여 지나간 별자리 운세를 읽어 보면서 큰 소리로 웃었다. 각자의 운세에는 일어나지도 않은 일에 대한 온갖 부정적인 예측이 쓰여 있었다. 재정적으로 손실을 보고 사고가 일어날 거라고 했던 시기에는 성공했고 건강했다. 친구 둘 다 일이 잘 풀렸을 뿐만 아니라 대학에서 승진까지 했다.

이들이 운세를 미리 읽었다면 부정적인 암시가 잠재의식에 새겨져 의심할 여지 없이 모든 일이 믿는 대로 일어났을 것이다.

"네가 믿은 대로 될 것이다."(마태복음 8장 13절)

부정적인 예측을 믿는다면 반드시 그런 일을 경험할 것이다. 왜냐하면 삶의 법칙은 곧 신념의 법칙이기 때문이다.

고대의 심리학, 점성술의 비밀

점성술은 고대의 심리학으로도 이해될 수 있다. 나는 점성술에 무지하지만 특별한 감각을 가지고 과거와 현재, 미래를 읽고 개인의 성향과 성격을 알려 주는 심령술사를 알고 있다. 카드를 가지고 놀라운 정도로 정확하게 미래를 예측하는 사람도 있고, 숫자를 사용하여 과거에 일어난 사건과 현재의 계획과 목적을 알아내는 사람도 있다. 잠재의식을 두드리면 초능력을 발동시킬 수 있다. 감지력 또는 초능력은 나의 잠재의식과 조화를 이루거나 접촉했을 때 나오는 능력이다.

칼 융은 이렇게 말했다.

"점성술로 추론했을 때 정말 딱 들어맞는다면, 그건 별자리 때문이 아니라 가상의 시간을 성격과 연결 지어서 그런 것이다."

다시 말해 태어나거나 이루어지는 모든 건 그 순간의 특성을 띠고 있다. 칼 융이 지적한 바와 같이, 별자리는 중국의 주역이 작동하는 원리와 비슷하다. 어떠한 순간에 발생한 모든 것은 특정한 순간의 특성을 띠고 있다.

오랜 세월 동안 인간은 별자리가 우리에게 영향력을 행사한다고 믿었다. 우리가 태어난 날짜에 해당하는 별자리가 영향을 미친다는 아이디어는 인간 잠재의식의 집단적인 아이디어나 믿음에 근거한다. 우리 모두는 군중심리 또는 인간 마음의 일부이며, 과학적인 기도로 마음을 자유롭게 하지 않는 이상 집단적인 잠재의식의 믿음에 영향을 받는다. 여기서 과학적인 기도란 가장 높은 관점에서 하나님의 진리를 곰곰이 되뇌는 것이다.

우리는 생각하는 대로 된다. 법칙은 오직 이것 하나뿐이다.

미국 시민 2억 명의 잠재의식 속에는 20년마다 대통령이 임기 중에 사망할 거라는 미신 또는 군중심리가 있다. 서부 개척시대 당시에 아메리카 원주민과 수많은 충돌이 있었고, 미국인들은 원주민을 학살했다. 원주민 족장 테쿰세는 '20년마다 끝자리가 0인 해에 당선되는 미국 대통령은 모두 저주를 받아 임기 중 목숨을 잃을 것이다'는 저주를 내렸다. 이 저주는 1840년부터 1960년까지 무려 120년 동안 모두 적중했기에 유명해졌다. 하지만 이런 일이 꼭 일어나야만 하는 건 아니다. 백악관에 거주하는 사람이 시편 91편에 담겨 있는 의미로 마음을 채운다면, 저주에 완전히 면역이 생길 것이다. 하나님에게 도취해 있기에 아무도 그를 건드릴 수 없을 것이다.

황소자리에 해당하는 월일에 태어났다고 가정해 보자. 태양의 방위를 기초로 하는 회귀 황도대에서는 황소자리이지만, 동양에서 사용하는 항성 황도대에서는 양자리에 해당한다. 독자가 읽는 별자리별 특성에 대한 내용은 모두 경험적인 관찰에서 나온 것이다.

내가 5월 10일에 태어났다고 치자. 인도의 점성가들은 회귀 황도대를 사용하여 태양이 양자리에 있다고 나에게 말할 것이다. 그렇다면 나의 성향과 성격에 대한 설명은 나를 황소자리로 분류하는 여러 별자리 책의 설명과는 완전히 다를 것이다.

반면 양자리와 황소자리 같은 별자리로 분류하지 않고 시간의 기간, 즉 생년월일을 가지고 자신을 분석한다면 군중심리와 여러 해에 걸쳐 채취한 수천 개의 표본을 바탕으로 결론을 내릴 것이다. 그리고 모든 확률을 계산해 보았을 때 그들의 관찰과 추론은 매우 유사할 것이다.

같은 선상에서, 용하다는 필적학자는 나의 필체를 보고 성격이나 성향, 적성을 맞추고 미래의 성공 여부를 예견할 수도 있을 것이다. 이 모든 건 생년월일 사례와 마찬가지로, 필체와 글자의 모양을 관찰한 경험 위에 작업자의 직관적 또는 정신적 지각을 더한 결과물이다.

열두 개의 별자리로 구성된 황도대(또는 황도 12궁)는 구약 성경의 열두 부족(이스라엘 열두 부족)과 신약 성경에 등장하는 열두 명의 사도를 의미한다. 다시 말해 하나님의 열두 가지 능력과 자질이 내 안에 있다는 뜻이다.

별자리 이름의 유래

"고대인들은 농사에 모든 관심이 쏠려 있었다. 그래서 그해 자신이 맡은 일에 따라 별의 이름을 붙였다."

스페인 태생의 유대인 철학자 마이모니데스의 말이다. 역사 속에서 점성술이 어떻게 발전되어 왔는지 이해를 돕는 좋은 길잡이가 있다. 볼니 백작이 파리에서 1802년에 영어로 출판한 《제국의 혁명 Revolutions of Empires》에 보면 나일강 상류 경계에 살던 흑인 사이에 별을 숭배하는 복잡한 체계가 이미 조직되어 있었다고 지적한다. 그 체계는 땅의 수확물과 농업의 노동과 관련이 있었다.

볼니의 글을 간략하게 요약하자면 이렇다. 에티오피아인은 나일강이 범람하던 때 하늘에 뜨는 별에 물병자리라고 이름 붙였다. 밭을 갈기 시작했을 때 뜨는 별에는 황소자리라는 이름을 붙였고, 사막에서 사는 동물이 목을 축이기 위해 강둑으로 나왔을 때 뜨는 별에는 사자자리, 농작물을 수확하는 계절에 뜨는 별에는 처녀자리, 동물들이 새끼를 낳았을 때 뜨는 별에는 양자리와 쌍둥이자리라고 이름 붙였다

강의 원류에 별이 아름답게 뜰 때마다 홍수가 난다는 것을 관찰한 에티오피아인은 별이 떴을 때 농부들에게 강 근처로 나오지 말라고 위험을 경고했다. 이러한 행동을 짖어서 위험을 알리는 동물에 비교했고, 그 별에 '개' 또는 짖는 자라는 뜻의 이름(시리우스)을 붙였다.

같은 방식으로 태양이 회귀선에 가까워졌을 때는 게처럼 느리게 뒤편으로 멀어진다고 해서 게자리라는 이름을 붙였다. 태양이 한 해 동안 지나가는 궤도에서 가장 높은 곳에 도달하여 시곗바늘이 맨 위쪽을 가리키는 모습을 보고는 염소가 바위 가장 높은 곳으로 즐겁게 올라가는 모습과 비슷하다고 해서 염소자리라고 이름 붙였다. 낮과 밤의 시간이 같아질 때에는 저울이 수평을 이루는 것과 비슷하다고 하여 천칭자리라고 불렀다. 특정한 시기에 부는 바람이 만들어 낸 수증기가 전갈의 독처럼 보인다고 해서 그 시기에 뜨는 별들을 전갈자리라고 했다.

사람들은 자연에서 비유를 찾았다. 황소는 봄에 땅에서 비옥함의 싹을 틔운다. 양은 겨울의 악한 힘을 하늘로부터 가져와 뱀(습한 시기의 상징)으로부터 세상을 구하고 선의 왕국(여름)으로 되돌려 놓는다. 전갈은 땅에 독을 붓고 질병과 죽음을 흩뿌린다.

점성술이 맞다고 느껴지는 이유

황도대는 하늘에 있는 상상의 선 또는 띠를 의미한다. 실제적인 물체가 아니므로 명백한 끌어당김은 없다. 그래서 천문학자와 천체물리학자는 별자리를 믿는 사람들을 걱정스럽게 바라본다. 과학자는 소위 말하는 열두 개의 별자리가 인간에게 아무런 영향력을 행사할 수 없다고 생각한다. 왜냐하면 끌어당기는 힘 때문에 별자리가 우리에게 영향을 미친다는 점성술사의 주장은 완전히 터무니없다는 것을 알기 때문이다.

"별들이 하늘에서 시스라와 싸웠고, 그 다니는 길에서 그와 싸웠다."(사사기 5장 20절)

이는 가나안 왕의 도움을 받아 이스라엘 군대에 맞서 900대의 전차부대를 지휘했던 시스라가, 점성술로 살펴본 자신의 별점이 불리하다는 것을 깨달았음을 의미한다. 앞서 말했듯 별점은 고대의 심리학으로 볼 수도 있다. 고대인은 별자리에 따라 각기 다른 심리적 성질을 가진다. 특정한 기질이나 성격, 경향, 적성 등이 지배적이라고 말이다. 만약 시스라가 별들이 자신에게 불리하게 작용한다고 믿었다면, 믿는 대로 이루어졌을 것이다. 왜냐하면 생명의 법칙은 곧 믿음의 법칙이기 때문이다.

우리는 특정한 믿음이나 의견, 두려움, 삶을 대하는 태도를 지니면서 자란다. 유년 시절의 우리는 모두 다르게 조건화된다. 하지만 무한자와 조화를 이루고 하나님의 참됨이 나의 참됨이라고 주장하면 인생을 바꿀 수 있다. 운명론이란 건 없다. 무한한 현존과 권능의 관점에서 생각하고 말하며 행동한다면, 지혜, 진리, 신성한 법칙과 질서에 근거한 영적인 별점을 스스로에게 주는 것과 같다.

분명 시스라는 패배와 죽음을 두려워했다. "그렇게도 두려워하던 일이 밀어닥치고"(욥기 3장 25절)라는 욥의 말처럼, 이러한 태도는 처참한 패배로 이어질 수밖에 없었다. 만약 두려워하지 않았더라면 점성술사의 부정적인 예언을 깨고 극복했을 것이다. 내면에 임재하신 하나님께 주의를 돌려 평화와 조화, 사랑 그리고 신성하고 올바른 행동을 주장했을 것이고 삶은 변했을 것이다. 시스라는 이스라엘 사람을 괴롭히던 민족인 블레셋 출신으로, 마음의 법칙이나 무한한 성령이 작동하는 방식을 몰랐다. 그의 패배는 별자리 때문이 아니라 잠재의식 때문이다.

마법과 부두교의 주술은 힘이 없다

블레셋 사람들은 신당에서 우상과 돌상을 섬기며 신으로 숭배했다. 많은 사람이 자신은 기독교, 유대교, 이슬람교, 불교 신자라고 하지만 날씨, 흑마술, 부두교, 악령, 암, 노화, 죽음을 두려워한다. 하지만 죽음은 존재하지 않는다. 세상에는 생명만 있다. 나이는 단순한 세월의 흐름이 아니라 지혜가 동트는 장이다. 지금부터 10억 년 후 나는 어딘가에 살아 있을 것이다. 왜냐하면 하나님은 생명이시고 죽지 않으시기 때문이다. 그분의 삶이 곧 나의 삶이다.

마법이나 부두교의 주술이 가진 진정한 의미는 영적인 힘의 오용이다. 세상에는 단 하나의 창조력, 즉 하나님만 존재하므로 이 모든 건 암시에 기반한다. 나는 타인의 부정적인 암시나 예측을 거부할 수 있는 능력이 있다. 좋은 생각을 하면 선의가 따라올 것이다. 하나님의 사랑의 의식 속에서 걸으며 모든 사람에게 사랑과 선의를 비춰라. 그러면 점차 세상의 부정적인 분위기와 그릇된 믿음에 대한 면역력을 키울 것이다.

부두교와 흑마법의 진정한 빛을 보고 목적의 실체가 무엇인지 살펴보라. 부두와 흑마법은 실제로 영적 능력에 무지한 사람이 사용한다. 부두와 흑마법에 대해 잘 알고 있다고 생각하는 사람일지라도 자신의 진정한 빛을 보면 이 힘은 사라진다. 세상에는 단 하나의 힘만이 존재하며, 그것은 합일과 조화, 확언의 힘으로써 움직인다. 숨겨진 힘을 부정적으로 사용하더라도, 건설적으로 권능을 사용한다면 그러한 힘은 무력화된다.

실제로 그리고 궁극적으로 갖춰야 할 자세는, 생명의 근원과 의식적으로 하나가 되는 것이다. 이 사실을 숙지하면 다른 사람의 행동이나 부정적인 암시를 걱정할 필요가 없다. 나 자신과 무한한 힘은 상호작용하고 있음을 기억하라. 암시는 숨겨진 힘 중 하나에 불과하지만, 만물을 창조한 권능은 만물의 근원이 되므로 진정으로 숨겨진 힘이라고 볼 수 있다.

토머스 트로워드 판사는 자신의 책《숨겨진 힘》에서 이렇게 말했다.

"영적인 진리에 무지한 누군가가 악감정을 품고 나에게 불리하게 작용하도록 암시의 힘을 악의적으로 사용하려 한다면, 안타까워해야 한다. 철갑선에 장난감 총으로 완두콩을 쏘는 것과 다름없으니 어떠한 결과도 얻을 수 없을 것이다. 나에게는 아무런 영향도 끼치지 못하지만, 자신에게는 더 많은 영향이 돌아올 것이다."

'저주는 닭과 같아서' 항상 돌아온다는 말은 언제나 옳다.

씨를 뿌리고 거두다

옛날 사람들은 별의 위치를 보며 씨앗을 뿌리고 수확하는 시간을 헤아렸다. 특정 지점에 양자리가 보이면 춘분이 가까워지고 봄이 다가옴을 인지했다. 별들의 움직임은 수학적인 정밀함에 지배되었고, 리듬감 있게 신처럼 움직였기에 고대에는 숭배의 대상이었다. 하늘의 특정 지점에 천칭자리가 보인다면 추분, 가을이 가까워진 것을 뜻했다. 추수할 시기이고, 나뭇잎은 낙엽이 되어 떨어졌다.

삶의 주기는 유년기, 청소년기, 청년기, 성인기 그리고 노령기로 나뉜다. 또한 연, 월, 주, 일, 시간으로 주기를 나눌 수도 있다. 정신생활의 주기는 아이디어와 믿음, 의견, 신념에 바탕을 두고 현재의식 속에 녹아들어 그 본질에 따라 만들어진다.

고대에는 하늘에 떠 있는 태양이 하나님의 상징이었다. 고대인은 태양이 땅에 일으키는 작용이 하나님과 비슷하다고 생각했다. 고대인은 태양이 신이라고 생각하진 않았지만, 태양은 자기 내부에 있는 눈에 보이지 않는 진정한 빛을 떠올리게 했다. 하나님이 만드신 별은 내 안에 있는 별을 상징한다. 마음속 천국의 불을 밝히고 평화와 조화, 기쁨, 풍요, 안정을 선사하는 지식과 인식, 창조적 아이디어를 뜻한다.

우주에서 움직이는 분자 조합의 덩어리에 불과한 별이나 행성을 숭배하는 것은 어리석은 일이다. 별이나 행성을 숭배하는 대신 무한한 지성을 숭배하고 온 마음을 다하는 게 어떻겠는가.

- 신성한 힘을 깨우면 무한자를 불러내어 내 안에 잠들어 있는 소망을 되살릴 수 있다.
- 내가 가진 재능과 기량, 능력을 아낌없이, 기쁘게 베풀어야 한다.
- 하나님의 사랑과 평화, 조화가 내 안에서 신성하게 순환하도록 하라. 나의 부가 현명하고 분별력 있게, 건설적으로 순환하도록 하라.
- 자신이 질투하는 사람의 성공과 번영을 위해 기도하는 것이 바로 자신을 위해 기도하는 것이다.
- 부정적인 암시가 잠재의식에 인상을 남길 수 있다. 부정적인 예측을 믿는다면 반드시 그런 일을 경험할 것이다. 왜냐하면 삶의 법칙은 곧 신념의 법칙이기 때문이다.
- 내가 진실이라고 주장하고 느끼는 것은 모두 잠재의식에 새겨지고, 이렇게 잠재의식에 새겨진 모든 건 결국 표현될 것이다.
- 마음속에서 관련된 생각이나 등가물이 존재하지 않는데 비슷한 일이 일어나는 건 불가능하다.
- 모든 사람은 습관적인 생각과 느낌으로 자신의 운명을 빚고 형상화하며 만들어 나간다.
- 과학적인 기도란 가장 높은 관점에서 하나님의 진리를 곰곰이 되뇌는 것이다.
- 우리는 특정한 믿음, 의견, 두려움, 삶을 대하는 태도를 지니면서 자란다. 유년 시절의 우리는 모두 다르게 조건화된다. 하지만 무한자와 조화를 이루고 하나님의 참됨이 나의 참됨이라고 주장하면 인생을 바꿀 수 있기에 운명론이란 건 존재할 수 없다.

4

절대적인 단 하나의 진리

인도

인도에서 우리는 과거 여러 제국 및 왕조의 수도였던 북쪽의 올드 델리와 영국 식민 지배 시기부터 새로운 수도가 된 남쪽의 뉴델리를 둘러보았다. 간디의 무덤과 자마 마스지드, 붉은 요새, 달빛 광장 등 역사적이고 종교적인 관광지를 방문했다. 자이푸르의 시티 팰리스는 희귀한 문서들이 보관된 박물관으로 볼 수도 있다는 점에서 방문할 만한 가치가 있었다.

우리는 운이 좋았다. 보름달이 뜰 때 타지마할을 방문한 것이다. 함께 투어를 했던 사람들 모두 쉽게 볼 수 없는 대칭과 아름다움, 질서와 비율을 보면서 말을 잇지 못했다. 세계 7대 불가사의 중 하나로 꼽히는 타지마할은 샤자한 황제가 뭄타즈 마할 왕비를 기리기 위해 흰색 대리석으로 지은 묘당이자 사랑의 상징이다.

복잡한 상감기법을 쓴 것으로 유명한 성벽과 궁전은 고대 인도 건축가들의 수학적, 기하학적 기술의 소리 없는 증인이 되어 준다. 아름다움과 사랑, 신성한 질서를 돌과 대리석에 묘사했던 고대 작품이라는 사실은 의심할 여지가 없다. 타지마할은 '돌에 새긴 사랑 이야기'로 불리

기도 한다.

바라나시 여행은 유용했고 보람찼다. 가이드는 불교와 힌두교의 유명 사원을 돌며 종교적 관습, 매장 절차, 역사에 대해 아주 상세하게 설명해 주었다. 투어 그룹 중 한 사람이 가이드에게 이런 질문을 했다.

"불교 신자의 신념이 진리를 대표한다고 생각하십니까?"

"진리가 무엇이라고 생각하시는데요?"

나는 가이드가 꽤 현명하게 답했다고 생각한다. 2 더하기 2는 4다. 부처님은 '무지만이 유일한 죄'라고 말씀함으로써 진리를 가르치셨다.

"빌라도가 예수께 '진리가 무엇이오?' 하고 물었다. 빌라도는 이 말을 하고 다시 유대인에게 말했다. 나는 그에게서 아무 죄도 찾지 못했소."(요한복음 18장 38절)

빌라도는 질문의 답을 받지 못했다. 진리는 하나님이고 하나님은 진리이시다. 그리고 절대적인 의미에서 하나님은 알려질 수 없다. 하지만 우리는 마음의 법칙을 배우고 올바르게 생각하고 느끼고 행동함으로써 삶을 변화시킬 수 있다. 고대인은 이렇게 말했다.

진리는 침묵 속에서 배울 수 있다. 침묵 속에서 진리를 느낄 수 있고 진리는 침묵 속에서 전달된다. 왜냐하면 신은 침묵 속에 깃들어 계시기 때문이다.

함께 투어를 했던 한 여성은 기독교가 진리라고 말했고, 다른 사람은 불교가 진리라고 했다. 그리고 힌두교 신자 친구 중 한 명은 힌두교의 경전《바가바드 기타》에 모든 진리가 담겨 있다고 믿었다. 만일 어떤 사람이 가톨릭만이 진리라고 말한다면 그는 즉시 침례교나 다른 교파 신자의 반박을 받을 것이다.

크리스천 사이언스, 유니테리언(삼위일체론을 부정하고 신격의 단일성을 주장하는 기독교의 한 파), 신성과학교회, 마음의 과학, 천주교, 개신교, 불교 등을 믿는다고 주장하는 사람들이 있다고 가정하자. 코끼리와 장님 우화와 어느 정도 비슷할 것이다. 세상은 오직 하나의 진리, 법칙, 권능, 물질로 구성되어 있고, 하나의 신만이 존재한다. 그분은 만인의 아버지이자 만물이 탄생하는 생명의 원리다. 이것이 바로 예수님께서 질문을 받았을 때 침묵하신 이유다.

진리는 우리 안에 있는 조용한 현존이자 스스로 있는 자, 하나님이다. 성경에 이런 구절이 있다.

"나는 길이요, 진리요, 생명이다."(요한복음 14장 6절)

스스로 있는 자란 존재이자 생명이고 인식인 하나님을 뜻한다. 얼굴도 형체도 모습도 없이 내 안에서 스스로 만들어지는 영이다.

만약 불교가 진리라고 주장한다면 반박당할 수 있을 것이다. 진리를 정의하려고 할 때마다 진리에서 멀어진다. 시간의 안개 속에서 잊힌, 오래전부터 내려오는 "이름을 붙이면 찾을 수 없고 찾으면 이름을 붙일 수 없다"라는 표현이 여기에 잘 들어맞는다. 얼굴도 유형도 형태도 시간도 형상도 나이도 없는, 내 안에 계신 이름이 없는 분을 어떻게 정의할 수 있겠는가.

예를 들어 사랑과 평화, 조화, 기쁨, 선의, 영감, 계시, 아름다움, 웃음, 진정성, 성실함, 정의에 어떻게 이름을 붙일 수 있겠는가? 분명 이러한 자질과 속성에 가톨릭이나 개신교, 유대교, 힌두교 등을 연관 짓지는 않을 것이다. 화학, 물리학, 천문학, 수학 등의 법칙에도 이름을 붙이지 않는다. 이 모든 법칙은 우주적이고 보편적이며 모든 사람이 이용할 수 있다. 이처럼 하나님께서는 모든 이를 똑같이 대하신다.

진리는 언제나 하나다

"가시나무에서 어떻게 포도를 따며, 엉겅퀴에서 어떻게 무화과를 딸 수 있겠느냐?"(마태복음 7장 16절)

"그러므로 너희는 그 열매를 보고 그 사람을 알아야 한다."(마태복음 7장 20절)

진리란 하나님은 한 분이시고 불가분의 존재시라는 것이다. 이 진리는 영원히 변하지 않는다. 많은 사람이 상충하는 신학의 복잡성에 당혹스러워하고 갈피를 잡지 못하며 자신들을 해방할 진리를 갈구한다. 예를 들어 기독교의 다양한 교파의 교리마다 각각 가정하는 바가 다르고 따르는 관행이 다르다. 게다가 기독교뿐만 아니라 전 세계 종교들의 수백 개 종파에서 가르치는 내용에는 불일치와 부조리로 가득하다.

진리는 나를 두려움, 무지, 미신, 질병, 결핍, 한계로부터 자유롭게 한다. 문제를 해결해 주고 괴로운 마음에 평화를 가져다준다. 세계 각지에는 그 어떤 종교도 믿지 않지만 절대자의 선함에 대한 믿음과 자신감으로 충만해 있고, 절대자의 인도와 사랑 안에서 살아가는 사람들이 많다. 그들은 내적 평화와 내면에 빛을 가지고 있고 번영하며, 선의와 절대자의 웃음으로 넘쳐난다.

종교는 마음에서 나오는 것이지 입에서 나오는 것이 아니다. 마음에서 나오는 종교는 성령의 열매를 맺는데, 성령의 열매는 진리를 진정으로 시험한다. 진리는 언제나 치유한다. 행복하고 즐겁고 자유롭게 살면서 생명력과 평화, 풍요를 표현할 때 성령의 열매가 드러난다. 세상에 입증되지 않은 진리 따위는 존재하지 않는다. 안에 있는 것은 밖에 있는 것과 같고, 위에 있는 건 아래에 있는 것과 같다. 잠재의식에 담긴 모든 건 삶의 외적인 부문에서 곧 드러난다.

"믿는 이에게는 모든 일이 가능하다."(마가복음 9장 23절)

삶, 하나님 그리고 우주에 관해 어떤 믿음을 가지고 있는가? 이 질문에 대한 답이 외부 세계의 모든 것을 결정한다. 나는 믿음의 표현이다. 마음의 창조적 법칙을 믿는 방법을 배워라. 생각이 창의적이라는 걸 알아야 한다. 상상하고 느끼는 건 경험한다. 교리와 종파적인 관념, 예배, 의식, 의례에 대한 맹신을 멈춰라.

무한한 지성을 부르면 응답한다는 걸 믿어라. 나를 다스리고 인도하고 돌봐 주시는 하나님을 믿어라. 그러면 내가 꿈꾸는 것보다 더 많이 번영할 것이다.

믿음대로 되라 하시니

"너희 믿음대로 되어라."(마태복음 9장 29절)

사람들에게 "무엇을 믿습니까?"라고 물으면 "저는 몰몬교 신자입니다" "유대교를 믿습니다" "기독교인입니다" "불교 신자입니다" 등 다양한 답이 나올 것이다. 믿음은 마음가짐이자 사고방식이다. 내 안에 계신 하나님과 나의 능력을 인식하여 삶의 모든 부문에서 기능하게 하는 것이 믿음이다.

잠재의식에 새겨진 모든 것이 표현된다는 걸 알면 믿음이 생긴다.

믿음은 신조나 신념, 전통 의식, 공식 그리고 교회가 표현하는 교리적인 믿음과는 전혀 관계가 없다. 믿음이란 마음속 깊은 곳에서 진정으로 믿는 것을 뜻한다.

나 자신과 내면의 힘을 어떻게 감정적으로 받아들이는가? 나에 대한 어떤 믿음을 가지고 있는가? 잠재의식의 가정과 믿음, 신념은 현재 의식의 행동 모두를 좌우하고 통제한다. 성경은 진정한 종교가 무엇인지를 설명한다.

"그의 마음속 생각(잠재의식)과 같이 그도 그러하다."(잠언 23장 7절)

신은 한 분이시며 진리는 하나라는 것이 세계 모든 종교의 근본이 되는 믿음이라는 걸 깨달아야 한다. 모든 교리와 가르침, 의식은 진리의 상대성을 보여 준다. 어떤 사람은 "절에 분향하고 촛불을 밝힌 후 특정 기도를 드렸더니 기도에 대한 응답으로 병이 기적적으로 치유되었습니다"라고 말할지도 모른다. 그의 기도가 응답받은 이유는 촛불을 밝히고 향을 피우거나 절에 갔기 때문이 아니라 잠재의식 때문이다. 스스로의 기도에 응답한 것이다. 잠재의식은 맹목적인 믿음에 반응한다. 이건 진리다. 추론이 아니다. 그가 믿는 대로 정말 그렇게 되었다.

1차 세계대전에 참전했던 어떤 군인이 내게 해준 이야기다.

"저는 햄을 못 먹습니다. 햄만 먹으면 두드러기가 심하게 납니다."

일병은 병장에게 이렇게 말했고, 병장은 군대 규정에 햄을 반드시 먹어야 하는 조항은 없다고 답하고는 자리를 떴다. 어느 날 군인들은 30킬로미터 정도 험준한 지형을 이동해야 했다. 여러 가지가 섞인 음식이 밥으로 나왔고 일병도 배불리 먹었다. 이튿날 병장은 일병에게 그 음식의 주요 성분이 햄이라고 말해 주었다. 하지만 그 음식을 먹고도 두드러기는 나지 않았고 일병을 포함한 모두가 웃었다.

일병은 그릇된 믿음을 고쳤다. 일병은 자신이 햄을 먹고 있다는 걸 몰랐다. 취사반장이 다른 많은 재료를 햄과 섞었기에 일병은 그 음식에 햄이 들어 있는지도 몰랐고 아무런 신체 반응도 일으키지 않았다. 알고 보니 일병은 어렸을 때 상한 햄을 먹고 탈이 난 적이 있어서 어머니가 다시는 햄에 손을 대지 말라고 했다.

이 이야기에서 일병의 무의식적인 두려움 또는 믿음 때문에 두드러기가 났다는 것을 쉽게 살펴볼 수 있다. 군대에서 보급하는 햄이 건강에 나쁠 이유가 없다. 그 일병은 개인적으로 햄과 매우 안 좋은 관계를 맺고 있었지만, 웃음으로써 발진을 치유했다.

두 가지 면을 보라

여행 일행 중 한 명이 인간의 본성은 변하지 않는다고 말했다. 그는 세계 각지에서 벌어지고 있는 범죄와 야만적인 행위, 전쟁터 곳곳에서 자행되는 잔인함과 고문에 대해 아주 자세하게 이야기했다.

나는 그에게 도전받지 않는 독단적이고 권위적인 말은 없다고 이야기했다. 모든 사제와 랍비, 목사, 심리학자, 의사는 한 사람 안에서 기적적인 변화가 일어나는 것을 목격했다. 나는 살인을 저지르고 알코올과 마약에 중독되었던 사람이 완전히 변하여 아주 좋은 이로 탈바꿈해 인류에게 축복을 가져다준 사례도 목격했다.

일반적으로 2000년 또는 3000년 동안 인간의 본성은 크게 변하지 않았다는 것을 알 수 있다. 하지만 완전히 변해서 하나님과 같은 삶을 살기로 마음먹은 수천 명의 사람을 보라.

내가 의뢰인을 위해 사건을 변론하는 변호사라고 가정하자. 상대방의 편에 선 변호사가 자신에게 유리한 주장을 할 수 있다는 것을 인정할 것이다. 상대 변호사의 반론은 내 주장만큼이나 논리적으로 보일 것이다. 기독교 신자가 자신의 믿음을 증명하는 사례를 만들어 낼 수 있듯, 불교 신자도 마찬가지로 자신의 주장을 뒷받침하는 사례를 보여 줄 수 있다.

한 여성이 찾아와 이혼하고 싶은 이유를 하나부터 열까지 다 이야기한다고 치자. 그녀가 하는 말은 그럴듯하고 논리적으로 들릴 수도 있다. 하지만 몇 시간 후 남편이 와서 결혼 생활을 유지하고 싶은 모든 이유를 말할 수 있다. 남편 또한 논리적이고 합리적인 결론에 이를 수 있다. 둘의 주장이 모두 옳다고 할 수는 없겠지만 각자는 자신의 관점에서 상황을 바라보고 있다.

이혼을 원하는 부부는 상담사가 현실에 적응해야 한다고 말하면 '현실'이라는 단어에 혼란스러워한다. 왜냐하면 현실은 상대적이며 일반적으로 인생을 대하는 태도에 기반을 두기 때문이다. 예를 들어 신성한 실재가 있다고 하자. 신성한 실재는 신이라 불리며 절대로 변하지 않는 존재를 가리킨다. 하지만 우리가 사는 세상에서는 기준과 풍습, 삶의 방식이 끊임없이 바뀌고 있다.

위에서 언급한 남편과 아내가 진정으로 원하는 것은 평화와 조화, 사랑과 이해 그리고 선의다. 그들 각자가 이러한 자질을 위해 진심으로 기도한다면 서로 더 가까워지거나 아니면 각자 행복의 길을 찾을 것이다. 무한한 지성이 부부를 위해 문제를 해결할 것이기 때문이다.

이혼에는 정치, 종교, 인간관계 등 모든 명제에 따르는 두 가지 측면이 있다. 막대기에는 양쪽 끝이 존재하고 나 자신에게는 내면과 외면이 있다. 만물의 이치가 그렇다. 비가 오고 안개가 자욱한데 여행을 간다고 치자. "날이 안 좋네"라고 말할 수 있을 것이다. 하지만 가뭄으로 고통받았던 농부라면 "정말 좋은 날이야"라고 말하면서 비를 기뻐할 것이다. 인생의 사실이 모든 사람에게 동일하게 적용되는 건 아니다.

아인슈타인은 이 모든 걸 간단명료하게 표현했다.

"우리가 보는 세상은 우리가 있는 세상이다."

다시 말해 나의 내면세계는 습관적인 사고와 믿음, 의견, 이미지, 훈련 그리고 세뇌를 대표한다. 나는 언제나 내면의 정신 상태를 사람과 조건, 사건에 투영한다. 내가 품은 정신적 이미지의 내용을 통해 사람과 조건을 바라보는 것이다. 그러니 사랑과 이해의 눈을 통해 본다면 다른 세상을 볼 것이고, 사람과 상황에도 다르게 반응할 것이다.

세상에는 두 가지 현실이 있다. 내가 반응하는 외부 세계와 생각과 감정, 이미지로 가득 차 있는 내부 세계가 그것이다. 반대되는 두 가지가 서로 화해하면 평화와 평정을 경험할 것이다.

- 진리는 침묵 속에서 배울 수 있다. 침묵 속에서 진리를 느낄 수 있고 진리는 침묵 속에서 전달된다.
- 세상은 오직 하나의 진리, 법칙, 권능, 물질로 구성되어 있으며 하나의 신만이 존재한다.
- 진리는 우리 안에 있는 조용한 현존이자 스스로 있는 자, 하나님이다.
- 진리를 정의하려고 할 때마다 진리에서 멀어진다.
- 하나님께서는 모든 이를 똑같이 대하신다.
- 진리는 나를 두려움, 무지, 미신, 질병, 결핍, 한계로부터 자유롭게 한다. 문제를 해결해 주고 괴로운 마음에 평화를 가져다준다.
- 종교는 마음에서 나오는 것이지 입에서 나오는 것이 아니다.
- 잠재의식에 담긴 모든 것이 삶의 외적인 부문에서 곧 드러난다.
- 교리와 종파적인 관념, 예배, 의식, 의례를 믿는 걸 멈춰라. 무한한 지성을 부르면 응답한다는 걸 믿어라. 나를 다스리고 인도하고 돌봐 주시는 하나님을 믿어라. 그러면 내가 꿈꾸는 것보다 더 많이 번영할 것이다.
- 믿음은 신조나 신념, 전통 의식, 공식 그리고 교회가 표현하는 교리적인 믿음과는 전혀 관계가 없다. 믿음이란 마음속 깊은 곳에서 진정으로 믿는 것을 뜻한다.
- 잠재의식의 가정과 믿음, 신념은 현재의식의 행동 모두를 좌우하고 통제한다.

5

애쓰지 않고 기적을 만드는 묵상의 기술

네팔

여행자 사이에서 '샹그릴라(지상 낙원)'라고 불리는 네팔의 수도 카트만두는 인도와 티베트 사이 거대한 히말라야 남쪽 산비탈에 위치해 있다. 이 나라는 통치자들에 의해 수 세기 동안 고립되어 왔다.

네팔은 전 세계 여행자들에게 멋지고 독특한 볼거리를 제공하는데, 아름다운 경치와 눈 덮인 산맥의 찬란한 전망이 특히 유명하다. 랄릿푸르에는 불탑이 줄지어 있고, 크리슈나 사원과 암리차르 황금 사원은 뛰어난 아름다움을 뽐낸다. 이곳에서 우리는 수많은 노인들이 성전의 계단과 성지 입구에서 묵상하는 걸 보았다. 그들은 눈을 감고 신비로운 무아지경에 빠진 것 같았다. 이번 장은 묵상과 이완에 대해 다룬다.

참된 영적 묵상이란

사전적인 의미로 묵상은 마음이나 주의를 집중하거나 숙고하는 것, 이뤄지거나 영향을 받아야 하는 무언가를 고려하는 것, 생각이나 사색

하는 것, 심사숙고하는 것, 곰곰이 생각하는 것, 궁리하고 연구하며 생각하는 것을 의미한다.

세상 모든 사람이 묵상을 한다. 묵상은 먹고 마시고 숨 쉬는 것만큼 자연스러운 행위다. 사업가, 과학자, 주부, 택시기사 모두 묵상한다. 불가지론자와 무신론자 그리고 물질주의를 가장 신봉하는 것처럼 보이는 사업가들조차도 쉬지 않고 묵상한다. 네팔의 노인과 그들이 다른 건 영적인 대상, 즉 영원히 변치 않는 진리를 묵상하지는 않는다는 점이다.

진정한 묵상은 하나님의 임재를 연습하는 것이다. 묵상은 하나님의 진리 안에서 빛나고 영감을 받고 흡수하는 가장 빠른 길이다. 영원히 지속되는 순간을 경험하는 방법이기도 하다. 이는 내 안에 있는 전능한 생령이 유일한 현존이고 힘이며 원인이고 물질임을 그리고 내가 인식하는 모든 건 무한한 존재의 발현임을 알고 믿는 동시에 강력하게 확인하면서 하나님께 몰두한다는 걸 의미한다.

조용히 앉아 마음을 편안하게 하고 모든 진리 중에 가장 위대한 진리에 마음을 기울여 보라. 그렇게 하는 것이 진정한 의미에서, 영적인 관점에서 묵상하는 것이다. 왜냐하면 마음속으로 이 진리를 삼키고 소화하며 흡수해서 정신적으로 자기 것으로 만들고 있기 때문이다.

성경에는 묵상에 대한 언급이 가득하다. 다윗왕은 이렇게 말했다.

"오직 주님의 율법을 즐거워하며 밤낮으로 율법을 묵상하는 사람이다. 그는 시냇가에 심은 나무가 철따라 열매를 맺으며 그 잎이 시들지 아니하듯, 하는 일마다 잘 될 것이다."(시편 1편 2~3절)

"나의 반석이요 구원이신 주님, 내 입의 말과 내 마음의 생각이 언제나 주님의 마음에 들기를 바랍니다."(시편 19편 14절)

다윗왕의 말처럼 우리는 오직 여호와의 율법에 즐거워해야 한다. 그

율법은 생각한 대로 되고, 종일 하는 생각이 나를 만든다는 법칙을 의미한다. 위대한 진리에 관심을 기울이고 헌신하라.

"그의 마음속 생각과 같이 그도 그러하다."(잠언 23장 7절)

잠재의식에 새겨진 아이디어, 신념 그리고 의견은 우주 스크린에 투영되고 드러난다. 하나님의 영원한 진리가 삶에서 작동하려면 진리를 먼저 주관적인 세계의 가장 깊은 부분에 포함시켜야 한다. 그러므로 나는 가장 높은 곳에서 하나님의 위대한 진리를 묵상하는 연습을 해야한다. 다윗왕의 다음 말씀을 따르라.

"내 입의 말(표현된 생각)과 내 마음의 생각이 언제나 주님의 마음(영혼이 내면에서 조용하게 알아차리는 행위, 믿음과 신념)에 들기를 바랍니다."(시편 19편 14절)

참된 영적 명상에서는 머리와 마음이 내가 확언하는 말에 동의해야한다. 다른 말로 하자면 나의 현재의식과 잠재의식이 일치해야 한다. 그러면 좋은 일들이 생겨날 것이다. 내 생각과 느낌이 하나로 융합되는것은 내 안에 있는 신적인 능력의 결합으로, 이를 통해 기도의 응답을 받는 기쁨을 누릴 수 있다.

영적 묵상은 어떤 효과를 내는가

나는 악성 종양이 있었던 오리건주의 한 여성으로부터 기분 좋은 편지를 받았다. 그녀는 내 책을 읽다가 책에 나와 있는 기도 기법에 관심을 가지기 시작했다. 그녀는 하나님의 현존에 대해 묵상하기 시작했다. 그리고 무한한 치유의 현존이 내면에 있고, 하나님은 무한한 사랑이자 절대적인 조화, 무한한 지성이며 전지전능하고 지혜가 충만하며 모든 곳에 계신다는 걸 떠올렸다. 그런 다음 그녀는 하루에 두세 번씩 15분 동안 이렇게 확언했다.

하나님과 그분의 치유력이 나를 통해 흐르고 있습니다. 신성한 사랑이 나의 존재 전체를 흠뻑 적시며, 내 가운데 계신 하나님께서는 나를 온전하고 완벽하게 만들어 주십니다. 지금 일어나는 기적적인 치유에 감사드립니다. 이제 다 해결됐습니다.

일주일 후 그녀는 자신에게 무슨 일이 일어났음을 직감했다. 의사가 그녀의 직관적인 지각을 확인해 주었다. 종양이 사라진 것이다. 엑스레이에는 아무것도 보이지 않았다. 영적인 묵상은 결과를 만들어 낸다.

인도를 방문했을 때의 일이다. 만성적으로 알코올과 마약에 빠져 살았던 남성과 이야기를 나눴다. 어느 날 남성은 신심이 깊은 사람에게 마음의 수레바퀴를 차분하게 하고 하루에 두 번씩 30분 정도 다음의 확언을 하라는 조언을 들었다.

브라흐마의 사랑과 평화, 아름다움, 영광, 빛이 내 존재 전체를 통해 흐르고 영혼을 정화하고 깨끗이 하며 치유하고 회복합니다

그는 기도가 주관적으로 가장 깊은 부분에 담겨 있는 신의 자질과 능력을 활성화하고 부활시키리라는 것을 느끼며 기도했다. 매일 밤낮으로 계속해서 묵상했다. 몇 주가 지난 날 밤에 그의 몸에서 뿜어져 나온 빛이 그가 있던 방까지 환하게 밝혔다. 사도 바울이 그랬듯 활활 타

오르는 빛에 잠시 눈이 멀 정도였다. 그는 표현할 수 없는 내면의 기쁨, 황홀감을 느끼고 하나님과 세계 전체와의 일체감을 느꼈다.

그는 고대의 신비주의자가 '영원히 지속되는 순간'이라고 불렀던 것을 경험했다. 이제는 완전히 치유되어 다른 사람에게 삶을 새롭게 영위하는 방법을 가르치고 있다. 그는 지혜로운 방식으로 마음에 투자했다. 이것이 진정한 의미에서의 묵상이다.

초월적 묵상은 기적을 만든다

온종일 되새기는 생각이 나를 만든다. 쿰비 박사의 기법을 전문으로 하는 데이비드 시버리 박사는 뉴욕에서 치유를 하던 중, 한 남성에게 아내를 보러 와 달라는 요청을 받았다.

남성의 아내는 정서적인 충격을 받아 몸이 마비되었다. 시버리 박사는 이를 심리적 마비 상태라고 진단 내리며 실행해야 할 기법을 알려주었다. 차를 운전한다든가 말을 탄다든가, 골프를 친다든가, 집 안을 돌아다니는 등 몸이 낫고 온전해지면 할 자신의 모습을 생생하게 상상하라고 했다.

부인은 하루에 4~5번씩 20분 동안 규칙적이고 체계적으로 이 기법을 연습했다. 시버리 박사는 부인에게 마음속에 이미지를 품고 믿음과 열정으로 이를 뒷받침하면, 모든 이미지는 실제로 이루어지고 객관화된다고 설명했다.

그렇게 한 달이 지났을 때 시버리 박사는 간호사에게 특정 시간 동안 잠깐 자리를 비워 달라고 부탁했다. 동시에 부인에게는 간호사가 자리를 비울 동안 인도에 있는 아들이 전화를 걸 거라고 알려 주었다. 특정한 시간에 전화를 걸도록 아들과는 미리 약속을 했다.

정확히 12시 정각에 전화벨이 울리기 시작했다. 전화벨은 계속해서 울렸고, 그녀는 아들의 전화라는 걸 알고 있었지만 전화기는 손이 닿지 않는 곳에 있었다. 그녀는 몸을 일으켜 전화기를 향해 걸어갔다. 그리고 그 이후로 수년 동안 계속해서 걸었다.

한 달 동안은 걷고 말을 타는 데 관심을 쏟느라 매우 바빴다. 다시 걷겠다는 특정한 목표에 정신적·영적 에너지를 쏟았다. 내면에 있는 권능에 대한 믿음과 자신감이 정신적 이미지에 활력을 불어넣었다. 그녀는 진정한 의미에서 묵상하고 있었다. 전화기가 울렸을 때, 그 시간에 아들이 전화하리라는 걸 알았던 여성은 아들의 목소리를 간절히 듣고 싶었던 나머지 내면의 영을 작동시켰고 묵상의 결과를 경험했다. 그녀의 이미지는 보이지 않는 성령의 세계(하나님)와 걷는다는 것의 물리적인 발현 사이를 중재했다.

에머슨의 사례도 소개한다. 초월론을 믿었다. 초월론은 창조주가 자연에 충만하므로, 자연을 공부함으로써 현실을 이해할 수 있다는 사상이다. 에머슨은 자연의 아름다움과 영광을 묵상함으로써 결핵을 자가 치유했다. 그는 수필집 《자연론》에서 자연을 정말 아름답게 묘사했다.

"특별한 행운이 찾아오리라는 그 어떤 생각을 하지도 않은 채, 저물녘 흐린 하늘 아래 눈으로 뒤덮인 웅덩이의 허허벌판을 가로지르면서 완전한 즐거움을 느꼈다. 우주적 존재의 기류가 나를 통해 순환한다. 나는 하나님의 일부다."

에머슨은 모든 자연에 깃든 아름다움과 질서, 대칭, 비율에 대해 묵상하고 글을 썼다. 그리고 별과 천상의 아름다움이 주는 영광을 생각하면서, 자신의 몸을 산의 패턴에 맞출 수 있도록 변화시켰다. 별을 영혼의 일용할 양식이라고 불렀던 에머슨은 오감을 초월해 사색했고, 자신의 내면과 자연에 있는 유일하고 아름다우며 선한 분에 관해 생각했다. 그는 진정한 의미에서 초월적인 묵상을 실천했다.

효과적인 만트라는 따로 있다

동양에서 쓰는 옴Om이라는 단어는 성경에서 스스로 있는 자라 불리는 존재, 즉 생명, 하나님, 인식, 전능한 성령을 의미한다. 사람들은 '옴'이라는 단어를 성가처럼 반복해서 낭송한다. 같은 방식으로 나는 나 자신에게 '스스로 있는 자'라고 계속해서 반복해서 말할 수 있다. 그 말을 반복하다 보면 내면의 평화와 평온을 찾을 것이다.

기도와 명상 때 만트라를 왼다. 만트라 또는 진언眞言은 영적, 물리적 변형을 일으킬 수 있다고 여겨지는 발음, 음절, 낱말, 구절을 뜻한다. 만트라는 성경의 한 구절일 수도 있고, 단어나 찬송가, 반복되는 '옴' 소리일 수도 있다. "여호와는 나의 목자십니다"는 좋은 만트라다.

내가 하는 말의 뜻도 모른 채 맹목적으로 만트라를 읊는 것보다 확언하는 말의 의미를 아는 게 훨씬 낫다. 아무리 반복해 봤자 의미를 모른다면 진정한 결과를 얻지 못할 것이다. 영적으로 성장하고 싶다면 지금 무슨 일을 하는지 그리고 왜 하는지 알아야 한다. 구절이나 만트라, 단어가 담고 있는 의미를 알고 느껴야 한다.

'평화'라는 단어를 15분 동안 반복하면 편안하고 고요하고 침착해진다. 또 다른 멋진 만트라로 "하나님은 사랑이십니다"를 권한다.

한 사업가는 심리학 교수의 제안에 따라 '코카콜라'라는 단어를 하루에 두 번 20분 동안 반복했다. 그랬더니 혈압이 떨어지고, 소화가 잘되고, 몸이 이완되었으며 마음이 평화로워졌다고 한다. 심리학자는 어떤 단어가 되었든 반복하면 마음과 몸이 이완되고 혈액 순환이 좋아지며 소화가 잘되고 에너지를 더 많이 뿜어 낼 수 있다는 점을 짚어 냈다.

한 단어에 집중하면 마음이 차분해진다. 다른 단어를 택해도 된다. 예를 들어 '통찰력'이라는 단어를 택하여 반복하면 같은 결과를 얻을 수 있을 것이다. '코카콜라'라는 단어는 신체를 변화시킬지는 몰라도 영적 성장을 이끌어 내지는 못한다. 신성을 더더욱 활용하여 하나님을 닮은 사람이 되어야만 우리는 영적으로 성장할 수 있다.

영적으로 묵상하기 전, 부정적인 생각을 품은 나 자신을 완전히 용서하고 다시는 부정적인 생각을 품지 않겠다고 다짐하라. 나아가 다른 사람들이 인생의 모든 축복을 누리길 바라고, 사랑과 선의를 불어넣음으로써 타인을 용서하라. 마음속에서는 누구나 만날 수 있는데, 그 사람을 만났을 때 몸이 분노로 떨리지 않고 마음이 평화롭다면 그 사람을 용서한 것이다. 더러운 그릇에 깨끗한 물을 붓지는 않는 법이다. 여기서 그릇이란 나의 마음이다.

더럽혀진 마음에 성령이 흐른다고 기대하지는 않을 것이다. 원망과 자책, 적개심, 악감정은 삶에서 선의 흐름을 차단하기 때문에 바른 방법으로 명상해야 한다.

"너희가 기도할 때 어떤 사람과 서로 등진 일이 있다면 용서하여라. 그래야 하늘에 계신 아버지께서도 너희의 잘못을 용서해 주실 것이다."(마가복음 11장 25절)

애쓰지 않고 묵상하는 법

내면을 들여다보는 훈련을 묵상이라고 한다. 사람들은 자신이 이해하는 일은 자연스럽게 하고, 이해하지 못하는 일은 억지로 한다. 학생들은 선생님에게 자신이 얼마나 노력을 했는지 종종 이야기하는데, 그러한 노력은 실패를 의미한다. 묵상할 때는 노력하면 안 된다. 긴장을 하거나 노력을 쏟거나 억지로 하는 건 치명타다. 실패로 귀결될 수밖에 없다.

마음을 가라앉히는 다음 방법을 권한다. 산꼭대기에서 호수를 바라보는 자신의 모습을 상상해 보라. 잔잔한 호수의 표면에는 하늘과 별, 달 그리고 땅 위의 것들을 볼 수 있다. 호수의 표면이 요동치면 호수에 비치는 상이 흐릿해지고 불분명하다. 나의 마음이 이런 상태라면 '고요'하지 못한 것이다. 즉 평화롭지 않다는 의미다.

이미 기도의 응답을 받는 즐거움을 누려 마음이 평온한 사람에게만 응답이 오는 법이다. 묵상은 의식의 내면화라고 할 수 있다. 신성한 현존을 향한 내면의 순례다.

이상과 목표, 포부를 묵상하는 데 하루 30분만 투자하면 새로운 사람이 될 수 있다. 하나님이 내 안에 계신다는 온유한 인식이 몇 달 안에 들어온다. 전능한 하나님의 영이 나 대신 움직이시고, 내가 원하고 소유하며 행하고 있는 건 이미 정신적으로 받아들여진 사실이다.

인간은 성취의 짜릿함을 느낌으로써 이 상태를 현실로 만든다. 상태를 현실로 만드는 데 성공하면, 더는 걱정되거나 불안하거나 두려워하지 않을 것이다. 또한 올바른 일을 하려는 충동이 들 것이기 때문에 그 누구에게도 조언을 구하지 않을 것이다. 그의 주관적인 마음은 목표나 목적을 완수하기 위해 모든 필요한 단계를 밟도록 강제한다.

기도가 끝난 후에도 여전히 의심이 들고, 어떤 과정을 따라야 할지 자신과 논쟁한다면 잠재의식을 자신이 원하는 상태로 고정하지 않았다는 걸 의미한다.

"여성이 낳은 사람 중 세례자 요한보다 큰 인물은 없다. 그러나 하나님 나라에서는 가장 작은 자라도 요한보다 크다."(누가복음 7장 28절)

즉 성공적으로 기도하는 사람, 적절한 기분이나 느낌 안으로 들어감으로써 현실(잠재의식의 현실)과 맞닿은 사람은 살아 있는 지혜로운 사람보다 더 훌륭하다.

사람들 대부분은 외면을 바라보며 삶을 살아가지만 지혜로운 사람은 내면을 들여다보는 법을 배운다. 내면을 들여다보는 훈련이 묵상이다. 묵상의 열쇠는 분리에 있다. 조용히 이상적인 상태에 묵묵히 집중하면서 세상 모든 믿음과 의견으로부터 나 스스로를 완전히 분리하는 게 중요하다. 노력이나 힘을 들이지 않고 아무런 갈등 없이 내가 실현하는 대로 흐르도록 한다.

분리가 이 땅에서 살아가는 데 필요한 소유물을 포기하는 것을 의미하진 않는다. 그보다는 하나님은 모든 것을 소유하신 분이고, 우리는 가진 것을 현명하고 분별력 있게, 건설적으로 다루면서 신성한 존재를 돕는 간사라는 것을 깨달음으로써 소유욕을 포기해야 한다. 가진 것을 포기해야 하는 게 아니라 모든 문제를 인간의 관점으로 제한하는 애착을 포기해야 하는 것이다.

"너희는 손을 멈추고, 내가 하나님임을 알아라."(시편 46편 10절)

마음을 가라앉히고 내 안에 '스스로 있는 자'는 하나님이자 유일한 현존이고 권능이라는 점을 상기하라. 고요함은 마음을 침착하게 유지하는 것뿐만 아니라, 내 마음속에 불협화음을 일으키는 것들을 제거했다는 의미다. 내면의 부조화가 없어야 한다는 것을 의미하기보다는 내면으로 들어 갔을 때 완전하고 변치 않는 평화를 찾아야 함을 뜻한다.

자기 안에 하나님이 있다는 걸 알면 항상 평화로운 상태로 살 수 있다. 그러한 인식이 부족하면 마지막까지 슬프게 하는, 일련의 조건 속에서 산다. 만약 다른 관점으로 바라본다면, 호들갑을 떨고 화를 내며 씩씩댔던 일들을 생각했을 때 단 한 순간도 불행하지 않을 것이다.

우리는 매일 아름다움과 사랑, 평화에 대해 묵상해야 한다. 이러한 특성이 내 안에서 부활하고 있다고 느껴야 한다. 우리가 지혜와 진리, 아름다움을 묵상할 때 우리는 다시 태어난다. 즉, 영적인 깨우침을 얻는 것이다.

내면으로 나아가고 스스로 있는 자 또는 하나님을 묵상하면 신비주의자는 마침내 진정한 존재를 발견한다. 내면으로 들어가면 몸이라고 불리는 게 단순히 빛의 파동이고 우리가 앉아 있는 이 대지가 빛의 불길이라는 것을 가장 먼저 안다. 외부의 삶은 꿈이 되고 내부의 삶이 깨어난다.

점점 더 안으로 나아가면 마침내 무한자와 어우러진다. 중재자인 인간은 내면으로 나아가면서 우주를 발견하고, 태양과 달, 별, 행성이 본인 안에 있음을 불현듯 인식한다. 우주에서 일시적으로 존재하는 사물들은 몽상가들의 움직이는 꿈이고, 태양과 달, 별은 생각하는 사람들의 생각이다. 하나님께서는 자신이 가진 신비를 묵상하신다. 우리는 그분의 묵상이다.

그러므로 이 내면의 여정은 인간을 궁극적으로 열반, 즉 진정한 존재로 이끈다. 이 여정은 작은 '나'라는 감각으로부터 떨어뜨려서 내 안에 거하시는 '하나님'이라는 영원한 자아를 실현하게 한다. 신비주의자의 마음은 묵상을 통해 평화와 힘 그리고 한 걸음 더 나아갈 수 있는 용기를 얻는다. 묵상을 연습하면 모든 충동이나 태도, 행동에 아름다움과 사랑, 평화, 은총, 존엄성이 부여된다.

고대에 하나님이 손가락으로 쓰셨고 옛적부터 전해 내려오는 이 글에는 시대를 초월하는 지혜가 담겨 있다. 이 글을 묵상하라.

스스로 있는 자는 근원이며 연속이자 끝이다. 스스로 있는 자는 배아이고 성장이며 부패다. 나는 만물과 모든 피조물의 싹을 틔운다. 나는 그들이 아직 없는 곳에서 그들을 뒷받침하며, 분리의 꿈에서 깨어날 때 그들을 곧 나에게 귀환하도록 한다. 스스로 있는 자는 생명이고 법칙의 수레바퀴이며 저 너머로 가는 길이다. 그 외에는 아무것도 존재하지 않는다.

내 몸의 리듬을 찾아주는
프라나야마 수련법

다음은 인도와 네팔을 비롯한 여러 나라에서 활용하는 매우 오래된 이완 기법이다.

1. 가슴과 목, 머리를 최대한 일직선으로 유지한다.
2. 콧구멍으로 숨을 들이쉬고 마음속으로 여섯을 센다.
3. 셋을 세면서 숨을 참는다.

4. 여섯을 세면서 콧구멍으로 숨을 내뱉는다.

5. 숨을 참은 채로 셋을 세면서 폐를 비운 채로 유지한다.

6. 조금의 불편함도 느껴지지 않을 때까지 원하는 만큼 반복한다.

어느 정도 연습하다 보면 마음속으로 숫자를 셀 필요 없이 리듬이 완벽하게 만들어진다. 이 상태가 달성되면 모든 긴장이 사라지고 애쓰지 않으며, 그 결과 몸과 마음이 완전히 이완된다.

나중에는 걸으면서도 이 호흡법을 연습할 수 있다. 한 걸음 걸을 때마다 숫자를 세서 리듬을 만들도록 하라. 하지만 연속해서 차가 지나다니거나 교통 체증이 호흡에 방해가 되는 도시에 산다면 앉거나 누운 자세에서만 하는 게 좋다.

이렇게 리듬에 맞춘 호흡을 하면 물리적 반응과 더불어 영적인 반응이 일어난다. 숨을 들이쉴 때마다 잠재의식에 원하는 아이디어를 새길 수 있다. 숨을 들이마시는 것과 동시에 생각해 놓은 암시나 아이디어를 떠올려야 함을 잊어서는 안 된다.

편안한 상태에서는 잠재의식이 떠오르기 마련이다. 그래서 마음속 더 깊은 곳에 암시나 아이디어를 새기기 가장 좋다. 예를 들어 우울하거나 낙담했을 때 숨을 들이쉬면서 입 밖으로 그리고 마음속으로 "나는 행복합니다"라고 말하면서 느껴라. 그리고 미소를 지어라. 이 연습을 원하는 만큼 자주 반복하자.

리듬에 맞춘 호흡법은 신경계에 영향을 미쳐 모든 긴장을 해소한다. 생리학적 관점에서 보면, 숨을 깊게 들이쉬는 횡격막 호흡은 신체의 건강을 증진하는 데 큰 도움을 준다. 숨을 깊이 들이쉬면 편안한 느낌이 드는데, 이때 새로운 아이디어나 암시를 잘 받아들인다.

이러한 호흡 연습을 하면서 되고 싶은 모습을 시각화하자. 활력이 넘치고 건강한 모습을 상상해 보라. 호흡을 리듬감 있게 규칙적으로 하면 리듬 하나하나에 비슷한 자극이 더해진다. 예를 들자면 음악이나 춤이 마음을 진정시키고 가라앉히는 효과가 있는 것처럼, 리듬은 주의를 고정하고 이완을 유도하는 경향이 있다.

인간은 규칙적으로 진동하는, 움직이는 존재다. 우리의 몸은 우주의 다른 모든 것들과 마찬가지로 리듬의 법칙을 따른다. 고대인들은 "우주의 모든 원자는 신들의 리듬에 맞춰서 춤을 춘다"라고 했다. 우주(하나의 구절)는 하나의 음이나 음색이다. 그렇지만 그 안에는 수없이 많은 음색과 진동률이 담겨 있다. 우리 눈에 보이는 모든 것은 진동한다. 자연에는 움직이지 않는 건 없다. 오직 하나님만이 움직이지 않으신다.

자연은 하나님의 탄생이자 활동이며 그분은 셀 수 없이 많은 방법으로 자신을 나타내신다. 형태가 세상에 나타나는 순간 형태는 변하기 시작한다. 하나의 형태에서 다른 형태가 나오고, 이러한 과정은 영원히 계속된다.

형태는 겉모습일 뿐이다. 형태는 나타났다가 사라진다. 같은 방식으로 사람의 몸도 끊임없이 변한다. 과학자들의 연구에 따르면 인간의 몸은 11개월마다 다시 탄생한다고 한다. 몸 안의 세포는 끊임없이 죽어가고 새로운 세포로 대체된다. 만일 인간이 생각에 영성을 부여한다면 몸 안의 세포들은 새로운 영적인 고음을 연주했고, 존재 전체에 활력이 넘치고 온전할 것이다.

몇 초 몇 분 사이에 신체의 화학 작용이 거의 완전히 변하므로, 그로부터 몇 달 후에는 몸을 구성했었던 원자나 전자를 거의 볼 수 없을 것이다. 만물은 진동하고, 우주 전체에는 끊임없이 변화가 일어나고 있다. 심장 박동은 일정한 리듬을 따른다. 밀물과 썰물도 마찬가지다.

네팔 카트만두의 한 호텔에서 나이가 지긋한 여성과 이야기를 나눈 적이 있다. 그녀는 몇 년 전부터 천식을 앓아 왔는데, 한 사원의 사제가 천식을 치유하는 영적인 처방을 주었다고 한다. 영적인 훈련은 다음과 같았다.

안락의자에 차분하게 앉아 천천히 숨을 쉬기 시작한다. 숨을 들이쉴 때마다 "온몸이 건강합니다"라고 조용히 확언하고, 숨을 내쉴 때마다 "하나님이 곧 나의 건강입니다"라고 말했다. 아침저녁뿐만 아니라 정오에도 10~15분 동안 이러한 확언을 계속했다.

2주 만에 이 여성의 천식이 나았다. 80세라는 나이가 믿기지 않을 정도로 이 여성은 활기가 넘친다. 튼튼한 몸으로 열정적으로 살아가고 있다.

부정적인 생각은
부정적인 일을 끌어당긴다

인생에서 목표를 달성하는 데 계속해서 실패하고, 노력해도 넘을 수 없는 장벽에 부딪힌다면, 내면을 들여다보며 이유를 살펴보아야 한다.

지금 처한 상황과 조건에 변화를 가져오려면 영이 모든 면에서 성공하도록 나를 지배하게 하여 마음가짐을 변화시키고 정신적으로 변화를 수용해야 한다. 성공하리라는 자신감이 생기면 모든 불화의 생각이 마음속에서 지워진다는 것을 알아야 한다. 우리는 이기기 위해서 태어났으며 내 안의 무한자는 실패할 수 없다는 것을 깨달아야 한다.

내가 풍기는 분위기와 일관된 강렬한 믿음이 주관적인 마음에 새겨진다. 성공을 가로막는 장벽은 개인적 자아가 정신적인 한계를 긋도록 내버려 둘 때 생긴다.

단순히 인정이나 박수갈채를 구하는 것인지, 아니면 정말 인류를 위해 봉사하고 세상을 더 나은 곳으로 만드는 데 진정한 관심이 있는지 스스로에게 물어 보는 게 좋다.

사리사욕을 채우고 싶은가, 아니면 진심으로 그 일 자체를 위해 무언가를 시도하는 데 관심이 있는가? 인류에 훌륭한 방식으로 이바지한 에머슨이나 링컨, 에디슨 같은 사람이 되기를 원하는가 아니면 그저 자신의 능력을 과대평가하면서 개인적인 영광만을 추구하고 있는가?

만약 세상에 베풀 만한 무언가를 가지고 있다면, 스스로가 장애물을 놓지 않는 이상 그것은 사용될 것이다. 감정적으로 동요하거나 흔들린다거나 하는, 소위 말하는 변덕스러운 감정 기복은 내면의 목표나 이상이 부족해서 생긴다.

"저는 제자리걸음만 해요"라고 말하는 사람이 종종 보인다. 이런 사람들은 누군가가 나타나서 어려움에서 해방되는 법을 보여 주기를 원한다. 그러한 사람은 안정감이 부족하다. 그리고 내면에 이끌어 주고 해답을 주는 무한한 지성이 있다는 걸 모른다.

"말씀하십시오. 주님의 종이 듣고 있습니다."(사무엘상 3장 9절)

생각이 혼란스럽고 감정 조절이 잘 안 된다면 효과적인 기도에 실패하기 마련이다. 사랑이라는 기쁜 감정이 좋은 일을 만들어 내듯, 두려움과 질투, 분노, 절망에도 끌어당기는 법칙이 똑같이 적용된다. 성취나 실패에 작용하는 원리와 힘은 오직 하나뿐이다.

두려움은 피할 수 없는 문제와 시련을 낳는다. 어떤 일이 생기느냐,

무엇을 경험하느냐는 개인의 정서적인 태도와 분위기에 달려 있다. 그러니 감정적인 좌절이 모든 병의 원인이라고 말하는 게 타당할지도 모른다. 인간은 감정과 기분의 산물이다.

사람들은 유전이나 환경, 기회의 부족을 강조하며 인생의 불행과 실패를 다른 사람 탓으로 돌린다. 이러한 마음가짐은 때때로 정체된 의욕을 북돋아 주는 일시적인 자극으로 작용하기도 하지만, 고통과 괴로움의 원인을 없애지는 못한다.

나의 세계는 지배적이고 정신적인 태도를 반영하는 거울이기에 내가 어떤 사람인지 끊임없이 보여 준다. 내 눈에 보이는 게 언제나 좋지는 않다. 하지만 규칙적이고 체계적인 방법으로 내 눈에 보이는 걸 바꾸려 들지도 않는다.

부정적인 성향에 빠져 있으면 비슷한 것끼리 끌어들인다는 사실에 근거하여 비슷하게 진동하는 조건들을 마주한다. 인과관계가 완벽하게 작동하는 것이다. 사람들은 모든 일이 원인 때문에 일어난다는 사실을 끊임없이 부정하고 엄청난 맹신으로 그 결과만을 바꾸려 한다.

계속해서 질투를 하면 가정과 직장, 대인 관계에서 질투하는 사람들을 끌어들일 것이다. 사람들이 가장 싫어하는 것 중 하나가 다른 사람을 시기하는 것이라는 말을 종종 듣는다. 사람들의 반응을 보면 잘못은 자신에게 있음을 알 것이다. 우리가 생각하거나 느끼는 건 외부 세계와 밀접한 관련이 있다는 걸 깨닫는다.

우리는 눈에서 빛줄기를 꺼내는 법을 배워 나 자신을 탐구하고 인지하며 살펴보아야 한다. 궁극적으로는 주변 사람의 눈에 작은 먼지가 들어 갔다는 것도 알아차려서는 안 된다. 타인의 잘못이 보인다면 나 자신을 들여다보도록 하자. 선입견 없이 바라보면 마음속 우묵한 곳에 나의 단점도 숨어 있다는 것을 알 수 있다.

내면의 부정적인 목소리를 태워라

존 존스는 아침에 일어나자마자 신문을 집어 들고 정치와 범죄, 국제적인 문제를 다루는 머리기사부터 읽는다. 정치 상황에 마음이 불안해지고 어지러워질 때가 많다. 그는 몇몇 판사들의 결정에 분노하고, 특정 칼럼니스트들이 쓴 글을 읽으며 몹시 걱정한다. 이러한 기사에 지나치게 푹 빠지고 정신적인 비난에 몰두한 나머지 아내가 말을 걸어도 듣지 못한다.

이는 열중하는 묵상이 부정적인 결과를 초래했다고 볼 수 있다. 우리가 흡수하거나 관심을 기울이는 것은 잠재의식에 확대된다. 신문은 마음을 어지럽게 할 힘이 없다. 신문은 인쇄 매체에 불과하기에 존 존스를 짜증나게 하거나 소화 불량을 일으킬 힘이 없다. 이 모든 건 자기 생각의 움직임 때문이다. 그는 스스로 기분을 나쁘게 만들었다.

그는 감정에 좌우되지 않고도 신문을 읽을 수 있다. 때때로 그런 마음이 들 때 의원이나 시에 건설적인 내용의 편지를 보낸 적도 있다. 신문과 기사의 내용은 그를 짜증나게 할 힘이 전혀 없었다.

사람들은 과거의 상처와 불만, 원한, 패배한 소송, 인적이 드문 길을 지나가다 자동차 타이어가 펑크났던 일, 금융 위기 때 잃은 돈, 과거에 했던 실수를 되새긴다. 그러한 행동이 현재의 문제를 더 크게 만들고, 또다시 문제를 일으킨다는 사실을 모른 채 말이다.

부정적 생각이 내 마음으로 들어온다면 다음과 같은 같은 영적인 생각을 하며 부정적인 생각을 태워 버려라.

하나님은 사랑하시고 하나님의 평화가 나의 영혼을 채웁니다.

세상이 망하고 비참해질 거라는 사람들의 말을 곱씹거나, 직장에서 상사와 정신적으로 다투고 있다면, 부정적인 결과를 낳는 묵상에 열중하는 것이다.

러시아의 철학자 우스펜스키는 내면의 말이 그 사람의 확고한 소리가 된다고 했다. 즉, 나 자신과 나누는 조용한 대화가 언제나 경험으로 발현된다는 뜻이다. 건설적이든 부정적이든 마음속으로 하는 사고와 이미지는 나의 삶에서 형태, 기능, 경험, 사건으로 나타난다.

- 영원히 변치 않는 진리에 대해 묵상하라.

- 진정한 묵상은 하나님의 임재를 연습하는 것이다. 묵상은 하나님의 진리 안에서 빛나고 영감을 받고 흡수하는 가장 빠른 길이다.

- 조용히 앉아 마음을 편안하게 하고 모든 진리 중에 가장 위대한 진리에 마음을 기울여 보라. 그렇게 하는 것이 진정한 의미에서, 영적인 관점의 묵상이다.

- 위대한 진리에 관심을 기울이고 헌신하라.

- 잠재의식에 새겨진 아이디어와 신념 그리고 의견은 우주 스크린에 투영되고 드러난다. 하나님의 영원한 진리가 삶에서 작동하려면, 진리를 먼저 주관적인 세계의 가장 깊은 부분에 포함시켜야 한다.

- 나의 현재의식과 잠재의식이 일치해야 한다.

- 무한한 치유의 현존은 우리 내면에 있다. 하나님은 무한한 사랑이자 절대적인 조화, 무한한 지성이며 전지전능하고 지혜가 충만하며 모든 곳에 계신다.

- 온종일 되새기는 생각이 나를 만든다.

- 내가 하는 말의 뜻도 모른 채 맹목적으로 읊는 것보다 확언하는 말의 의미를 아는 게 훨씬 낫다. 아무리 반복해 봤자 의미를 모른다면 진정한 결과를 얻지 못할 것이다. 영적으로 성장하고 싶다면 지금 무슨 일을 하는지 그리고 왜 하는지 알아야 한다.

6
성장과 확장의 욕망을 따라라

태국

태국은 벌써 세 번째 방문이다. 동화에 나올 법한 사원과 정교하게 장식된 궁전들을 보면서 나는 그동안 숱한 변화가 있었다는 걸 알았다. 변화의 대부분은 건강하다.

우리는 현지인들처럼 배를 타고 시장에 갔다. 클롱(운하)을 타고 수상시장에 가서 채소와 꽃을 쌓아 놓고 파는 배를 보았다.

황색 법복을 입은 스님들이 새벽에 공양 그릇을 들고와 음식을 탁발해서 먹는 행렬도 흥미로웠다. 새벽 사원이라고 불리는 왓 아룬 사원을 비롯해 형용할 수 없을 만큼 다양한 불상이 있는 여러 사원과 사찰이 마음을 사로잡았다. 금불상과 와불상, 심지어 옥불상까지 있었다. 황금불 사원이라고도 불리는 왓 뜨라이밋 사원에는 높이가 3미터이고 무게가 5.5톤인 가장 크고 오래된 금불상이 있다. 어마어마한 양의 금이 들어 갔다는 뜻이다!

가이드는 불교에 대한 흥미로운 이야기와 사찰에서 기도하고 공물을 올린 후 여러 가지 치유가 일어난 이야기들을 해주었다.

스핑크스와 나

한 남성이 종교적인 입장에서 스핑크스를 어떻게 생각하는지에 대해 내게 물었다.

"그 네 생물의 얼굴 모양은 제각기, 앞쪽은 사람이요, 오른쪽은 사자요, 왼쪽은 황소요, 뒤쪽은 독수리의 얼굴이었다."(에스겔 1장 10절)

고대 그리스 신화에서 스핑크스는 지나가는 사람에게 문제를 내서 맞히지 못하는 자를 죽였다. 수수께끼는 다음과 같다.

"아침에는 다리가 네 개, 점심에는 두 개, 저녁에는 세 개인 것은?"

고대의 답은 사람이었다. 왜냐하면 아기 때 네발로 기어 다니다가 어른이 되면 두 발로 걷고 어느 정도 시간이 흐른 후 늙고 쇠약해지면 지팡이나 목발의 도움을 받아 걸어 다니기 때문이다.

하지만 이러한 설명은 옳지 않다. 이 답에 숨겨져 있는 의미는 다음과 같다.

우리는 인류를 구성하는 대부분이 아직도 네발로 걷고 있다는 것을 인정해야 한다. 네발로 걷는다는 건 군중심리에 빠져 평균의 법칙에 지배된다는 뜻이다. 군중심리는 80억 인구의 생각과 감정, 믿음, 두려움, 미신, 열정, 선입견 그리고 그릇된 믿음을 의미한다.

물론 과학적으로 기도하고 군중심리나 공동의 잠재의식에 건설적이고 조화로운 생각을 쏟아붓는 사람들도 있지만, 그들은 소수에 불과하다. 그렇기에 주체적으로 생각하지 못한다면 나 자신에게 솔직하게 물어야 한다. 내 안에 있는 군중심리가 생각하는 것인가, 아니면 내가 스스로 생각하는 것인가.

생각이란 비교하는 것이다. 어제도 오늘도, 언제나 변하지 않는 영원한 진실과 진리에 기초한 생각을 택하라.

진실하고 사랑스럽고 고귀하며 신과 같은 모든 걸 생각한다면, 진정한 의미에서 생각을 하는 것이다. 그러나 생각에 두려움이나 걱정, 불안이 서려 있다면 군중심리가 내 안에서 생각하는 것이다. 수백만 명의 사람들은 마음의 법칙 또는 성령의 길을 완전히 잃어버리거나 이에 무지한 채 살아가고 있다.

네발로 걷는 짐승은 육체적 즐거움을 누리고 먹기 위해 사는 오감을 가진 인간이다. 보는 것만을 믿고 세상의 부와 물질을 축적하면 안정감이 생긴다고 생각하며 하루하루 살아가는 물질주의적인 유형의 인간을 상징한다. 가장 높은 곳에서 하나님의 진리를 묵상하면 하늘에 보물을 쌓아 올릴 수 있다는 것을 잊어버린 부류들이다.

상징적으로 말하자면, 동물의 경향성과 성향을 버리고 직립 보행을 하는 사람들은 많지 않다. 그리고 영적으로 성숙하지 않은 사람 중에도 정말 극소수만이 진정한 자아에서 나온 직관과 영감의 목발에 무게를 기대며 세상을 살아간다.

타로카드에는 '운명의 수레바퀴'라고 불리는 카드가 있다. 성경에서 오컬트적 요소가 가장 많이 담겨 있다고 간주되는 에스겔서 1장에 등장하는 신성한 네 생물과 바퀴의 형상에서 따온 것이다.

"네 바퀴의 형상이 모두 똑같으며, 구조는 마치 바퀴 안에 바퀴가 들어 있는 것처럼 보였다."(에스겔 1장 16절)

이 네 바퀴는 네 가지 측면, 즉 영적·정신적·정서적·육체적 측면을 뜻한다. 관념의 네 단계, 즉 의식과 인식, 내 안에 스스로 있는 자, 소망, 현실감을 느끼고 발현되는 것을 뜻하기도 한다. 그런가 하면 씨앗이 식물이 되는 과정을 구성하는 씨앗, 태양, 창조적 본질, 식물의 네 단계를 의미하기도 한다.

성경 4복음서를 상징하는 네 가지 생물인 사람, 사자, 황소, 독수리는 상징적으로 황도 12궁 중 고정궁에 해당하는 네 별자리인 황소자리, 사자자리, 전갈자리, 물병자리를 의미한다. 또한 여호와를 네 글자로 표현한 I.H.V.H(YHWH)를 상징하기도 한다.

이 모든 상징은 네 겹으로 구성된 인간과 요한계시록의 네 짐승, 즉 사자, 곰, 표범, 괴물(괴이한 짐승)을 가리킨다. 사자자리는 사자, 즉 영적인 힘을 상징한다. 황소자리는 짐을 나르는 짐승인 황소를 나타내는데 황소는 마음의 땅을 갈고 잠재의식에 생각이미지를 심는 동물이다. 물병자리는 물지게를 의미한다. 물은 심리학적 진실을 의미하며, 감정과 이상을 물처럼 부을 때 소망의 현실성을 되새긴다는 뜻이다.

이상에 충실하고 헌신하면서 행복한 결말을 상상하라. 전갈자리(독수리)는 잠재의식에 새겨진 상태 또는 완성된 상태를 의미한다. 고정궁에 해당하는 네 별자리는 현재의식과 영(스스로 있는 자), 소망, 현실성을 느끼는 것, 실현으로 설명될 수도 있다.

소망을 시험하는 법

모든 인간에게는 성장하고 확장하려는 충동이 있다. 생명이 나를 통해 표현하려 하기 때문이다. 생명과 사랑, 진리, 아름다움을 더 많이 주고자 하는 소망은 칭찬할 만하고 바람직한 것이다. 지금보다 더 나은 사람이 되고 싶다는 소망은 정상적이고 당연한 욕망이다.

음악가라면 사람들의 심금을 울릴 훌륭한 음악을 더 많이 세상에 내

놓고자 하는 욕망이 있을 것이다. 건강, 행복, 평화, 안녕에 이바지하는 모든 욕망은 언제나 매우 좋다. 만약 나의 욕망이 생명을 지향하고 영적이고 정신적인 확장에 이바지한다면 이는 하나님에게서 나오는 선한 소망이다.

절대로 다른 사람을 이용하거나 어떠한 방식으로든 다른 사람의 안녕, 성장을 방해해서는 안 된다. 스웨덴의 신학자 에마누엘 스베덴보리는 "지옥의 본질은 다른 사람을 지배하려는 욕망이다"라는 말을 남겼다. 생명과 사랑, 선의를 더 많이 내어 주려는 소망을 품어라. 크게 베풀수록 많이 되돌려 받는다. 내면의 생명력을 더 풍성하게 주려는 소망을 품어라. 건설적인 나의 이상에 생명을 불어넣고 사랑을 쏟아라.

나의 안녕과 성공, 행복에 이바지하는 세상의 모든 건 반드시 다른 사람에게도 축복이 된다. 왜냐하면 우리 모두는 하나이기 때문이다. 더 큰 선의를 품을수록, 더 많은 웃음과 기쁨을 남에게 베풀수록 나는 더 많이 가진다. 직장이 되었든 사업이 되었든 나의 분야에서 부를 얻고 승진하며 성장하려는 소망을 품는 건 당연하고 자연스럽다. 그러니 특정 개인이 아닌 모든 축복의 근원인 하나님을 바라보아야 한다.

신성한 법과 질서를 따르며 선을 주장하라. 세상에는 수많은 통로가 있지만 근원은 단 하나뿐이다. 내가 원하는 모든 것을 얻으려면 만물의 근원으로 가야 한다. 존재의 가장 내적인 습성은 주고자 하는 경향이다. 그러니 내 소망의 본질에 대해 의구심이 든다면 베풂으로써 그 자질을 시험해 보라. 소망의 성취가 나의 안녕에 이바지할 것인가? 생명과 사랑, 에너지를 더 많이 표현할 수 있을까?

성경에 따르면 신성한 에너지는 우리가 생명을 얻고 인생을 더 풍요롭게 살 수 있도록 하기 위해 질서에 따라 이 땅에 왔다.

"나는 생명을 주고 또 주기 위해 왔다."(요한복음 10장 10절)

재능과 능력, 사랑, 다정함, 온정, 선의를 나누려는 소망은 결코 나를 실망시키지 않을 것이다. 이 모든 건 예로부터 변하지 않는 진리를 뒷받침한다.

"많이 베풀수록 더 많이 되돌아온다."

나를 가장 높은 수준에서 표현하고 주변 모두에게 빛을 비추기 위해 훌륭한 치료사나 의사, 선생님, 가수가 되려는 소망을 갖는 것은 하나님과 같은 거라서 좋고도 아주 좋다.

새로운 후광을 얻다

하나님은 모든 사람 안에 거하신다. 그리고 몇몇은 다른 사람보다 신성을 더 많이 표현하고 있다. 사람은 실패하고 넘어질 수는 있어도 자신의 신성을 박탈할 수는 없다. 신성은 만질 수 없기 때문이다. 거리에서 볼 수 있는 가장 불쌍한 움직임이라 할지라도 이는 하나님의 발현이거나 표현이다. 그 어떤 것도 하나님이 궁극적으로 자신의 뜻을 펼치시는 걸 막을 수 없다.

예수님의 제자들은 예수님의 가르침으로부터 불신자는 영원히 지옥에서 고통을 받는다는 말도 안 되는 논리를 만들어 냈지만, 예수님은 하나님이 내면에 거하심을 목도했다.

예수님께서는 위선자 외에는 아무도 책망하거나 비판하지 않으셨다. 위선자들이 나쁜 친구라고 일컬었던 사람을 곁에 두는 걸 조금도 반대하지 않았다. 부처님도 마찬가지였다. 예수님과 부처님 모두 악인이거나 성인일지라도, 모든 사람 안에는 하나님이 임재하신다는 점을 인식했다.

하루에도 여러 번 내 안의 하나님을 찬미하라. 또한 만나는 사람들 모두의 안에 계시는 하나님께 경의를 표하라. 이렇게 하면 하나님의 영광이 나를 통해 더욱 빛날 것이다. 무릇 사람이 향할 수 있는 영광에는 끝이 없기 때문이다.

내 영역의 크기를 넓혀라

나를 어떻게 생각하는지, 나의 가치를 스스로 어떻게 평가하는지에 따라 사회적·직업적 지위와 재정 상황이 결정된다. 나 자신에 대한 더 훌륭한 개념을 갖고 지평을 넓히면 계속해서 나의 원을 넓혀갈 수 있다. 지름은 원주를 결정하는데, 여기서 지름은 스스로에 대한 평가다.

정신적으로 또는 영적으로 나의 가치는 얼마일까? 마음의 법칙에 대한 지식은 어느 정도의 가치가 있을까? 어린 시절 어떤 교육을 받았는지, 어떤 의견이 주입되었는지, 어떤 믿음이나 의견을 가지고 교리를 믿는지에 따라 우리는 각각 다른 세계에서 살아간다.

마음가짐에 따라 세상을 보는 법이 달라지기에 우리 각자가 바라보는 세상은 다르다. 우리가 보는 세상은 우리가 있는 세상이다.

우리는 생각과 의견, 믿음, 이미지로 빚어낸 자신만의 세계에서 살아간다. 엔지니어에 따르면 하나의 전파로 여러 라디오 프로그램을 차례로 송출할 수 있는데, 각 전파의 주파수가 다르기에 서로 충돌하지 않는다고 한다. 전화 회사는 고주파 동축 케이블을 통해 대서양을 가로

질러 여러 메시지를 각기 다른 주파수로 동시에 전송할 수 있다.

5인 가족이라고 가정해 보자. 이 다섯은 하나의 가족을 이루지만, 각자는 자신이 구축한 개인적인 세계, 즉 바퀴 안의 바퀴에서 살아간다. 과학자의 연구에 따르면 우리 몸에는 수많은 전자가 있지만, 각각의 원자 또는 분자는 그 자체로 하나의 세계를 형성한다고 한다.

두 금속 간의 차이는 중앙 핵 주위를 회전하는 전자 수와 운동 속도에 따라 결정된다. 은 또는 금으로 된 막대를 보라. 현미경 등을 통해 관찰하면 전혀 단단하지 않고 그 안에 수십억 개의 작은 세계들로 구성되어 있는 것을 볼 수 있다.

의사들은 눈을 구성하는 세포가 뼈세포와 다르고, 심장을 구성하는 세포가 장관 세포와 다르다는 걸 알고 있다. 각 세포는 그 성질에 따라 기능하지만, 세포 자체의 내부에는 하나의 세계가 존재한다. 예를 들어 기관지 세포는 간, 심장 또는 소화 기관의 기능을 대신할 수 없다.

나의 몸은 원자와 분자의 복합체. 더 기본적으로 들어가면 빛의 파동으로 이루어져 있다. 나아가 지금 가지고 있는 몸 안에는 또 다른 몸이 있다. 이를 미묘체나 사차원의 신체 또는 성기체라고 부른다. 이는 내가 현재 가진 몸을 떠나 세상 그 어떤 부분에도 나타날 수 있음을 뜻한다. 영을 표현하려면 신체가 필요하기에 우리는 신체 없이 존재할 수 없지만 무한에 이르는 신체를 가질 수 있다.

우리는 타인과 상황, 신념과 감정처럼 정서적 조건의 세계에서 일어나는 외부적인 일들에 자신을 투영한다. 여성 둘이 술에 취한 주정뱅이를 봤을 때, 주정뱅이를 본 것이지 두 여성이 술에 취한 것은 아니다. 이는 내면에서 느끼는 색을 외면에서 본다는 것을 의미한다.

한 여성은 이 남성을 측은하게 생각하고, 그 안에 있는 하나님의 임재를 깨닫고 하나님을 불러일으켰다. 다른 여성은 "기니피그 말고 저 사람에게 신약 실험을 하자"라며 격렬하게 비난했다. 같은 남성을 보았지만 반응은 다르다. 마찬가지로 우리 역시 다른 사람들에게 우리의 감정이나 기질, 내적인 조건을 투영하는 걸 좋아한다.

원하는 사람이 되고
하고 싶은 걸 하라

인생 최대의 소망이 수천만 또는 수백만 명의 사람들에게 노래로 기쁨을 선사하는 위대한 가수가 되는 거라고 가정해 보자. 하루에 두세 번 조용히 앉아 감각의 증거를 차단하고, 사람들 앞에서 노래하는 걸 상상해 보라. 하나님이 나를 통해 장엄한 운율에 맞추어 노래하고, 이 노래가 세계 각지에 있는 사람들의 심금을 울린다고 주장하라. 그 자연스러움을 느껴 보라. 아주 훌륭하게 성공했다고 축하하는 사랑하는 사람의 목소리를 들어 보라.

이러한 방식으로 되새기다 보면 내 잠재의식에 마음가짐이 고정될 때가 찾아올 것이고, 소망을 이루는 데 필요한 모든 자질과 특성이 언제나 내 안에 있었던 것처럼 되살아 나는 걸 알 것이다.

스핑크스가 내 안에 있다는 것을 기억하라. 스핑크스는 무조건적인 의식과 인식, 내면에 계신 하나님을 뜻한다. 만물은 스핑크스를 구심점으로 돌아간다. 우주의 은하계와 자아의 수레바퀴가 영원하신 분 밑에서 끊임없이 회전할 때에도 스핑크스는 움직이지 않는다.

내가 어떤 모습이 되고 싶다고 주장하고 지금 그 모습을 느끼면, 기존에 형성되어 있던 조건이 해체된다. 이러한 정신적 이미지를 계속해서 유지하면 기도의 응답을 받는 기쁨을 경험할 것이다.

"죽을 고비에서 그들을 살려 주었으나, 그들은 그것을 깨닫지 못했다. 나는 인정의 끈과 사랑의 띠로 그들을 묶어서 업고 다녔으며"(호세아서 11장 3~4절)

완벽한 원을 만들기 위해서는 무한한 현존과 권능, 조화를 이루는 법을 생각해야 한다. 이를 "무한자와 조화를 이룬다"라고 지칭하기도 한다. 우리는 사랑을 하라고 강요받지 않지만, 사랑할 자유가 있다.

사랑은 자발적으로 나오는 즐거운 감정이며, 사람들은 사랑을 주거나 주지 않을 능력을 지니고 있다. 사랑을 강요할 수는 없다.

예를 들어 정반대의 감정을 경험하지 못한다면 기쁨은 없을 것이다. 슬픔을 알지 못하는데 어떻게 기쁨을 경험할 수 있겠는가? 사랑은 기꺼이 베풀어야 한다. 상대방이 필요하거나 상대방에게 기대기 위해서 사랑하는 척할 수도 있지만 이는 사랑이 아니다. 생각이 무한자와 조화를 이룰 때, 그들은 완벽한 원이나 회로를 형성한 후 누르고 흔들어 넘치도록 후하게 부은 후(누가복음 6장 38절) 나에게 돌아온다.

예를 들어 비판하고 시기하며 자신 또는 다른 사람을 가엽게 여기는 등 생각이 부정적이면, 우리는 하나님과 조화를 이루지 않고, 그 결과 양극성도 존재하지 않는다. 선의 원이 형성되지 않는 것이다.

전능함이 내 안에 있음을 깨닫는 게 문제의 해결책이다. 고요하게 마음을 가라앉히면 문제가 무엇이 되었든 모든 상황을 극복하는 데 필요한 힘과 에너지는 나의 것이라는 걸 자연스럽게 깨닫는다.

아연과 구리의 반대 극을 연결하면 하나의 회로가 만들어져 에너지가 생성되는 게 배터리의 원리다. 묵상할 때도 똑같은 과정이 일어난다. 생각이 에너지로 충전되거나 사랑이라는 감정으로 바뀐다. 즉, 내면이 원하는 상태의 현실성을 느끼면서 이상과 하나가 되어야 한다. 이것을 바로 생각의 양극화 또는 바퀴 안의 바퀴라고 부른다.

나는 에덴동산에서 왔다

"너는 옛날에 하나님의 동산 에덴에서 살았다. 온갖 보석으로 네 몸을 치장했다."(에스겔 28장 13절)

나는 태어나기 전 에덴동산에 있었다. 즉, 천국 같은 상태이자 모든 축복을 받은 절대적인 상태에 존재했다. 한마디로 나는 영이었다. 나의 아버지와 어머니는 하나가 되면서 특정한 인상을 남겼고 영 또는 절대자의 피를 받아 부모를 통해서 나라는 사람으로 조건화되었다. 나는 하나의 바퀴 안에 있는, 움직이지 않는 바퀴다. 하지만 모든 움직임은 그 바퀴 안에서 일어난다.

하루, 한 달, 일 년, 일생, 일천 번의 일생이란 무엇인가? 내면에 있는 영원한 자에게 주의를 기울이고 내면의 지혜와 힘, 영광을 두드리는 자에게는 시간이 멈춘다. 마음속 깊은 곳에는 내가 탄생한 기원으로 돌아가도록 재촉하는 무언가가 있다. 이번 삶의 목적은 이러한 기억을 소중히 여기고, 더 확대하고 영광스럽게 하는 것이고 우리를 채우는 빛이 불꽃으로 자라날 때까지 내면의 충동을 진심으로 따르면서 하나가 되는 것이다.

하나님은 아담을 잠재운 후 갈비뼈를 뽑아 하와를 만드셨다. 여기서 하와는 인간의 잠재의식을 가리킨다. 물론 이것은 풍유다. 진정으로 뜻하는 바는 다음과 같다. 잠재의식은 잠잘 때 떠오르는데, 잠재의식은 갈비뼈에서 나온다. 갈비뼈는 신체 주요기관을 보호하므로, 보호를 상징한다. 갈비뼈는 잠재의식의 보호하려는 성질을 묘사하기 위해 쓰였을 뿐이다.

잠자는 동안 하와는 지시를 내리는 역할을 맡는다. 잠재의식은 신체에 영양분을 공급하고, 현재의식이 완전히 인식하지 못하는 내부의 과정을 수행한다. 하와가 선악과를 따먹었기 때문에 인간이 선과 악에 지배를 받았다고 한다. 우리의 잠재의식은 현재의식의 지배를 받는다. 우리가 잠재의식을 더럽히고 품위를 떨어뜨리고 남용할 수 있었던 것과 같이, 마찬가지로 우리의 생각과 기분으로 잠재의식을 정화할 수 있다.

"아내는 남편에게, 주님께 순종하듯 하십시오."(에베소서 5장 22절)

성경에서 나오는 아내는 잠재의식을, 남편은 현재의식을 뜻한다. 심리학적으로 말하면 잠재의식(아내)은 현재의식(남편)의 지배를 받는다. 실제 인간관계에서 아내가 남편에게 지배를 받는 것은 사실이 아니다. 모든 사람의 내면에는 남성 원칙과 여성 원칙이 기능하고 있다.

고대 타로 점성술에서 유대 신비주의자는 "그녀는 평생 매일매일 남편에게 복종했다"라고 했다. 밤은 잠재의식이 관장한다. 그리고 잠들기 전 어떤 기분을 가지고 있느냐에 따라 달라진다. 즉 생각이 선하고 아름답다면 기쁨을 경험할 수 있다. 그러나 만약 잠자리에 들기 전 감정이 요동쳤다면 더더욱 불쾌한 경험을 할 것이다. 후자의 경우는 내가 사물과 사건을 잘못 다루었음을 하와(잠재의식)가 지적하는 것이다. 하와는 나를 가르치고 안내하며 무엇이 자신을 기쁘게 하는지 말해 준다.

마음을 영원한 진리로 채우고 평화와 조화의 관념을 가지고 올바르게 행동하며 모든 이에게 선의를 품으면, 과거의 잘못과 미신 때문에 잠재의식에 숨어 있었던 모든 의심과 두려움 그리고 부정적인 상태를 뿌리 뽑을 수 있을 것이다.

나의 잠재의식은 꿈속에서 나에게 경고할 수 있다. 예를 들어 특정한 질병을 두려워한다면 병원에 입원해 의사와 간호사가 나를 돌보는 꿈을 꾸는 것처럼 잠재의식은 잠자는 동안 두려움을 극화시킬 수 있다.

세상에 바꿀 수 없는 운명은 없다. 앞서 언급한 꿈은 쉽게 설명될 수 있다. 나의 잠재의식은 연역적으로만 추론할 수 있기에, 마음속에 질병에 대한 두려움을 품었다면 그 두려움으로부터 결론을 도출하여 꿈속에서 두려움을 확대한다.

하나님의 온전함, 아름다움 그리고 완벽함이 내 존재 전체를 흠뻑 적신다고 생각하고 내 가운데 계신 하나님이 나를 치유한다는 걸 깨달으면 꿈을 바꾸고 공포를 무력화시킬 수 있다.

크게 기뻐하고 내 안에서 작동하는 무한한 치유의 현존에 감사하라. 잠들기 전 이러한 진리로 마음을 가득 채우면 이에 따라 잠재의식이 반응할 것이다.

- 우리는 인류 대부분이 아직도 군중심리에 빠져 평균의 법칙에 지배되고 있음을 인정해야 한다.

- 진실하고 사랑스럽고 고귀하며 신과 같은 모든 걸 생각한다면, 진정한 의미에서 생각을 하는 것이다. 생각에 두려움이나 걱정, 불안이 서려 있다면 군중심리가 내 안에서 생각하는 것이다. 수백만 명의 사람들은 마음의 법칙 또는 성령의 길을 완전히 잃어버리거나 이에 무지한 채 살아가고 있다.

- 가장 높은 곳에서 하나님의 진리를 묵상하면 하늘에 보물을 쌓아 올릴 수 있다.

- 모든 인간에게는 성장하고 확장하려는 충동이 있다. 지금보다 더 나은 사람이 되고 싶다는 소망은 정상적이고 당연한 욕망이다.

- 절대로 다른 사람을 이용하거나 어떠한 방식으로든 다른 사람의 안녕과 성장을 방해해서는 안 된다. 지옥의 본질은 다른 사람을 지배하려는 욕망이다.

- 크게 베풀수록 많이 되돌려 받는다. 내면의 생명력을 더 풍성하게 주려는 소망을 품어라. 나의 이상에 생명을 불어넣고 사랑을 쏟아라.

- 나의 안녕과 성공, 행복에 이바지하는 세상 모든 건 반드시 다른 사람에게 축복이 될 것이다. 더 큰 선의를 품을수록, 더 많은 웃음과 기쁨을 남에게 베풀수록 나는 더 많이 가진다.

7

바람의 변화를 따르며
뿌리로 중심을 지키는 나무처럼

싱가포르

'동양의 교차로'라고 자주 일컬어지는 싱가포르에 도착했다. 가이드는 유명한 수변과 아름다운 사원들, 차이나타운, 호 파 빌라, 제이드 하우스 등으로 안내했다.

싱가포르라는 도시는 독특한 인종적·문화적 다양성을 인식하고 생각해 보면 아주 흥미롭다. 말레이시아인, 중국인, 인도인이 운영하는 코코넛 플랜테이션 농장들 사이에는 여러 마을들이 한 폭의 그림처럼 펼쳐져 있다. 우리가 방문했던 제이드 하우스는 세계적으로 유명하고 화려한 옥 컬렉션을 보유하고 있었다.

싱가포르강에서는 삼판(중국의 해안이나 강에서 사용되는 작은 돛단배)을 비롯해 온갖 종류의 배와 맨어깨에 화물을 실은 인부들이 선착장을 가득 채운 특별한 광경을 볼 수 있다.

싱가포르 항구 투어를 했을 때는 노를 젓는 할아버지와 손자의 목소리를 즐겼다. 그들은 오가면서 코란에서 발췌한 기도문을 노래했다. 아주 오래되고 신성한 책에 적힌 구절을 큰 목소리로 부르는 모습이 황홀해 보였다.

우리 그룹의 가이드는 마음의 법칙을 잘 알고 있는 훌륭한 사람이었다. 인도 출신인 그가 말하길, 고향 마을에서는 많은 불의가 일어났고 사람들은 부정직했으며 부패 사건으로 점철되었다고 한다. 오랫동안 이를 참아오던 사람들은 어린 학생이 학교 가던 길에 성추행을 당하자 몹시 화가 나 지역 정치인을 자리에서 내쫓았다.

　"거북이는 목을 내밀어야 앞으로 나간다."

　학생의 아버지는 옛 격언대로 목을 먼저 내밀었다. 자기가 사는 동네에서 부패가 만연하고 추문이 끊이지 않자 동네 사람들은 기분이 상했고 동요했다. 그래서 분노 속에서 들고 일어나 변화를 이루어 냈다.

　나는 더 훌륭하고 위대하며 고귀하며 하나님과 닮은 존재가 될 수 있음을 깨달아야 한다. 가이드는 자기가 태어난 마을에는 기회가 부족했다고 했다. 그래서 결심을 하고 자신에게 "여행도 하고 외국어도 배우고 대학 교육도 받을 거야"라고 말하며 인도를 떠났다. 결정을 내리니 잠재의식이 길을 열어 주었다. 가이드는 마음속에 품은 소망을 이루고 변화하는 세계에서 평화를 찾았다.

불만이 만족으로 바뀌다

　나 역시 어린 시절 받았던 전통 기독교 교리에 불만을 품었고 나중에는 교리를 뒤엎었다. 어린 시절 받았던 모든 가르침을 밖으로 내던지고, 마음의 법칙과 무한한 성령의 길에서 만족을 찾았다. 내가 가는 모든 길은 즐거움과 평화의 길이었다. 하지만 이전에는 하나님과 생명 그리고 우주에 대한 잘못된 교리와 하나님과 인생, 우주에 대한 비논리적·비이성적·비과학적인 그릇된 신념에 흔들리고 동요했었다.

나는 삶과 삶의 목적을 명확하게 알려 주는 책을 쓰기로 마음먹었고, 오늘날까지 약 32권의 책을 출판했다. 그중 상당수는 여러 외국어로 번역되었다.

마음에 관해 여러 권의 책을 쓴 해리 게이즈 박사는 전 세계를 돌아다니며 강연을 했는데, 죽음, 사후 세계 그리고 심판에 관해 물어오는 사람들 때문에 애를 먹었다. 이러한 질문을 받는 게 괴로웠던 나머지 그는 《영생하는 법 How to Live Forever》이라는 책을 썼고, 엄청난 인기를 끌었다.

그는 책을 쓰면서 긴장을 날려 버렸고 결과적으로 큰 내적 만족감을 느꼈다고 했다. 그는 사람들에게 죽음은 없고 생명만이 있다는 깨우침을 주었다. 하나님은 생명이시고 하나님은 죽을 수 없기 때문이다. 그분의 삶이 곧 나의 삶이다.

"너희는 내가 세상에 평화를 주려고 온 줄로 생각하지 말아라. 평화가 아니라 칼을 주려고 왔다. 나는 사람이 자기 아버지와 맞서게 하고, 딸이 자기 어머니와, 며느리가 자기 시어머니와 맞서게 하려고 왔다. 사람의 원수가 자기 집안 식구일 것이다."(마태복음 10장 34~36절)

얼마 전 나는 한 강연에서 성모 마리아는 우리 안에 있고, 스스로 무한한 구상을 할 수 있는 '스스로 있는 자'를 의미한다고 설명했다.

성모 마리아 Virgin Mary는 그 자체로 순수한 바다를 의미했다. 'Mare'는 바다를, 성경의 '성모 Virgin'는 순수하고 정결한 것을 뜻한다. 이는 만 개의 이름을 가진 고대 이집트의 여신 이시스 Isis와 부처님의 어머니 마야 부인 그리고 페르시아인의 소피아(지혜와 인간 구제의 상징)와 같은 의미를 지니고 있으며 기독교가 탄생하기 전부터 존재했다. 이 말은 몇몇 청중의 심기를 불편하게 했다. 그들은 꽤 혼란스러워했고, 마음이 동요했다.

나는 그들에게 진리는 종종 마음에 상처를 입힌다고 설명해 주었다. 이미 죽어버린, 정체된 신념과 종교의 복잡성에서 벗어나게 하기 때문이다. 이 사람들은 탐구하기 시작했고, 예수 탄생의 성질이 모든 이들 안에 서려 있음을 발견했다. 나아가 이들은 마음의 과학에 더 큰 관심을 가졌고, 그 결과 인생이 바뀌었다. 잘난체하면서 현재 상태에 안주하고 무기력해졌던 자신들을 흔들어 놓았다며, 심기가 불편했던 게 오히려 다행이라고 했다.

종교 분야에 만연한 대중 선전과 최면을 거는 암시 그리고 그릇된 믿음에서 벗어나려면, 기분이 상한다고 할지라도 깨우침을 얻을 필요가 있다. 위의 청중들은 자기 안에서 하나님의 임재를 발견하고 변화하는 세상에서 평화를 발견했다.

평화를 찾을 수 있다

한 배우가 불안해하고 겁에 질린 채 전화를 걸어왔다. 손금을 보는 사람이 말하길 누군가가 그녀에게 저주를 걸었으며, 저주를 풀어줄 테니 100달러를 내라고 했다는 것이다. 하지만 복채를 지불했는데도 상태는 더 나빠지는 것 같았다. 그래서 의사는 강한 진정제를 처방해 주었다. 그녀의 말을 빌리자면, 걸어 다니는 좀비가 된 느낌이라고 한다.

나는 그녀에게 원인을 뿌리 뽑아야 한다고 설명했다. 타인의 저주에는 자신을 방해할 어떠한 힘도 없다고 짚어 주었다. 암시와 말은 그녀에게 영향을 줄 수 없다고 말이다. 유일하게 영향을 미치는 힘은 자기 생각의 움직임이다. 손금을 읽는 사람의 부정적인 암시를 받아들였기 때문에 그러한 반응이 일어난 것이다. 자기 마음의 움직임 때문에 고통을 겪고 있었다.

내가 지시하는 바에 따라 그녀는 천천히, 차분하게 그리고 경건하게 시편 91편을 낭독했다. 시편 91편은 성경에서 가장 강력하게 보호의 효과를 발휘하는 구절로, 전 세계의 사람들을 난파와 화재, 난치병 그리고 희망이 없는 상황에서 구원했다.

그녀는 몇 가지 단순한 진리를 인식하기 시작했다. 유일한 권능인 무한한 현존의 힘과 조화를 이룰 때 조화와 평화, 사랑, 기쁨, 아름다움, 그리고 힘이 생겨 자신을 통해 움직인다는 것을 알았다. 이러한 현존은 전능하므로 그 무엇도 대적하지 못한다. 진리를 깨달으니 내면의 평화가 찾아왔다.

그녀는 모든 이에게 사랑과 선의, 다정함과 축복을 내려 주면 강한 면역력이 생겨 자유로워진다는 걸 알았기에 손금을 보는 점쟁이를 축복했다. 그러자 그녀에게 헤아릴 수 없을 정도의 평화가 찾아왔다. 그녀는 점쟁이의 부정적인 암시에 코웃음을 치고 진정제를 버렸다. 더는 필요가 없었기 때문이다. 자신의 고통과 아픔을 떨쳐 버리기 위해 행동에 나선 그녀는 내면의 평화를 찾았다.

사랑으로 영혼을 가득 채워라

몇 달 전 한 여성이 나를 찾아왔다. 관절염을 치료할 방법은 없다며 고통을 참고 견뎌야 한다는 말을 들었다고 한다. 하루에 12~14정씩이나 아스피린을 복용했고, 부작용도 있었다. 그래서 통증을 덜기 위해서 진통제인 코데인에 의존했다. 친척들은 이것이 하나님의 뜻이며 고통을 감내해야 한다고 했다.

이는 진리를 극악무도하게 왜곡한 것이다. 진리는 이렇게 말한다.

"무거운 짐을 진 이는 모두 내게 오너라. 내가 너희를 쉬게 하겠다."(마태복음 11장 28절)

"나는 주 곧 너희를 치료하는 하나님이다."(출애굽기 15장 26절)

통증은 전화위복이다. 통증은 현재 내가 마음을 잘못 사용하고 있음을 알리는 신호다. 그리고 단숨에 마음 사용법을 바꿔야 한다는 사실을 환기시킨다.

그녀는 거짓말을 받아들였고 운명에 체념했다. 하지만 통증에서 오는 불편함으로 너무 괴로워지자 마음을 사용하고 신성한 치유를 불러 일으키기로 했다. 크게 좌절했기에 다른 사람의 암시를 거부하고 행동하기로 마음먹은 것이다.

그녀와 이야기를 나누다 보니 마음속에 가마솥처럼 펄펄 끓는 화가 있다는 걸 알았다. 전남편과 시어머니에 대한 증오와 원망으로 마음이 곪아 터져 있었다.

내 제안에 따라 그녀는 확실하게 마음을 먹고 자신을 영적인 존재이자 무한자의 딸, 영원한 자의 자녀라고 간주하기 시작했다. 하루에 세 번, 그녀는 15~20분 동안 조용히 앉아서 느낌을 담아, 모든 것을 안다는 듯이 확언했다.

하나님은 사랑이십니다. 그리고 하나님의 사랑은 제 영혼을 흠뻑 적

시십니다. 제 안에 있는 하나님을 찬미하고, 지금 기적적인 치유가 이루어짐에 감사합니다.

전남편과 시어머니에 대한 적대감이 마음속에 생기면 즉시 "하나님의 사랑이 나의 영혼을 가득 채웁니다"라고 확언하며 화가 나거나 혐오스러운 생각을 모두 무력화시키고 싹을 잘라내 버렸다.

석 달이 지나자 관절이 유연해지고 가동성이 회복되었다. 지팡이가 없어도 걸을 수 있었다. 이제 모든 고통으로부터 자유로워졌다. 이전에 그녀는 전남편과 시어머니를 사랑하라고 자신에게 강요했는데 아무런 효과가 없었다. 하지만 잠재의식에 사랑과 평화, 조화를 신성하게 수혈하자 하나님의 치유하시는 사랑이 관절에 쌓인 석회를 녹였다.

나아가 자신을 영적인 존재라고 평가하기 시작하고, 하나님이 주시는 사랑의 햇살을 받아들이기 시작하자 더 깊숙한 곳에 있던 모든 증오와 적개심이 사라졌다. 소위 말하는 적을 만났지만 마음속에서 더 이상 상처가 느껴지지 않았다. 마음이 평화로웠다.

적절한 긴장을 에너지로 삼은 음악가

"연주하기 전에 너무 긴장돼요. 하지만 긴장을 하지 않으면 훌륭한 공연을 할 수 없어요."

연주 경력이 막 시작된 음악가와 이야기를 나누었다. 동료는 그에게 진정제를 먹고 긴장을 풀라고 했다. 조언을 따랐더니 이상하게도 그날 연주를 망쳤다. 이후 그는 곡을 훌륭하게 연주하는 비결이 긴장임을 깨달았다.

"요즘은 시계태엽을 끝까지 감은 시계처럼 긴장합니다. 그리고 과잉된 에너지를 자극해 연주를 시작하죠. 너무 긴장하지는 않도록, 시계의 태엽이 끊어지지 않을 정도까지만 태엽을 감으려고 주의해요."

음악가는 현명했다. 자신의 연주력을 스위스 시계의 코일 스프링에 비유했다. 코일 스프링은 장력을 천천히 풀어 시계가 작동하게끔 만든다. 무대에 오르는 음악가는 진정제와 안정제로 긴장감을 해결할 수 없다는 걸 깨달았다. 오히려 팽팽한 긴장감은 신성한 에너지의 축적이었으며 내면에 있는 광채를 풀어 주었다. 음악가는 긴장감을 통제했고, 신성한 법과 질서에 따라 긴장감을 놓아주었다. 그렇게 그는 평화와 평온함을 찾았다.

한 젊은 의대생의 이야기다. 그는 의대 재학 시절 친척 집에 살았는데, 친척에게 화가 나고 짜증이 났었다고 한다. 대학교 운동장에 있는 샌드백에 친척 얼굴을 그린 뒤 주먹을 날렸다. 그렇게 그는 친척 한 명한 명의 얼굴을 그린 샌드백을 각 5분씩, 매일 30분 동안 정기적으로 때렸다.

그는 친척 얼굴이 그려진 샌드백을 쳐서 억눌린 감정을 풀었고, 친척들 앞에서 불같이 화를 낼 뻔한 상황을 미리 방지했다고 주장했다. 하지만 나는 샌드백을 때리면서 분노와 적대감을 퍼부을수록 친척에 대한 분노와 적대감이 점점 더 커질 거라고 설명했다. 다시 말해 그는 내면에서 자신의 부정적인 감정을 확대하고 있었다.

적대감과 분노의 감정을 제거할 수 있는 유일한 방법이 표현이라면, 반대의 명제도 참일 것이다. 그러니까 사랑과 평화, 다정함, 선의를 표현하면 이 감정들은 점점 사그라질 것이다. 하지만 이는 사실이 아니다. 사랑과 평화, 다정함, 선의는 더 커진다. 이런 자질을 더 표현하면 할수록 신과 같아지고 영적으로 나아간다. 이 자질은 하나님의 것이고 이러한 자질을 더 나눠줄수록 더 많이 가진다. 다른 사람에게 더 큰 지혜를 나누어 줄수록 내가 가진 지혜는 더 많아진다.

적개심을 품은 사람이 적개심을 없애려면 그 감정을 표현해야 한다는 주장은 진실을 끔찍하게 왜곡한 것이다. 내면의 사랑과 평화 그리고 조화와 분별력을 죽이는 것이며, 계속 이렇게 한다면 그 감정이 포화점에 도달해 스스로 피폐해질 것이다.

내 설명을 들은 후 이 젊은 의대생은 친척을 하나님께 맡겼다. 친척 한 명 한 명이 떠오를 때마다 "친척 안에 있는 하나님을 드높입니다"라고 확언함으로써 종교적인 축복을 내리기 시작했다.

이를 습관화하자 내면에 평화가 찾아왔고 친척으로 인해 골치가 아프거나 짜증이 나는 일이 사라졌다. 그는 짜증을 돋운 건 자신이었다는 걸 깨달았다.

휘어지더라도 꺾이지 않는 나무를 보라

나무를 보면 나무가 얼마나 튼튼한지 알 것이다. 바람이 불면 부는 대로 휘어지고 폭풍도 견딘다. 쉽게 부러지지 않는다. 나무와 마찬가지로 우리는 인생의 우여곡절을 마주할 때 유연하게 휘어질 수 있어야 한다. 이 또한 지나갈 것을 믿으며, 문제를 정면으로 받기보다는 타격받는 방향으로 움직이면서 충격을 줄여야 한다. 내 안의 창조적인 지성을 깨닫는다면 문제는 해결될 것이다.

"가만히 서서, 주님께서 오늘 당신들을 어떻게 구원하시는지 지켜보기만 하십시오."(출애굽기 14장 13절)

어느 저녁, 국제적 명성을 지닌 특파원이 한 국가에서 분쟁과 폭격, 전쟁이 왜 일어났는지를 보도했다. 그는 돈 때문이라고 했다. 고위 관료 중 부패하고 부정직한 사람이 많았고, 이들은 친척을 직원으로 앉혔으며 모든 수입품에 세금을 부과했다. 상대 정당은 뇌물과 권력을 나누길 원했지만 거부당하자 내전을 일으켰다.

엄청난 낭비, 뇌물, 부패, 높은 세금 그리고 부정직함은 전 세계 사람들의 마음을 어지럽힌다. 결국 사람들 마음속의 포화점에 도달하면 폭발한다.

여행 중 만났던 한 승객은, 끔찍할 정도로 불결하고 쓰레기와 질병 속에 살아가며 굶어 죽을 만큼 가난에 찌든 아이들을 인도의 부유층은 왜 무시하는지 물었다.

답은 이러한 모습이 익숙하기 때문이다. 그들은 업보 때문에 아이들이 이런 개탄스러운 상황에 놓여 있다고 생각한다. 전생에 지은 죄 때문에 현생에서 고생하고 있다는 비겁한 믿음은, 현 상황에 대한 타개책을 제시하지 않고 손 놓은 채 있어도 될 핑계를 주기도 한다. 이런 사람들을 괴롭히는 건 외부적 조건이 아니라 양심을 채우는 그릇된 종교적 믿음이다.

에머슨은 나지막하게 들으면 신들의 속삭임이 들린다고 했다.

우리 모두의 안에는 옳은 일을 하게 만드는 직관의 목소리가 존재한다는 뜻이다. 우리 안에는 몸을 일으켜 초월하고 성장하도록 알려 주는 무언가가 있다. 더 크고 위대하고 훌륭한 무언가가 우리 모두를 기다리고 있다.

내면의 목소리는 외적 조건과 마음속 소망이 대비됨을 드러낸다. 그렇기에 긴장이 되고 불안해진다. 우리는 내적 세계와 외적 세계에 살고 있다. 인간의 본성은 이원적이다. 스스로 있는 자와 내가 되고 싶은 자는 마음속에서 갈등을 일으킨다. 즉, 나와 내 소망이 갈등을 일으키는 것이다. 부, 번영, 성공 그리고 인생에 좋은 것을 누리고 싶다는 소망은 환경이나 가정생활, 재정 상태와 선명하게 대비된다.

더 나은 삶을 살고자 하는 소망은 몸을 일으켜 삶에서 전진하고자 하는 동력을 내면에서 일으킨다. 나는 삶의 모든 단계에서 성장하고 확장하고 더 높이 올라가기 위해 이 자리에 있다. 꿈꾸고 열망하고 성장하는 걸 멈출 때 그리고 세상에 재능과 능력을 내어 주는 걸 멈출 때, 침체하여 영적으로 죽는다.

평화가 아니라 칼

성경에는 "평화가 아니라 칼을 주려고 왔다"(마태복음 10장 34절)라는 구절이 있다. 여기서 칼은 무언가를 자르는 것을 의미한다. 상징적으로 칼은 거짓을 진실로부터 분리하고 진리를 거짓말과 그릇된 믿음으로부터 구분한다.

진리의 칼을 들어 나를 분리하라. 교착된 상태나 하나님에 대한 그릇된 관념으로부터 나를 떼어 놓고 하나님의 사랑을 마음의 왕좌에 올려라.

진리는 마음속에서 분란을 일으킨다. 왜냐하면 내가 배운 것과 존재의 실제적인 진리 사이에서 갈등을 일으키기 때문이다. 하지만 내가 스스로 있는 자, 즉 내면에 있는 하나님의 유일한 현존이자 권능, 원인, 실체를 받아들이면 진리의 칼은 싸움을 끝낸다.

내 안에 있는 전능하신 생령에 충성하고 충실하고 헌신하면, 모든 거짓 신들은 떨어져 나가고 나의 가슴과 마음에는 평화가 들어온다.

오래된 악습에 젖어 있고 때로는 괴기하기까지 한 아버지의 말도 안 되는 종교적 믿음, 그러니까 분노의 하나님, 지옥불, 유황, 성난 하나님의 손에 놓인 죄인, 구원, 원죄, 구세주, 불의 호수 등 언급하기에도 너무 터무니없고 케케묵은 생각을 더는 따르지 않는다는 점에서 아들의 의견은 아버지의 의견과 상충할 수 있다.

모든 두려움에서 벗어나게 해주는 진리에 귀 기울이는 딸에게도 똑같은 이치가 적용된다. 마음에 두려움을 주는 종교는 거짓 종교다.

"적은 무리여, 두려워하지 말아라. 아버지께서 그의 나라를 너희에게 주시기를 기뻐하신다."(누가복음 12장 32절)

종교는 나에게 기쁨과 행복, 평화 그리고 안정감을 주어야 한다.

"나는 생명을 주고 또 주기 위해 왔다."(요한복음 10장 10절)

사람들은 게으르고 나태하며 거만하다. 그래서 무기력하고 거짓 평화 상태에 머문다. 이 무기력한 상태에서 벗어나려면 진리의 칼이 필요하다.

"평화가 아니라 칼을 주려고 왔다"라는 구절에는 심오한 진리가 담겨 있다. 내 안에 하나님이 임재하신다는 인식은 인생 전체를 변화시키기 위해 마음속으로 들어온 것이다. "더 높이 올라오라. 네가 필요하다"라는 내면의 목소리는 나를 흔들어 깨운다.

진리의 검은 신성한 추론으로, 영원한 진리와 생명의 원칙과 부합하지 않는 모든 걸 마음속에서 잘라 낸다. 나는 조화와 사랑, 평화, 올바른 행동, 변하지 않는 진리의 관점으로부터 모든 걸 도출해 낸다. 하나님의 집에 어울리지 않아 보이는 모든 실수를 거부한다. 다른 말로 하면 성경의 경고를 따르는 것이다.

"겉모양으로 판단하지 말고, 공정하게 하라."(요한복음 7장 24절)

나에게 걸맞은 영적인 옷을 입어라

한 여성이 분노한 채 전화를 걸어왔다. 그녀의 친척 중 한 명이 세상을 떠난 자기 남편의 뜻을 거스르고 있다는 것이다. 시누이는 이 여성에게 거짓 혐의를 씌웠다. 변호사는 시누이가 거짓말을 하고 있다는 걸 알고 있지만, 이 여성이 진실을 저버렸다고 덧붙였다. 그들은 거짓말과 거짓 혐의를 바탕으로 변론하고 있었다.

나는 그녀에게 차분하고 침착하고 냉정해질 것을 제안했다. 내면에 있는 하나님이 그녀를 위해 결정을 내릴 것이라고 덧붙였다. 그녀에게 시누이와 변호사가 어떤 힘을 가지고 있다는 생각을 완전히 거부하라고 했다. 그러면 희망에 찬 비전이 승리할 터였다. 내 조언에 따라 그녀는 다음과 같이 확언했다.

하나님의 진리는 승리합니다. 신성한 정의가 모든 사람의 마음과 가슴에 최고로 군림합니다. 행동하는 하나님이십니다.

그녀는 격양된 현재의식 상태를 고수했다. 두려움이 엄습하거나 시누이가 거짓 맹세를 하면 그녀는 "하나님이 행동하십니다"라고 조용하게 확언했다. 그러자 이 사건은 기각되었고, 남편이 유언장에 지정한 대로 유언이 행해졌다.

우리 모두 안에 있는 하나님의 현존은 앞으로, 앞날을 향해 그리고 하늘로 향한다. 내 안에 있는 영(하나님)은 진리의 등불과 평화의 향유를 들고 자꾸 앞으로 가라고 하신다.

몇 달 전 정신 병원을 방문한 적이 있다. 젊은 인턴 의사가 말하길, 몇몇 사람은 옷을 찢고 나체로 돌아다니는 걸 좋아한다고 했다. 이들은 정신적으로나 육체적으로 벌거벗었다. 이들은 사랑과 평화, 조화, 지혜 등으로 마음을 가리지 않는다. 젊은 의사의 말처럼, 그들은 더 이상 지성이나 분별력, 추론력을 사용하지 않았고, 그 결과 뇌와 다른 장기들이 빠르게 붕괴했다.

그들 중 한 명은 자신이 카이사르라고 주장했고, 다른 사람은 링컨, 또 다른 사람은 조지 워싱턴이라고 했다. 마음속에 자리 잡은 증오와 질투, 복수심의 폭력배들은 마음을 지배하여 중심을 잃게 하고 평화와 조화, 건강을 뺏어가는 악마들이다. 젊은 의사는 이들이 비이성적인 감정 때문에 정신이 이상해졌다고 했다.

젊은 의사는 내게 아주 흥미로운 이야기를 해주었다. 어떤 환자의 여동생이 매일 병원에 들린다는 것이었다. 여동생은 계속 하나님의 빛이 마음속 어둠을 없애 주리라고 오빠에게 말했다. 오빠는 여동생이 방문하는 대부분의 날에 동생을 알아보지 못했고, 거의 관심을 보이지도 않았다.

여동생은 의사에게 "하나님의 빛이 오빠의 마음을 비추고 오빠의 몸과 마음을 온전하게 만들고 있어요"라고 했다. 그리고 이러한 사실을 시시각각 깨달으면서 환자와 떨어진 곳에서 하는 영적 치료인 부재

치료를 하고 있다고 덧붙였다. 석 달이 지난 어느 날 아침, 여동생은 오빠를 만나러 갔다.

오빠는 여동생에게 빛, 그러니까 밝은 빛이 마음속으로 들어와 치유를 받았다고 차분하게 말했다. 그 오빠는 의사에게 정신 감정을 받았고, 일상생활이 가능하다는 판정을 받아 퇴원할 수 있었다. 그는 변화하는 세계에서 평화를 찾았다. 하나님의 치유력에 대한 여동생의 확신이 잠재의식으로 전해져 그를 온전케 했다.

- 진리는 종종 마음에 상처를 입힌다. 이미 죽어버리고 정체된 신념과 종교의 복잡성에서 벗어나게 하기 때문이다.

- 타인의 저주는 나를 방해할 어떠한 힘도 가지고 있지 않다. 유일하게 영향을 미치는 힘은 자기 생각의 움직임이다. 타인의 부정적인 암시를 거부하라.

- 유일한 권능인 무한한 현존의 힘과 조화를 이룰 때 조화와 평화, 사랑, 기쁨, 아름다움 그리고 힘이 생긴다. 이러한 현존은 전능하므로 그 무엇도 대적하지 못한다. 진리를 깨닫고 내면의 평화를 되찾아라.

- 모든 이에게 사랑과 선의, 다정함과 축복을 내려 주면 강한 면역력이 생겨 나는 더 자유로워진다. 원수를 사랑하라.

- 샌드백을 때리면서 분노와 적대감을 퍼부을수록 내 안에 있는 분노와 적대감은 점점 더 커질 뿐이다. 그러니 사랑과 평화, 다정함, 선의를 외부로 표현하라. 나눌수록 더 많이 가질 것이다.

- 우리는 인생의 우여곡절을 마주할 때 나무처럼 유연하게 대처할 수 있어야 한다. 이 또한 지나갈 것을 믿으며, 문제를 정면으로 받기보다는 힘의 방향에 따라 움직이면서 충격을 줄여야 한다. 내 안의 창조적인 지성을 통해 해결할 수 있다는 걸 깨닫는다면 그 문제는 풀릴 것이다.

- 전생에 지은 죄 때문에 현생에서 고생하고 있다는 비겁한 믿음은 현 상황에 대한 타개책을 제시하지 않고서 손 놓고 있어도 될 핑계가 되어 준다. 이런 사람들을 괴롭히는 건 외부적 조건이 아니라 양심을 채우는 그릇된 종교적 믿음이다.

8

먹는 것과 생각하는 것이
나를 만든다

홍콩

홍콩은 특히 기억에 남는다. 이번이 네 번째 방문이었다. 중국 본토의 가장자리에 자리 잡은 홍콩은 그림 같은 풍경을 자랑한다. 비행기가 착륙을 준비하자 창밖으로 세상에서 가장 아름다운 항구가 보였다.

홍콩은 매력적이고 다채롭다. 사람들이 복작거리며 온갖 종류의 싸고 질 좋은 물건으로 가득한 곳이다. 난민 문제는 몇 년 전 홍콩을 마지막으로 방문했을 때보다 훨씬 더 잘 통제되고 있었다. 처지가 어려운 사람들을 위해 정부 주택이 지어졌고 교육 시설이 마련되었다.

우리는 가우룽반도와 새롭게 편입된 지역을 관광했다. 차를 타고 벽으로 둘러싸인 고대 마을을 지나 '죽의 장막'까지 둘러보았다. 사각형 돛을 달고 바닥이 평평한 중국식 정크선을 타고서 항구를 유람하는 건 독특한 경험이었다. 예전에 해적 소굴이었던 셰리든 어촌이 가장 인상 깊었다.

우리는 수상 레스토랑에서 저녁 식사를 했다. 여러 생선을 맛보던 중 이 장에 대한 아이디어가 떠올랐다.

식탁에 합석했던 간호사가 "우리는 우리가 먹는 것의 결정체이지요"라고 했다. 무언가가 진실이라면 진실인 이유가 있는 법이다. 주기도문에는 "우리에게 날마다 일용할 양식을 주시옵고"라는 구절이 있는데, 여기서 양식은 식탁 위에 올라가는 빵을 지칭하는 게 아니다. 일용할 양식은 하늘의 덕으로, 자신감, 믿음, 선의, 웃음을 정신적으로 섭취하는 것을 의미한다.

인간은 스스로에게 생기를 불어넣고, 튼튼하게 하고, 자신을 지탱하는 분위기와 감정에 영양분을 공급해야 한다. 신체를 위해서는 단백질과 채소 같은 음식이 필요하고, 생명을 유지하려면 땅에서 나오는 온갖 무기질이 필요하다.

"사람은 빵만 먹고 사는 것이 아니다."(누가복음 4장 4절)

우리를 치유하고 축복하며 영감을 주고 스스로를 고취하고 영혼을 존엄하게 하는 아이디어를 가져야 한다. 사람이 어떻게 평화와 조화, 사랑과 하나님에 대한 믿음을 비롯한 온갖 좋은 것들 없이 살 수 있겠는가?

우리의 마음은 자양분을 공급받아야 한다. 마음이 두려움과 근심, 걱정, 불길한 예감으로 가득 차면 온갖 불행과 고통을 불러온다.

최고를 기대하면서 기쁨 속에서 살아가야 한다. 그렇게 하면 변함없이 최고의 일만이 생긴다는 걸 발견할 것이다. 우리는 삶에서 기대하는 걸 얻는다. 최고와 최선의 일을 기대하라. 차선에 안주해서는 안 된다.

식탁에 올라온 음식이 사랑과 평화, 내면의 기쁨 또는 말로 표현할 수 없는 만족감을 채워 주지 못해 잔칫상에서 배고픈 채 일어난 적이 얼마나 많은가.

"의에 주리고 목마른 이는 복이 있다. 그들이 배부를 것이다."(마태복음 5장 6절)

우리는 승리하고 성공적인 삶을 영위하는 데 필요한 모든 힘과 능력으로 채워진 영적 유산을 물려받았다는 걸 깨달아야 한다.

"서로 사랑하며 채소를 먹는 삶이, 서로 미워하며 기름진 쇠고기를 먹는 삶보다 낫다."(잠언 15장 17절)

가장 고급스러운 음식을 먹으면서도 화내고 원망하고 혐오하면 좋은 음식도 독으로 변하고 만다. 셰익스피어는 이렇게 말했다.

"세상에 좋고 나쁜 건 없다. 좋다고 생각하면 좋고 나쁘다고 생각하면 나쁘다."

밀가루와 비타민

홍콩의 호텔에서 같은 테이블에 앉아 식사했던 일본인 의사가 말해주기를, 2차대전 이후로 일본인들도 비타민이 풍부한 밀가루를 많이 먹어서 평균 신장이 커졌다고 한다.

우리 몸의 75~80퍼센트는 물뿐만 아니라 땅에서 얻은 여러 가지 화학물질과 육류의 단백질로 이루어져 있다. 더운 날 긴 행군을 하는 군인은 나트륨 또는 소금이 우리 몸에 얼마나 중요한지 알고 있다. 칼륨이나 요오드, 기타 화학물질은 안녕과 건강에 필수적이다.

물론 음식은 중요하다. 하지만 특별할 정도로 중요한 건 아니다. 우리는 모든 음식에 근원, 즉 만물을 창조하는 생명의 원리가 있다는 걸 잊어서는 안 된다. 창조주를 바라봐야지 창조물을 바라봐서는 안 된다. 다시 말해 건강을 위해 음식만을 바라보아서는 안 된다.

"나는 주 곧 너희를 치료하는 하나님이다"(출애굽기 15장 26절)라는 걸 반드시 깨달아야 한다. "너희 믿음대로 되어라"(마태복음 9장 29절)라는 성경 구절을 보아도 그렇다.

대형 병원에서 영양학 전문가로 일하는 여성과 대화를 나눈 적이 있다. 그녀는 영양학 전공으로 학위를 받은 영양사였지만 본인은 만성 관절염과 자궁암을 앓고 있었다. 그녀는 자기가 정신적으로 먹고 있던 음식이 원망, 적대감 그리고 전남편에 대한 억눌린 분노였음을 기꺼이 인정했다.

그녀는 영적인 관점에서 자신을 뜯어 보기 시작했다. 그러자 하나님의 유산인 관절의 유연성과 가동성이 돌아왔다. 악성 종양도 완전히 사라졌다. 그녀는 자신을 치료해 주는 의사를 위해 기도했다. 그러자 의사는 생각을 전환한 치료법을 사용하여 큰 도움을 주었다. 그녀의 대표 기도는 다음과 같다.

내 안에 계신 하나님이 지금 나를 고쳐 주십니다. 그분의 사랑이 내 몸을 가득 채웁니다.

그녀는 이 단순한 진리를 하루에도 몇 번씩 확언했다. 원망스러운 감정이 들거나 화가 나면 스스로에게 "하나님의 사랑이 나의 영혼을 뒤덮으며 나를 완전하게 만드십니다"라고 말했다. 전남편을 억지로 사랑하려고는 하지 않았다. 하지만 잠재의식이 하나님의 사랑으로 채워지면 원망과 적개심, 증오가 해소될 거라는 걸 알았다(물론 실제로도 그렇게 되었다).

사랑은 자신과 성질이 다른 모든 것을 몰아낸다. 몇 주 동안 영적 치료를 받은 후, 전남편을 생각해도 마음속에 아무런 상처가 남아 있지 않았다. 그녀는 평화로워졌고 이제 암과 관절염에서 해방되었다.

몸은 마음가짐에 따라 움직이고 행동한다. 증오의 찬가 대신 사랑의 멜로디를 연주하니 몸이 반응했다. 영과 물질은 하나이고 나의 몸은 영 또는 하나님의 발현이다. 나의 사고 패턴은 보이지 않는 영과 영이 발현된 상태를 중개한다.

부정한 것을 먹지 말라

이 장에서 다루는 신명기 14장은 성경에서 가장 중요한 부분 중 하나로 꼽힌다.

신명기 14장에서 우리는 무한자의 자녀이니 자기 몸에 상처를 내지 말라고 하는데, 이는 우리 자신을 자책하거나 증오하고 두려워하거나 원망하는 등 정신적인 트라우마를 스스로에게 가해서는 안 된다는 뜻이다. 영혼 또는 주관적인 마음에 상처를 입히면 마음속 오목한 곳에 있는 독주머니를 곪게 해 정신적 고름을 몸 전체에 퍼뜨릴 수 있기 때문이다.

"너는 하나님의 거룩한 백성이다."(신명기 14장 2절)

신성한 분은 내 안에 있다. 왜냐하면 신성한 분은 완벽하고 온전하며 완전히 조화롭기 때문이다. 또한 그분은 무한한 평화이자 끝없는 사랑이고 무한한 지성이다. 신성한 분의 모든 목적은 곧 우리의 목적이 되어 우리 몸에서 완벽하게 작동한다.

하나님은 내 안에 거하시며 내 안에 있는 생명의 원리이다. 이는 온전하고 완전하며 그 자체로 완벽하다. 거룩하다는 것은 온전하다는 뜻이다. 즉, 우리는 삶의 모든 단계에서 조화롭고 평화롭게 기능해야 한다. 생명의 원리는 사람이 개입하거나 방해하거나 오용하지 않는 한 완벽하게 작용한다.

성경 속 모세는 마음의 법칙을 대표한다.

"그의 마음속 생각과 같이 그도 그러하다."(잠언 23장 7절)

쉽게 이야기하자면 인간의 잠재의식에 새긴 모든 것이 우주의 스크린에 표현된다는 것을 의미한다.

"너는 부정한 것은 무엇도 먹지 말라."(신명기 14장 3절)

신명기의 말씀은 부정적이고 파괴적인 생각이나 의견을 정신적으로 소화하거나 흡수하거나 사용해서는 안 된다는 의미다. 어떤 생각을 받아들이는 건 성경적, 정신적, 영적인 의미에서 '먹는' 것을 뜻한다.

우리는 아침, 점심, 저녁에 오감을 통해 영양분을 공급받는다. 온종일 듣고 보고 느끼고 맛보고 만진다. 매일매일 쏟아져 나오는 볼거리와 소리로부터 인상을 받는데, 그중 다수는 파괴적이고 매우 부정적이다. 내가 먹어야 하는 진정한 정신적인 음식과 들여야 하는 식습관은 나를 치유하고 축복하고 영감을 주는 영원한 진리 또는 하나님의 진리가 되어야 한다. 온종일 먹는 게 나를 만든다. 온종일 하는 생각이 나를 만든다는 뜻이다.

마음은 하루에도 수없이 많은 아이디어와 의견, 믿음 그리고 몇 가지 진리를 받아들이는데, 이 모든 건 잠재의식에 새겨진다. 이런 인상과 믿음은 우리의 삶에서 경험과 사건으로 나타난다.

생각과 느낌, 믿음 그리고 우리가 정신적으로 동의하는 방식이 의식의 상태를 이룬다. 이 의식의 상태는 나의 주主이자 주인이 된다. 우리가 먹어야 하는 이상적인 음식은 내가 생각하는 대로 된다는 걸 알고,

하나님의 모든 자질과 속성, 잠재력을 숙고하는 것이어야 한다. 조건화된 의식인 정신적 상태는 내가 어떤 정신적인 음식을 먹느냐에 따라 비열해질 수도 있고, 끔찍하고 우울하고 악의가 가득할 수도 있다.

성경은 상징이다

신명기에는 상징적인 언어가 쓰였다. 여기서 말하는 짐승이란 감정과 생기가 불어넣어진 마음의 상태를 의미한다. 동물은 사람처럼 비판적으로 사유하지 못한다. 다시 말하자면 동물은 인간처럼 장단점을 분석하거나 저울질하지 않는다. 하나하나 뜯어 보거나 조사하지 않는다. 개가 물에 빠진 아이를 구하거나 눈사태가 덮쳐 산 채로 파묻힌 사람을 구하기 위해 눈을 파헤치는 건, 개가 어느 정도의 주관적인 추론 능력을 갖추고 있음을 보여 준다.

이런 주관적 또는 본능적인 추론 능력은 다른 많은 동물들 사이에서도 발견된다. 허나 그 어떤 동물도 산이나 바라나시에서 설교를 하거나 베토벤의 소나타를 작곡하거나 고딕풍 성당을 지을 수 없다. 동물은 주관적인 본능에 지배되고 영적인 측면에서 판단을 내리거나 신성한 추론을 실천할 능력이 없다. 이들은 영적으로 성장할 수 없기에 본성을 변화시킬 수 없다.

주정뱅이나 살인자, 악마라 할지라도 선택하고 결정을 내릴 능력이 있다. 하나님의 힘을 사용하여 새로운 삶을 영위하고, 앞으로 그리고 위로 나아갈 수 있다. 인간은 자신의 감정적 삶의 방향성을 바꿀 수 있다. 원한다면 하나님과 같은 사람이 될 수 있고, 소위 말하는 영적인 환생을 할 수 있다. 이런 사람을 다시 태어난 사람이라고 부른다.

분노, 두려움, 증오, 질투, 적대감 등의 비정상적 또는 비이성적인 감정은 신성하게 추론했을 때 나오는 감정이 아니기 때문에 그렇게 불리는 것이다.

"어떤 신을 섬길 것인지 오늘 택하십시오."(여호수아 24장 15절)

우리는 선택하기 위해 즉, 선을 받아들이고 부정적인 것을 거부하기 위해 이 자리에 있다. 외부에 힘을 실어 주고 외부가 원인이라고 생각하는 사람도 있다. 이러한 태도는 분노를 키우고 내면의 감정 간에 조화를 이루지 못하게 하는데, 이는 인생에 큰 혼란을 야기한다.

우리는 외부의 것이 원인이 아닌 결과이며, 반대를 암시하는 다른 사람이나 조건 그리고 환경은 우리를 방해하거나 좌절시킬 힘이 없음을 배우기 위해 이 자리에 있다.

부정한 동물

전능이 내 안에 있고 내면의 아버지와 함께 하나님의 힘이 나를 대신하여 흐른다는 걸 깨달으면, 감정적인 삶은 조화롭고 평화롭게 유지된다. 군중심리는 우리 모두에게 작용하므로 끊임없이 '기도'해야 한다. 어린 시절 주입된 그릇된 믿음과 신념 그리고 세계에 관한 비이성적이고 어리석은 관념에 대한 생각을 버려라. 이러한 인상과 두려움은 잠재의식의 오목한 부분에 여전히 숨어 있다. 성경에서는 이를 부정한 동물(레위기 11장)이라고 부른다.

우리는 하나님의 진리로 마음을 채우고 하나님과 성격이 다른 모든 것을 마음속에서 비워냄으로써 지금 이 순간 잠재의식을 바꿀 수 있다. 레위기 11장에는 소와 양, 염소를 비롯해 "굽이 갈라진 쪽발이면서 새김질도 하는 짐승은 모두 너희가 먹을 수 있다"라는 구절이 등장한다.

이 구절의 상징적 의미를 이해할 필요가 있다. 성경의 가장 위대하고 가장 중요한 지혜는 오직 성경 전체에 녹아 있는 상징을 올바르게 해석해야만 이해할 수 있기 때문이다.

소와 양의 굽이 갈라졌다는 것은 추론을 해서 가치 있는 것과 없는 것을 가르며 거짓과 진실을 분리해야 한다는 것을 의미한다. 다시 말해 하나님의 영적인 기준과 삶의 원칙에 따라 판단을 내리고, 진실이 아니고 거짓된 모든 것을 거부해야 함을 의미한다. 인생의 원칙을 결정하고 절대 변하지 않는 진리를 택해야 한다. 더는 겉모습에 따라 판단해서는 안 된다. 수학자가 수학의 원리에 따라 결론을 내리는 것과 같은 방식으로, 영원한 진리를 바탕으로 결론을 내려야 한다.

진리에 도달하면 되새김질해야 한다.

즉, 사과를 먹고 소화하면 혈액의 일부가 되듯이, 진리가 잠재의식에 흡수되고 나의 일부가 되도록 정신적으로 소화하고 받아들이면서 진리를 묵상하고 생각해야 한다. 진리에 동화되고 진리를 내 것으로 만들어야 한다.

위대한 삶의 법칙을 곰곰이 생각해 보라.

자양분을 공급하고 생명을 유지하면 나는 생각한 대로 될 것이다. 이것이 바로 되새김질의 의미다. 들판에서 풀을 뜯는 소가 배가 부르면 누워서 곰곰이 생각한다. 소가 먹은 풀은 하나의 위에서 다른 위로 이동한다. 누워서 곰곰이 생각하면서 소는 완전히 소화되지 않은 음식을 게워낸다. 씹은 음식이 잘게 씹힌 덩어리로 변해 삼킬 수 있을 정도로

부드러워질 때까지 말이다.

이게 바로 진정으로 묵상할 때 일어나는 일이다.

나는 내가 생각하는 아이디어를 정신적으로 섭취한다. 그런 다음에 잠재의식에 흡수된 걸 표현하라고 강요받는다. 형이상학 또는 철학 시험을 치른다고 가정해 보자. 주제에 대해 지적인 논증을 하여 100점을 맞을 수도 있겠지만, 그렇다고 해서 그 지식을 흡수하거나 마음의 진리로 통합시켰다는 건 아니다. 곰곰이 생각하는 데 실패했다는 뜻이며 이는 진리에 충분한 관심을 두거나 헌신하지 않았다는 의미도 된다. 내 삶의 일부가 될 정도로 진리를 명확하게 이해하고 충분히 숙고하지 않은 것이다.

말과 뜻은 일치해야 하고 머리와 마음은 하나가 되어야 한다. 현재의식과 잠재의식은 동기화되고 서로의 의견은 일치해야 한다. 비유적으로 말하자면, 굽이 갈라지고 새김질을 해야 한다. 그렇게 하면 삶에 기적이 일어날 것이다.

중요한 건 믿음 그 자체

레위기 11장에는 낙타와 토끼와 오소리를 먹지 말라고 나와 있다. 새김질은 하되 굽이 갈라지지 않았기 때문이다. 이는 간단하게 이해될 수 있다. 세상에는 온갖 철학과 가르침 그리고 다양한 종교적인 교리를 믿지만 굽은 갈라지지 않은 수백만 명의 사람이 있다. 이들은 단 한 번도 차분하게 추론한 적이 없으며 군중심리의 믿음과 신념, 이론 그리고 추측을 영원히 변하지 않는 진리와 분리하지 못했다.

진리와 법칙, 생명, 하나님 그리고 만유의 아버지는 단 하나만 존재한다. 그리고 모든 종교적 믿음의 기초는 그 무엇보다도 다음과 같이 요약될 수 있다.

"그의 마음속 생각과 같이 그도 그러하다."(잠언 23장 7절)

다시 말해 진리라고 느껴지는 생각과 아이디어 그리고 믿음이 잠재의식에 가라앉으면 경험과 조건, 사건으로 나타난다. 이 법칙은 전 세계의 모든 사람에게 적용된다. 중요한 건 믿는 대상이 아니라 믿음 그 자체다. 그러므로 믿음이 진짜건 가짜건 결과를 얻을 것이다.

성인의 뼈나 유물이 나를 치유하리라고 생각하면 잠재의식은 결과를 내놓을 것이다. 하지만 결과를 내놓는 건 뼈도 유물도 아니다. 예를 들어 강아지의 뼈를 소위 성인의 뼈라고 해보자. 뼈를 만진 사람에게 이 뼈가 성인의 것이라고 말하면, 맹목적인 믿음이 있기에 결과를 얻을 것이다.

다른 방법으로 되새김질하는 사람들이 많다. 그들은 마음의 과학이나 성경이 가진 내적 의미를 연구하고 있다고 말한다. 해답을 찾기 위해 위저보드를 연구하고 숫자를 공부한다. 별자리가 자신의 인생에 미치는 영향을 탐구하며 이미 세상을 떠난 영혼에서 답을 찾는다. 이 사람들의 정신은 모두 뒤죽박죽이고 혼란스럽다. 굽이 갈라지거나, 진리는 하나고 불가분이라는 명확한 결론에 도달한 적이 없기 때문이다.

사실 생각과 느낌은 운명을 만든다. 나의 미래는 현재의 습관적인 사고와 상상력이 발현한 것이다. 생명의 법칙은 곧 믿음의 법칙이다. 하나님의 인도와 선함 그리고 풍요와 사랑을 주시는 하나님을 믿어라. 하나님의 올바른 행동과 신성한 법과 질서를 믿어야 한다. 생명의 원리와 무한한 지성이 응답을 주리라는 것을 믿어야 한다.

문제에 대한 지혜와 해결책을 찾는다면 하나님께 구하라. 숫자나 위 저보드, 종교 단체나 카드 또는 세상을 떠난 영혼들로부터 답을 구하지 말라.

"여러분 가운데 누구든지 지혜가 부족하거든, 모든 사람에게 아낌없이 주시고 나무라지 않으시는 하나님께 구하십시오. 그리하면 받을 것입니다."(야고보서 1장 5절)

내 성장을 방해하고 구속하는 것

성경 속 부정한 짐승은 내 성장을 방해하고 구속하며 속박 속에 가두는 그릇된 종교적 믿음을 나타낸다. 그릇된 인상은 많은 사람의 마음을 지배하고 결과적으로 매우 부정적인 감정을 유발한다.

세상의 모든 거짓 선전을 거부하라. 하나님의 집인 나에게 어울리지 않는 모든 것을 정신적으로 받아들이지 말라. 온갖 부정적인 암시처럼 맛없는 음식을 거부하라. 다른 사람의 암시에는 무언가를 창조할 힘이 없다. 내 생각이 창조력을 가지고 있으므로, 창조력은 내 안에 있다.

모든 부정적인 생각을 하나님의 사랑의 불로 화장하라. 그렇게 하는 것이 굽을 나누고 새김질을 하는 것이다. 나는 참된 의미에서 묵상하며 선을 담고 있다. 인생의 위대한 진리가 정신에 통합되고 내 일부분이 될 때까지 받아들이고 묵상하며 흡수하고 새김질을 한다. 그렇기에 모세는 소를 먹을 수 있다고 한다. 굽이 갈라져 있고 새김질을 하기에 깨끗하다는 이유다.

돼지는 굽이 갈라져 있지만 새김질하지 않기에 깨끗하지 않다고 여겨진다. 세상에는 진리를 아는 많은 사람이 있다. 그들은 유니테리언과 마음의 과학, 신성과학교회의 강론을 듣고 심리학을 공부한다. 하지만 이를 소화하거나 정신적으로 흡수하지 않는다. 다시 말해 입으로는 말해도 실천하지 않는다. 말로만 이야기할 뿐, 일상생활에 적용하지 않는 것이다. 하나님의 진리는 잠재의식에 통합되어야 한다. 잠재의식에 녹아들면 진리는 표현될 수밖에 없다. 잠재의식의 법칙은 강박적이기 때문이다.

낙타와 토끼는 새김질을 하지만 굽이 갈라지지 않기 때문에 부정하다. 이는 사람들이 온갖 선전에 귀 기울이고, 다양한 종교를 믿어 보고, 철학 공부를 하는 걸 뜻한다.

그들은 선과 악을 섞고, 계속 당혹스럽고 혼란스러워하며 신경질적이 된 감정을 억누른다. 그래서 두려움과 믿음이, 선의가 악의와 섞이며, 같은 이치로 평화가 고통과 섞인다.

성경에는 지느러미와 비늘이 있는 물고기는 먹을 수 있다고 한다. 심오한 진리를 담고 있는 이 구절에도 상징적인 의미가 담겨 있다. 가장 훌륭한 풍유로 손꼽힌다. 여기서 비늘은 보호를 나타낸다. 그러므로 삶을 살아가면서 하나님의 뒤덮는 현존이 나를 살펴 주시고 하나님의 전신 갑주가 내 몸을 언제나 감싸고 있다는 것을 깨달아야 한다. 그러면 아주 행복한 삶을 영위할 것이다.

지느러미는 물고기의 신체 일부로서 몸을 앞으로 나아가게 한다. 지느러미가 달린 물고기는 스스로 방향을 잡아 나아간다. 지느러미가 없는 물고기들처럼 바다의 조류와 파도에 속절없이 굴복하지 않는다. 종종 지느러미와 비늘이 없는 물고기가 죽어 해변으로 밀려 들어온 걸 볼 수 있다.

하나님을 삶의 길잡이와 조언자로 둔다면 나는 표류를 멈춘다. 왜냐하면 하나님의 인도가 생각의 주인이고, 그렇기에 즐거움과 평화의 길로 인도될 것이기 때문이다. 연어는 모든 장애물과 날쌘 조류를 뚫고 태어난 장소로 돌아온다고 익히 알려져 있다. 지느러미와 비늘이 있기 때문이다.

자신감과 믿음으로 가득 찬 사람의 마음에 패배와 실패 그리고 낙담의 암시가 들어오면, 그는 용기를 내서 문제를 해결하고 우울과 패배주의의 물결을 거슬러 올라갈 것이다. 그는 자신의 마음을 목표와 소망 쪽으로 돌려 무사히 바닷가에 도착할 수 있다. 내면에 있는 무한자는 실패할 수 없으므로 언제나 승리한다.

우리는 새다

"깨끗한 새는 모두가 너희가 먹을 것이라."(신명기 14장 11절)

이 구절은 우리가 두 날개를 가진 새와 같다는 의미다. 여기서 날개는 생각과 상상의 날개를 뜻한다. 우리는 세상의 폭풍과 갈등, 논쟁을 딛고 솟아 올라 축복과 조화 그리고 평화로 가득 찬 아늑한 곳에서 쉴 수 있다. 그곳에서 시공간을 뛰어넘고 세상의 의견과 평결에서 벗어나 선을 주장할 수 있다. 성령은 내가 진짜라고 주장하고 느끼는 모든 이미지에 영광을 베풀고, 그 이미지가 진짜라는 걸 증명할 것이다.

독수리와 물수리와 까마귀, 올빼미와 매를 먹지 말라는 구절이 있다. 이 구절은 인간은 다른 인간을 잡아먹으면 안 된다는 걸 뜻한다. 한마디로 남의 것을 뺏거나 훔치거나 남을 속여서는 안 된다는 뜻이다.

왜냐하면 남에게 무언가를 뺏는 건 스스로 무언가를 박탈하는 것이며, 상실과 한계를 끌어당기기 때문이다. 이러한 행위는 모든 방면에서 자신을 빈곤하게 만든다. 상실은 건강, 권위, 승진, 애정 관계, 교우관계 등 여러 방면에서 일어날 수 있다.

모세는 죽은 짐승의 고기를 먹지 말라고 했다. 과거는 죽었으니 건드리지 말라는 뜻이다. 많은 사람은 정신적으로 과거의 불만과 원한, 실패, 상실, 소송 등을 곱씹으면서 다시 한번 스스로를 감염시킨다. 질투나 증오, 복수하고자 하는 욕망에 탐닉하면 건강과 활력, 열정을 잃어버리고 육체적인 파멸이 일어난다. 이런 종류의 정신적인 음식에는 독이 들어 있다.

"날기도 하고 기어 다니기도 하는 곤충은 너희에게 부정한 것이니 먹지 말 것이다."(신명기 14장 19절)

이 구절을 살펴 보자. 많은 사람은 인생을 기어가면서 정신적으로 속세의 믿음을 섭취하고, 몸을 일으켜 초월하고 성장하는 데 실패한다. 우리는 세상의 진흙과 먼지 같은 생각을 버리고, 스스로를 하나님의 자녀이자 하나님의 부를 모두 상속받은 사람이라고 인식함으로써 영적으로 성장해야 한다. 날개에 진흙을 묻히면 날개는 소용이 없다. 하나님의 현존을 묵상함으로써 영적으로 고양되어야 한다.

- 주기도문의 "우리에게 날마다 일용할 양식을 주시옵고"에서 일용할 양식은 하늘의 빵으로, 자신감, 믿음, 선의, 웃음을 정신적으로 섭취하는 것을 의미한다.

- 가장 고급스러운 음식을 먹으면서도 화내고 원망하고 혐오하면 좋은 음식도 독으로 변하고 만다. 셰익스피어는 세상에 좋고 나쁜 건 없으며 좋다고 생각하면 좋고 나쁘다고 생각하면 나쁘다고 말했다.

- 잠재의식이 하나님의 사랑으로 채워지면 원망과 적개심, 증오가 해소된다. 사랑은 자신과 성질이 다른 모든 것을 몰아낸다.

- 몸은 마음가짐에 따라 움직이고 행동한다. 증오의 찬가 대신 사랑의 멜로디를 연주하라.

- 우리는 무한자의 자녀다. 우리 자신을 책망하거나 증오하고 두려워하거나 원망하는 등 정신적인 트라우마를 스스로에게 가해서는 안 된다.

- 신성한 분은 내 안에 있다. 신성한 분은 완벽하고 온전하며 완전히 조화롭다. 신성한 분은 무한한 평화이자 끝없는 사랑이고 무한한 지성이다. 신성한 분의 모든 목적은 곧 우리의 목적이 되어 우리 몸에서 완벽하게 작동한다.

- 생명의 원리는 사람이 개입하거나 방해하거나 오용하지 않는 한 완벽하게 작용한다.

- 부정적이고 파괴적인 생각이나 의견을 정신적으로 소화하거나 흡수하거나 사용해서는 안 된다.

- 온종일 먹는 것과 온종일 하는 생각이 나를 만든다.

9

기도는
잠재의식과 현재의식의 결혼식

일본

이번은 세 번째로 일본에 방문하는 것이다. 일본은 생장의 집 운동의 본거지로, 생장의 집은 무한한 생명을 의미한다. 일본의 간디라고도 불리는 다니구치 마사하루 박사가 이 운동을 이끌고 있다. 기본적인 가르침은 미국의 마음의 법칙 또는 신성한 과학 운동과 동일하며, 일본의 신사상 운동이라고 할 수 있다. 미국의 신사상은 유니테리언, 종교 과학, 마음의 과학, 신성과학교회, 진리의 교회로 이루어져 있다.

우리는 제트기를 타고 오사카를 방문한 후 고대 일본의 수도였던 교토로 가 유명한 신사와 정원, 궁전들을 방문하면서 아주 즐거운 시간을 보냈다. 그다음 차를 타고 일본에서 가장 오래된 수도인 나라로 향했다. 세계에서 가장 높은 불상이 있는 도다이지와 가스가타이샤 신사를 방문했다. 그리고 고속 열차를 타고 동화에 나올법한 풍경을 자랑하는 일본의 시골 마을을 통과하여, 스타미 리조트에 도착했다. 그곳에서 1252년에 가마쿠라에서 주조된 멋진 불상을 볼 수 있었다.

고쿄 광장, 국회의사당, 메이지 신사 등 도쿄는 가슴 뛰게 하는 즐거움으로 가득한 도시다. 우리는 유명한 찻집에서 다과회와 꽃꽂이를 즐겼다.

　도쿄에서 다니구치 박사의 학생이 던진 질문으로부터 이 장의 아이디어를 얻었다. 구약과 신약의 밀교적 의미를 연구하고 있었던 그는 두 가지 질문을 던졌다.

　"잠언 7장에 나오는 외간 여인과 음행하는 여인은 무엇을 의미하는 것입니까?"

　"신명기 23장 2절의 말씀 중 '사생자도 주님 총회의 일원이 되지 못하고'는 무슨 뜻입니까?"

　이 장에서 내가 제시하는 설명을 읽으면 독자도 납득하리라 생각한다. 이 질문을 한 젊은 신학생이자 미래의 목사에게 도쿄에서 답해 준 내용과 근본적으로 같은 설명이다.

성경에서 결혼의 의미

　성경에서의 결혼은 영원한 진리와의 정신적, 감정적 결합을 의미한다. 이 결혼은 사랑스럽고 가치가 있다. 진정한 결혼 밖에서 태어난 거짓 믿음은 음행하는 여인의 아들로, 훈련되지 않거나 부정적인 감정을 의미한다. 나쁜 생각은 거짓된 믿음 또는 하나님에 대한 거짓말을 마음속에서 받아들이는 것을 뜻한다.

　기도할 때는 아버지 하나님과 어머니 하나님을 알아야 한다. 심리학적 언어로 설명하면, 현재의식(아버지)과 잠재의식(어머니)의 상호작용을 알아야 한다는 것이다. 이 둘이 하나님의 진리에 근거해 조화와 평화 속에서 하나가 될 때, 이러한 결합으로부터 태어난 자녀들은 건강하고 행복하며 번영한다. 또한 지혜롭고 이해심이 깊다. 생각과 감정이라는 공식이 언제나 적용된다. 생각의 본질에 따라 결과는 좋을 수도 나쁠 수도 있다.

"너에게는 남편이 다섯이나 있었고"(요한복음 4장 18절)

"너를 지으신 분께서 너의 남편이 되실 것이다."(이사야 54장 5절)

위의 성경 구절 중에 '다섯의 남편'은 오감을 의미한다. 잘못된 생각과 그릇된 선전 그리고 대중이 만들어 낸 공포가 인상을 남기도록 내버려 두는 건 매우 어리석은 일이다. 쏟아지는 시각적, 청각적 자극과 미디어와 군중심리의 잡다한 선전이 낳은 산물은 온전하지 않고, 당연히 하나님의 집(나의 마음)에 어울리지 않는다.

두 번째 구절의 '너를 지으신 분'은 하나님을 의미한다. 즉, 고귀하고 희망차며 하나님과 같은 생각이나 아이디어로 현재의식과 잠재의식에 인상을 남겨야 한다는 의미다. 다시 말해 화학자가 화학 원리의 관점에서 생각하는 것과 같이, 영원한 원리의 관점에서 생각하고 말하고 행동해야 한다는 것이다. 진리의 관점에서 생각한다는 의미에서 하나님을 남편으로 두는 것이다.

기쁨의 노래, 영혼의 노래를 부르는 단계에 이르렀을 때 그리고 내면에 임재하시는 하나님을 드높일 때, 오감의 지식에서 그릇된 아이디어가 태어나는 일은 더 이상 생기지 않을 것이다. 가장 높은 곳에서 하나님의 진리를 묵상하는 시점에 도달했다.

지혜에게 너는 내 누이라 말하고, 명철에게 너는 내 친구라고 불러라. 그러면 그것이 너를 음행하는 여자로부터 지켜 주고, 달콤한 말로 호리는 외간 여자로부터 지켜 줄 것이다.

창가에서 창살문으로 내다보다가, 젊은이들 가운데 지혜 없는 젊은이가 있는 것을 보았다. 그는 거리를 지나 골목 모퉁이로 가까이 가서, 그 여자의 집으로 가는 길로 발걸음을 옮겼다.

저녁이 되어 땅거미가 지고, 밤이 되어 어두워진 때였다. 한 여자가 창녀 옷을 입고서, 교활한 마음을 품고 그에게 다가갔다. 그 여자는 마구 떠들고 예의 없이 굴며, 발이 집에 머물러 있지를 못한다. 때로는 이 거리에서, 때로는 저 광장에서, 길목마다 몸을 숨기고 있다가, 그 젊은이를 와락 붙잡고 입을 맞추며, 뻔뻔스러운 얼굴로 그에게 말했다.

"오늘 나는 친교제를 드려서, 서원한 것을 실행했습니다. 그래서 나는 당신을 맞으러 나왔고, 당신을 애타게 찾다가 이렇게 만났습니다. 내 침대에는 요도 깔아 놓았고 이집트에서 만든 무늬 있는 이불도 펴놓았습니다. 누울 자리에는 몰약과 침향과 육계향을 뿌려 두었습니다. 자, 어서 가서 아침까지 한껏 사랑에 빠지고, 서로 사랑하면서 즐깁시다. 남편은 먼 여행길을 떠나서 집에 없습니다. 돈주머니를 가지고 갔으니 보름달이 뜰 때라야 집에 돌아올 겁니다."

이렇게 여러 달콤한 말로 유혹하고 호리는 말로 꾀니, 그는 선뜻 이 여자의 뒤를 따라 나섰다. 마치 도살장으로 끌려가는 소와도 같고, 올가미에 채이러 가는 사슴과도 같다. 마치 자기 목숨을 잃는 줄도 모르고 그물 속으로 쏜살같이 날아드는 새와 같으니, 마침내 화살이 그의 간을 꿰뚫을 것이다.

너희는 나의 말을 잘 듣고 내가 하는 말을 명심하여라. 네 마음이 그 여자가 가는 길로 기울지 않게 하고, 그 여자가 가는 길로 빠져 들지 않게 하여라. 그 여자에게 상처를 입고 쓰러진 사람이 많고, 그 여자 때문에 죽은 남자도 헤아릴 수 없이 많다. 그런 여자의 집은 깊은 구덩이로 트인 길이며, 죽음의 안방으로 내려가는 길이다.(잠언 7장)

"비유가 아니면 아무것도 그들에게 말씀하지 않으셨다."(마태복음 13장 34절)

풍유가 없이는 삶을 이해하기 어려웁다. 성경 구절에 담긴 속뜻을 살펴보자. 심오한 의미를 띠는 이 구절들은 생명이 어떻게 법칙을 사용하는지 가르쳐 준다. 진리를 가장 훌륭하게 탐구하는 방법은 상징을 탐구하는 것이기에, 반드시 그 상징성을 공부해야 한다.

본질적으로 이 잠언 구절들은 어느 날 밤 한 여성에게 유혹을 받은 젊은 남성을 다룬다. 오늘날 전 세계에서 일어나는 진부한 이야기다. 우리는 잠언의 작가가 어떠한 지혜를 전하고자 했는지 알기 위해 성경을 꼼꼼히 살펴보아야 한다.

간음은 우상 숭배, 즉 거짓 신을 숭배하는 것을 뜻한다. 마음이 온갖 종류의 악과 함께 산다면, 내 안에 있는 하나님의 안식처에 유해하고 그릇된 생각을 주입하는 것이므로 간음이나 다름없다.

별을 숭배하고 별에 힘을 실어 준다면, 별들이 나를 지배하는 불행의 원인이라는 말이다. 창조주보다 창조물을 더 위대하게 바라보므로 간음을 저지른다고 할 수 있다. 전능하신 하나님에 반대하기 시작하면 마음으로 간음하는 것이다.

원망하거나 미워하거나 질투하거나 시기하는 것 또한 악과 동거하는 것이다. 몸뿐만 아니라 마음으로 방종을 저지를 수도 있다. 사실 어떠한 종류의 그릇된 믿음과 하나가 되더라도 정신적인 간음을 저지른 것이다.

변하지 않을 진리와 결혼하라

정신적, 정서적으로 어떠한 아이디어와 결합할 때는 아이디어의 좋고 나쁨과 관계없이 정신적인 결혼식을 올린다. 이러한 결합은 자연스럽게 건강, 질병, 번영, 빈곤, 기쁨이나 슬픔 같이 이에 상응하는 자손을 낳는다. 이 모든 것은 대응의 법칙에 따라 일어난다. 우리에게 일어나는 모든 일의 정신적 등가물이 잠재의식에 있다는 뜻이다.

텔레비전에 자주 등장하는, 암이나 심장병이 걸리라는 암시나 강하게 압박을 주는 선전을 거부하기 위해서는 스스로를 단련해야 한다. 마음을 단련하지 않는 사람은 자신이 두려워하는 바로 그 악한 대상을 창조한다. 이게 바로 신성하지 못한 결혼 생활의 결과다.

생각과 감정은 결합의 발현이라고 불리는 결과물을 낳는다. 우리는 모든 종류의 질병이나 결핍, 제한을 일으키는 두려움과 증오, 시기, 질투, 원망과 같은 이방 여인과 동거하지 않도록 주의해야 한다.

나에 대한 개념과 가치 판단, 청사진은 내가 결혼한 대상이다. 가장 가치 있고 최고인 것을 긍정하면서, 나는 하나님과 하나이고 하나님은 나의 아버지이자 어머니이시며 나를 사랑하고 돌보신다고 확언하라. 다음과 같이 담대하게 확언하라.

나는 살아 계신 하나님의 아들딸이며 하나님의 모든 부를 물려받았습니다.

이렇게 확언하면 인생에서 기적이 일어날 것이다. 남성이든 여성이든, 나는 항상 어떠한 아이디어와 결합(수용)하고 있다. 정신적·정서적 결합의 결과는 형태와 경험, 조건 그리고 사건으로 드러날 것이다.

치유하고 축복하고 번영하며, 인도하고 영감을 주고 힘을 불어넣으며 격려하는 아이디어와 사랑에 빠지고 결혼하라. 이러한 관념들로 마음을 바쁘게 하면 세상의 그릇된 선전이 비집고 들어 갈 자리가 남아 있지 않을 것이다.

절대 변하지 않는 진리와 결혼하라. 그러면 건강과 번영, 활력, 지혜 그리고 이해라는 자녀를 낳을 것이다.

"지혜에게 너는 내 누이라 말하고, 명철에게 너는 내 친구라고 불러라."(잠언 7장 4절)

나의 누이는 지혜다. 이는 즉 내 안에 임하시는 하나님과 하나님의 권능을 인식함을 뜻한다. 이해란 내가 주장하고 사실이라고 느끼는 건 무엇이 되었든 잠재의식이 그에 따라 반응한다는 것을 알면서, 진리를 굳건히 견지하는 것이다. 진리를 굳건히 지키면 진정한 아내를 찾은 것이나 마찬가지다.

금식과 기도

"내가 기뻐하는 금식은 부당한 결박을 풀어 주는 것, 멍에의 줄을 끌러 주는 것, 압제받는 사람을 놓아 주는 것, 모든 멍에를 꺾어 버리는 것, 바로 이런 것들이 아니냐."(이사야 58장 6절)

여기서 압제란 인생에서 충족되지 않은 소망이자 도달할 수 없는 이상을 뜻한다. 하나님이 우리를 통해 흐르며, 인생에서 모든 빈 그릇을 채워 주신다는 걸 깨달으면 압제로부터 자유로워진다. 하나님께는 풀잎 하나를 만들어 내는 것만큼 쉬운 일이다.

멍에는 잠재의식에 깃든 두려움과 한계를 가리킨다. 잠재의식을 하나님의 진리들로 채우면 두려움과 한계가 사라지며, 신성한 질서에 따라 더 깊은 마음이 정화된다.

성경에서 말하는 금식은 영원한 진리에 부합하지 않은 아이디어와 개념에 대해 생각하지 말라는 뜻이다. 하나님의 빛 안에 없는 모든 생각과 아이디어, 믿음을 금식하라.

세상의 독이 넘치는 잔치에서 금식하는 법을 배워라. 진정한 금식은 심리적인 의미에서 금식이다. 하나님에 대한 잘못된 암시와 그릇된 개념으로부터 주의를 돌리고, 그 대신 영혼을 치유하고 축복하며 존엄하게 하는 영원한 진리를 마음껏 먹어라. 영적인 사고와 심상화를 통해 마음이라는 땅의 진정한 개척자가 되어 새로운 길을 여행하라.

"굶주린 이에게 너의 것을 나누어 주는 것, 떠도는 불쌍한 이를 집에 들이는 것, 헐벗은 이를 보았을 때 그에게 옷을 주는 것, 너의 골육을 피하여 숨지 않는 것이 아니겠느냐."(이사야 58장 7절)

여기서 굶주린 이와 떠도는 이는 지금까지 실현되지 않은 희망과 소망, 이상, 계획, 목적을 상징한다. 실현되지 않은 소망은 마음으로 받아들여지고 실현되기 위해 마음의 성전으로 온다. 마음이 받아들이는 건 무엇이 되었든 경험한다. 그러니 마음이 아름다운 성전이 되게 하고 성전 앞에 나의 이상을 배불리 하며 믿음과 자신감의 옷을 입혀라.

헐벗은 이는 아직 영양분이 공급되지도 않고 행동으로 표현되지도 않은 이상을 나타낸다. 나의 이상에 정서적으로 애착을 두면 이루어질 것이다. 정신적, 정서적으로 그 어떤 것과 결합하든 신성한 질서에 따라 이루어질 것이다.

"너의 뼈마디에 원기를 주실 것이다. 너는 마치 물 댄 동산처럼 되고."(이사야 58장 11절)

뼈는 마음속에 있는 구조, 즉 마음속의 이미지를 뜻한다. 마음에 살을 입히고 생명을 주어야 한다. 아이디어(뼈)를 마음속으로 받아들여 그 아이디어의 현실성을 느껴야 한다는 뜻이다. 상징적으로 뼈는 신체의 구조를 유지하고 지지한다.

마찬가지로 마음속에 있는 계획이나 아이디어, 소망이 믿음과 확신, 자신감의 옷을 입으면 잠재의식에 가라앉아 실현된다. 나는 정신적·영적·육체적인 의미에서 음식을 섭취해야 한다. 진정한 자아를 인식하고 하나가 되었음을 깨달아라.

건강이 빠르게 회복된 비결

"네 빛이 새벽 햇살처럼 비칠 것이며, 네 상처가 빨리 나을 것이다. 네 의를 드러내실 분이 네 앞에 가실 것이며, 주님의 영광이 네 뒤에서 호위할 것이다."(이사야 58장 8절)

이는 매우 중요한 문단으로, 과학적 기도를 공부하는 모든 학생에게 심오한 의미로 다가올 것이다. 부정적인 생각을 끊고 무한한 치유의 현존에 온전함과 아름다움, 완벽함을 구하면 건강은 빠르게 회복될 것이다. 이렇게 해도 몸이 회복되지 않는다면 차선의 조치를 취해야 한다. 병증에 따라 의사나 치과의사, 한의사 또는 물리치료사에게 가라. 병이 악화될 때까지 기다리거나 내버려 두는 건 어리석은 일이다.

새 이가 나지 않는다면 치과에 가서 나를 치료하는 치과의사를 축복하는 게 가장 좋다. 혹이나 종양이 빠르게 없어지지 않는다면 외과 의사를 찾아가 축복해 주라. 의사들 또한 하나님의 사람이다. 단 하나의 치유의 현존이 존재한다는 이유만으로도 모든 치유는 영적이다.

"나는 주 곧 너희를 치료하는 하나님이다."(출애굽기 15장 26절)

영적인 능력을 써서 캘리포니아에서 뉴욕으로 이동할 수 있다면 비행기나 자동차 등 다른 교통편이 필요하지 않을 것이다. 하지만 걷기보다는 비행기나 기차를 타는 게 좋다. 그렇다고 해서 높은 의식 차원에서 객관적인 운송 수단 없이도 캘리포니아에서 뉴욕으로 순간 이동할 수 없는 걸 의미하는 건 아니다.

몸을 비물질화한 후 전자를 합쳐 뉴욕으로 순간 이동할 수 있다면 훌륭하다. 그러면 교통편이 필요하지 않을 것이다. 어떤 사람들은 시대를 오가며 원할 때 나타났다 사라질 수 있다. 예수님이 군중 속에서 사라졌다는 말을 들어 보았을 것이다.

나의 몸은 고체가 아니라 빛의 파동으로 이루어져 있다. 최근 한 과학자가 말하길, 우리의 몸은 10의 18승 개의 원자로 이루어져 있다. 상상 이상이다.

만약 가슴이나 생식기에 있는 종양이 없어지지 않고 기도를 했는데도 빨리 사라지지 않는다면, 필요한 믿음의 수준에 도달하지 못했다는 것을 의미한다. 그렇다면 다음처럼 하는 게 최선이다.

만약 동맥에 상처가 났는데 스스로 출혈을 멎게 할 수 있다면 아주 좋다! 도움이 필요하지 않을 것이다. 하지만 기도를 통해 출혈을 멎게 할 수 없다면 의사가 오거나 병원에 도착할 때까지 지혈대를 쓰는 게 좋다.

말만으로 물에 빠진 아이를 구할 수 있다면 최고일 것이다! 하지만 그렇지 않은 응급 상황이라면 모든 옷을 입고 물로 들어가 아이를 구하는 게 낫다. 만약 내가 절대적인 믿음을 가지고 있다면 아이는 물에서 들어 올려질 것이기에 아이를 구하기 위해 물에 뛰어들 필요는 없지만 말이다.

믿음에 대한 갈망은 믿음이 아니다. "하나님은 지금 나를 치유하고 계십니다"라고 확언할지라도, 만약 질병이 두렵거나 치료되지 않으리라는 믿음이 있다면 효과를 보진 못한다. 그러한 두려움은 모두 마음속에서 사라져야 한다. 의식이나 믿음의 수준에 따라 행동하라. 수학이나 화학, 생명의 원리에 대한 믿음을 키우는 것과 같은 방식으로 언제나 인식 속에서 성장할 수 있다.

군중심리 또는 평균의 법칙

하나님의 사랑과 평화의 의식 속에서 걷는다면 모든 피해와 질병, 곤경에 면역력이 생길 것이다. 우리는 군중심리 속에서 살아가기에 아무리 경계한다 해도 어느 정도의 부정적인 진동은 마음속에 들어온다. 부정적인 진동은 성경에 언급된 덧뿌려진 독보리(마태복음 13장 25절)를 의미한다. 독보리는 우리가 경계하지 않고 방심했을 때 마음속으로 들어오는 군중심리의 부정적인 생각과 두려움, 잘못된 믿음을 뜻한다.

이것이 바로 쉴 새 없이 바짝 주의를 기울이고 끊임없이 기도를 바쳐야 하는 이유다. 그렇게 하면 우리 마음속에 80억 명의 세상 사람한테서 나오는, 부정적이고 주관적인 영향력이 틈입할 자리가 없을 것이다. 잠재의식에서 우리는 하나이며 언제나 텔레파시로 소통한다. 그렇기에 가장 높으신 분의 보호를 받으며 전능하신 분의 그늘 아래 머무른다(시편 91편 1절)는 말이 존재하는 것이다.

"네게는 어떤 불행도 찾아오지 않을 것이다. 네 장막에는 어떤 재앙도 가까이하지 못할 것이다."(시편 91편 10절)

하나님의 임재를 계속 실천하면 믿음과 깨달음이 커질 것이다. 점차 하나님의 현존이 작용한다는 확신을 가지므로 "손을 내밀어라"(마태복음 12장 13절)라고 말하면 '말'하는 대로 될 것이다.

진리에 대한 확언으로 영을 입증하고 설득력 있게 만들어라. 마음의 법칙을 작동시키면 믿음을 증명하고 결과를 얻을 수 있다. 실재하는 결과는 나를 진리의 지식에 세우고 자유롭게 한다.

"네 빛이 새벽 햇살처럼 비칠 것이며, 네 상처가 빨리 나을 것이다."(이사야 58장 8절)

"주님의 손이 짧아 구원하지 못하시는 것도 아니고, 주님의 귀가 어두워 듣지 못하시는 것도 아니다."(이사야 59장 1절)

인간은 하나님이 이런 일을 할 수 있다는 가능성을 불신하는 경향이 있어서 하나님이 일으키시는 기적을 상당 부분 믿을 수 없다.

"음, 네. 그래도 결국 우리는 신체를 가지고 살아가고 있지요. 팔이 짧게 태어난다 해도 별수 있나요"라고 말하면서 동시에 "하나님께서는 모든 일이 가능하다"(마가복음 10장 27절)라는, 말뿐인 말을 한다.

훌륭한 치유로 명성을 떨쳤던 영국의 영적 치료사 해리 에드워즈는 몸에 손을 얹어 기적적인 치유를 일으켰다. 팔과 다리를 곧게 펴게 만들고 온갖 질병을 고쳤다. 그는 평신도였지만 하나님과 함께라면 모든 것이 가능하다고 믿었다.

"독사의 알을 품고 거미줄로 옷감을 짠다. 그 알을 먹는 사람은 죽을

것이요"(이사야 59장 5절)

이 구절에는 믿음 사이에서 갈등하는 모습이 표현되어 있다. 치유와 인생의 좋은 것을 거부하면 죄악이 되어 나를 통치하고 지배한다. 이게 바로 '거미줄로 옷감을 짠다'의 의미다.

오늘날 수백만 명의 사람들은 심리적으로는 큰 자극을 받지만 영적으로는 아무런 성과를 보지 못하고 있다. 세상에는 악마를 숭배하고 주술이나 마법을 사용하며 부두교를 믿는 등 다양한 사이비 종교를 신봉하는 수천 명의 사람이 있다. 이게 이사야가 말한 '독사의 알'이다.

우리를 괴롭히는 죄악의 구름에서 벗어나기 위해서는 정신적, 영적인 부흥이 필요하다. 내면의 하나님과 함께함으로써 평화를 찾고 앞으로, 하늘로 향하며 영광에서 또 다른 영광으로 나아가야 한다.

- 성경에서의 결혼은 영원한 진리와의 정신적, 감정적인 결합을 의미한다. 진정한 결혼 밖에서 태어난 거짓 믿음은 음행하는 여인의 아들로, 훈련되지 않거나 부정적인 감정을 의미한다. 나쁜 생각은 거짓된 믿음 또는 하나님에 대한 거짓말을 마음속에서 받아들이는 것을 뜻한다.

- 비유 없이는 성경을 이해하기가 힘들다. 진리를 가장 훌륭하게 탐구하는 방법은 상징을 탐구하는 것이기에, 반드시 그 상징성을 공부해야 한다.

- 간음은 우상 숭배, 즉 거짓 신을 숭배하는 것을 뜻한다. 마음이 온갖 종류의 악과 함께 산다면, 내 안에 있는 하나님의 안식처에 유해하고 그릇된 생각을 주입하는 것이므로 간음이나 다름없다. 원망하거나 미워하거나 질투하거나 시기하는 것 또한 악과 동거하는 것이다. 몸뿐만 아니라 마음으로도 방종을 저지를 수 있다.

- 나에 대한 개념과 가치 판단, 청사진은 내가 결혼한 대상이다. 가장 가치 있고 최고인 것을 긍정하면서, 나는 하나님과 하나이고 하나님은 나의 아버지이자 어머니이시며 나를 사랑하고 돌보신다고 확언하라.

- 절대 변하지 않는 진리와 결혼하라. 그러면 건강과 번영, 활력, 지혜 그리고 이해라는 자녀를 낳을 것이다.

- 나의 누이는 지혜다. 이는 즉 내 안에 임재하시는 하나님과 하나님의 권능을 인식함을 뜻한다. 이해란 내가 주장하고 사실이라고 느끼는 건 무엇이든 잠재의식이 반응한다는 것을 알면서, 진리를 굳건히 견지하는 것을 뜻한다.

10

내가 사용할 수 있는 영적인 힘

미국

　호놀룰루에 도착한 우리는 다시 미국 땅에 발을 딛었다는 사실에 모종의 안도감을 느꼈다. 투어 일행 중에는 하와이를 대여섯 번이나 방문한 사람도 많았다. 우리는 오아후섬을 둘러보는 투어를 했다. 세계에서 가장 광범위하고 다채로운 해양생물을 살펴볼 수 있기로 유명한 씨 라이프 파크 등 최고의 경치를 자랑하는 장소를 방문할 수 있었다. 이 외에도 진주만에 있는 군항에 가보았는데, 아주 흥미롭고 유익했다.

　하와이에 속한 모든 섬 중 가장 매력적이고 화려한 섬은 하와이섬이다. 하와이에서 며칠을 보낸 후 태평양을 건너는 비행을 하기 위해 하룻밤을 쉬었다. 지금 거주하는 캘리포니아 라구나힐스에서 가장 가까운 공항이 있는 샌프란시스코로 비행이 예정되어 있었다.

영적인 메시지

　캘리포니아 실 비치 지역의 실버타운인 레저 월드에 머무르기 시작한 첫 주에, 한 남성이 찾아와 자기 꿈을 해석해 달라고 부탁했다. 사흘 내리 반복되는 꿈을 꾼 그 남성은, 이 꿈이 자기에게 매우 중요한 메시지를 보내고 있다고 생각했다. 왜냐하면 꿈속에서 "멈춰. 보고 들어봐"라고 했기 때문이다.

꿈속에 나타난 어떤 이가 이렇게 말했다고 한다.

"이번이 세 번째로 너를 찾아오는 거야. 두세 증인의 입에서 모든 말이 세워질 거야."

이는 성경에 등장하는 표현이다.

"나는 지금 세 번째로 여러분을 방문하려 합니다. 모든 소송은 두세 증인의 말을 근거로 결정지어야 합니다."(고린도후서 13장 1절)

"여러분은 자기가 믿음 안에 있는지 스스로 시험해 보고 검증해 보십시오. 예수 그리스도께서 여러분 안에 계시다는 것을 알지 못합니까? 모른다면 여러분은 실격자입니다."(고린도후서 13장 5절)

"온전하기를 힘쓰십시오. 서로 격려하십시오. 같은 마음을 품으십시오. 화평하게 지내십시오. 그리하면 사랑과 평화의 하나님께서 여러분과 함께 하실 것입니다."(고린도후서 13장 11절)

이 사람은 성경을 공부했고, 잠재의식은 그에게 큰 의미가 있는 고린도서 말씀의 형태로 답했다. 성경의 난해하고 숨겨진 의미를 올바르게 이해하려면, 성경은 묘사와 인물 간의 상호작용을 생생하고 강력하게 표현하기 위해 원리를 인격화했다는 걸 이해해야 한다.

사도 바울의 세 번째 방문과 두세 증인의 의미는 사람과 이름, 장소, 여정, 사건이 마음속 변화를 상징한다는 것을 이해할 때만 깨달을 수 있다. '바울'은 '작은 그리스도' 또는 인간 안에서 하나님의 힘에 눈 뜬 사람을 뜻한다. 그는 세 번째로 방문하여 이 남성에게 무엇을 해야 할지 말하고 있었다.

첫 번째 방문은 마음속에 생각이나 소망, 아이디어를 품은 것을 뜻한다. 이 남성은 완벽을 기해 발명품을 만들고 홍보했지만 지역 회사들과 업계의 몇몇 거절 통보를 받았다. 최종 결과가 어떨지 의구심을 가졌고 거절당할까 봐 마음속 깊이 두려워했다.

나는 그에게 아이디어를 준 무한한 현존이 완벽한 계획이 어떻게 펼쳐질지 보여 주리라는 걸 알면서, 자신의 아이디어가 좋다는 걸 깨닫고 관심을 주는 것이 첫 번째로 해야 할 일이라고 설명해 주었다.

그는 매일 밤 잠들기 전, 발명품이 회사에 팔린 걸 축하하는 모습을 상상했다. 정확하게 말하면 그는 행복한 결말, 즉 신성한 해결책을 상상하고 있었다. 그에게 가장 도움이 되었던 기법은 졸리고 몽롱한 상태로 들어가는 것이었다. 그러면 잠재의식이 떠올랐다. 그는 이런 상태에서 회사가 발명품을 사들였다며 축하해 주는 아내의 목소리를 들었다.

주관적이고 수동적인 상태에서 그는 실제로 잠재의식에 인상을 남기고 있었다. 그 과정을 반복하니 생각은 점차 잠재의식에 가라앉아 확신으로 바뀌었고 필연적으로 결과가 따를 수밖에 없었다. 소망이 결실을 낳을 수 있다고 느끼기 시작하는 게 두 번째 증인이 뜻하는 단계다.

세 번째 방문에 관해 설명해 보자면, 아직 세 번째 증인은 오지 않았지만 이는 승리하리라고 내적으로 확신하면 이게 외부로 발현된다는 것을 의미한다.

이 설명에 그는 만족했다. 일주일 후, 그는 큰 조직과 연관이 있는 사교 모임에서 한 일본인 과학자를 만났다. 그 과학자가 속한 회사와 협의하여 회사는 발명품을 구매하고 로열티를 주기로 했다. 그는 이 모든 게 만족스러웠다.

예수 그리스도라는 말에
숨겨진 의미

"예수 그리스도께서 여러분 안에 계시다는 것을 알지 못합니까? 모르다면 여러분은 실격자입니다."(고린도후서 13장 5절)

사도 바울의 말이다. 이 구절의 속뜻은 다음과 같다.

예수 또는 여호수아에 담긴 의미 중 하나는 스스로 있는 자라는 뜻이다. 영어 'I AM'과 프랑스어 'Je Suis'는 같은 뜻이다. 그리스도라는 말의 내적 의미는 내 안에 임하시는 하나님이다. 바울이 말하고자 한 바는 예수 그리스도란 스스로 있는 나이며, 즉 내 안에 하나님이 임하시고 권능이 있다는 것을 의미한다.

심리학적인 측면에서 살펴보면, 현재의식과 잠재의식이 일치하고 삶의 영원한 진리에 동의할 때 나는 행동하는 예수 그리스도다. 머리와 마음이 더는 논쟁하지 않을 때 기도는 언제나 응답을 받는다. 머리와 마음이 일치하고 하나가 될 때, 혼인한 사람은 기도의 응답을 받는 기쁨을 누릴 수 있다.

모든 문제에 대한 해결책이 내 안에 있다는 걸 알기 때문에 이제는 '버림받지' 않는다. 지금부터 내 안에 있는 전능하신 생령 외에는 다른 힘을 인정하면 안 된다. 전능하신 생령만이 해답을 알고 계신다. 예수님은 그리스도를 몸에 걸치고 완전한 통합을 이루시어 예수 그리스도, 즉 이상적인 인간이 되셨다. 이는 빛나는 현재의식이 잠재의식의 지혜와 하나가 되었다는 뜻이다.

나 자신을 무한자와 일치시켜라

한 소년이 단 몇 분 만에 세계 지도 퍼즐 조각을 전부 맞췄다. 한 시간은 족히 걸릴 거라 생각하고 쉬려 했던 부모님은 당황했다. 어떻게 이 세계 지도를 하나로 만드는 데 성공했냐고 묻자 소년은 다음과 같이 대답했다.

"아빠, 저는 그냥 세계 지도 뒤쪽에 있는 남성 그림을 따라 맞춘 것뿐이에요."

이 일화에서 얻을 수 있는 교훈은, 인간은 내면의 하나님과 결합하고 융합하여, 우리의 형태를 결정짓는 창조자와 하나가 되어야 한다는 것이다.

두려움, 무지, 미신으로 중첩된 구조가 아닌, 신성한 중심에서 생각하고 말하고 행동하라. 끊임없이 "하나님께서는 나를 통해 생각하고 말씀하시고 행동하십니다"라고 확언하라. 조화와 건강, 평화, 기쁨, 사랑, 아름다움, 올바른 행동이라는 원칙의 관점에서 생각하고 말하라. 내가 수학 교수라면 수학 원리의 관점에서 생각하고 말할 것이다. 같은 의미에서, 어제도 오늘도 영원히 변하지 않는 생명의 원리의 관점에서 말하고 행동해야 한다.

영혼의 고요함에 울려 퍼지는 하나님의 진리 그 자체에 나를 맞추라. 그러면 세상의 소란과 잡음, 선전에 겁이 나지 않을 것이다. 영의 나팔 소리를 따라라. 이렇게 하면 세상의 부정에 대한 승리를 확신할 수 있다.

최근에 말 조련사가 말이 나팔 소리에 반응하도록 훈련하는 방법에 대해 내게 이야기해 주었다. 조련사는 나팔만을 사용하여 말이 명령에 반응하게 훈련했다. 먼저 말들에게 나흘 반 동안 음식이나 물을 일절 주지 않는다. 그 뒤 나흘간 여러 상황에서 나팔 소리를 들으면 그 자체로 반응한다. 이를 조건화 과정이라고 한다.

마찬가지로 우리는 두려움과 질병, 전쟁, 예언, 재앙이 닥치리라고 예측하는 선전을 상징하는 음식을 먹지 말고, 생명수를 마셔야 한다. 생명수란 영감과 사랑, 즐거움, 웃음을 상징하며 산 자의 땅에서 선하신 하나님에 대한 자신감과 믿음을 수혈받는 것을 뜻한다.

'교육'이라는 단어는 우리가 풍요롭고 행복하며 조화로운 삶을 영위할 수 있도록 지혜와 지성, 힘을 주관적으로 가장 깊은 부분으로부터 끌어 내는 것을 의미한다. 나는 지식을 많이 습득했어도 개인적인 삶은 혼란스러웠던 수많은 대학생과 이야기를 나누었다. 그들이 배운 내용은 일상생활에서 영위하는 활동, 자신을 표현하는 활동과는 아무런 관계가 없는 것처럼 보였다.

교육은 인성과 도덕성을 키우는 방향으로 나아가야 한다. 지식은 중요하지만 지혜롭게 사용되어야만 한다. 지식을 갖추었다고 해서 인생에서 성공하는 건 아니다. 활력 있고 성취하는 삶을 사는 건 아니라는 뜻이다. 단순한 지식보다는 영감, 지혜, 열정, 성실함, 다정함, 선의가 있어야 성공한다.

소위 말하는 진보적인 교육은 특정한 충동과 본능을 억제하는 법을 배우지 않아도 된다고 선언하는데, 이는 완전히 잘못되었다. 억제되지 않은 충동과 본능은 인격을 발달시키고 사회적인 존재로 성장하는 데 부정적으로 작용한다. 어린아이는 자제하는 법을 배워야 한다. 세상은 교육받은 부랑자들로 넘쳐난다. 이런 사람들은 사회의 밑바닥에서 자주 발견된다. 부정적이고 파괴적인 사고가 그 사람들을 사회의 밑바닥으로 이끌었다. 정신에 아주 열악하게 투자한 탓이다.

며칠 전 저녁, TV에 고등학교를 졸업한 18세의 청년이 등장했다. 그는 진행자들에게 졸업장에 적힌 글을 읽을 수 없다고 고백했고, 청년의 부모는 교육위원회에 손해배상을 청구했다.

하나님이 기적을 행하다

호놀룰루의 힐튼 호텔에서 나이가 지긋한 어르신과 이야기를 나눈 적이 있다. 그는 나에게 수맥봉을 보여 주며, 물이 나지 않는다는 곳에서 물을 찾기 위해(다우징) 이 막대를 사용한다고 했다. 그는 타고난 지혜를 가지고 있었고, 잠재의식의 지성이 그를 정확한 위치로 안내해 주리라고 믿었다.

그의 아버지와 할아버지는 풍수 전문가였다. 땅속에 묻혀 있는 기름, 물, 광물을 찾는 데 전례가 없을 정도로 성공적이어서 가끔 대기업 관계자들이 집으로 찾아왔다고 한다.

아버지와 할아버지는 이러한 믿음을 어린 그에게 전해 주었고, 그는 그들의 말을 완전히 믿었다. 그러자 잠재의식이 반응했다. 그는 막대가 물이 있을 만한 곳을 향해 '끌어당긴다'라고 말했다. 아무리 건조하고 가능성이 없어 보이는 곳이라도 말이다.

그는 막대가 이렇게 반응하는 게 이상하다고 생각하지 않았다. 막대에는 아무런 힘이 없으며 사실 이건 잠재의식을 건드렸을 때 나오는 힘이라는 사실을 알고 있었다. 잠재의식의 지혜가 막대에 작용하여 해답을 보여 준 것이다. 또한 물이 나올 때까지 몇 미터를 파야 하는지도 알고 있었다. 한번은 약 6미터라고 말했는데, 지질학자들이 정확하게 6미터를 파면된다고 확인해 주었다.

시대를 넘어 내려오는 지혜는 나의 주관적으로 가장 깊은 부분에 숨겨져 있다. 믿음과 자신감의 도구를 사용하여 내 안의 깊은 저장소를 두드리기 시작하면 인생에서 기적이 일어날 것이다.

최근 네바다주의 리노에서 한 과부와 이야기를 나눈 적이 있다.

그녀는 매우 흥미로운 이야기를 해주었다. 한동안 생활고에 시달렸고 가정은 혼란스러웠으며 가족 문제로 고통받는 등 인생이 엉망진창이 되어가는 것만 같았다. 하지만 어느 날 그녀는 식탁에 앉아 약 30분 정도 확언했다.

"정말 멋집니다."

자신에게 "뭐가 멋진 건데?"라고 되묻지 않았다. 그녀의 확언은 하나님께서 인생의 모든 측면에서 기적을 행하신다는 것을 의미했다. '멋지다'라는 단어에는 그녀가 마음속으로 원하던 모든 것이 포함되어 있었다.

그녀는 하루에 세 번 30분 동안 이 묵상 기법을 연습했다. 사흘째 되던 날 카지노에서 도박을 하고 싶다는 강렬한 욕망이 생겼고, 거액의 판돈을 땄다. 그 돈으로 생활비 전부를 댈 수 있었고, 투자할 자금까지 남아 있었다. 카지노에서 큰돈을 땄다는 소식으로 이목을 끌자 한 전문직 남성이 순수하게 감탄하며 다가왔다. 둘은 서로 사랑에 빠졌고 여성의 삶은 180도 바뀌었다. '멋지다'라는 건 내가 원하는 모든 것을 얻을 수 있다는 의미를 내포한다.

"그의 이름은 놀라우신 조언자, 전능하신 하나님, 영존하시는 아버지, 평화의 왕이라고 불릴 것이다."(이사야 9장 6절)

글을 쓰고 싶었던 남성

한 학교 선생님이 나에게 해준 이야기다. 그는 수많은 출판사에 원고를 보냈지만, 대다수의 원고가 되돌아왔다. 하지만 그는 출판사들이 자신의 원고를 정말로 원하는 것처럼 행동했고, 여러 출판사가 원고를 수락했다고 가정하기 시작했다.

그는 2주일 동안 매일 밤 10분에서 15분 동안 꾸준히 이 장면을 상상 속에서 연극으로 만들었다. 어느 날 그는 뭔가 새로우면서도 독창적인 글을 쓰고 싶은 강렬한 욕망이 들었다. 글을 완성하자마자 이전에 원고를 퇴짜 놨던 출판사 중 한 곳에 보냈다. 결과는 대성공이었다. 글을 쓰는 데 필요한 재능을 가지고 있다고 가정하니, 잠재의식은 그에게 필요한 능력과 물질을 주어 작가로서 꽃을 피우게 해주었다. 출판사가 자신의 원고를 기꺼이 수락했다는 점은 내면에 창조적인 능력이 있다는 증거였다.

내 책을 읽고 있던 한 젊은 영업 사원은 매일 밤, 마음을 차분하게 가라앉히고 몸을 움직이지 않은 채 졸린 상태의 경계로 들어 갔다. 그 상태에서 그는 상사 앞에 있는 자신의 모습을 상상했다. 그 상사가 일을 훌륭하게 해냈다고 축하하면서 승진했다고 말하는 모습을 그렸다. 너무나 생생하고 실체가 뚜렷하다고 느낄 정도로, 그 장면이 진짜처럼 여겨졌다. 그는 자신이 원하는 일이 마음속에 일어나도록 만들었다. 상상 속에서 악수하고, 자기가 원하는 일을 이루었을 때 할 법한 대화를 생생하게 나누었다.

그는 마음속의 연극이 주관적으로 일어나고 있으며, 조만간 객관적인 세계에서 펼쳐지리라는 것을 알았다. 그는 어떤 공간이나 미래의 순간에서, 멀리 떨어진 채 자신을 바라보고 있지 않았다. 그 반대로 그는 모든 게 지금 일어나고 있는 것처럼 극화했다.

기억하라. 미래에 일어날 일은 이제 더 높은 마음의 차원에서 현실이 되고 있다. 스크린 위에 영상이 움직이는 것처럼 나 자신을 제삼자로 보는 게 아니라, 반대로 지금 여기서 행동한다고 느낀다. 그는 바로 눈앞에 있는 상사를 생각하면서 상상 속에서 악수하는 실체를 느꼈다. 이 기법을 사용하면 성공 가도에 오른다.

다른 사람이 자신을 위해 기도해 달라고 부탁한다면, 병이나 가난 또는 다른 문제에 대한 믿음을 마음속에서 놓아 버려야 한다. 병이 없다고, 가난하지 않다고, 문제가 없다고 부정하는 게 아니라 지금 그가 원하는 것을 경험하고, 갖고 싶은 걸 소유한다고 믿어야 한다. 다시 말해서, 내 마음속에 그가 지녀야 할 모습을 그리면서 하나님이 그의 삶에서 행동하신다는 걸, 아는 것이다.

이와 같은 방식으로 용서하면 어떤 사람에 대한 개념을 바꿀 수 있다. 완전히 잊어버린다면 용서한 것이다. 하지만 질병이나 문제가 계속해서 생각난다면 용서하지 않은 것이다. 잊었을 때 용서가 된다. 만약 어떤 사람이 보이거나 그 사람이 생각난다면, 그에게 맞선 일이 생각난다면 아직은 용서하지 못하는 것이다. 용서는 망각이다.

하나님께 모든 걸 드릴 수 없다

'희생'은 하나님(나의 진정한 자아)께 무언가를 바치는 것을 근간으로 한다. 하나님께서는 모든 곳에, 모든 것 안에, 하나의 끝에서 다른 끝까지 그리고 모든 것을 통해서 존재하신다. 만물 안에 전적으로 살아 계시며 이미 모든 것을 소유하고 계신다. 왜 하나님께 양이나 송아지, 비둘기 등을 제물로 바치려 하는가. 하나님이 사람을 잡아먹는 몰록(고대 가나안에서 인신공양을 받았던 악신)이라도 된단 말인가. 하나님과 흥정을 하려는 사람들도 있다.

"하나님께서 제 아들의 병을 고쳐 주신다면, 술을 끊겠습니다."

말도 안 되는 소리다. 하나님은 만물에 생명을 불어넣고 개인적인 감정을 개입하지 않는 현존이자 권능이므로 사람을 차별하지 않으신다. 희생해야 한다는 생각은 동물, 심지어 아이들까지 제물로 바치면서 하나님의 허기를 채우려 했던 원시인들이 살던 시절부터 내려오던 과거의 유물이다.

하나님(내 안에서 스스로 있는 자)께 드릴 수 있는 유일한 건 인정과 찬미, 감사다. 내가 희생하거나 포기해야 하는 것은 그릇된 믿음과 두려움, 의심 등 부정적인 관념이다. 시편 100편을 읽으면 올바른 방식으로 무한자에 접근할 수 있다. 예를 들어 치유를 원하는 많은 이는 진정한 자아와 대화를 하고 있다고 상상하면서 다음과 같이 확언한다.

하나님 아버지, 기적적인 치유에 감사드립니다.

감사하는 기분으로 들어 갈 때까지 이 말을 조용히 반복하고 또 반복한다. 그 말을 반복하면, 이 말이 받아들여질 수 있을 정도로 의식이 고양되고 잠재의식은 믿음에 반응한다. 모든 사람은 자신의 기도에 응답한다.

은혜를 받고 활동하는 수행자와 단순히 책에 나온 걸 따르는 수행자

간에는 꽤 큰 차이가 있다. 영혼을 치유하고 회복시키는 건 사랑의 의식이다.

1847년 피니어스 큄비 박사처럼 주저하지 않고 도전에 마주해 온갖 종류의 질병을 이겨낸 사람은 많지 않다. 큄비 박사는 환자들이 자신에게 닥칠까 봐 덜덜 떨며 무서워했던 병의 움직임을 멈출 수 있었다. 그와 동시에 사람들 마음속에서 하나님이 벌을 내리신다는 관념을 없애고 예지력을 사용하여 병의 근본 원인을 인식했다. 그는 높은 수준에 있는 하나님의 의식으로부터 기능했다. 환자들에게 영광과 믿음, 용기, 축복, 치유, 성령의 많은 은혜를 전했다. 의사와 함께 있든, 심리 치료사 또는 영적 치료사와 함께 있든 간에 치유가 일어날 여지는 아무리 불가능해 보일지라도 언제나 존재한다.

시편 100편에는 이런 말씀이 나온다.

"기쁨으로 주님을 섬기고 환호성을 올리며 그 앞으로 나아가거라. 감사의 노래를 드리며 그 성문으로 들어가 그 이름을 찬양하여라."

기도할 때 입는 옷은 자신감, 찬송, 감사의 옷이어야 한다. 이것이 알맞은 분위기 또는 의복이다. 마음을 열고 수용적이어야 하며, 시간이 창조되었을 때부터 나에게 주어진 모든 축복을 받아들일 준비가 되어 있어야 한다. 마음만 준비되어 있다면 더 이상 준비할 건 없다.

매일 밤 자러 가면서 나는 왕 중의 왕, 만왕의 왕, 전능하신 생령, 내면에 계신 하나님 앞으로 나아가고 있다. 내가 만약 종의 신분으로 인간의 왕 앞에 간다면, 종 또는 노예의 의무를 다해야 할지도 모른다. 어떤 나라의 국왕 앞에 가서, 공을 세울 때마다 한 줄씩 증가하는 장군의 선장線章을 차면 그에 걸맞은 임무를 받을 것이다.

매우 유명한 사람 앞에 설 때는 가장 비싼 옷을 입는다. 대통령을 만나러 간다면 양복이 다림질되었는지, 비서가 옷을 잘 준비해 줬는지 옷차림을 매우 의식할 것이다.

영적으로 말하자면, 매일 밤 깊은 잠에 빠질 때 나는 왕 중의 왕을 만나러 간다. 그러니 사랑과 평화, 선의, 기대감이라는 옷을 입으라. 무한한 지성은 요청하면 응답한다는 습성이 있기에 나는 믿음의 옷을 입는다.

절대로 우울과 화, 분노, 자책의 옷을 입고 잠들지 마라. 우울하거나 화가 나고, 분노하고 자책한 채로 잠든다면 곳곳에 구멍이 나고 솔기가 터지며 더럽고 끝이 해진 옷을 입고 잠든다. 잠재의식은 내가 그 안에 담은 걸 더 크게 불리기 때문에 부정적인 감정이 든 채로 잠들면 더 많은 문제가 생긴다.

잠들기 전에 마음을 정화하라. 나 자신과 다른 사람들을 용서하라. 그리고 마음속으로 찬미의 노래를 부르며 하나님께 나아가라. 하나님께서는 넘칠 만큼 축복을 주시므로 모든 축복을 받을 만한 공간이 부족할 것이다. 잠들기 전 마지막으로 떠오르는 관념은 잠재의식, 즉 생명책에 새겨져 있으므로 그곳에 새긴 것 모두를 느끼고 믿는다.

하나님은 절대적인 사랑이시며 내가 진실이라고 주장하고 느끼는 것 모두를 주신다. 그분은 모든 사람을 똑같이 대하신다.

"주님은 선하시며 그의 인자하심은 영원하다. 그의 성실하심이 대대에 미친다."(시편 100편 5절)

- 현재의식과 잠재의식이 일치하고 삶의 영원한 진리에 동의할 때 나는 행동하는 예수 그리스도가 된다. 머리와 마음이 더는 논쟁하지 않을 때 기도는 언제나 응답을 받는다.

- 내 안에 있는 전능하신 생령 외에는 다른 힘을 인정하면 안 된다. 전능하신 생령만이 해답을 알고 계신다. 예수님은 그리스도를 몸에 걸치고 완전한 통합을 이루시어 예수 그리스도, 즉 이상적인 인간이 되셨다. 이는 빛나는 현재의식이 잠재의식의 지혜와 하나가 되었다는 뜻이다.

- 두려움, 무지, 미신으로 중첩된 구조가 아닌, 신성한 중심에서 생각하고 말하고 행동하라. 끊임없이 "하나님께서는 나를 통해 생각하고 말씀하시고 행동하십니다"라고 확언하라. 조화와 건강, 평화, 기쁨, 사랑, 아름다움, 올바른 행동이라는 원칙의 관점에서 생각하고 말하라.

- 영혼의 고요함에 울려 퍼지는 하나님의 진리 그 자체에 나를 맞추라. 그러면 세상의 소란과 잡음, 선전에 겁이 나지 않을 것이다. 영의 나팔 소리를 따라라. 이렇게 하면 세상의 부정에 대한 승리를 확신할 수 있다.

- 교육은 인성과 도덕성을 키우는 방향으로 나아가야 한다. 지식은 중요하지만 지혜롭게 사용되어야만 한다. 지식을 갖추었다고 해서 인생에서 성공하는 건 아니다. 단순한 지식보다는 영감, 지혜, 열정, 성실함, 다정함, 선의가 있어야 성공한다.

11

잠재의식의 본질은
반복과 기쁨

날씬해지고 싶은 여성이 있었다. 그녀는 다른 사람의 식단을 따라 해봤지만 아무 성과도 없었다. 그녀는 잠재의식 속에서 애플파이와 아이스크림, 쿠키를 먹고 싶은 욕망을 억누르고 있었다. 타인의 식단을 따라 한 결과 체중은 늘기만 했다.

나는 그녀에게 다른 사람의 식습관을 따르는 것은 소용이 없으며, 원하는 몸무게를 정한 후 다음과 같이 주장하기만 하면 된다고 했다.

"신성한 법칙과 질서에 따라 ○○킬로그램이 나갑니다"라고 하루에도 몇 번씩, 특히 잠들기 전에 반복하면 된다. 계속하다 보면 몸무게가 ○○킬로그램이 나가는 아이디어가 잠재의식에 전달되어, 살찌게 하는 음식을 먹고 싶은 욕망이 완전히 사라지리라고 설명해 주었다.

하루에 몇 번이고, 다림질할 때나 설거지를 할 때나 청소기를 돌릴 때나 그녀는 크게 소리 내어 노래했다.

"신성한 법과 질서에 따라 나는 ○○킬로그램이 나갑니다. 정말 멋집니다!"

그녀는 이 말이 습관이 되어 잠재의식으로 들어 갈 때까지 계속해서

의식적으로 했다. 그녀는 특정한 생각을 반복하고 기쁨과 경이로움을 느끼면 그것이 잠재의식으로 들어가 법칙이 되리라는 걸 알았다.

일주일 정도 지나자 그녀는 탄수화물이 많이 들어 있는 음식을 먹고 싶다는 욕망이 싹 사라졌다. 그녀가 사용한 표현, "정말 멋집니다"는 하나님이 삶에서 기적을 일으켰다는 걸 의미한다.

한 젊은 은행가가 해준 이야기다.

그는 매일 밤 의자에 앉아 눈을 감고 긴장을 풀었다. 주의를 기울여 지금 일하고 있는 회사에서 승진하는 모습을 상상했다. 상상 속에서 그는 사장과 악수를 나눴다. 그가 일을 훌륭하게 해냈으니 승진을 축하한다는 말도 들었다. 그는 최대한 생생하게 목소리를 듣고 손길을 느꼈다. 너무나 생생하고 뚜렷한 실체를 느꼈을 정도로 자기 역할을 해냈다. 그래서 축하받는 자신을 멀리서 보지 않고 지금 여기에서 미래를 경험했다. 가끔은 너무나 생생하게 상상한 나머지, 눈을 떴을 때 사장이 자기 눈앞에 있지 않다는 사실에 놀랐다.

한 달 동안 시각화하며 마음속 영화를 반복해서 상영했고, 이를 잠재의식에 새기는 데 성공했다. 그는 적합한 시기에 승진했고 은행의 지원을 받아 은행 관련 특별 강좌를 들은 뒤에는 부사장 자리에 올랐다.

그가 너무나 두려워했던 것

욥은 "그렇게도 두려워하던 일이 밀어닥치고"(욥기 3장 25절)라고 말했다. 최근에 막 마음의 법칙을 배우기 시작한 남성과 이야기를 나눈 적이 있다. 그는 지난 3년 동안 무장 강도가 가게로 들이닥칠까 봐 계속 두려워했는데 결국 정말로 그런 일이 발생했다.

나는 그가 마음의 법칙을 알았다면, 정반대로 확언하여 가장 애정을 품은 일이 실제로 일어난다는 것을 깨달았으리라고 답했다. 그는 세상을 움직이는 힘이 자신에게 있으며 그 힘을 잘못 사용하고 있었다는 걸 깨달았다. 내 잠재의식에는 현존하시는 하나님의 힘이 깃들어 있기 때문이다.

그는 이제 강도를 끌어들인 사람이 자기였다는 걸 안다. 의식상의 등가물이 없다면 그러한 일을 경험할 수 없다는 것을 인지했다. 여기서 의식이란 현재의식과 잠재의식에서 완전히 믿고 받아들이는 것을 뜻한다. 다시 말해 내가 생각하고 느끼고 믿고 정신적으로 동의한 모든 것을 일컫는다. 의식 속에 없는 것은 경험할 수 없다.

그는 하루에 여러 차례 시편 91편의 진리를 읽고, 믿음을 가지고 잠재의식에 선언하기 시작했다. 이러한 영원한 진리는 잠재의식 안으로 들어가 효과를 발휘했다. 이제 마음은 평화로워졌고 비정상적인 공포는 사라졌다.

마음속 깊은 곳에서 진짜라고 느끼는 건 우주의 스크린에서 확인될 것이다. 마음속으로, 감정적으로 그리고 잠재의식에서 무언가를 생각하면 그렇게 행동하고 경험하며 기능한다.

젊은 사업가와 면담을 한 적 있다.

그는 매우 열심히 일했고 성실했다. 솔직 담백한 성격에 진보적인 생각과 태도를 지니고 있었다. 하지만 징크스가 자신을 따라다녀서 성공할 수 없으리라 생각했다. 운명이 그에게 반하고 있으며 자신은 어떻게든 성공할 운명이 아니었다고 간주했다. 그렇게 생각했기에 계속해서 실패했고 고통받았다.

나는 그에게 승리하고 성공하기 위해 태어났다고 설명해 주었다. 그의 안에 있는 무한한 현존과 권능은 전능하시고, 별을 만들든 나무를 만들든 하시는 일마다 성공하기 때문이다. 그는 잠재의식에 반복적으로 암시를 주어 스스로 법칙을 만들고 있었음을 깨달았다. 그런 법칙을 만들다 보니 결국 실패에 대한 믿음에 반응한 것이다.

그는 우리가 믿는 게 무엇이 되었든 잠재의식이 실현한단 걸 이해했다. 그러고는 성공과 부에 대한 아이디어를 계속해서 반복하고, 마음속에서 연극의 역할을 해내면서 자신을 위해 새로운 법칙을 만들었다. 또한 성공과 부에 관한 생각을 되풀이하기 시작했다. 성공하고 부자가 된 자신을 아내가 축하해 주는 모습을 상상했다. 그러자 아이디어는 결국 잠재의식에 축적되었다. 잠재의식의 법칙은 강박적인 습성이 있어서 그가 성공하고 부유해지도록 강제했다.

잠재의식에 새로운 좋은 습관을 확립하자 한 달 만에 삶이 180도 바뀌었다. 기도는 좋은 습관이고 실패는 나쁜 습관이다. 그는 생각이미지와 느낌이 삶을 변화시켰음을 발견했다. 그리고 잠재의식을 다시 설정하는 동안 이전에 확언한 것을 부정하지 않았다.

선택의 힘

"당신들이 어떤 신을 섬길 것인지 오늘 택하십시오."(여호수와 24장 15절)

인도에서 한 외국 정보부 직원과 이야기를 나눈 적 있다. 그는 거의 매일 위험에 노출되어 있었는데,《바가바드 기타》와 성경의 시편을 공부하면서, 세상에는 하나의 힘만 존재한다는 걸 발견했다고 한다. 이 힘은 완전히 선하고 완벽했다.

그는 세상에 유일한, 보호해 주시는 하나님의 힘에 자신을 바치기만 하면 된다고 덧붙였다. 남성은 매일 밤낮으로 시편 27편을 큰 소리로 읽었다.

주님이 나의 빛 나의 구원이신데, 내가 누구를 두려워하랴.
주님이 내 생명의 피난처이신데, 내가 누구를 무서워하랴.
재난의 날이 오면 주님의 초막 속에 나를 숨겨 주시고, 주님의 장막
은밀한 곳에 나를 감추시며, 반석 위에 나를 올려서 높여 주실 것이니

그는 임무를 수행하기 전 매일 아침 이 진리를 되뇌었고, 낮 동안 이 구절을 끊임없이 상기했다. 그는 이러한 놀라운 진리를 끊임없이 반복하면 잠재의식에 서서히 침투한다는 걸 알았다. 잠재의식은 잠재의식에 새겨진 정신적인 패턴에 반응한다. 또한 자신이 유익한 습관을 만들고 있으며, 마음속 더 깊은 곳에서 자동적으로 반응을 불러일으켜 아주 행복한 삶을 사는 결과를 낳으리라는 것을 알았다.

그러자 다음과 같은 일이 벌어졌다. 임무 수행 중 누군가가 자신을 향해 총을 쐈는데 총기 고장이 일어나 총알이 발사되지 않았다. 다른 한번은 누군가가 자신의 차에 폭탄을 던졌는데 불발탄이었다. 지금 먹으려는 음식에 독이 들어 있다고 내면의 목소리가 알려준 적도 있다.

"모두 인도를 받는다. 겸손한 자세로 들으면 올바른 말을 들을 것이다"라고 에머슨은 말했다. 그는 이것을 '옴Om' 또는 '스스로 있는 자'가 내는 내면의 소리라고 일컬었다. 이는 하나님의 존재, 진정한 자아 또

는 초의식을 의미한다. 명칭은 다르지만 모든 건 하나를 뜻한다. 모든 사람의 잠재의식에는 깃들어 있는 신성한 현존을 에머슨은 '대령大靈'이라고 불렀다.

의미 있는 방식으로 특정한 생각을 반복하면 어느 순간 생각이 실현된다. 잠재의식의 확신은 더 깊은 마음의 자동적인 반응을 끌어 내 나를 푸른 목장과 잔잔한 물가로 인도하며, 그곳을 향해 나아가게 한다.

다리 통증으로 고통받던 이가 있었다.

그는 전생에 나쁜 일을 저질러서 자신의 업보를 갖고 있으며, 그러한 연유로 병이 낫지 않으리라 생각했다. 그는 학교의 교장이었다. 학문적으로 봤을 때는 교육 수준이 높았다.

나는 그의 주장이 상상력을 동원한 헛소리이며 타고 난 지성에 대한 모욕이라고 설명했다. 나아가 두 명의 유명한 최면술사를 만나서 전생, 그러니까 그의 말에 따르면 태어나기 100년 전으로 되돌아가 볼 것을 제안했다.

두 최면술사의 해석은 각기 달랐고, 서로 모순적이기까지 했다. 한 해석에 따르면 그는 100년 전에 4명의 자녀를 둔 켄터키에 사는 여성이었고, 다른 해석에 따르면 그는 프랑스의 군인이었으며 지휘관을 총으로 쏜 죄로 투옥되었다.

전생(지금 시점으로부터 태어나기 100년 전)에 대한 해석은 잠재의식에서 허구화된 드라마였고 순전히 상상력에 불과했다. 두 번째 전생 여행에서 그는 유창하게 프랑스어를 구사했다. 그는 이 사실이 흥미롭다고 생각했지만, 그는 지금 삶에서도 프랑스어를 읽고 이해하고 있었다.

그는 세 번째 해석을 위해 다른 최면술사를 찾아갔다. 이전 두 최면술사의 해석과 상반된 결과물을 내놓았다. 또한 세 번째 최면술사에게 자기가 태어난 순간부터 쉰다섯인 현재의 삶까지 읊어 달라고 요청했다. 잠재의식에 기록된 모든 것, 즉 요람에서부터 현재까지 경험한 모든 것은 우주적인 잠재의식에 영원히 그리고 확실히 인상에 남겨진다. 그러므로 인생을 읽고 최면을 통해 전생을 볼 수 있는 전문가들은 더 깊은 마음에 담긴 모든 것을 읽을 수 있어야 했다. 하지만 전문가는 지금의 삶에서 일어난 일을 말하지 못했다.

교사는 깨달음을 얻었고 "사기당했다"라고 했다. 이는 즉 어리석은 말에 속았다는 걸 의미했다. 나는 이 남성을 내 오랜 친구인 의사에게 보냈다. 다리에 새로운 약을 쓰니 병이 완벽하게 치유되었다. 의사의 암시를 잠재의식이 받아들인 것이다. 그는 기뻐했다.

아픈 다리는 오른쪽이었다. 오른쪽은 객관적인 세계를, 다리는 움직임을 의미한다. 그는 현재 근무지에서 다른 곳으로 전근 가는 걸 원하지 않아 마음속에서 다툼이 있었다고 인정했다. 분노와 원망을 억누르느라 고생하고 있었다. 이러한 감정은 부정적이기에 배출구가 있어야 했고, 그의 잠재의식은 다리에 문제를 일으켰다. 이를 장기 언어라고 말한다.

그는 이 문제를 놓아주고, 하나님께서 인도하시고 지시하시는 대로 따르기로 했다. 다시 말해 다음과 같은 기도를 올림으로써 모든 것을 무한한 현존과 권능에 맡겼다.

무한한 지성이 의사가 올바른 일을 하도록 안내합니다. 나 자신을 무한한 지성에게 내어 줍니다. 그리고 옳은 일을 하도록 신성하게 인도받습니다. 저는 제가 있어야 할 위치에 있고, 제가 좋아하는 일을 하고 있습니다. 하나님 덕에 행복하고 번영합니다. 제 안에 계신 하나님이 지금 저를 치유하고 계십니다. 지금 기적적인 치유가 일어나고 있음에 감사드립니다.

그의 다리는 치유되었고 지금 있는 자리에서 행복해한다. 그는 문제를 놓아주고 하나님께 맡기기로 했다. 이러한 태도는 우리 모두를 즐거움과 평화의 길로 인도한다.

목소리를 듣던 여성 이야기

심령대화용 점술판이라고 할 수 있는 위저보드를 사용해 점을 보던 여성이 있었다. 나를 만나러 온 그녀는 처음 위저보드를 시작할 당시에 위저보드로 받은 글을 보여 주었다. 매우 좋은 글귀였고, 대부분이 성경 구절과 인용문이었다.

몇 주 후 그녀는 어떤 목소리가 자신을 장악했다고 이야기했다. 매일 밤 내면의 목소리가 자살을 하거나 술에 취해 보라는 등 외설적인 말을 크게 했다고 했다. 선정적이고 악한 발언들이었다.

위저보드를 사용하면서 그녀는 욥처럼, 소위 말하는 악한 실체가 자기 안에 들어오는 걸 계속해서 두려워했다.

"두려워하던 일이 밀어닥치고"(욥기 3장 25절)

한마디로 이 여성의 잠재의식은 끊임없는 두려움에 행동을 취했고, 위와 같은 부정적인 방식으로 반응한 것이다.

나는 특별한 기도문을 만들어 주었다. 수년간 악한 존재들이 자신을 통제하고 있다는 걸 믿는 많은 이들에게 보내 주기도 한 기도문이다.

사랑은 두려움을 내쫓는다. 하나님의 현존이 나를 활기차게 하고 뒷받침하며, 나를 인도하고 이끈다는 걸 지속적으로 깨달으면 모든 부정적인 힘이 사라지고 근절될 것이다.

다음은 내가 그녀에게 준 기도문이다. 그녀는 진리를 잠재의식에 반복해서 되뇌면 모든 부정적인 것과 두려움이 사라진다는 것을 안 채로 내 조언에 따라 아침과 오후 그리고 잠들기 전 약 10분 동안 소리 내어 반복했다. 그녀는 이 진리들을 규칙적으로, 체계적으로, 다 안다는 듯이, 감정을 담아 마음가짐에 살아 있는 부분이 되도록 확언했다.

> 하나님께서는 나를 사랑하시고 돌보아 주십니다. 하나님의 사랑이 현재의식과 잠재의식을 채웁니다. 이러한 진리를 확언하면 모든 부정적인 영향을 마음속에서 떨쳐 낼 수 있다는 걸 압니다. 이러한 진리를 담대하게 확언합니다. 내가 말하고 명하는 단어 하나하나가 이루어지리라는 걸 압니다. 하나님은 내 안에 사십니다. 내 안에서 말씀하십니다. 나와 함께 걸으십니다. 나의 삶은 곧 하나님의 삶이며, 하나님의 평화가 나의 마음과 가슴을 채웁니다. 치유를 일으키는 하나님의 사랑이 내 모든 존재에 넘쳐 납니다. 지혜와 진리, 아름다움이 나를 지배합니다. 나는 온전하고 행복하고 평화롭습니다. 하나님의 기쁨은 곧 나의 힘입니다.
>
> 하나님께서 계신 곳에는 악함이 존재하지 않습니다. 나는 하나님의 힘으로 모든 것을 할 수 있습니다. 하나님의 힘은 나를 강인하게 합니다. 스스로 있는 자에게 어떤 종류의 애착을 가지냐에 따라 그러한 사람이 된다는 것을 압니다. 하나님께서는 나를 돌보아 주십니다. 나는 하나님의 영원한 사랑의 신성한 원에 둘러싸입니다. 하나님의 전신

갑주가 나를 감싸고 있습니다. 그의 빛이 내 마음속에 비칩니다. 저는 이 진리를 듣습니다. 이 진리를 압니다. 저는 '잠잠하라, 고요하라'라고 말씀하시는 하나님의 미세하고 작은 음성을 듣습니다.

이러한 묵상을 마치고 그녀는 담대하고 통쾌하며 단호하게 명령을 내렸다.

나가라고 명령합니다. 진심입니다. 이렇게 명합니다. 나가십시오. 하나님은 여기에 계시고, 그분의 사랑은 지금 여기에 있습니다. 사라지십시오. 저는 자유의 몸입니다. 하나님 아버지, 감사합니다.

이 기도 요법을 따르니, 약 일주일 후 그녀는 완전히 자유로워졌다. 위저보드에서 손을 뗀 그녀는 이제 잠재의식이 그녀에게 말로 대답해 준다는 것을 안다. 그녀는 스스로에게 말하고 있었던 것이다.

다시 태어나다

많은 사람들이 이 문장의 의미를 묻는다. 다시 태어났다고 주장하는 사람들의 이야기는 거의 매일 신문에 등장한다. 하지만 이는 육체적으로 다시 태어난 것과는 상관이 없다. 나는 뛰어난 수학자거나 훌륭한 의사일 수도 있지만, 영적으로 얼마나 큰 깨달음을 얻었는지와는 관계가 없다. 인간은 자기 안에 있는 영적 능력을 인식하고 무한자와 일체감을 가져야 한다. 다시 말해 하나님의 사랑과 평화로 그의 영혼을 가득 채우고 그 안에 있는 신성한 중심에서 생각하고 말하고 행동하기 시작하면, 그는 소위 말하는 영적인 재탄생을 경험한다. 공포와 무지, 미신, 세상의 잘못된 믿음으로부터 완전히 자유로워진다.

이러한 사람은 특정 종교나 종파의 사상에 속하지 않는다. 하나님께서는 사람들을 차별하지 않으신다는 걸 직관적으로 알기 때문이다. 사랑과 평화, 조화, 기쁨, 선의, 영감, 올바른 행동에는 그 어떤 이름도 붙일 수 없다.

다시 태어나는 건 개인적인 경험이다.

"누구든지 물과 성령으로 나지 아니하면, 하나님 나라에 들어갈 수 없다."(요한복음 3장 5절)

물은 나의 마음이다. 물과 마찬가지로 붓는 그릇의 모양을 취할 것이다. 아침과 낮, 밤의 진리로 마음을 채워라. 잠재의식을 영원한 진리로 채우면 나의 인생 전체가 마음속에 품는 이미지와 생각으로 바뀔 것이다.

셰익스피어는 이렇게 말했다.

"마음만 준비되어 있다면 더 이상 준비할 건 없다."

이제 성령이 들어오도록 마음을 열자. 그러면 다시 태어나 높은 곳으로부터 빛을 받을 수 있다.

전도서 3장의 말씀

개인적으로 잘 아는 젊은 성직자의 이야기다. 그에게는 시간이 지나면 세상 모든 사람이 영적으로 다시 태어난다는 환상이 있었다. 나는 전도서 3장을 언급하며 설명해 주었다.

모든 일에는 다 때가 있다. 세상에서 일어나는 일은 모두 알맞은 때가
있다.

태어날 때가 있고 죽을 때가 있고 심을 때가 있고 뽑을 때가 있다. 죽
일 때가 있고 살릴 때가 있고 허물 때가 있고 세울 때가 있다. 울 때가
있고 웃을 때가 있고 통곡할 때가 있고 기뻐 춤출 때가 있다. 돌을 흩
어버릴 때가 있고 모아들일 때가 있고 껴안을 때가 있고 껴안는 것을
삼갈 때가 있다. 찾아나설 때가 있고 포기할 때가 있고 간직할 때가
있고 버릴 때가 있다. 찢을 때가 있고 꿰맬 때가 있고 말하지 않을 때
가 있고 말할 때가 있다. 사랑할 때가 있고 미워할 때가 있고 전쟁을
치를 때가 있고 평화를 누릴 때가 있다.

사람이 애쓴다고 해서 이런 일에 무엇을 더 보탤 수 있겠는가?

이 모든 것은 하나님이 사람에게 수고하라고 지우신 짐이다.

하나님은 모든 것이 제때에 알맞게 일어나도록 만드셨다. 하나님은
사람들에게 과거와 미래를 생각하는 감각을 주셨다. 그러나 하나님이
하신 일을 사람이 처음부터 끝까지 다 깨닫지는 못하게 하셨다.

이제 나는 깨닫는다. 기쁘게 사는 것, 살면서 좋은 일을 하는 것, 사람
에게 이보다 더 좋은 것이 무엇이랴!

먹을 수 있고 마실 수 있고 하는 일에 만족을 누릴 수 있다면 이것이
야말로 하나님이 주신 은총이다.

이제 나는 알았다. 하나님이 하시는 모든 일은 언제나 한결같다. 무엇
을 보탤 수도 없고 뺄 수도 없다. 하나님이 이렇게 하시니 사람은 그
를 두려워할 수밖에 없다.

지금 있는 것은 이미 있던 것이고, 앞으로 있을 것도 이미 있는 것이다. 하나님은 하신 일을 되풀이하신다.

시간이 지나면 사람들이 하나님처럼 되고 성스러워지리라 생각하는 건 어리석은 일이고 환상이다. 우주의 세계나 은하계에는 아무런 문제가 없다. 세상 만물은 수학적이고 질서 있는 방식으로, 무한한 정밀도로 기능하는 최극의 지성에 의해 제어된다. 이러한 질서를 하늘의 제일 법칙이라고 한다.

바뀌어야 하는 건 세상 사람들이고, 변화는 개개인이 해 나가야 할 과정이다. 아무도 신비주의의 지팡이를 들어서 사람들이 선의와 진리, 아름다움을 실천하도록 바꿀 수 없다.

이 세계는 규칙적으로 하나의 축을 중심으로 돌고 계절이 반복된다. 이 삼차원 세계에서 사는 모두는 반대의 것을 통해 움직인다. 밤과 낮, 썰물과 밀물, 달콤함과 새콤함, 건강과 질병, 믿음과 두려움, 선과 악. 우리는 반대와 화해하는 법을 배우고 이해할 수 있는 정도를 넘어서는 평화를 경험해야 한다.

우리의 삶은 반대를 리듬감 있게 왔다 갔다 하는 일종의 추다. 우리는 전쟁에서 평화로 움직인다. 그리고 일정한 기간이 지난 후에는 다시 전쟁으로 넘어간다. 인간이란 원래 그렇기에 이런 일들이 일어난다. 물론 탐욕과 악의, 증오, 시기, 질투가 인간의 내면에서 사라지면 전쟁이나 질병, 범죄는 일어나지 않을 것이다.

역사는 되풀이된다

탐욕과 악의, 증오, 시기, 질투가 사라지는 현상은 집단적으로 일어나는 게 아니다. 각자가 자기 생각과 말과 행동에서 하나님의 임재 연습을 배울 때 일어난다. 나의 유토피아는 나만이 만들어 낼 수 있다. 그 어떤 정부도 평화와 행복, 건강, 번영을 보장할 수 없다.

셀 수 없을 만큼 많은 사람들이 전 세계를 여행하고 있다. 나는 그런 사람들 여럿을 만나 보았다. 그중 대다수는 아주 멀리 떨어진 곳을 가 보았지만 신성한 자중 가장 신성한 자, 즉 하나님의 현존이 거하는 내 면세계를 여행하지는 못했다.

영적으로 여행할 때 나는 내 안에 있는 하나님의 언덕으로 올라가 그분의 위대한 진리를 곱씹는다. 그런 다음 묵상과 기도, 사색을 통해 신성을 점점 더 나의 것으로 만든다. 내 안에 있는 신성한 현존에는 시간이나 공간이 존재하지 않는다. 영적인 각성은 지구가 태양을 중심으로 움직이는 시간과는 아무 관련이 없다. 시간과 공간을 초월한 무한한 자가 내 안에 있다. 눈 깜짝할 사이에 나는 변할 수 있다.

"지금 있는 것은 이미 있던 것이고, 앞으로 있을 것도 이미 있는 것이다. 하나님은 하신 일을 되풀이하신다."(전도서 3장 15절)

역사는 되풀이되고 예전에 있었던 일은 또 일어나기 마련이다. 주기적인 변화가 찾아온다 할지라도 국가나 우주가 바뀌지는 않는다. 하지만 변화의 목표와 목적은 사람을 바꾼다. 하나님을 자신의 아버지로 모든 사람을 형제로 인식하는 새롭고 행복하며 기쁜 사람이 되게 한다.

우주는 하나님의 지배를 받는다. 하나님은 우주적인 규모로 일하신다. 인간은 특정한 존재인데, 특정한 존재를 통해 하나님이 일하시려면 하나님도 특정한 존재가 되어야 한다. 이는 다르게 표현하면 나는 하나님의 개별화된 존재라는 의미다. 하나님이 나를 통해 일하시려면, 사고 패턴과 이미지를 통해야만 한다.

영감을 받아 전도서를 쓴 저자는 3장 11절에서 이렇게 말한다.

"하나님은 모든 것이 제때에 알맞게 일어나도록 만드셨다. 하나님은 사람들에게 과거와 미래를 생각하는 감각을 주셨다."

내가 보는 세상은 내가 있는 세상이다. 우리는 자기 정신의 내용을 통해 세상을 볼 수 있다. 아름다움은 보는 사람의 눈에 담겨 있기에 저마다 다른 세상을 본다. 사랑스럽고 가치 있는 것과 나를 동일시한다면 나는 사랑이 넘치는 것만 볼 것이다.

"어떤 사람을 보느냐에 따라 나의 모습이 달라진다. 하나님을 보면 하나님이 될 것이고 먼지를 보면 먼지가 될 것이다."

"이 모든 것은 하나님이 사람에게 수고하라고 지우신 짐이다."

전도서 3장 10절에서 말하는 짐은 우주의 스크린에서 만나는 다양한 문제, 도전, 시련, 어려움을 뜻하는데, 이런 짐을 극복함으로써 영적으로 성장할 수 있다. 문제를 극복하고 내면의 힘을 발견할 때 큰 기쁨을 느낀다.

무지 때문에 고통이 생긴다

세상을 바꾸려는 시도를 멈추라. 타인을 바꾸려고 노력하지 말라. 나만 바뀌면 된다. 인간의 본성은 수 세기 동안 그다지 많이 바뀌지 않았고, 이는 최근에 발생한 세 번의 큰 전쟁을 통해 증명되었다. 사실 우리가 태어난 이후로도 세계 어딘가에서 전쟁은 계속되고 있다. 인간의 마음에서 비롯된 질병을 없애는 마법 지팡이는 없다. 전쟁과 인간의 갈등을 막는 신비한 지팡이도 가지고 있지 않다.

이러한 깨우침이 곧 학교다. 우리는 성장하고 결말을 만드는 신성함을 발견하기 위해 이 자리에 있다. 부처님 말씀대로 세상의 고통은 무지 때문에 생긴다. 고통받고 아픈 자의 짐을 덜어 주려는 욕망은 숭고하고 하나님과 같은 것이지만, 세상에서 일어나는 범죄와 비극, 고통에 대해 우울해질 정도로까지 생각해서는 안 된다. 그렇게 하면 군중심리가 더 오염된다. 나와 전 인류를 위해 평화, 조화, 올바른 행동 그리고 빛을 생각하라. 그럼 온 인류를 축복할 것이다.

지금 좋은 것을 손에 넣고 행복을 누려라. 사랑과 기쁨을 만끽하라. 좋은 일을 미루지 말라. 전쟁이 끝난 후 모든 사람이 하나님 안에서 새로 태어나야만 행복하고 기쁘며 자유로워지리라고 말하는 건 어리석다. 그날이 올 때까지 영원히 기다려야만 할 것이기 때문이다. 하나님의 평화와 조화, 기쁨의 의식을 따라 걸을 때 우리는 그분이 주신 사랑의 햇살을 전 세계에 퍼뜨리고 있는 것이다. 그렇기 때문에 땅을 걷는 사람들 모두에게 축복을 준다.

세계를 여행하던 중 동정심이 지나칠 정도로 많은 한 여성을 만났다. 그녀의 주변에는 거지들이 몰려들었고, 가방을 잡으려고 하던 사람도 있었다. 그녀는 이렇게 말했다.

"불쌍하고 굶주린 사람들을 생각하면 밥이 입으로 안 들어가요."

일행은 그녀에게 다소 직설적인 말투로 그만 정신을 차려야 하지 않겠냐고 말하며 길거리에 있는 거지들 옆에 누워 같이 고통받는 게 최선일지도 모른다고 했다.

그녀는 요점을 알아챘다. 굶주린 거지에게 "너무 안 돼 보이셔서 저도 오늘 같이 굶을 거예요"라고 말하는 건 도움이 되지 않는다. 자기를 보고 몰려든 모든 거지의 배를 채워 주지 못할 것이고, 필요한 음식과 옷을 다 사줄 수도 없을 것이다.

아파서 병원에 입원한 친구의 병문안을 간다고 치자.

"내가 동정심이 많아. 네가 아프다니 참 유감이야. 그래서 나도 여기 남아서 함께 고통받기로 했어"라고 말하는 이는 없을 것이다. 아픈 친구에게 정말 필요한 것은 믿음과 자신감, 사랑, 선의의 영적인 수혈이다. 아픈 친구를 일으켜 세우는 건 하나님의 치유력과, 치유의 기적이 오늘날 여기저기서 일어나고 있다는 걸 일깨워 주는 일이다. 이건 측은지심이지 동정심과는 다르다.

"그것들도 소홀히 하지 않아야 했지만, 이것들도 마땅히 해야 했다."(마태복음 23장 23절)

굶주린 이에게 음식을 주는 건 좋지만 내가 가진 음식의 절반을 주지는 말아라. 시간이 조금만 지나면 다시 배가 고플 것이기 때문이다. 그 대신 천국의 부가 있는 잠재의식을 어떻게 두드려야 하는지를 알려 줘라. 내게 필요한 모든 걸 하나님께서 공급해 주시며, 하나님을 부르면 응답해 주시리라는 걸 깨우치게 하라. 그러면 다른 절반, 즉 엄청나게 비싼 진주를 준 것과 다름이 없기에 아무것도 원하지 않을 것이다.

- 특정한 생각을 반복하고 기쁨과 경이로움을 느끼면 그것이 잠재의식으로 들어가 법칙이 된다.

- 의식상의 등가물이 없다면 그러한 일을 경험할 수 없다. 여기서 의식이란 현재의식과 잠재의식에서 완전히 믿고 받아들이는 것을 뜻한다. 다시 말해 내가 생각하고 느끼고 믿고 정신적으로 동의한 모든 것을 일컫는다. 의식 속에 없는 것은 경험할 수 없다.

- 마음속 깊은 곳에서 진짜라고 느끼는 건 우주의 스크린에서 확인될 것이다. 마음속으로, 감정적으로 그리고 잠재의식에서 무언가를 생각하면 그렇게 행동하고 경험하며 기능한다.

- 우리가 믿는 게 무엇이 되었든 잠재의식은 그것을 실현한다.

- 기도는 좋은 습관이고 실패는 나쁜 습관이다.

- 진리를 끊임없이 반복하면 잠재의식에 서서히 침투한다. 진리를 잠재의식에 반복해서 되뇌면 모든 부정적인 것과 두려움이 사라진다

- 의미 있는 방식으로 특정한 생각을 반복하면 생각이 실현되는 순간이 온다. 잠재의식의 확신은 더 깊은 마음의 자동적인 반응을 끌어 내 나를 앞으로 나아가게 한다.

- 잠재의식을 영원한 진리로 채우면 나의 인생 전체가 내가 마음속에 품는 이미지와 생각으로 바뀔 것이다. 마음만 준비되어 있다면 더 이상 준비할 건 없다. 성령이 들어오도록 마음을 열자. 그러면 새롭게 태어나 높은 곳으로부터 빛을 받을 수 있다.

12

위대한 진리를 묵상하라

주님은 나의 목자이시니, 내게 부족함 없습니다.

나를 푸른 풀밭에 누이시며 쉴 만한 물가로 인도하십니다. 내게 다시 새 힘을 주시고, 당신의 이름을 위하여 바른길로 인도하십니다.

비록 내가 아주 캄캄한 골짜기로 다닐지라도, 주님께서 나와 함께 계시고 주님의 막대기와 지팡이로 나를 보살펴 주시니, 내게는 두려움이 없습니다.

주님께서는 내 원수들이 보는 앞에서 내게 잔칫상을 차려 주시고 내 머리에 기름을 부으시어 나를 귀한 손님으로 맞아 주시니, 내 잔이 넘칩니다.

주님의 선하심과 인자하심이 내가 사는 날 동안 진실로 나를 따르니, 나는 주님의 집으로 돌아가 영원히 그곳에서 살겠습니다. (시편 23편)

사람들은 시편에 담긴 위대한 진리를 묵상하고 놀라운 결과를 얻는다. 이 진리들에 관심을 기울이고 정신적으로 흡수하는 것이 바로 참된 의미의 묵상이다. 왜냐하면 나의 신성, 즉 내 안의 깊은 자아 안에 거하시는 하나님의 현존을 더욱 내 것으로 만들고 있기 때문이다.

주님은 나의 목자이시니.

여호와는 내면의 하나님, 즉 내 안에 계시는 생령을 일컫는다.

내게 부족함 없습니다.

이는 내가 하나님을 목자로 택했다는 사실의 증거가 전혀 필요하지 않다는 걸 의미한다.

목자는 양을 사랑으로 돌봐준다. 풀을 뜯는 풀밭을 살펴보고 양에게 안 좋을 수 있는 유독한 잡초를 뽑는다. 양들을 그늘로 안내하고, 물이 있는 골짜기로 이끌어 생기를 되찾게 한다. 밤에는 양들의 콧구멍을 살펴 침이 박혔는지 또는 무언가가 들어가 피부를 따갑게 하는지 살펴본다. 뭔가가 박혀 있다면 뽑고, 오일을 발라 피부를 진정시킨다. 발도 살펴본다. 만약 다쳤다면 약을 발라 주고 적절한 치료를 해준다. 목자는 양을 사랑한다. 양들의 이름을 부르면 양들은 그를 따른다.

이 모든 것은 상징적이지만 우리가 하나님을 목자로 선택하면 좋은 일들이 절대 부족하지 않으리라는 요점을 담고 있다.

"내가 진정으로 너희에게 말한다. 양 우리에 들어갈 때 문으로 들어가지 아니하고 다른 데로 넘어 들어가는 사람은 도둑이요 강도다."(요한복음 10장 1절)

되는 건 가지는 것이다

기도의 응답을 받기 전에 우리는 먼저 의식상에서 소망을 가져야 한다. 의식은 현재의식과 잠재의식에서 수용하고 믿을 수 있는 아이디어의 총량을 상징한다. 생각과 느낌, 믿음 그리고 정신적으로 동의하는 방식이 의식의 상태를 이룬다.

한마디로 우리의 소망은 잠재의식에 가라앉아 있다. '가질 수 있다'라는 상태 이전에 '되어야 한다'라는 상태가 있다. 고대인들은 '되는 건 가지는 것이다'라고 했다.

외부 수단을 써서 내가 원하는 것을 얻고자 한다면 도둑이자 강도다. 나의 의식 상태는 모든 표현의 문이므로 나는 내가 되고 싶은 모습, 갖고 싶은 것에 상응하는 등가물을 정신에 두어야 한다.

간단한 예시를 들어 보자. 치유를 원하는 사람은 계속해서 "나는 치유 받았습니다"라고 거듭 확언한다. 하지만 이런 기계적인 말만으로는 충분하지 않다. 그는 자신이 치유되었다는 사실에 기뻐하고 깨닫는 상태에 들어가야 한다.

이러한 상태는 확신이다. 치유됐다는 걸 영혼이 조용히 내적으로 알았다는 사실에 근거해야 한다. 부자가 되려면 부자가 되는 것 같은 느낌을 지녀야 한다. 그러면 부는 따라올 것이다.

양은 우리를 축복하는 고귀하고 존엄하며 하나님과 같은 생각을 의미한다. 선에 대한 확신은 양을 돌보는 목자와 같다. 왜냐하면 마음의 지배적인 상태는 늘 장군이 군대를 지휘하는 것과 같은 방식으로 마음을 통치하기 때문이다.

갖고 싶은 걸 가지고, 되고 싶은 사람이 되며, 하고 싶은 일을 하는 의식의 상태로 들어가면서 우리는 양들을 이름으로 부른다. 이러한 분위기를 유지하면 분위기는 내면에서 구체화되고 확고해진다. 이런 방식으로 주관적으로 구체화된 대상들은 객관적으로 발현된다.

"양들은 결코 낯선 이를 따라가지 않을 것이고 그에게서 달아날 것이다. 양들이 낯선 이의 목소리를 알지 못하기 때문이다."(요한복음 10장 5절)

타인은 마음에 들어오는 공포와 의심, 불안한 생각을 뜻한다. 이런 생각은 좋은 것을 무력화하기에 치유와 발현을 지연시킨다.

무한한 치유의 현존이 나를 온전하고 완벽하게 한다고 기도하면서 동시에 원망하고 치유가 되지 않을까 두려워하는 건 나태한 태도다. 상황과 조건, 일이 받쳐 주지 않고 나이와 인종에서 한계가 있으며 돈이 부족하다고 생각한다면 목표를 이루는 가능성을 없애 버리는 것과 마찬가지다.

성경적으로 이야기하면 나는 도둑이고 강도다. 그래서 "나보다 먼저 온 이(확신)는 다 도둑이고 강도다. 그래서 양들이 그들의 말을 듣지 않았다"(요한복음 10장 8절)라고 한 것이다.

묵상의 목적은 나의 마음이 하나님과 비슷해지도록 방향을 다시 설정하여, 신성한 법칙과 질서가 모든 일과 삶의 모든 단계를 지배하도록 하는 데 있다.

셰익스피어는 "마음만 준비되어 있다면 더 이상 준비할 건 없다"라고 했다. 성경에서는 "하나님께서 세상을 창조하시고 모든 일을 끝마치셨으므로, 그때부터 안식이 있어온 것입니다."(히브리서 4장 3절)라고 말한다. 이 구절은 마음과 가슴을 열고 하나님이 태초부터 내려 주신 선물을 받아들여야 한다는 뜻이다.

생각을 재정리하고 간단한 질문을 해보자.

하나님 안에, 천국 안에 사는 건 어떤가? "모든 게 더없이 행복하고 조화로우며 기쁘다" "사랑과 평화가 넘치고 완벽하며 온전하다" "말로 표현할 수 없이 아름답다"라고 답해야 한다.

지혜가 충만하고 전능하시며 모든 걸 알고 있는 분은 내 안에 있다. 무엇을 추구하든 내가 추구하는 건 이미 존재한다. 사랑과 평화, 기쁨, 힘, 조화 그리고 모든 문제에 대한 해답은 지금 내 안에 있다. 하나님만 이 해답을 알고 계신다.

인도를 받는 법

인도를 구하고자 한다면 다음과 같이 확언하라.

내가 묻기도 전에 무한한 지성은 이미 해답과 탈출구를 알고 있습니다. 지금 최극의 지혜를 부르면, 그 본질에 따라 나에게 응답하리라는 걸 압니다. 나를 이끌고 해답을 주는 상황을 또렷하게 인식할 것입니다. 현재의식, 즉 추론하는 마음에 인도가 들어오면 이를 순간적으로 알아차립니다.

이렇게 확언한 후 잠재의식의 무한한 지성에게 요청을 넘겨라. 반드시 해답이 나오리라는 걸 알면서 문제를 마음속에서 떨쳐 버려라. 마음이 평안하고, 내가 이미 확언하고 명한 내용을 나중에 부인하지 않는다면 문제를 진정으로 넘긴 것이다.

나는 지금 캘리포니아 라구나힐스에서 이 장을 쓰고 있다. 어제 하와이에서 한 여성의 편지가 왔다. 그녀는 나에게 시편 23편의 다음 구절을 묵상하고 있다고 했다.

나를 푸른 풀밭에 누이시며

그녀는 이 구절을 일주일 동안 하루에 세 번 30분씩 되뇌었다. 그리고 시편의 약속에 온 정신을 집중하여, 이 말씀을 모든 각도에서 바라보기 시작했다. 그리고 거기에 어떤 의미가 깃들어 있는지, 이게 어떻게 자신에게 적용 될 것인지 살펴보았다.

그녀는 묵상의 분위기 속에서 이 말들을 깊이 생각해 보았고 마음의 평화와 만족감, 고요함, 풍요, 안전을 의미한다는 것을 깨달았다. 들판에 누워 되새김질하는 소의 모습이 선명하게 떠올랐다. 여기서 되새김질은 마음속에서 명상하는 과정을 상징한다. 풀을 되새김질할 때 소는 먹은 모든 것을 흡수하고 소화하여 우유와 조직, 뼈, 근육, 혈액 등으로 변화시킨다. 이와 같은 논리로 그녀는 진리가 자신의 한 부분이 될 때까지 소화하고 삼키고 흡수했다.

그녀의 재정 상태는 좋지 않았다. 아름다운 집이 다른 사람의 손에 넘어 갈 위기에 처해 있었고, 재산의 거의 대부분을 투자했던 광산이 갑자기 무너졌다. 게다가 아들의 행방을 몰랐다. 어디서도 그를 찾지 못했다.

계속 시편의 구절을 묵상하니 그 주가 끝날 무렵 변호사로부터 연락이 왔다. 다른 섬에 살고 있던 먼 친척이 큰돈과 주식, 채권을 유산으로 남겨주어 금전 문제가 해결되었다. 그리고 관련된 모든 사람과 만족스러운 합의를 이룰 수 있었다.

캐나다로 도망쳤던 아들도 집으로 돌아왔다. 아들은 캐나다에 가면 푸른 풀밭이 있을 것이라 생각했다고 한다. 집으로 돌아왔을 때 그는 보다 현명해졌고 마음은 평화로웠다.

이는 매우 건설적인 성격을 띤 진정한 묵상이다. 그녀는 이 위대한 진리를 정신적으로 받아들였다. 바나나를 먹으면 몸속에서 피의 일부가 되는 것처럼, 진리도 그녀 안에 살아 숨 쉬는 한 부분이 되었다. 침착하게 시편의 구절들에 마음을 집중했고, 그 심오한 의미와 치유력을 곱씹었다. 그리고 정신적으로 이러한 진리와 함께 누워, 인생의 전반적인 조화를 경험해 보기로 했다.

쉴 만한 물가로 인도하십니다.

성경에서 목자는 내면에 임재하신 하나님의 이끌고 치유하며 보호하는 능력을 상징한다. 하나님만이 유일한 현존이자 권능이고 원인이며 실체임을 알 때 나는 선한 목자가 된다. 이 확신이 마음속에 자리 잡았을 때 나는 수없이 많은 방법으로 하나님의 지시와 축복을 받을 것이다.

잔잔한 물가는 평화롭고 고요하며 차분하고 평정심이 가득한 마음을 의미한다. 나는 무한자의 힘과 지혜, 사랑을 곰곰이 생각하고 있다. 그렇게 하면 나는 성스러운 편재에 흠뻑 빠져 평화와 기쁨, 온전함, 활력의 강에서 목욕하는 자신을 발견한다.

"성령에 속한 생각은 생명과 평화입니다."(로마서 8장 6절)

마음이 평화로울 때 해답이 나온다. 평화는 하나님이 가지신 마음의 힘을 말한다.

내게 다시 새 힘을 주시고,

하나님을 나의 목자로 택하면 나는 승리의 노래를 부를 것이다. 에머슨의 말을 빌리자면 내 마음가짐은 '사랑스럽게 바라보는 영혼의 독백'이라고 표현할 수도 있다.

나는 내 안에 있는 무한한 영을 인식하고 있으며 부르면 영이 응답하리라는 걸 안다. 또한 힘은 하나이며 힘을 나눌 수 없다는 걸 안다. 이렇게 하면 세상의 모든 두려움과 그릇된 믿음을 거부한다.

두려움, 좌절, 그릇된 믿음이 내 안에 쌓이지 않는다. 잠재의식이 모든 부정한 것을 지운다. 왜냐하면 무한한 바다의 생명과 사랑, 진리와 아름다움이 잠재의식에 넘치고, 내 존재 전체를 정화하고 치유하며 조화와 온전함, 평화의 신성한 패턴으로 변화시키고 있기 때문이다.

세상에는 하나의 치유력만이 존재하며 이를 최극의 치유력이라 인정한다면, 또는 생각에 창조력이 깃들어 있다는 것을 인식한다면 주님이자 하나님을 목자로 모시고 영혼을 회복한다.

당신의 이름을 위하여 바른길로 인도하십니다.

눈을 감고 내면으로 들어가라. 몸과 마음을 차분하고 침착하게 한 후 하나님의 지혜가 나의 지성에 성유를 바르고 발에 등불이 되며 길을 비추어 준다고 확언하라.

신성한 사랑은 내 앞에 먼저 가면서 곧고 행복하고 즐거우며 번영하는 길을 열어 준다고 주장하라. 항상 하나님의 현존을 바라보라. 내 안에 있는 신성한 중심의 관점으로 생각하고 말하고 행동하며 반응하라.

하나님은 나의 안내자이자 상담자, 상사, 스승이라는 걸 깨닫고 알아야 한다. 그렇게 느끼고 주장해야 한다. 그러면 신성하고 올바른 행동이 늘 나를 지배할 것이다. 다음과 같이 대담하게 확언하라.

지금부터 나는 영원한 진리와 생명의 원리의 관점에서 생각합니다. 그렇기에 나는 올바르게 생각합니다. 나는 옳다고 느낀 옳은 일을 합니다. 내 행동은 옳고, 나는 신성한 법칙과 질서라는 영원한 원칙, 즉 하늘의 첫 번째 법칙에 따라 모든 일을 합니다. 저는 하나님이라는 이름이 하나님의 본질을 의미한다는 걸 압니다. 하나님의 본질이란 영생하는 분이시자 전능한 존재, 무한한 지성, 편재하고 전지하신 분이자 영원한 사랑이라는 사실을 뜻한다는 걸 알고 있습니다. 하나님과 그분의 사랑이 나의 온 존재를 만족시켜 주신다는 걸 이제 압니다. 내가 하는 모든 일은 번영할 것입니다.

어딜 가든 평화와 사랑, 선의의 의식을 가지고 모든 사람에게 나눠 주며 땅 위를 걸어라. 병원에 입원해 있는 아픈 친구에게 병문안을 간다고 가정해 보자. 나는 사랑과 평화, 선의의 분위기를 가지고 친구를 만나러 갈 것이다. 정신적이고 영적인 분위기로 아픈 친구를 축복할 것이다. 나는 친구에게 은총과 사랑을 수혈할 수 있고, 믿음과 확신, 무한한 치유의 현존에 대한 믿음으로 그에게 자양분을 공급할 수 있다. 하나님은 생명이시다. 그리고 하나님의 생명은 지금 나의 생명이다.

하나님은 죽지 않으시므로 죽음은 없다. 소위 말하는 죽음은 인생의 사차원으로 들어가는 것이다. 우리의 여정은 하나의 영광에서 다른 영광으로, 하나의 지혜에서 다른 지혜로 향한다. 우리는 영원히 앞으로, 위로, 하나님 앞으로 나아간다. 무릇 사람이 향할 수 있는 영광에는 끝이 없기 때문이다.

음산함은 죽음의 비현실성을 의미한다. 모든 끝은 시작이다. 그러므로 지금의 차원을 떠나면 나는 하나님 안에서 새롭게 태어난다. 그때의 나는 새로운 사차원의 신체를 입는데, 사차원의 신체는 희미하고 농도가 옅어서 단단한 물질을 통과할 수 있게 해준다. 다음 차원에서 나는 사랑하는 사람을 만날 것이며 이곳에서뿐만 아니라 그곳에서도 지혜와 진리, 아름다움을 키울 것이다.

우리는 매일 밤 잠자리에 들면 소위 무지한 사람들이 죽음이라고 부르는 상태에 들어간다. 예를 들어 죽음이나 내세 혹은 심판의 날과 비슷한 성격의 것들이 두렵다면 나는 사랑의 하나님이신 만물의 주님이 아니라 무지와 망상에 지배당하고 있는 것이다.

"하나님께서는 우리에게 비겁함의 영을 주신 것이 아니라, 능력과 사랑과 절제의 영을 주셨습니다."(디모데후서 1장 7절)

성경적으로 죽음은 하나님의 진실에 대한 무지를 가리킨다.

주님의 막대기와 지팡이로 나를 보살펴 주시니, 내게는 두려움이 없습니다.

막대기는 내가 요청할 때마다 바로 쓸 수 있는 하나님의 힘을 상징한다. 지팡이는 하나님의 힘을 사용할 수 있는 권한과 능력을 뜻한다. 무한한 현존의 전지전능함을 묵상하고 생각하면 마음은 고요하고 수동적인 내적 상태에 이른다.

산꼭대기에 있는 아름답고 잔잔한 호수를 생각해 보라. 이 호수는 별과 달처럼 하늘에서 쏟아지는 빛을 반사한다. 마찬가지로 마음이 조용하고 고요할 때 나는 천상의 진리와 하나님의 빛을 반사한다.

차분한 마음은 일을 완수하게끔 한다. 마음이 차분하고 조용하며 수용적이면 문제에 대한 신성한 아이디어나 해결책이 마음속 표면에 떠오른다. 그것이 바로 무한한 현존과 권능의 인도이자 직관적인 목소리다. 산의 호수가 잔잔하지 않을 때는 하늘에서 쏟아지는 빛을 반사하지 못한다.

하나님께서 지금 나를 인도하고 있다고 주장하고 기도의 응답을 받게 됨에 기뻐하라. 그의 막대기와 지팡이가 나의 걱정을 덜어 주니 내 마음은 평화롭다.

주님께서는 내 원수들이 보는 앞에서 내게 잔칫상을 차려 주시고

"사람의 원수가 자기 집안 식구일 것이다."(마태복음 10장 36절)

여기서 원수는 내 생각, 두려움, 자책, 의심, 분노, 원망, 악감정을 뜻한다. 진정한 원수는 내 마음속에 있다. 두려운 생각이 떠오른다면 하나님과 모든 선한 일에 대한 믿음으로 대체하라. 스스로를 비판하거나 자책하려는 생각에 이끌리면 다음의 위대한 진리를 외치며 생각을 즉시 정화하라.

내 가운데 하나님을 찬미합니다.

삼촌에게 거짓 혐의를 씌운 젊은 여성이 있었다.

삼촌에게 상속된 돈 중 일부를 받으려고 유언을 뒤엎으려고 했던 것이다. 삼촌은 화가 났고, 마음속에 분란이 일어났기 때문에 신경이 쇠약해졌다. 하지만 자기가 무슨 일을 하고 있는지 보았다. 그래서 마음속에서 이 문제로 씨름하는 걸 멈추고, 하나님의 위대한 진리를 영적으로 섭취하기 시작했다. 그는 평화와 조화, 하나님의 바른 행동에 대해 생각했다. 그곳에는 신성하고 조화로운 해결책이 있었다.

의사 친구가 최근에 해준 이야기다.

워싱턴에 있는 유명 정치인의 아내는 유방암에 관한 신문 기사를 읽고 공포에 휩싸였다고 한다. 이러한 공포 때문에 유방암에 걸린 수많은 여성이 병원을 찾아왔다는 것이다.

그는 암이나 결핵, 심장병을 다루는 텔레비전과 라디오, 언론 보도와 논쟁하는 건 이점보다 단점이 더 많다고 했다. 왜냐하면 마음속에서 논쟁을 불러일으키면 더욱 큰 문제를 만들기 때문이다. 그는 이 여성들의 암에 대한 끊임없는 공포가 정확하게 두려워하는 일을 결국 만들어 낸다고 지적했다.

"그렇게도 두려워하던 일이 밀어닥치고"(욥기 3장 25절)

하나님의 사랑, 평화, 온전함, 완벽함의 의식을 따라 걸으면 군중심리가 심어 준 거짓 믿음과 공포, 선전을 딛고 일어선다.

다음은 영적인 집안 분위기 속에서 자란 어떤 소년이 가르쳐 준, 인도에서 많이 사용되는 기도문이다.

나는 아주 건강합니다. 하나님은 나의 건강이십니다.

어린 소년이 하루에 몇 번씩 이 노래를 부르자 이는 습관이 되었고, 점차 모든 질병과 질환에 대한 면역력이 길러지기 시작했다.

하나님이 있는 곳이
내가 가야 할 길

하나님의 우주에는 두려워할 것이 없다는 것을 깨달아야 한다. 창조물에 힘을 실어 주는 걸 멈추고 창조주께 힘을 실어라. 온 우주는 나를 위하며, 나에게 반하는 건 그 무엇도 없다.

내 머리에 기름을 부으시어 나를 귀한 손님으로 맞아 주시니,

기름은 빛과 치유, 찬미와 감사의 상징이다. 이는 무한한 치유의 현존이 나를 대신하여 기능하고 있으며 하나님의 지혜가 나의 지성에 기름을 붓는다는 걸 의미한다. 나는 하나님의 사랑으로 축성을 받았다.

"주께서 내 마음에 안겨 주신 기쁨"(시편 4편 7절)

"기쁨의 기름을 부어 주셨습니다."(시편 45편 7절)

"즐거움의 기름을 부으셔서"(히브리서 1장 9절)

기도에 해답을 얻는 가장 훌륭한 방법은 영혼의 침묵 속에서 무한자에게 말을 하고 있다고 상상하는 것이다. 자장가를 부르듯 "하나님 감사합니다"라고 말하면서 잠이 들어라. 그리고 감사한 느낌이 들 때까

지 이 구절을 반복하라. 나는 기도에 응답해 주신 무한자에게 감사한다. 이렇게 하면 마음속 깊은 곳에 감사하는 태도를 가진다. 이런 방식으로 기도하면 기적이 일어난다.

내 잔이 넘칩니다.

잔은 마음을 상징한다. 하나님의 위대한 진리를 생각하면 마음을 이러한 진리로 채울 수 있다. 무한자의 아름다움과 영광, 경이로움을 생각하면 사랑과 평화, 기쁨의 느낌이 자동으로 발산되어 마음이 황홀함과 환희로 가득 찬다. 모두에게 활기와 다정함, 따듯함, 선의를 뿜어 내는 나 자신을 발견할 수 있을 것이다.

잠재의식은 그 안에 저장한 모든 것을 크게 만든다. 그러므로 자신을 성찰하면 나의 선이 하나님의 향기로 누르고 흔들어 넘치게 부어 주시는 걸 발견할 것이다. 하나님의 사랑이 잠재의식 안에 쌓인 부정적인 것을 완전하게 녹이면, 내가 바람처럼 자유롭다는 걸 알 것이다.

주님의 선하심과 인자하심이 내가 사는 날 동안 진실로 나를 따르니,

이 위대한 진리들을 계속 묵상하고 흡수하면, 나를 위해 모든 일이 작용하고 있다는 걸 발견할 것이다. 신성한 사랑은 나를 앞서 가면서 행복하고 즐거운 길을 열어 준다. 주님의 조화, 평화, 기쁨이 내 인생에서 흐른다. 가장 높은 수준에서 재능을 표현하는 나 자신을 발견한다. 내가 생각하는 모습으로 변해 가는 걸 볼 수 있을 것이다. 하나님의 진리를 묵상하면 내가 가는 모든 길이 즐겁고 평화롭다는 걸 안다.

나는 주님의 집으로 돌아가 영원히 그곳에서 살겠습니다.

나는 살아 계신 하나님의 성전이다. 하나님은 내 안에서 걸으시고 말씀하신다. 주기적이고 체계적으로, 하루에도 몇 번씩 하나님은 나의 인도자이자 나의 상담자이며 높은 곳으로부터 지속적으로 영감을 받고 있다는 걸 상기하면, 나는 하나님의 집에 사는 것이다. 여기서 하나님의 집은 마음을 뜻한다.

하나님을 아버지이자 공급의 원천으로 바라보면 어떤 좋은 것도 부족하지 않다는 것을 알 것이다. 왜냐하면 하나님은 나를 사랑하시고 나를 돌보시기 때문이다.

"하나님의 장막이 사람들 가운데 있다. 하나님이 그들과 함께 계실 것이요, 그들은 하나님의 백성이 될 것이다. 하나님이 친히 그들과 함께 계시고"(요한계시록 21장 3절)

이제 나는 신성한 현존에 뿌리를 내리고 하나님과 함께 집에 있다. 하나님은 나에게 안식과 안정감을 주신다. 나는 하나님이 있는 곳에 있고, 하나님과 영원히 함께 거하기 때문에 긴장을 풀어도 걱정이 없다. 나는 끝을 알 수 없는 천상의 사다리를 타고 올라가는 여정 중에 있다. 매일 밤 영원히 하나님을 찬미하는 말씀을 입술에 올리면서 잠들어라.

- 시편에 담긴 위대한 진리를 묵상하고 놀라운 결과를 얻어라. 진리에 관심을 기울이고 정신적으로 흡수하는 것이 바로 참된 의미의 묵상이다.

- 외부 수단을 써서 내가 원하는 것을 얻고자 한다면 나는 도둑이자 강도다. 나의 의식 상태는 모든 표현의 문이므로, 나는 내가 되고 싶은 모습, 갖고 싶은 것에 상응하는 등가물을 정신에 두어야 한다.

- 마음에 들어오는 공포와 의심, 불안한 생각은 좋은 것을 무력화하기에 치유와 발현을 지연시킨다.

- 묵상의 목적은 나의 마음이 하나님과 비슷해지도록 방향을 다시 설정하여, 신성한 법칙과 질서가 모든 일과 삶의 모든 단계를 지배하도록 하는 데 있다.

- 마음과 가슴을 열고 하나님이 태초부터 내려 주신 선물을 받아들여라.

- 지혜가 충만하고 전능하시며 모든 걸 알고 있는 분은 내 안에 있다. 무엇을 추구하든 내가 추구하는 건 이미 존재한다. 사랑과 평화, 기쁨, 힘, 조화 그리고 모든 문제에 대한 해답은 지금 내 안에 있다. 하나님만이 해답을 알고 계신다.

- 성경에서 목자는 내면에 임재하신 하나님의 이끌고 치유하며 보호하는 능력을 상징한다. 하나님만이 유일한 현존이자 권능, 원인, 실체임을 알 때 나는 선한 목자가 된다. 이 확신이 마음속에 자리 잡았을 때 나는 수없이 많은 방법으로 하나님의 지시와 축복을 받을 것이다.

13

남의 문제를 보지 말고
내 문제만 보라

"너희는 손을 멈추고, 내가 하나님임을 알아라."(시편 46편 10절)

영혼의 침묵 속에서 이러한 말을 자신에게 속삭여 보라. 얼마나 큰 해방감이 드는가. 다음 위대한 진리에 담긴 지혜와 진리, 아름다움을 곱씹어 보라. 압박과 근심 그리고 긴장으로부터 크게 해방되는 느낌을 받을 것이다.

"너희는 대열만 정비하고 굳게 서서, 내가 너희에게 승리를 가져다 주는 것을 보아라."(역대하 20장 17절)

"주님께서 나를 위해 그들에게 갚아주시니"(시편 138편 8절)

이러한 진리로 마음을 채우면 내 안에서 걷고 말하는 무한한 지성의 확실한 응답을 받을 것이다.

라구나힐스에 사는 한 남성은 거의 5년 가까이 법적 문제로 골머리를 썩이고 있었다. 그는 이 문제에서 벗어나기 위해 기도하고 매일 밤 다음과 같이 확언했다.

"이 문제를 놓아줍니다. 이 문제를 하나님께 맡깁니다."

하지만 그는 낮 동안에는 기도를 부정하는 습관이 있었다. 자꾸 그 문제를 '가만히 놔두지 않았다.' 거의 매일매일 "하나님, 얼마를 기다려야 합니까? 얼마나 오래 기다려야 하는 거지요?"라고 물었다.

대화를 나누는 동안 그는 매우 친숙한 성경 구절을 인용했다.

"너희는 세상에서 환난을 당할 것이다. 그러나 용기를 내어라. 내가 세상을 이겼다."(요한복음 16장 33절)

어쨌든 그는 상대가 벌을 받으리라고 생각하고 있었다. 왜냐하면 거짓 혐의로 법적 소송에 휘말렸고, 친척들은 어떤 유언장을 빌미로 거짓말을 해 그를 고소했기 때문이다. 한마디로 원고들은 탐욕스러웠고 무언가를 거저 얻어 보려 한다고 여겼다.

그는 내 조언에 따라 자신의 행동을 바로잡았다. 그리고 낮 동안에 호들갑을 떨고 조바심을 내면서 화내는 대신 다음과 같이 주기적으로 확언했다.

나는 이 문제를 풀어 주고 놓아줍니다. 하나님께서 행동하십니다. 즉, 모든 게 조화롭고 평화롭다는 뜻입니다.

그는 생각을 대체하는 훈련을 했다. 부정적인 생각이 떠오르면 앞의 확언으로 대체했다. 그러자 이런 부정적인 생각은 추진력을 잃었고, 며칠 후부터 내면의 평화를 느꼈다.

그는 친척이 자신을 해치거나 선을 빼앗도록 힘을 실어 주는 걸 멈췄다. 친척들은 이런 힘을 가진 적이 없다. 이러한 힘을 가진 건 내 생각뿐이다. 그는 서서히 영적인 관점에서 자각하고 이해하기 시작했다. 그리고 자신의 의식이 인생에서 겪는 경험과 펼쳐지는 삶의 조건을 형성하는 유일한 원인이라고 확신했다. 여기서 의식이란 현재의식과 잠재의식적으로 받아들이고 믿는 총체를 뜻한다.

이러한 마음가짐을 유지하는 동안 그의 변호사가 소식을 전했다. 원고측 변호인이 친척들에게 더 이상 소송을 진행하지 말라고 조언했다고 한다. 법정에 제출할 만한 실제적인 증거가 없다고 느꼈기 때문이다. 이는 기도에 대한 응답이었다.

생각을 바꾸고 고수하라

타인을 바꾸려고 노력하지 말라. 나만 바뀌면 된다. 태도를 바꾸고 관점을 바꿔라. 세상을 바꾸려는 노력을 멈춰라.

위 이야기에 등장하는 남성은 소송과 관련된 친척들에 관한 생각이 자신을 화나게 했다는 것을 깨달았다. 다른 사람이나 그들의 행동이 그를 화나게 한 건 아니었다. 거짓말이라 판단했고 반응했기에 괴로웠던 것이다. 힘을 실어 주는 걸 멈추자 내면에서 모든 걸 보고 모든 걸 아는 신성한 현존에 충성할 수 있었다.

혼란이나 질병, 고통의 원인으로 다른 사람을 비난하는 걸 멈춰야 한다는 것을 반드시 깨우쳐야 한다. 나아가 다른 사람이 나의 성공을 방해하고 있다는 기이하고 미신적인 믿음을 버려야 한다. 하나님을 믿고 좋은 일이 생기는 게 나의 운명이라 믿으면 내가 하는 일에서 분명 성공할 것이다.

파키스탄 출신 남성과 이야기를 나눈 적이 있다.

그는 미국에서 대학을 졸업했는데, 그가 앞으로 나아가지 못하고 과학 분야에서 높은 위치에 오르지 못한 이유는 아버지 때문이라고 했다.

아버지는 계속해서 아들을 실패자라고 불렀다. 멍청하며 돌대가리라고 깎아내리면서 그 어떤 것도 이루지 못할 거라고 했다.

아버지가 그에게 으름장을 놓고 이런 비난을 퍼부은 건 사실이다. 하지만 곧 그는 자신이 자란 사회적 환경과 당시의 분위기가 그랬다는 것과, 아버지가 잘 몰라서 그런 말을 했으며 감정을 담아 의도적으로 그렇게 말한 건 아니라는 사실을 이해하기 시작했다.

그에게 지금 육체적으로나 감정적으로나 성숙했지만, 반드시 영적으로도 성숙해져야 한다고 설명했다. 또한 마음을 사용하는 방식에 대한 책임은 나 자신에게 있음을 깨달아야 한다고 덧붙였다.

부모와는 전혀 상관이 없다. 그는 자신이 정신적인 힘을 오용하고 잘못된 방향으로 사용하고 있으며, 습관적인 사고와 이미지에 대한 책임은 자신에게 있음을 깨닫기 시작했다. 이에 따라 그는 잠재의식이 하나님의 위대한 진리로 가득 차면 부정적인 패턴이 근절된다는 걸 알고서 자신의 마음을 영원한 진리로 채우기 시작했다. 내 조언에 따라 그는 하루에 몇 번씩 다음 확언을 반복했다.

무한한 지성이 나를 인도합니다. 신성한 법과 질서가 나의 삶을 지배합니다. 하나님의 사랑이 나의 영혼을 채웁니다. 나는 부모님과 주변 사람들에게 사랑과 평화, 선의를 발산합니다. 파괴적이고 원망스러운 생각을 품은 나 자신을 용서합니다. 이런 부정적인 생각을 조화와 평화, 올바른 행동, 선의로 즉시 대체합니다. 나는 하나님의 아들입니다. 하나님은 나의 상사이자 안내자, 상담자 그리고 월급을 주시는 분입니다. 내 인생에서 기적이 일어납니다.

이러한 기도 기법과 새로운 태도는 이제 그의 삶 전체를 바꿔 놓고 있다. 마음의 법칙을 알고 창조력을 건설적으로 사용하면 영적으로 성숙한다. 과거에 무슨 일이 있었냐는 중요하지 않다. 지금 당장 바뀔 수 있고 내 생각과 행동에 책임을 질 수 있다.

그는 자신이 스스로의 앞길을 막고 있다는 걸 발견했다. 발전을 방해하는 건 아버지도, 삼촌도, 이모도, 할머니 할아버지도, 다른 누구도 아니다. 바로 태만과 무관심이다. 창조의 원리가 내면에 있었지만 이를 올바른 방법으로 사용하지 못했다. 마음의 법칙은 시공간을 초월하므로 과거에 무슨 일이 있었냐는 중요하지 않다. 지금 바꿀 수 있다!

나는 어떤 사람인가

임원의 비서로 일하는 여성의 이야기다.

그녀는 사무실을 방문한 사람에게 자신을 '서류 정리하는 직원'이라고 소개한 다른 여성 동료에게 굴욕감을 느꼈고 기분이 상했다.

나는 그녀에게 직장 동료는 그녀를 깎아내리거나 실제보다 더 부풀려 줄 힘이 없다고 설명했다. 그리고 동료의 발언이나 행동은 어떤 식으로든 심기를 불편하게 할 힘이 없다고 말해 주었다. 마음이 불편했던 이유는 자신의 마음이 그렇게 움직였기 때문이다. 다시 말해 동료의 발언에 대한 자신의 생각 때문이었다.

만약 영적으로 성숙하다면 나 자신에게 이렇게 질문해 보라.

"정말로 내가 서류를 정리하는 직원인가? 나는 어떤 사람인가?"

만약 어른이라면 웃으면서 "예전에는 말단 경리였지만 지금은 승진해서 임원의 비서로 근무하고 있습니다"라고 말할 수 있다. 영적으로는 나 자신에게 이렇게 말할 수 있다.

"나는 무한한 그분의 딸이며 영원의 자녀입니다. 그게 바로 진짜 나입니다."

그녀는 감정적이 아니라 객관적으로 사람을 대하는 법을 배웠고, 사람들이 자기답게 살도록 내버려 두었으며 자기 내면에 있는 힘을 다른 사람에게 넘겨주지도 않았다. 이 여성은 자기가 가진 권리와 특혜, 특권을 주장하는 법을 배웠다. 이제 그녀는 모두에게 존경받고 있다.

원한을 품거나 비통해하지 않고도 나를 소개하는 말을 고칠 수 있다. 하지만 다른 사람에게 당하거나 밟히는 건 잘못이다. 스스로를 낮춰 생각한다면 모두가 나를 밟으려 들 것이다. 다른 여성이 나를 질투한다면 그건 그 사람의 문제이지 내 문제가 아니다. 그녀를 정신적으로, 영적으로 풀어 주고 놓아주라. 하루에 여섯 번 이상 웃으면서 넘기는 법을 배워라.

"하나님이 말씀하시기를, 우리가 우리의 형상을 따라서 우리의 모양대로 사람을 만들자. 그가 바다의 고기와 공중의 새와 땅 위에 사는 온갖 들짐승과 땅 위를 기어다니는 모든 길짐승을 다스리게 하자 하시고"(창세기 1장 26절)

이 구절은 우리가 노예가 아니라 주인이라는 것을 뜻한다. 내가 다스리고 있다는 사실을 받아들이고 주장하라. 자기 안에 있는 힘을 외부적인 사물에 전달하는 것을 멈추라.

해결할 힘은 내 안에 있다

엘 토로 거리에 위치한 새들백 극장에서 강연을 했을 때의 일이다. 어떤 남성이 자신은 장미 알레르기가 심하다고 했다. 눈과 코, 목구멍이 자극되어 점막 염증이 일어나 눈물이 흘러 괴롭다고 했다. 나는 그에게 태어났을 때부터 장미꽃에 특이 반응을 보였냐고 물어봤다. 그는 이렇게 답했다.

"아니요, 5년 전쯤 시작되었어요."

그는 언제나 붉은 장미를 꽂고 다녔던 한 여성과 약혼했었는데, 여성은 그에게 이별을 고했다. 그래서 아직도 그 여성에게 원망을 품고 있었다. 그리고 그녀와 붉은 장미를 무의식적으로 동일시했다.

장미는 하나님의 아이디어다. 하나님께서는 장미를 만드셨다. 그리고 자신의 창조물은 선하다고 말씀하셨다. 장미는 아름다움과 질서, 대칭, 비율을 상징하며, 나의 피와 같은 물질로 만들어졌다. 나는 그에게 장미나 꽃가루, 여러해살이풀을 비롯한 그 어느 것에도 힘을 실어 주어서는 안 된다고 설명했다. 장미에는 힘이 없다.

그는 전 약혼자를 하나님께 보내고 인생의 축복을 진심으로 빌어 주면서 용서하는 법을 배웠다. 그렇게 하자 그는 마음속에서 전 약혼자를 만날 수 있었고, 더 이상 마음이 요동치지 않았다. 이제 그는 장미 향기를 맡을 수 있다. 그리고 하나님의 창조물의 아름다움을 음미할 수 있으며 자주 옷깃에 장미를 단다.

이제 그는 자신이 장미를 다스린다고 했다. 알레르기의 원인은 장미가 아니라 그의 마음속에 있었다. 장미는 무해하며 그 누구에게도 "나를 만지거나 냄새를 맡으면 건초열이 나게 해야지"라고 한 적이 없다.

한 어머니가 여덟 살짜리 아들을 두고 불평했다.

아들 빌리는 공부를 싫어했고 학교에 관심이 없었다. 빌리와 이야기를 나누다 보니 진짜 문제가 드러났다. 진짜 문제는 그가 선생님을 좋아하지 않는다는 것이었다. 선생님은 빌리에게 배우는 속도가 느리다며 빨리 정신을 차리라고 했다. 빌리는 선생님을 원망하며 자신의 방식으로 반격했다.

어머니와 아버지는 빌리를 칭찬하기 시작했다. 빌리에게 우리는 너를 믿는다며, 마음가짐이 아주 훌륭하다고 칭찬해 주었다. 그러한 내면의 마음가짐이 학업에서 빛을 발하게 하고 뛰어난 학생으로 만든다는 것을 안다고도 말했다.

어머니는 선생님과 면담을 나눴다. 선생님이 빌리에게 공부와 성취하는 능력이 있다고 믿고 알려 주면 분명 빌리가 반응할 거라고 넌지시 일렀다. 그러자 정말 그런 일이 일어났다.

아이가 하고 싶은 일을 할 수 있고 갖고 싶은 것을 가질 수 있다고 부모나 교사가 믿으면 아이의 능력과 지성은 훨씬 더 빠르게 발전한다. 자녀에게 너희를 믿고 너희 안에 하나님이 거하고 있으며 너희 한 명한 명에게서 위대한 미래를 본다고 말해 주어라.

자녀들의 마음에 이러한 진리가 퍼져 들고, 위대하고 승리하는 삶의 조건을 만들어 낸다는 것을 느끼며 진리를 계속해서 되뇌어라. 그렇게하면 필연적으로 이에 반응할 것이다.

나의 신념과 확신은 자녀의 마음에 전달되어 인상을 남기고, 내 예상이 신성한 질서에 따라 이루어질 것이다. 나는 자녀 안에 있는 신성에 경의를 표하고 있다. 신성에 경의를 표할 때마다 나는 내 안에 있는 무한한 존재의 자질과 속성을 조용히 되살려 내고 있다.

문제는 나에게 있었다

최근 한 남성과 이야기를 나눈 적이 있다. 그는 사무실에서 다른 사람들이 하는 말과 행동을 판단했다고 했다. 사람들의 행동은 그의 심기를 거슬리고 짜증나게 했다.

이 남성은 동료들이 살아가는 방식을 보면서 고민하고 마음이 흔들리곤 했다. 하지만 신성한 과학을 공부하기 시작한 이후로 그는 자기의 생각과 의견, 종교적인 관점을 그들에게 투영하고 있으며 문제는 자신 안에 있다는 걸 깨달았다.

배가 아픈 원인은 자신이었다. 그들이 살아가는 방식을 견디기 힘들었던 이유는 그들의 삶이 조건화된 자신의 삶, 믿음과 모순되었기 때문이다. 그는 지식의 빛이 자신을 비추었다고 말하며, 삶의 방식과 정치적, 종교적 신념을 비난하는 대신 그들 모두를 무한자에게 놓아주고 자신이 원하는 걸 믿게 했다. 그들이 특이하고 비정상적이며 색다른 삶의 방식을 가지도록 내버려 두었다.

그는 자신만 바뀌면 된다는 것을 깨달았다. 나아가 그는 복통의 원인은 스스로에게 있었다는 걸 깨달았다. 그 결과 복통을 없애기 위해 신경안정제와 제산제를 더 이상 복용하지 않아도 되었다. 태도를 바꾸니 인생에서 모든 것이 바뀌었다. 성경에 이런 구절이 있다.

"병약한 사람도 용사라고 외치고 나서라."(요엘 3장 10절)

이 남성은 자기 몸이 약하고 정신적으로 불안하며 건강 상태가 좋지 않다고 주장했다. 이러한 병에서 벗어나고 싶어 했고, 언젠가는 이러한 고통과 아픔에서 벗어나리라고 말했다. 이러한 생각이 좋은 일이 생기고 몸이 치유되는 걸 가로막고 있었다.

설명은 종종 해결책이 되기도 한다.

'나는I Am'이라고 말할 때 일인칭 현재형으로 상세하게 사실을 말해야 한다고 그에게 설명해 주었다. 미래가 아니다. "언젠가는 나을 거예요"라고 말해서는 안 된다.

무한한 치유의 현존은 내 안에 있다. 시간이나 장소를 초월한다. 지금 일어나는 치유에 감사하라. 나의 의식은 모든 표현의 문이므로 내가 되고자 하는 모습을 주장해야 한다. 그러면 점차 정신적인 등가물을 확립할 것이다.

무한자의 뜻은 다음과 같은 방식으로 성경에 표현되었다.

"그 여인은 모두 별고 없다고 대답했다."(열왕기하 4장 26절)

지금 평안하다고 했지, 미래에 평안할 것이라고 하지 않았다.

"언젠가는 평안할 겁니다"라는 말은 사실 "지금 좋지 않습니다"라고 말하는 것과 다름없다. "나는I Am"이라는 말 뒤에 뭐라고 붙이든지 나는 그런 사람이 될 것이다. 그러므로 "나는I AM" 뒤에 붙이는 말을 주의하라.

내 제안에 따라 이 남성은 자신에게 "나는 건강합니다. 하나님은 나의 건강이십니다"라고 노래하기 시작했다. 그는 무슨 일을 하는지, 왜 그 일을 하는지 알았다. 결과가 뒤따랐다. 약 2주 만에 그는 내면에 있는 성령에 의해 새로운 사람이 되어 활력과 활기를 되찾았다.

하나님의 뜻은 지금을 인정하는 것이지 미래에 있을 것을 인정하는 게 아니라는 걸 깨달아야 한다. 하나님 안에는 평화와 기쁨, 사랑, 조화, 온전함, 바른 행동과 지혜가 있다. 하나님은 영원하시다. 시공간을 초월하시는 분이다. 좋은 일이 생기리라고 지금 주장하라. 현실감을 느끼고 담대하게 확언하라.

"지금 당신의 뜻이 이루어집니다."

무한자의 뜻은 무한자의 본성이다. 하나님의 모든 자질과 속성, 잠재력이 지금 내 안에 있다. 조화와 건강, 평화, 기쁨, 풍요에 대한 소망이나 욕망은 잠재의식에서 확신으로 변해 하나님의 뜻이 된다. 더는 인간의 소망이나 선택이 아니다. 나는 내가 선택하고 의도한 것과 나의 욕망이 진짜처럼 느껴져야 한다는 걸 잘 알고 있다. 즉, 잠재의식에서 주관화되거나 인상을 남겨야 한다. 그러면 나의 의지, 즉 나의 소망이나 선택이 더 깊은 마음에 새겨져 표현되리라는 것을 뜻한다.

성경에는 "나의 뜻"이 아니라 "당신의 뜻이 이루어지리라"라고 적혀 있다. 나의 확신(하나님의 뜻)은 이루어진다. 나의 기도는 응답을 받는다. 다음 구절은 이를 아주 간단하게 설명한다.

"내 뜻대로 되게 하지 마시고, 당신의 뜻대로 되게 하여 주십시오."(누가복음 22장 42절)

한 여성이 나에게 해준 이야기다.

그녀는 지인의 집 초대에 응하기 전에 먼저 반려견이 있는지를 물어봐야만 했다. 개를 무서워했고 싫어했기 때문이다. 그녀와 대화를 나누다 보니 왜 개에 대한 감정적인 반응을 불러일으켰는지 알 수 있었다. 네 살 무렵, 놀아 주던 개가 어머니를 문 것이다. 충격적인 경험에 대한 무의식적인 기억이 두려움을 만들어 냈다.

사랑은 두려움을 몰아내는 법이다. 내 제안에 따라 그녀는 자신의 상상력을 건설적으로 사용하는 법을 연습했다. 그녀는 매일 일정한 시간 동안 눈을 감고, 눈앞에 활기찬 개를 상상했다. 그리고 그 강아지를 쓰다듬으며 뒤따르는 반응에 마음속으로 기뻐했다. 그녀는 개에게 사료와 우유를 주는 모습을 상상했다. 이 모든 상상은 자연스러웠고 실감이 나서 진짜처럼 생생하게 느껴졌다.

약 일주일 후, 그녀는 강아지에 대한 두려움에서 해방되었다. 그녀는 마음의 법칙을 실천했다. 주관적으로 극화시킨 것이 잠재의식으로 들어가니 개를 사랑할 수밖에 없었다. 사랑은 두려움을 쫓아냈다. 사랑이란 특정 목표나 목적을 달성하는 데 마음을 쏟고 몰두하며 강렬한 흥미를 느낌으로써 나의 이상에 감정적으로 애착을 느끼는 행위다.

여성은 상상 속에서 강아지를 쓰다듬으면서 개가 주인을 얼마나 사랑하는지와 개는 주인을 위해 목숨까지 바친다는 사실을 숙고했다. 알프스에 눈사태가 났을 때 실종된 아이들과 사람들을 구하는 개들의 충직함에 대해 깊이 생각해 보았다. 이 모든 것은 건설적인 묵상으로, 개에 대한 사랑을 정신에 심어 주었다.

싸우지 말고 조용히 놓아주어라

사람들은 전쟁이 일어나 지구가 멸망할 것이며 세상의 종말과 혁명이 다가온다는 기사와 예언을 거의 매일 읽는다. 어떻게 암과 결핵, 환경오염과 맞서 싸울 것인지에 대한 암시가 넘쳐난다. 그러나 마음의 오염에 대해서는 거의 언급되지 않는다.

"안에 있는 것은 밖에 있는 것과 같다."

우리는 먼저 내면을 정화해야 한다. 마음속에 있는 무언가와 맞서 싸운다면, 그 대상은 몸집을 키우며 부정성에 다시 감염된다. 인간은 빈민가가 사라질 때까지 계속 맞서 싸울 수 있다. 하지만 먼저 감염이 일어나는 마음속 빈민가를 깨끗하게 해야 한다는 사실은 잊고 있다.

마음을 차분하고 조용하게 한 후, 마음을 정화하는 해독제를 생각하면, 편안하고 수동적이며 수용적인 정신 상태에서 답이 나온다. 어떤 문제에 대해 흥분하고 동요할 때는 답을 얻지 못한다. 왜냐하면 그런 태도는 역효과를 낳고 심지어는 문제를 악화시킨다는 걸 알고 있기 때문이다.

화가 들끓고 분노로 가득 차 있는 사람들이 아무리 열심히 사회 운동을 하고, 구호를 외치고, 분노와 적대감을 폭발한다고 해도 세상의 문제를 해결하거나 치유할 수 없다. 이러한 감정은 자기 파괴적이며 실패와 실망을 낳는다.

대통령이 나라를 이끌고 과업을 완수하려면 마음을 차분하게 하고 자신을 이끌고 인도하시는 하나님의 지혜와 능력을 생각해야 한다. 회사를 이끌거나 학부모 회의를 주재하는 경우에도, 침착하게 내면에 있는 무한한 현존과 교감한다면 자신감과 고요함, 평화의 자질을 전할 수 있을 것이다. 마음이 동요하거나 내면에 다툼이 있다면 잠재의식에 이를 새기고 있으며 부정성을 흡수한다는 것을 기억해야 한다.

마음속으로 결정을 내려라. 해답, 즉 탈출구에 관해 조용히 생각해 보라. 내가 생각한 그대로 된다는 걸 배우고 알며 이해해야 한다. 분명 정신적으로 고군분투하는 무언가의 이미지가 되거나 그와 비슷해지고 싶지는 않을 것이다.

암이 끔찍할 정도로 무섭다고 말한 여성이 있었다.

나는 지금 암이 그녀에게 어떤 영향을 미치고 있냐고 물었다. 그녀는 "아니요, 전혀"라고 답했고 나는 그 여성에게 그렇다면 암이라는 생각을 풀어 주고 놓아주는 게 어떻겠냐고 제안했다.

온전함, 아름다움, 완벽함을 생각하라. 나는 앞에서 언급했던 기도문을 주었다. 이는 다음과 같이 요약될 수 있다.

나는 정말 건강합니다. 하나님의 건강 상태가 곧 나의 건강 상태이기
때문입니다.

그녀는 진정한 자아, 즉 하나님에 대한 실제적 진리로 암이라는 생
각을 대체함으로써 악한 생각을 완전히 무너뜨렸다.

하루 생활하는 동안 수차례 마음을 차분하게 가라앉혀라. 하나님과
하나님의 사랑에 대해 생각하라. 평화와 조화, 자유, 기쁨, 힘, 온전함,
강함을 주장하면 나의 세상이 떠올린 이미지와 생각이 흡사 마법처럼
녹아들 것이다.

가득 담긴 컵이나 잔에는 아무것도 더 담을 수 없다. 낙하산은 펼쳐
지지 않으면 쓸모가 없다. 마음은 새로운 생각과 인생의 영원한 진리를
받아들일 수 있도록 열려 있어야 하고, 수용적이어야 한다. 융통성이
없는 마음은 자신이 세상의 모든 진리를 가지고 있다고 생각한다. 폐쇄
적인 종교 교리와 특별한 계시를 따르기 때문에 더 이상 배울 것이 없
다고 생각한다. 이러한 사람은 슬픈 상태에서 살아간다.

나는 무한한 현존 안에 있으며 매일 적절한 지혜와 빛 그리고 이해
를 사용할 수 있다. 나는 무한한 부가 절대 고갈되지 않는 저장소 한가
운데에 있다. 영원함 속에서는 무한자의 영광과 지혜를 절대로 소진할
수 없다.

수백만 년 전, 신들은 올림포스산에서 영적인 회의를 하기 위해 비
밀스럽게 모였다. 모인 목적은 평범한 보통 사람들에게 진리를 맡겨야
하는지에 대한 결정을 내리기 위함이었다. 진리를 맡기면 신과 같은 삶

을 살도록 격려하고 자극을 줄 수 있을 터였다. 위엄 있는 결정이 내려졌다. 신들은 '진리의 보석'을 인간에게 주라고 명했다.

나이 어린 신이 자기를 지구로 보내 달라고 간청했다. 허락을 받은 그는 비할 데 없는 기회를 얻어 기쁨에 휩싸였다. 하지만 막 땅에 닿으려던 찰나, 그가 굴러떨어지면서 '진리의 보석'은 땅으로 내동댕이쳐져 수천 개의 입자로 흩어졌다.

올림포스산의 신들은 이 말을 듣고서 심기가 불편해졌다. 어린 신은 당황했고 실망했다. 어린 신이 넘어지자 많은 문제가 생겼다. 독자는 이 전설에 담긴 교훈을 알아차릴 수 있을 것이다. 그 후로 계속 사람들은 보석 입자를 발견하고, 자기만 진리를 발견했다며 자만에 빠진다.

하나님은 진리이시고 전 세계 모든 이들 안에 거하신다. 세상에는 단 하나의 진리, 법칙, 생명, 물질 그리고 우리 모두의 아버지가 계신다. 여기서 '우리 아버지'는 생명의 원리로, 모든 사람의 조상이다. 진리는 하나이고 불가분이다. 내가 "나는 I AM"이라고 말할 때, 나는 내 안에 계신 하나님의 현존과 권능을 알리는 것이다. 이게 바로 모든 인간의 실체다.

"하나님께서는 사람을 외모로 가리지 아니하시는 분이시고"(사도행전 10장 34절)

이름을 붙이면 발견할 수 없고 찾으면 이름을 붙일 수 없다.

- 생각을 대체하는 훈련을 하라. 부정적인 생각이 떠오르면 긍정의 확언으로 대체하라. 그러면 부정적인 생각은 추진력을 잃고 내면의 평화를 느낄 것이다.

- 타인을 바꾸려고 노력하지 말라. 나만 바뀌면 된다. 태도를 바꾸고 관점을 바꿔라. 세상을 바꾸려는 노력을 멈춰라.

- 타인의 생각이나 행동이 나를 화나게 할 수는 없다. 혼란이나 질병, 고통의 원인으로 다른 사람을 비난하는 걸 멈춰라. 다른 사람이 나의 성공을 방해하고 있다는 기이하고 미신적인 믿음을 버려라. 내면에서 모든 걸 보고 모든 걸 아는 신성한 현존에게만 충성하라.

- 하나님을 믿고, 좋은 일이 생기는 게 나의 운명이라 믿어라.

- 반드시 영적으로도 성숙해져야 한다. 마음을 사용하는 방식에 대한 책임은 나 자신에게 있음을 깨달아야 한다.

- 잠재의식이 하나님의 진리로 가득 차면 부정적인 패턴이 근절된다.

- 마음의 법칙을 알고 창조력을 건설적으로 사용하면 영적으로 성숙한다. 마음의 법칙은 시공간을 초월하므로 과거에 무슨 일이 있었는지는 중요하지 않다. 나는 지금 당장 바뀔 수 있으며 내 생각과 행동에 책임을 질 수 있다.

- 동료의 발언이나 행동은 어떤 식으로든 나의 심기를 불편하게 할 힘이 없다. 마음이 불편하다면 나의 마음이 그렇게 움직였기 때문이다. 다시 말해 동료의 발언에 대한 나의 생각이 원인이다.

14

과거의 망령을 내쫓고
지혜를 마음속 왕좌에 앉혀라

최근 한 남성과 흥미로운 대화를 나눴다. 그는 자기 별장에 귀신이 들렸다고 했다. 별장에 가는 일은 거의 없었으며 그곳의 셔터를 닫고 창문을 막아 놓았다. 그는 나방 등 여러 벌레가 아름다운 페르시아산 양탄자를 갉아 먹고 있다고 했다. 그는 귀신이 없다고 생각했고 귀신을 주제로 농담을 했지만 사실은 밤에 잠들기 무서워했다.

이 일화는 모든 사람이 종교든, 거짓 신이든, 무언가에 대한 믿음이 있다는 걸 보여 준다. 많은 무신론자들이 "저는 신이 있다고 생각하지 않아요"라고 말하지만, 마음속으로는 다른 통치자를 인정한다. 내가 받아들이고 진짜라고 믿는 지배적인 생각이 바로 나의 통치자다.

영국과 미국 곳곳에서 종종 집에 귀신이 들리고 이상한 소리가 난다는 이야기를 접한다. 귀신들이 걸어 다니고 불이 절로 켜지거나 꺼지며, 가구가 움직이고 창문이 열린다. 차가운 바람이 불고 다른 <u>으스스</u>한 일들이 일어난다.

이 남성은 몇 년 전 그 별장을 샀고, 처음에는 행복한 주말을 보냈었다. 하지만 몇 달 후 이웃들이 사실 그 집에서 엄청나게 비극적인 일이 있었다는 소문을 들려 주었다. 그에게 집을 팔았던 전 집주인은 이에 대해 입도 뻥긋하지 않았지만 사람들은 이야기를 점점 더 부풀렸다.

이러한 이야기를 듣다 보니 갑자기 집에서 이상한 일들이 일어나기 시작했다. 그는 악한 실체와 죽지 못하고 지상을 떠도는 영혼이 집에 씌었다고 믿었다. 귀신들은 그에게 뭐라고 말을 했는데, 무슨 말인지 통 이해할 수 없었다.

공포와 무지의 피조물을 경계하라

귀신은 마음에 빛이 분명하지 않을 때 돌아다닌다. 그가 직접 경험한 유령들은 마음속 어둠이 만들어 낸 공포와 무지의 피조물들이었다.

때로는 설명에서 해결의 실마리를 찾을 수 있다. 나는 그가 부정적인 암시의 피해자라고 지적했다. 왜냐하면 첫 두 달 동안은 아무런 문제가 없었는데 이웃들의 부정적인 암시를 받아들이는 순간 잠재의식이 두려움과 미신을 극대화했기 때문이다.

상처나 피해를 주는 모든 것들은 어둠을 사랑하고 빛을 싫어한다. 해결책은 마음의 그늘을 키우고 신성한 사랑의 햇살을 받아들이는 것이었다.

어둠에서 나온 모든 건 밤에 활동한다. 밤에 묘지를 지나면서 귀신이나 유령을 봤다고 말하거나 상상하는 사람들이 많다. 두려움과 잘못된 믿음 때문에 마음에서 환상이 나오는 것이다. 이런 일은 빛이 희미해지고 그림자가 드리우는 황혼에 자주 발생한다.

밤에 집 근처를 걷던 한 남성은 검은 말을 타고 자신에게 총구를 겨

눈 남성을 보았다고 상상했다. 그는 공포로 마비되어 한 걸음도 움직이지 못한 채 가만히 서 있었다. 사실은 이러했다. 남편이 집에 오기만 기다리던 아내가 대문을 열자 집에서 나온 빛이 나뭇가지를 비추었다. 그 나뭇가지를 보니 총을 든 남성의 형상이 마음속에 떠오른 것이다. 사람에게 황혼이 미친 영향을 보여 주는 한 예다.

남성은 왜 지금 테이블이 움직였는지, 왜 별장에 갈 때마다 불이 켜졌다 꺼졌는지 궁금해했다. 이 모든 건 잠재의식의 작동이었다. 부정적인 암시 위에 세워진, 귀신 들린 집은 다름 아닌 그의 마음이었다.

나는 그에게 다음과 같은 영적인 처방을 내리면서 하루에 몇 번씩 소리 내 반복하라고 했다. 특히 밤에 하는 게 좋다고 했다.

내 집은 신성한 마음속에 알려진 집입니다. 하나님의 평화가 집의 분위기를 채우고 흠뻑 적십니다. 신성한 사랑은 문으로 들어오고 나갑니다. 나의 삶은 곧 하나님의 삶이며, 하나님의 평화가 나의 마음과 가슴을 채웁니다. 하나님을 믿고 모든 일이 잘 풀리리라고 믿습니다. 하나님은 나를 돌보아 주십니다. 나는 항상 하나님의 사랑과 힘이라는 성스러운 원에 흠뻑 젖어 있습니다. 신성한 사랑이 나를 안고 감쌉니다. 나는 아주 행복한 삶을 살고 있습니다. 하나님의 빛이 내 안에서 빛나고 하나님의 사랑은 내 집의 분위기를 흠뻑 적십니다. 신성한 법칙과 질서가 드러납니다.

이 기도는 이웃들의 부정적인 암시를 무력화했고, 귀신은 암울한 이미지를 담은 자신의 화랑에서 만들어졌다는 걸 깨달았다.

과거는 죽었다

많은 사람들과 이야기를 나누었다. 그들은 여러 도시와 국가를 여행했다고 자랑하듯이 말했다. 그러나 정작 그들은 마음을 움직인 적이 단 한 번도 없었다.

마음을 여행했는지 아닌지의 여부는 엄청난 차이를 만든다. 이런 사람들은 물리적으로 다른 곳에 가더라도 마음으로부터 도망칠 수는 없다는 것을 깨닫지 못했다. 사랑의 상실을 겪었고, 누군가가 죽었으며, 가정에서 분란이 있었다. 과거를 살면 희망과 열망에 그림자가 드리워지고 활력과 마음의 평화를 빼앗기므로 치명적이다.

그들은 잠재의식 속에 트라우마와 안 좋은 기억을 간직하고 있다는 것을 보지 못한다. 많은 사람들이 매일 밤 트라우마를 겪었을 때로 돌아가서 이를 다시 체험한다. 악몽과 불쾌한 꿈을 꾸며 고통받는다. 마음의 벽장 속에 있는 해골들이 밤마다 다시 등장한다. 무엇이 되었든 과거에 대한 모든 애착을 버리고 과거로부터 멀어지는 법을 배워야 한다. 생각을 바꾸고 그 바꾼 생각을 고수하는 법을 반드시 익혀야 한다.

나에 대해 어떻게 생각하는가? 세상과 뉴스에 대해 어떻게 생각하는가? 외부 조건이 나를 화나게 하는가? 만약 그렇다면 마음속에 나쁜 지배자를 둔 셈이다. 신문을 비롯한 여러 미디어에 글을 쓰고 뉴스를 전하는 사람들이 틀리고 나 혼자 옳다고 해도 달라지는 건 없다. 신문이나 미디어의 보도가 짜증을 돋우고 화나게 한다면 내 가정에 나쁜 지배자를 둔 셈이다.

나는 언제나 마음의 상태를 살아가고 있다. 몸이 있는 곳에서 살아가는 게 아니다. 사실 나는 생각과 느낌, 신념의 총합인 의식 상태에서 살고 있는 것이다.

내가 사는 캘리포니아의 라구나힐스에 돌아가신 어머니를 애도하던 여성이 있었다. 그녀는 매일 묘지를 찾아가 꽃을 바치고 울었다. 하지만 어머니는 그곳에 없었다. 어머니는 이 땅의 육체를 입지 않았고, 몸은 점차 분해되어 원시적인 요소로 돌아가고 있었다.

딸의 마음은 슬픔과 어둠, 우울로 가득 찼다. 상실감을 느꼈고 점차 시력을 잃어 갔다. 딸은 슬퍼하면서 병적인 가짜 만족감을 얻었다. 자기 삶이 중단되었고 한계가 있으며 바꿀 수 있는 게 없다고 생각했다. 이러한 생각은 그녀의 마음을 오염시켰다. 건강과 재산, 사랑을 잃어버렸고 상실의 분위기 속에 살았기 때문에 모든 일이 실질적으로 잘못되어 갔다.

시간이 지나면서 그녀는 태도를 바꾸는 법을 배웠다. 어머니는 다른 주파수대에 살고 있을 뿐, 자신과 함께한다는 걸 알았다. 그녀는 하나님 안에서 어머니가 새롭게 태어난 것을 기뻐하며 사랑과 평화, 기쁨, 선의를 발산했다. 어머니가 떠오를 때마다 이렇게 확언했다.

어머니, 어머니의 여정은 앞으로, 위로 그리고 하나님을 향해 나아갑니다.

그러자 그녀의 시력이 돌아왔다. 과학적 기도는 삶을 바꾸어 놓았다. 기도는 기도하는 사람을 변화시킨다.

불행은 반추할수록 나를 지배한다

내 서재에서 한 남성과 면담했을 때의 일이다.

그는 25년 넘게 일한 회사에서 푸대접을 받았다고 했다. 회사가 얼마나 부당하고 불공평하게 자신을 대했는지 되풀이해서 이야기했고, 과거를 반추하는 일에 푹 빠져 있는 것처럼 보였다. 회사가 다른 회사와 합병했을 때 이유를 설명해 주지도 않고 자신을 해고했기 때문이다. 그는 과거의 나쁜 기억만 떠올리며 뭐든지 부정적으로 생각하는, 일종의 희생자 증후군을 만들어 내고 있었다.

자기가 희생자라는 생각에 담긴 불건전함과 원망은 급성 고혈압으로 표현되었다. 나는 그에게 폭력배가 마음을 지배하고 있다고 설명해 주었다. 폭압적인 통치자가 그의 건강과 재정 상태에 큰 혼란을 일으킨 것이다. 나는 그가 항상 마음속을 여행하고 있고, 무엇이 되었든 마음을 지배하는 생각은 잠재의식에 가라앉아 경험과 사건으로 돌아온다고 설명해 주었다. 그는 내 조언에 따라 이렇게 확언했다.

나는 이 회사를 완전히 놓아주고 하나님께 놓아줍니다. 회사가 잘되기를 소망합니다. 무한한 성령이 나를 멋진 방법으로 표현할 수 있도록 새로운 문을 열어 주십니다. 나는 이제 훌륭한 방법으로 재능과 경험을 전합니다. 내 마음속에서 받아들이고 믿는 것이 현실이 되리라는 걸 압니다. 소망에서 성취로 정신적인 여행을 떠나고 있습니다. 내가 가지고 있는 새 아이디어는 내면에서 성장하여 결과로 발현됩니다.

그를 지배하고 있던 두드러진 아이디어는 덜 중요한 생각과 아이디어, 감정을 지배하면서 그를 통치하고 다스렸다. 계속해서 이러한 진리를 되뇌니 잠재의식에 진리가 넘쳐나 갑자기 해외 진출의 문이 열렸고, 그는 지금까지와 비교할 수 없는 훨씬 많은 수입을 올릴 수 있었다.

마음에 귀신이 들 때

과거의 일에 대한 후회와 비극, 트라우마를 일으키는 사건 그리고 다른 불행한 경험에 머무를 때 인간의 마음은 일종의 귀신 들린 집이 된다.

몇 년 동안 아내를 증오했던 남성이 있었다. 하지만 아내가 암으로 죽자 아내를 막 대했던 자신에게 깊은 죄책감이 들었다. 벌을 받을까 두려웠고 뼈저리게 후회했다.

어느 날부터 밤마다 이상한 소리를 듣는다고 했다. 지상에 존재하지 않는 듯한 소리였다. 끼익하는 으스스한 소리가 났고, 계단에서 발소리를 들었다. 그는 귀신이라고 믿었던 형체가 자기 침실에서 걷는 것을 보았다. 바닥의 판자는 삐걱거렸고 철컹거리는 쇠사슬 소리가 들렸다.

밤에는 보이지 않는 손이 자신을 할퀸다고 했다. 할퀸 자국을 증거라고 보여 주었다. 그는 매일 자정에서 새벽 3시 사이에 이런 일을 겪었다. 의사가 진정제를 처방했지만, 도움이 되지 않았다.

몇 번 면담을 한 결과, 그가 위저보드에 손을 댔다는 게 밝혀졌다. 그는 교령회에 참석했고 온갖 악한 실체를 믿었다. 뼈저리게 후회했지만 죄책감 때문에 심한 우울증이 생겨 고통받고 있었다.

나는 그에게 하나님의 진리를 묵상하는 집(마음)에는 귀신도, 마귀도 없으며, 으스스하고 이상한 소리도 나지 않는다고 설명했다. 하나님의 진리의 빛과 사랑으로 가득 찬 마음에는 이러한 현상이 일어나지 않는다.

깊은 죄책감과 벌을 받을지도 모른다는 두려움과 악한 실체에 대한 믿음 때문에 잠재의식은 이를 극화시켰고 온갖 경험을 만들어 냈다.

이해는 나에게 힘을 준다. 이해는 마음속 안개와 혼란을 소멸시키는 태양에 비유할 수 있다. 그늘을 걷으면 햇빛이 비친다. 이처럼 영적인 힘에 눈을 뜨면 평화를 느낀다. 이 평화는 외부의 적을 보지 못한다. 왜냐하면 내부에 아무런 적이 없기 때문이다.

그는 아내를 놓아주고 유골에 아름다움을 전했다. 그는 밤낮으로 하나님의 사랑이 그녀의 영혼을 채우고, 하나님의 평화가 그녀의 마음속에 최고로 군림한다고 확언했다. 일주일 정도가 지나자 죽은 아내를 생각해도 마음은 평화로웠으며 더 이상 죄책감을 느끼지 않았다. 그리고서 하루에도 몇 번씩, 특히 매일 밤 자기 전 시편 91편과 23편으로 마음을 채우기 시작했다.

시편의 위대한 진리를 확언하니 하나님의 치유력이 자신을 통해 발산되었다. 마음이 평화로워졌고 그 어떤 소리도 듣지 못했다. 그는 자신과 아내를 하나님께 바쳤다. 하나님의 빛과 사랑이 그의 영혼에 들어오자 모든 어둠이 사라졌다.

마음의 법칙이 존재한다는 것과 올바르게 작동시키기만 하면 무한한 성령으로부터 응답을 끌어 낼 수 있다는 것을 깨닫고 확신할 때, 기도의 응답을 받는 기쁨을 누릴 것이다.

지혜가 지배하게 하라

지혜를 마음속 왕좌에 앉혀라. 여기서 지혜란 마음을 평화와 힘, 기쁨, 올바른 행동이라는 관념에 근거하여 하나님의 현존과 권능을 인식하는 것을 뜻한다. 이러한 진리들로 마음을 분주하게 하면, 정신적인 집 안에서 조화와 만족을 경험할 것이다. 나는 육체 안에서 인간의 행동으로 하나님의 본질을 드러내고 묘사하고 극화하기 위해 이 자리에 있다. 욥은 이렇게 말했다.

"내 육체가 다 썩은 다음에라도, 나는 하나님을 뵈올 것이다."(욥기 19장 26절)

샌프란시스코 출신의 한 여성과 긴 대화를 나눈 적이 있다.

면담을 나누면서 그녀가 말하는 귀신은 바로 딸이었다는 걸 추론했다. 이를 안 후 그녀는 딸을 로스앤젤레스에 있는 할머니 댁으로 보냈다. 딸이 2주 동안 자리를 비우는 동안 접시가 다른 장소로 옮겨간다든가 탁자가 뒤집힌다든가 사진이 벽에서 떨어지고 조명이 꺼지고 창문이 열린다든가 하는 일들은 일어나지 않았다.

폴터가이스트(심령 현상)는 전 세계에 잘 알려진 현상인데, 실제로는 잠재의식이 일으킨다. 유령이나 악한 실체와는 전혀 상관이 없다. 그 원인은 쉽게 말하자면 폴터가이스트는 더 깊은 마음속에 있는 잠재력이다. 스트레스를 많이 받을 때나 사춘기에 나타나기도 한다.

할머니는 열두 살짜리 손녀를 내 연구실로 데려왔다. 그녀와 이야기를 나누다 보니 나는 딸이 어머니에게 엄청나게 화가 나 있다는 사실을 알았다.

어머니가 오빠를 편애하고, 심지어 오빠가 더 좋다고 대놓고 이야기했기 때문이다. 월경이 시작되었을 때 어머니에게 이게 무슨 일이냐고 묻자 어머니는 소녀들에게 찾아오는 더러운 시기라고 답했다. 그녀는 집에 귀신을 출몰시켜 어머니에게 복수하고 있었다. 초자연적인 현상들은 부정적으로 사용했던 잠재의식의 힘이 표출된 것이었다.

세상에는 오로지 하나의 힘만이 있으며, 우리는 이를 건설적으로도, 부정적으로도 사용할 수 있다. 나는 이 상황을 어머니와 할머니에게 설명해 주었다. 어머니는 이제 딸에게 사랑과 관심을 보였다. 딸을 좋아하고 사랑하며 딸의 진가를 안다는 걸 확실히 했다. 어린 소녀는 다음 사실을 깨닫고 어머니를 위해 기도하는 법을 배웠다. 딸은 이걸 노래로 만들어 하루에도 여러 차례, 조용히 소리 내어 불렀다.

하나님께서는 엄마를 사랑하세요. 저는 엄마를 사랑하고 엄마도 나를 사랑해요.

모든 인간관계 문제의 해답은 서로의 안에 있는 하나님을 높이는 것이다. 두 가지를 동시에 생각할 수는 없다. 하나님과 그분의 사랑에 대해 생각하는 것이 답이다.

날씨 탓을 하는 남성이 있었다.

그는 실내가 너무 따듯한 나머지 저녁에 외출했을 때 바람이 차서 재채기가 나오고 몸이 으슬으슬하며 기침을 하기 시작한다고 했다. 기침이 나고 오한이 든 것은 밤공기 때문에 감기에 걸린다는 믿음을 확인하는 것 같았다. 그는 열이 나서 코에 스프레이를 뿌리고 아스피린을 복용했다.

나는 그에게 밤공기 때문에 감기에 걸리는 게 아니라고 설명해 주었다. 밤공기는 무해하고 다른 사람에게 감기를 들게 할 힘이 없다. 추웠던 것은 믿음 때문이지 공기 때문은 아니다. 그가 따뜻한 실내에서 밖으로 나와 시원한 밤공기를 쐬었을 때 몸에 온도 변화가 일어나 균형을 추구하는 자연은 재채기를 나게 했다. 몸을 조정하는 자연의 방식이다. 그가 원인을 결과로 만든 결과 고통 받았다.

우주의 법칙은 신의 섭리를 따르며 모든 사람의 선익을 위해 작동한다. 이 남성은 재채기를 잘못 해석했다. 재채기는 그저 잠재의식이 신체 온도를 조절하기 위해 유도한 반사작용에 불과하다. 모든 작용에는 작용에 비례하는, 작용에 동등하게 상응하는 반작용이 존재한다. 물리학적, 형이상학적으로 봐도 그렇다.

기침을 시작하면 감기에 걸릴까 봐 두려워하는 사람이 많다. 두려움은 두려워하는 것을 끌어당긴다. 정서적인 흥분은 작용이고 재채기나 기침은 반작용이다. 이는 하나의 순환을 완성하며 그 이상의 결과는 없다. 무지하고 두려워서 재채기나 기침을 심한 감기에 걸릴 징조라고 믿는다면, 그 믿음은 두려워하는 병을 가져온다.

"그렇게도 두려워하던 일이 밀어닥치고"(욥기 3장 25절)

이 문장을 바꿔서 이렇게 확언하라.

내가 아주 사랑하는 그것이 내게 임합니다.

조화와 건강, 평화, 풍요 그리고 하나님의 진리와 사랑에 빠져라. 그렇게 하면 인생의 사막이 기쁨으로 가득 차고 장미처럼 피어날 것이다.

- 귀신은 마음에 빛이 분명하지 않을 때 돌아다닌다. 상처나 피해를 주는 모든 것들은 어둠을 사랑하고 빛을 싫어한다.

- 부정적인 암시에 빠지지 말아라. 부정적인 암시를 받아들이는 순간 잠재의식이 두려움과 미신을 극대화한다.

- 과거를 살면 희망과 열망에 그림자가 지고 활력과 마음의 평화를 빼앗긴다. 무엇이 되었든 과거에 대한 모든 애착을 버리고 과거로부터 멀어지는 법을 배워야 한다. 생각을 바꾸고 그 바꾼 생각을 고수하는 법을 반드시 익혀야 한다.

- 슬픔에 빠져 병적인 가짜 만족감을 얻지 마라. 무엇이 되었든 마음을 지배하는 생각은 잠재의식에 가라앉아 경험과 사건으로 돌아온다.

- 종교와 과학은 동반자적 관계다. 종교는 과학적이어야 하고 과학은 종교적이어야 한다.

- 지혜를 마음속 왕좌에 앉혀라. 지혜란 마음을 평화와 힘, 기쁨, 올바른 행동이라는 관념에 근거하여 하나님의 현존과 권능을 인식하는 것을 뜻한다. 이러한 진리들로 마음을 분주하게 하면 정신적인 집 안에서 조화와 만족을 경험할 것이다.

- 세상에는 오로지 하나의 힘만이 있다. 우리는 이를 건설적으로도, 부정적으로도 사용할 수 있다.

- 모든 인간관계 문제는 서로의 안에 있는 하나님을 높이는 것으로 해결될 수 있다.

15

비유로 가득한 세상에서 살아남기

모든 질문에는 두 가지 측면이 있다고들 하지만 단 하나만 옳다. 진리를 알기 위해서는 무엇이 옳은 측면인지 깨우쳐야 한다. 에머슨은 《보상론Compensation》에서 다음과 같이 말했다.

"사물 하나하나는 절반이며, 그것을 완전한 것으로 만드는 또 하나의 절반이 있음을 암시한다. 예를 들면 정신과 물질, 남성과 여성, 홀수와 짝수, 안과 밖, 위와 아래, 움직임과 정지, 긍정과 부정 등이다."

빛과 어둠, 밀물과 썰물, 안과 밖 그리고 달콤함과 시큼함이 존재한다. 어둠이란 빛의 부재다. 더위와 추위가 있지만, 절대적인 진리의 관점에서 바라 봤을 때 추위는 없다.

모든 반대의 것들은 절대자 안에서 화해한다. 건강과 질병이 있지만 절대자 안에는 온전함과 아름다움, 완벽함이 있다. 빛과 건강, 사랑은 긍정적인 가치다. 이와 반대되는 가치가 경험 속에서 드러나기 때문에 긍정적인 가치의 중요성을 배울 수 있다. 긍정적인 것의 배경을 이루는 반대의 것, 부정적인 것이 없다면 긍정적인 대상의 진정한 의미를 알지 못할 것이다.

사람들은 이런 질문을 한다.

"하나님은 왜 우리를 창조하셨습니까? 실수를 범하라고요? 과오를 저지르라고요? 병에 걸리라고요? 왜 선과 악, 고통과 질병이 함께 존재하는 것일까요?"

사람은 대조와 비교를 통해 깨우친다. 가끔 슬픔의 눈물을 흘리지 않으면 기쁨이 무엇인지 어떻게 알 수 있을 것인가. 우리는 지각력을 갖춘 존재다. 색을 인지할 수 있는 이유는 색마다 빛이 다르게 진동하기 때문이다. 사물이 무한하게 구별되는 것은 생명의 법칙 중 하나다. 진정한 과학적 지식은 삶의 반대 측면을 인식한다. 좋은 걸 선택하고 나쁜 것을 거부할 수 있도록, 좋은 것에는 그 반대가 있다. 인생에서 선한 것을 택하고 이해하는 것을 지혜라고 한다. 지혜는 무엇이 옳고 무엇이 보편적 진리에 부합하는지를 아는 것이다.

성경은 비밀 언어로 기록되어 있다

세상에는 두 개의 언어가 있다고 할 수 있다. 성경은 비유와 풍유, 은유, 상징을 쓰는 비밀의 언어로 기록되어 있다. 세상은 그와는 다른 언어를 쓰기에 사람들은 성경을 문자 그대로 받아들인다.

미국의 법률은 영어로 쓰여 있지만 법률이 의미하는 바를 둘러싸고 변호사들은 끊임없이 논쟁하며 일부분에 대한 해석은 대법원 내에서 의견이 갈린다.

성경은 두 가지 종류의 언어로 쓰여 있기에 끝없는 혼란과 오해를 낳았다. 성경을 이해하려면 상징의 의미를 알아야 한다. 사도 바울은 이런 말을 했다.

"여러분 안에 계신 그리스도요, 곧 영광의 소망입니다."(골로새서 1장 27절)

그리스도는 사람을 일컫지 않는다. 이 구절은 모든 사람 안에 하나님이 계신다는 것을 뜻한다. 이러한 힘을 사용하기 시작하면 나에 대해 새롭게 이해한다.

그리스도는 곧 지혜라고 불렸기에 예수님께서는 지혜를 발휘하여 위대한 일을 행하셨다. 이러한 지식을 갖추면 건강하고 행복해진다. 생각은 사물이고, 무엇이든 진짜라고 생각하고 느끼는 게 인생에서 표현되며 상상한 대로 된다는 것을 알면 그리스도라고 불리는 지혜의 일부를 가진다.

내 안에 계신 그리스도란 쉽게 말해 하나님의 임재를 실천하는 것을 뜻한다. 특정한 사람을 지칭하는 게 아니다. 하나님은 사람을 차별하지 않으며 모든 사람 안에 임재하신다. 일반적인 사람은 자기 내면에 있는 신성한 현존에 무지하며, 내가 동의하지 않아도 외부 상황이 자신에게 영향을 준다고 믿는다. 이러한 태도를 성경에서는 멸망의 자식(데살로니가후서 2장 3절)이라 부르는데, 이는 상실감과 한계를 의미한다.

지식이란 인간이 아는 것을 뜻한다. 하지만 안타깝게도 일반적으로 인간은 내면의 신성을 모른다. 하나님은 선과 동의어다. 좋은 것을 묵상하면 건강과 행복이 생긴다.

내가 두려워하는 것이 진짜인지 환상인지 스스로에게 물어 보라. 내가 올바른 행동, 아름다움, 사랑, 평화, 신성한 영감과 조화를 주장할 때 그리고 이러한 진리와 힘, 하나님의 자질이 내 인생에서 기능하고 있을 때 이를 영광의 소망, 즉 하나님이 내 안에 계신다고 일컫는다.

사도 바울이 한 말의 뜻

누군가 내게 사도 바울이 한 말의 의미를 물은 적이 있다. "주님의 날"(데살로니가후서 2장 2절)이 무슨 뜻이냐는 것이다.

바울은 높은 곳에서 내리쬐는 빛으로 모든 사람이 갑자기 기적적으로 변했던 1000년에 관해 이야기하는 게 아니다. 깨달음은 그런 방식으로 오지 않는다.

명상과 기도를 하고 신비로운 비전을 품으로써 각자에게 도달한다. 다른 사람이 줄 수 있는 게 아니다. 정신적으로 참여하고 인생의 영원한 진리에 관심을 기울여야만 깨달음이 전해진다.

사도 바울이 말한 바와 같이 먼저 기존의 믿음을 배신해야 한다. 이는 마음속에서 하나님의 현존을 느끼기 전에 모든 그릇된 믿음과 잘못된 관념을 버리고 뿌리 뽑아야 함을 의미한다. 외부의 힘이 삶의 조건을 만들어 나간다고 믿는 한, 세상의 믿음과 지식이 나를 가득 채운다.

성경에서 그리스도라고 일컫는 지식과 지혜를 원한다면, 그릇된 종교적 믿음과 세상의 선전을 버리고 지금 마음속으로 진리의 선물을 받아들여라. 사도 바울은 이렇게 말했다.

"여러분은 아무에게도 어떤 방식으로도 속아넘어가지 마십시오."(데살로니가후서 2장 3절)

이는 세상의 지식이라는 유명한 이론과 교리적인 신념이 행복을 도둑질하고 강탈하고 있다는 뜻이다. 그 정체가 마음속에서 밝혀질 때 하나님의 날 또는 진리를 깨우치는 날이 찾아올 것이다.

하나님을 믿는다고 말하면서 동시에 하나님의 행동을 좌절시키는 힘을 믿는 건 쓸데없고 어리석은 일이다. 이 지점에서는 타협이나 애매함, 망설임이 없어야 한다.

원인은 외부에 없다. 타인이 나의 행복을 막을 수 있다고 믿거나 불치병에 걸렸다는 사실을 받아들인다면, 건강과 행복을 앗아가는 도둑이자 강도 같은 믿음을 기르는 것과 다름없다.

일반인들은 병을 일으키고 치유하는 요인이 외부에 있다고 믿는다. 질병은 육체에서 나타나는 정신적인 장애라는 걸 깨닫지 못한 채, 사람들은 이러한 방식으로 '질병'에 걸린다는 관념을 발전시켜 나갔다.

앞서 자주 언급했듯 잠재의식은 나의 모든 감정을 충실하게 기록한다. 내 몸은 레코드판과 같아서 결과가 그 위에 새겨진다. 몸 안과 그 자체에는 어떠한 힘도 없지만, 무엇이 되었든 그 위에 새겨진 건 한결같이 재현한다. 내가 믿는 건 뭐든지 잠재의식에 영원히 쓰이고 나의 신체와 사건에 나타난다.

이 모든 것은 그리스도라고 불리는 지혜의 일부다. 마음의 과학은 진실과 오류를 구분한다. 마음속에 단 하나의 힘만이 있다는 확실한 결론에 다다를 때, 인생에서 기적이 일어날 것이다.

성경의 뱀은 오감과 외양에 따른 판단을 상징한다. 뱀의 종자는 두려움이고 거짓 지식이다. 뱀은 재빨리 소리 없이 다가오며, 그 존재를 알아차리기도 전에 사람을 공격한다. 이렇게 세상의 암시와 그릇된 믿음은 훈련되지 않은 마음에 상처를 남기고 온갖 곤경을 초래한다.

세상 모든 문제에 대한 답을 찾으려면 다음 성경 말씀을 따르라.

"너의 마음을 다하여 주님을 의뢰하고, 너의 명철을 의지하지 말아라. 네가 하는 모든 일에서 주님을 인정하여라. 그러면 주님께서 네가 가는 길을 인도하실 것이다."(잠언 3장 5~6절)

- 모든 질문에는 두 가지 측면이 있다고들 한다. 하지만 단 하나만 옳다. 진리를 알기 위해서는 무엇이 옳은 측면인지 깨우쳐야 한다.

- 빛과 건강, 사랑은 긍정적인 가치다. 이와 반대되는 가치가 경험 속에서 드러나기 때문에 긍정적인 가치의 중요성을 배울 수 있다. 긍정적인 것의 배경을 이루는 반대의 것, 부정적인 것이 없다면 긍정적인 대상의 진정한 의미를 알지 못할 것이다.

- 사람은 대조와 비교를 통해 깨우친다. 진정한 과학적 지식은 삶의 반대 측면을 인식한다. 좋은 걸 선택하고 부정적인 것을 거부할 수 있도록 좋은 것에는 그 반대가 있다.

- 인생에서 선한 것을 택하고 이해하는 것을 지혜라고 한다. 지혜는 무엇이 옳고 무엇이 보편적 진리에 부합하는지를 아는 것이다.

- 성경은 비유와 풍유, 은유, 상징을 활용해 기록되어 있다. 세상은 그와는 다른 언어를 쓰기에 사람들은 성경을 문자 그대로 받아들인다. 성경은 두 가지 종류의 언어로 쓰여 있기에 끝없는 혼란과 오해를 낳았다. 성경을 이해하려면 상징의 의미를 알아야 한다.

- 내 안에 계신 그리스도란 쉽게 말해 하나님의 임재를 실천하는 것을 뜻한다. 특정한 사람을 지칭하는 게 아니다. 하나님은 사람을 차별하지 않으며 모든 사람 안에 임재하신다.

- 내가 올바른 행동과 아름다움, 사랑, 평화, 신성한 영감과 조화를 주장할 때 그리고 이러한 진리와 힘, 하나님의 자질이 내 인생에서 기능하고 있을 때 이를 영광의 소망, 즉 하나님이 내 안에 계신다고 일컫는다.

16

정신과 몸의 조화를 위하여

영과 물질은 하나다. 오늘날의 현대 과학은 에너지와 물질이 상호 변환이 가능하다는 점을 끊임없이 언급한다. 과학에서 에너지는 성령 또는 하나님을 가리킨다. 오늘날 많은 사람이 하나님 또는 전능하신 생령의 존재를 부인하는데, 미국 서부에도 하나님의 존재를 부인하는 집단이 있다.

우리는 주관적인 세계와 객관적인 세계에 살고 있다. 막대기에는 두 개의 끝이 있다. 형태가 없는 것은 형태를 취하고, 보이지 않는 건 눈에 보인다. 옛날 사람들은 하나님께서 우리를 사람이라고 믿었기에 사람이 되었다고 했다. 우리는 무한한 영의 발현이며 신성함을 발견하기 위해 이 자리에 있다.

사도 바울은 이렇게 말했다.

"여러분의 몸으로 주님을 영화롭게 하십시오."(고린도전서 6장 20절)

영이 자신을 표현하려면 형태가 필요하다. 몸은 내 안의 경이로움과 영광을 표현할 수 있는 매개체다.

아쉬람에 가야 하나요?

인근에서 대학을 다니는 진실하고 영성이 깊은 젊은 여성이, 치열한 경쟁을 피해 인도로 가서 요가, 명상, 수행 등을 하는 종교 공동체 '아쉬람'에 들어가는 게 어떤지 내 의견을 물었다. 그녀는 대학 생활 동안 많은 갈등이 있었다. 학생들의 마약 남용과 성적 일탈 행위가 넘쳤고, 몇몇 철학 교수는 하나님의 존재를 부정했다.

나는 인도의 많은 아쉬람에 가보았고, 그곳 사람들과 이야기도 나누어 봤다고 그녀에게 말했다. 그리고 하나님을 찾기 위해 반드시 인도에 가야 하는 건 아니라고 덧붙였다. 왜냐하면 하나님이 그녀 안에 거하고 걸으시며 이야기하시기 때문이다. 그녀는 브로드웨이와 뉴욕, 로스앤젤레스의 할리우드대로뿐만 아니라 집, 대학교, 거리 또는 시장에서 하나님의 임재를 연습할 수 있었다.

나는 외국의 해안으로 떠난다고 해서 진정한 지혜와 영적 성장이 일어나는 건 아니라고 설명해 주었다. 오히려 반대로 지금 여기서 살고, 학업을 마치며 세상에 재능을 이바지하는 법을 배우는 게 그녀의 임무이자 의무라고 말이다.

그녀가 사는 '세계'는 곧 군중심리이기 때문에 그들 가운데서 나오고 그들과 멀어지는(고린도후서 6장 17절) 법을 배워야 했다. 그녀는 생각을 훈련하고 모든 학생과 선생님에게 사랑과 선의를 발산함으로써 과학적으로 기도하는 법을 배웠다. 나는 묵상 기도문이 담긴 내 책을 주면서, 마음의 조건을 새롭게 하면 삶을 바라보는 관점이 180도 변한다는 걸 알려 주었다. 동시에 책에 담긴 60개의 기도법 중 하나를 묵상하며 밤낮으로 마음을 채우라고 조언했다.

그녀는 조언에 따랐고, 정말 모든 게 변했다. 그녀는 두려움, 무지, 미신의 중첩된 구조가 아닌, 내면의 신성한 중심에서 생각하고 말하고 행동하기 시작했다.

그릇된 믿음

사람들은 돈과 소유 그리고 세속적인 즐거움에 대해 이상하고 기괴한 믿음을 가지고 있다. 우리는 삶에서 즐거움과 사랑을 누리고, 온전하게 재능을 표현하기 위해 이 자리에 있다. 우리가 멋진 집에서 살고 가능한한 가장 좋은 옷을 입고 마음에 드는 차를 타는, 말 그대로 거의 최고에 가까운 삶을 누리지 못할 이유가 없다.

"우리에게 모든 것을 풍성히 주셔서 즐기게 하시는 하나님"(디모데전서 6장 17절)이기 때문이다.

나는 외적인 부에 홀리지 않고, 부에 지나치게 중요성을 부여하지도 않는다. 하나님께서는 모든 걸 소유하고 계신다. 나는 지금 이 차원에서 살아가는 동안 삶의 모든 편안함을 누릴 수 있다. 하나님이 만물의 근원이심을 알고, 하나님을 내 모든 축복의 근원으로 바라보아라. 안정과 행복은 외면적으로 축적하거나 소유하는 것에서 오는 게 아니다. 살아 있는 자의 땅에서 선하신 하나님과 그분의 부에 대한 확신에서 나온다.

물질과 영을 절대 분리해서는 안 된다. 우리는 두 가지 세계에서 살고 있다. 균형 잡히고 조화로운 삶을 영위하기 위해 이 자리에 있다. 사고하지 않는 사람들이 돈, 부동산, 자동차, 금, 다이아몬드 등의 물질을 비난하는 일을 자주 목격한다. 어떤 사람들은 죄악이라면서 금으로 된 보석을 두르지 않는다.

세상에는 범죄와 불공정한 일들이 일어나고 불행과 고통이 존재하지만, 이는 인간이 파괴적이고 부정적인 사고를 해서 그렇다. 하나님께서는 세상과 우주의 만물을 창조하시고 모든 게 선하다고 표명하셨다.

하나님을 '모든 방면에서 선하신 분'이라 부르면서 세상이 추악하다고 하는 건 대단히 어리석다. 이런 식이면 마음에 갈등이 생겨 혼란스럽고 정신 장애가 생긴다. 영의 세계는 무수히 많은 형태로 나타난다.

한 남성이 "세상을 내버리고 다른 방식으로 다시 받아들여라"라는 간디의 말이 무슨 의미인지 물었다. 간디가 말한 세상은 막대기나 돌, 나무, 호수 등으로 구성된 세상을 뜻한 게 아니다. 간디가 이 문장에서 의미하던 바는 군중심리, 그러니까 이 세상을 살아가는 80억 인구의 아둔하고 독선적이며 혼란스럽고 비이성적인 사고다.

모두가 푹 빠져 있는 정신적 바다인 군중심리의 거짓된 믿음, 두려움, 무지, 미신을 포기하고 완전히 거부해야 한다. 바르게 생각하고 느끼고 행동하며 올바르게 기도하기 시작하면 이를 포기한다. 기도를 통해 행한다는 것은 가장 높은 곳에서 하나님의 진리를 묵상한다는 것을 뜻한다.

나는 내가 생각한 대로 된다. 내면에 있는 무한자의 속성과 자질과 잠재력을 곱씹으면 나는 더 이상 세상 또는 군중심리에 있지 않다. 그렇게 하면 무한자와 조화를 이루고 더 높은 의식 수준에 살며, 변화하는 세계에서 평화를 찾을 수 있다.

세금 내는 걸 반항했던 사람

세금을 내는 게 불법이라고 주장하는 단체가 기부금을 달라고 편지를 보내왔다. 편지를 쓴 사람은 자신의 주장을 뒷받침하기 위해 헌법을 인용했다. 물론 그의 주장은 말도 안 되는 소리다. 독자들은 2000년 전에도 같은 질문이 던져졌다는 걸 알고 있을 것이다.

"세금을 바치는 것이 옳습니까, 아닙니까?"(마태복음 22장 17절)

예수님은 왜 이런 질문을 했는지 알았다. 질문한 사람의 마음을 읽을 수 있었기 때문이다. 그 시대의 사람들은 로마의 지배 아래 놓여 있었다. 당시 세금을 징수하는 관리들에게 화가 났으며, 그들을 원망하고 미워했다. 하지만 그들은 가이사(카이사르) 또는 로마 황제에 세금을 내야만 했다. 예수님이 질문에 부정적으로 답했다면 로마 정부에 반대하는 자들을 옹호해 결과적으로 체포되고 투옥될 터였다. 예수님은 이렇게 말씀하셨다.

"황제의 것은 황제에게 돌려주고, 하나님의 것은 하나님께 돌려드려라."(마태복음 22장 21절)

가이사는 우리가 사는 세상을 대표한다. 우리는 가이사에게 세금을 내고 요구하는 바를 이행해야 한다. 우리는 자신을 표현하고 옷을 입고 음식을 먹고 또한 재능을 세상에 펼치기 위해 이 세상에 왔다. 우리 모두는 더불어 살아간다. 세상에는 목수, 배관공, 의사, 약사, 변호사, 농부, 교사, 엔지니어가 모두 필요할뿐더러 지방과 주, 연방 정부의 활동을 지원하기 위해서 세금을 내야 한다.

정부는 국민이 내는 돈 외에는 다른 돈이 없다. 공무원들이 세금을 현명하지 않게 사용할지도 모르지만, 그래도 질서 잡힌 사회를 위해서는 모두 가이사에게 각자의 몫을 이바지해야 한다.

세상은 나의 기술과 재능, 능력, 노동력을 요구한다. 내 가족은 보호와 사랑을 담은 보살핌 그리고 삶에 필요한 모든 것을 필요로 한다. 반드시 가이사에게 세금을 내고 세상에 온 힘을 다해야 한다. 나 자신과 후손이 살기 좋은 세상을 만들어야 한다.

가장 중요한 것은 인생에서 하나님을 최우선으로 두는 것이다. 하나님은 세상의 창조주이며 전 인류와 온 세계의 조상이시다. 매일 밤낮으로 하나님, 즉 나의 진정한 자아를 방문할 시간을 따로 마련해 놓아라.

현존과 교감하고, 생각과 느낌이 운명을 통제한다는 것을 알아야 한다. 인생에서 신성한 법과 질서를 주장하고 신성한 사랑과 평화가 삶의 모든 행동과 경험을 통해 움직이고 있음을 깨달아야 한다. 다음과 같이 대담하게 확언하라.

신성한 법과 조화는 내 몸과 마음, 내가 하는 모든 일을 지배합니다. 내 인생에서 기적이 일어납니다.

인생에서 너무나 명백하게 좋은 일이 좌절되거나 방해물이 있다고 느낄 때, 하나님이 소유하신 모든 것을 하나님께 바쳐라. 이는 곧 우주적 원칙에 따라 기도하는 것을 뜻한다. 내 안에 있는 무한한 지성, 끝없는 지혜, 절대적인 조화, 지상의 권세에 대해 생각해 보고 다음과 같이 주장하며 기도하라.

신성한 자유는 나의 것입니다. 신성한 평화는 나의 것입니다. 그리고 신성하고 조화로운 해결책이 지금 마련되고 있습니다.

무한한 성령이 길을 알고 해결책을 드러낸다는 것을 계속해서 인지하고 있으면 물리적 세계에서 조만간 답을 찾을 것이다. 무한자와 조화를 이룰 때 나의 영적 사고는 육체적, 물질적인 세계를 변화시키고 슬픔과 결핍, 한계로부터 나를 구할 것이며, 나의 세계에 아름다움과 질서를 가져다줄 것이다.

성찬식의 의미

나는 1976년 11월 첫째 주 일요일부터 캘리포니아 엘 토로 거리에 있는 새들백 시네마 극장에서 강연을 했다. 한 여성이 전화를 걸어 일요일에 성찬식을 올리는지 물었다.

사람들은 성찬식이라고 하면 빵과 포도주를 생각하는데, 성찬식의 빵은 순전히 내 생각과 느낌, 아이디어, 감정, 영과 형태를 대표한다. 그리고 평화와 기쁨, 사랑, 선의, 용기, 믿음, 자신감과 같은 생명의 빵을 상징한다. 생명의 빵 없이는 혼란스러운 세상에서 고귀하게 살 수 없다. 포도주는 내 안에 있는 성령, 즉 마음의 물 위에서 움직이는 선과 진리, 아름다움, 모두에게 선의가 발산되는 것을 뜻한다.

빵은 마음속의 신성한 아이디어를 의미하고, 포도주는 아이디어에 생명력과 생기, 감정이 불어넣어져 잠재의식에 새겨지고 삶에서 발현되는 걸 의미한다. 생각과 사물은 하나다. 영은 스스로를 표현할 신체가 필요하다. 신성한 삶과 물질은 하나다. 형태에서 영을 분리할 수 없다. 하나님이 만드신 온 세상은 무수히 많은 형태로 드러난다. 내가 보는 모든 것은 사람 또는 하나님의 마음속에서 나오는데, 사실 이 둘은 같은 걸 의미한다. 왜냐하면 세상에는 단 한 가지 마음밖에 없기 때문이다.

물질적인 것을 경멸하거나 비난해서는 안 된다. 나 역시 영과 물질로 구성되어 있으며, 영이 믿는 걸 드러내려면 물질이 필요하기 때문이다. 그러므로 나는 내면에 있는 신성한 현존과 매일 교감한 결과물을 반드시 보여 주어야 한다. 이러한 무한자의 자질과 속성, 능력을 되새기면 나를 대신해 움직이고, 생기를 불어넣고, 지탱하고 힘을 주시는 하나님의 영을 느낄 것이다.

내면에서 신성한 수혈이 이루어지는 것을 경험할 때 나는 성찬식에 참가하고 있다고 할 수 있다. 조용한 영혼 안에서 온전함, 아름다움, 사랑, 평화를 교감하고 있기 때문이다. 내가 믿는 바를 표출해야 한다. 나는 생각한 대로 된다는 걸 잊어서는 안 된다. 진실하고 사랑스럽고 고귀하며 신과 같은 것을 생각하라. 이게 바로 성찬식이다.

루스 머피 박사와 그녀의 사랑스러운 딸이 운영하는 뉴올리언스 주의 유니티 교회에서 초빙 강연을 했을 때의 이야기다.

한 저명한 여성 사업가와 대화를 나누었다. 그녀는 잔디를 깎고 마구간을 청소해 줄 사람을 구하는 데 어려움을 겪고 있었다. 더구나 집에 들인 가정부들이 특정한 일을 하지 않겠다고 거부했다. 그 일이 자신의 품격을 낮추고 위신을 떨어뜨린다고 말이다. 예를 들어 한 가정부는 빨래를 하지 않겠다고 했다. 그래서 이 사업가는 집으로 와서 마음속으로부터 우러나오는 노래를 부르며 기쁜 마음으로 일을 해줄 중국인 남성을 구했다. 그는 즐거운 마음으로 일을 했고, 흠잡을 데 없이 깨끗하게 세탁된 옷을 한번 보시라고 가져왔다.

직업에는 귀천이 없다. 창문을 닦든, 바닥을 청소하든, 마구간을 깨끗이 치우든 나는 하나님의 영광을 드높이는 일을 하기 위해 이 자리에 있는 것이다. 영 또는 하나님이 전 세계 모든 이들의 몸 안에서. 신체를 통해 작동하고 계시므로 하찮은 일 같은 건 없다. 죽은 사람은 바닥을 쓸거나 욕실을 청소할 수 없다. 생명의 원리가 그를 떠났기 때문이다. 어떤 일을 하든 하나님은 내 안에서, 나를 통해 활동하고 계신다.

나는 내 안에 있는 신성한 에너지를 부적절하게 사용할 수도 있지만 건설적으로 사용할 수도 있다. 인생에서 맡은 일이 무엇이든, 하나님께서 내 안에서 행동하신다는 점을 깨달아야 한다. 이는 즉 하나님께서 나를 통해 생각하고 말하고 행동하신다는 것을 의미한다. 그 결과로 인생에서 기적이 일어날 것이다.

다리에 난 상처가 곪아 아주 고약한 냄새가 나는 남성과 면담을 한 적이 있다. 나는 환자를 위해 정기적으로 기도하는 것으로 유명한 의사에게 그를 보냈다.

그 의사는 하나님은 내면에 계신 성령이시며, 다리를 깨끗하게 하고 치료하며 온전하고 아름답게 회복시키는 분이라고 그에게 설명해 주었다. 그는 자신이 올바른 일을 할 수 있도록 신성하게 인도되었다는 걸 깨달으며 의사를 위해 기도했다. 기도문은 단순했다.

> 성령께서는 제 조직 모두를 질서정연하고 대칭이 되도록 아름답게 변화시키십니다. 조직의 모양을 고쳐 제 육체 안에서 하나님의 온전하심이 드러나는 걸 보게 하십니다.

의사는 상처를 소독해 주고 "하나님께서는 나를 치유하고 계십니다"는 주장을 계속하라고 말했다. 의사는 상처에서 나는 냄새를 맡지는 않았지만, 무한한 치유의 현존이 그의 몸 원자를 온전하고 완전하게 재배열할 수 있다는 걸 깨달았다. 짧은 시간에 이 남성은 놀라운 치유를 받았다. 의사가 말해 주길, 그는 이 사람의 마음속 마구간을 청소하거나 상처에서 고름을 제거할 때 자신의 품격을 낮춘다고 생각하지 않았다. 성경에 이런 구절이 있다.

"내가 너를 씻기지 아니하면, 너는 나와 상관이 없다."(요한복음 13장 8절)

이 구절은 예수님께서 제자들의 발을 씻기신 것을 이야기하고 있다. 발은 이해를, 제자들은 마음의 능력을 가리킨다. 우리는 가슴을 열고 마음을 정화하는 성령의 치유력이 들어오도록 해야 한다.

질병과 결핍과 비참함이 있는 곳이라도, 아무리 지긋지긋한 질병이 있는 곳이라도, 성령은 몸의 원자들을 회복시키고 치유하며 온전함과 활력의 패턴으로 다시 통합시킬 수 있다. 이는 하나님의 임재를 실천하는 것으로, 참 종교라 할 수 있다. 하나님의 은총과 사랑의 수혈을 받을 때 그리고 내가 먹는 빵 한 조각이 몸의 조직과 근육, 뼈, 피로 변하는 것과 같은 방식으로 진정한 의미의 성찬식에 참여하는 것이다.

성경에 등장하는 매춘부와 바리새인

원망, 분노, 질투, 적대감 등 마음속에서 악과 동거할 때 우리는 매춘부가 된다. 이 모든 부정적인 감정은 악한 자손을 낳고 온갖 종류의 질병과 정신적 갈등을 불러온다.

라구나힐스에 위치한 새들백 밸리 플라자 시네마에서 강연했을 때의 일이다. 나는 환락의 길을 걸었었던 여성들의 결혼식 주례를 많이 섰던 이야기를 했다. 이 여성들은 과거에 매춘업에 몸담았었지만 결국 자기 삶을 완전히 변화시켰고, 지금은 멋진 남성과 결혼하여 바르고 아름다운 삶을 영위하고 있다.

여성 중 일부는 자신의 과거를 남편에게 폭로할 수도 있는 과거의 고객들과 마주치면 어떻게 해야 하는지 물었다. 나는 그녀들에게 자신을 용서하고 현재 하나님과 같은 삶을 영위하며 스스로를 비난하는 걸 멈춘 만큼, 그 누구도 당신을 비난하거나 괴롭힐 수 없다고 설명해 주었다.

"사람들은 어디에 있느냐? 너를 정죄한 사람이 한 사람도 없느냐? 여자가 답했다. 주님, 한 사람도 없습니다. 예수께서 말씀하셨다. 나도 너를 정죄하지 않는다. 가서, 이제부터 다시는 죄를 짓지 말아라."(요한복음 8장 10~11절)

그녀들은 이 성경 구절의 의미를 이해했고, 과거는 죽었으며 현재 외에 중요한 건 없다는 것을 깨달았다. 새로운 시작은 새로운 끝이다.

성경에 보면 예수님이 매춘부들이나 술집 주인과 어울렸다고 기록되어 있다.

"인자는 와서 먹기도 하고 마시기도 하니, 너희가 말하기를 '보아라, 저 사람은 마구 먹어대는 자요, 포도주를 마시는 자요, 세리와 죄인의 친구다' 한다."(누가복음 7장 34절)

그 이유는 분명하다. 매춘부는 추락할 때까지 추락해 사회로부터 멸시와 배척을 받는다. 하지만 이런 사람들은 종종 진리를 가장 잘 받아들이기도 한다. 이들은 영원한 생명의 진리를 갈망하고 굶주리고 있다. 그들은 하나님께서 절대 벌하지 않으시며 생각을 바꾸고 바꾼 생각을 고수하기만 하면 잠재의식이 반응한다는 것을 듣고 기뻐한다. 과거는 잊히고 더 이상 기억되지 않는다.

형식적인 기도로는 충분하지 않다. 무한자의 딸이자 무한함의 참된 자녀가 되고 싶다는 강한 소망을 품고, 마음과 가슴으로부터 진정한 내면의 변화가 일어나야 한다. 잠재의식의 법칙은 강박적인 성격이 있어서, 내면에서 변화가 일어날 때 충성과 사랑, 정직, 성실함이 극화되면서 새로운 삶을 영위할 수밖에 없게 만든다.

"더 이상 그들의 죄를 기억하지 않겠다."(히브리서 8장 12절)

바리새인은 세상 어느 곳에나 있다.

바리새인은 의식과 예식, 전례, 교회의 교리를 따르는 사람으로, 빵과 포도주를 조금 먹고선 하나님과 교감한다고 생각한다. 빵은 여전히 밀가루 조각이고 포도주는 포도를 증류한 액체이지만, 그는 빵과 포도주를 먹는 게 성찬식에 참여하는 거라고 생각한다. 그리고 교회의 모든 규칙과 규정을 따르면서 올바른 종교에 속했다고 느낀다.

겉으로는 대체로 득의양양하고 아름다우며, 관습적인 측면에서 선할지 모르지만, 가장 중요한 건 마음에 품은 믿음이다. 규정된 신조나 신념, 교리를 말로만 앞세우는 것은 무의미하다. 영원한 진리는 마음속에서 진실로 느껴져야 한다. 내가 한 기도에는 영과 생명이 충만해야 한다. 마음속에서 우러나오는 이해나 사랑 없이 단순히 기계적으로 기도를 반복해서는 안 된다.

"율법학자들과 바리새파 사람들아! 위선자들아! 너희에게 화가 있다. 너희는 회칠한 무덤과 같다. 겉으로는 아름답게 보이지만, 그 안에는 죽은 사람의 뼈와 온갖 더러운 것이 가득하다."(마태복음 23장 27절)

딸을 죄인 취급한 어머니

몇 주 전, 나는 피닉스주에 있는 유니티 교회에서 세미나를 진행했다. 유니티 교회는 미국 신사상 운동에서 가장 뛰어난 사역자로 손꼽히는 블레인 메이즈 목사가 운영하는 교회다.

한 여성이 나를 만나러 호텔로 왔다. 그녀의 어머니는 그녀가 카드 게임을 하고 춤을 추고 영화를 보러 가고 종종 칵테일을 마시고 고기를 먹는다는 이유로 그녀를 비난했다.

설명은 해결책이 되기도 한다. 그녀의 어머니는 무지와 공포, 미신의 관점에서 이야기하고 있었다. 어떤 사이비 종교에 세뇌되어 자신에게 금기시되고 금지된 사항을 딸에게 투영하고 있었다. 서른 살의 미혼이었던 딸은 성관계와 남성을 두려워했다. 그녀의 삶은 갈등으로 가득했다.

나는 밖으로 나가서 어머니가 하지 말라고 한 일들을 모두 다 해보라고 제안했다. 에머슨은 이렇게 말했다.

"두려운 일을 해보라. 그렇게 하면 반드시 두려움도 죽는다."

나는 그녀에게 더 이상 어머니의 지시를 따르지 않을 것이고, 자신은 스스로 선택할 수 있고 결단력이 있는 존재이며, 무슨 옷을 입을지, 어떤 음식을 먹을지, 누구와 가까이 지낼지를 비롯해 인생 모든 방면에서 삶을 둘러싼 결정을 스스로 내릴 것이라고 어머니에게 아주 분명하고 구체적으로 설명할 것을 제안했다.

내면에는 인도하는 원리가 있다. 그 원리는 생각에 반응한다. 악은 어머니의 마음속에 있지, 카드나 와인, 춤, 청년과의 데이트에는 없다. 그녀는 결심했다. 어머니의 어리석고 우매한 금지 행위로부터 마음을 씻어 내고, 하나님을 동역자이자 인도자, 상담자로 모시며 자신의 삶을 영위하기로 마음먹었다.

그 후 나는 그녀로부터 편지를 받았다. 자유로움은 멋진 느낌이었다고, 현재 젊은 치과 의사와 약혼 중이라고 쓰어 있었다. 그녀의 말을 빌리자면, 이 둘은 열렬히 사랑하고 있으며 서로를 사랑의 눈으로 바라보고 있다. 모든 자연은 새로운 빛깔을 띠었다. 그녀는 하나님의 법과 질서가 자신의 삶을 지배한다는 것을 깨닫고 생각과 욕망, 행동을 진리에 바치고 있다. 조화와 사랑의 법칙을 계속 실천하면 승리와 달성, 성취로 나아갈 것이다.

"광야와 메마른 땅이 기뻐하며, 사막이 백합처럼 피어 즐거워할 것이다."(이사야 35장 1절)

라스베가스에 사는 오랜 친구가 나를 만나러 왔다.

그녀는 알레르기 전문 의사가 한 검사 하나하나에 관해 이야기를 했다. 그녀에게는 개와 고양이 털, 달걀, 먼지, 꽃가루 그리고 모든 종류의 나무에 알레르기가 있었다.

나는 친한 의사가 붉은 장미에 알레르기가 있던 여성을 어떻게 치료했는지 들려 주었다. 그 의사는 동네 잡화점에서 장미 조화를 한 송이 사서 환자가 들어오기 전, 대기실 탁자 위에 올려두었다. 그녀는 급성 발작을 일으켰고, 의사가 장미꽃을 탁자 위에 올려놨다는 사실에 화를 냈다. 그가 조화라고 설명하자 그녀는 웃었다. 그 여성은 모든 문제가 마음에서 비롯됨을 깨달았다. 이후로 붉은 장미나 하얀 장미는 더 이상 그녀에게 문제가 되지 않았다.

어떤 사람은 아내, 남편 또는 벤치에 앉은 옆 사람에게 알레르기를 일으킨다. 꽃가루, 돼지풀, 티모시 풀에 알레르기가 있다고 말하는 사람에게 최면을 걸고서 불순물을 모두 제거한 무색 무취의 증류수 한 잔을 코 밑에 댄 후, 이게 티모시 풀이라고 말하면 온갖 알레르기 증상이 나타날 것이다. 이는 알레르기가 일어나리라는 믿음이 잠재의식의 우묵한 곳에 숨어 있음을 가리킨다.

나는 라스베가스에서 온 친구에게 인도와 네팔에서 보고 온 것을 이야기했다. 길거리에는 여러 질병을 앓고 있는 사람으로 가득했고, 곪은 상처를 만지는 손은 진물이 뚝뚝 떨어졌다. 인도와 네팔 등의 나라에서는 현지인뿐만 아니라 관광객들에게도 돈을 루피로 거슬러 준다. 상점과 은행 등 여러 사람의 손을 거치는 루피 지폐는 정말 더러웠고, 의심할 여지 없이 온갖 종류의 병균으로 가득 차 있었다.

하지만 아무도 이에 반응하지 않았다. 돈에 알레르기가 있는 사람은 없었다. 부패하든 말든, 온갖 종류의 돈과 화해를 한 것 같다.

한 인도 의사는 림프절 페스트가 유행하던 시기를 떠올리며 이런 말을 해줬다. 많은 사람들이 파리 목숨처럼 죽어 나갔다. 어떤 사람들은 사망자의 돈을 훔쳤는데, 아무도 병에 걸리지 않은 것처럼 보였다고 한다. 돈에 대해 영적으로 조율이 되니 독성균과 독성이 있는 유기체가 무력화된 것이다.

"너는 하나님과 화해하고 하나님을 원수로 여기지 말아라."(욥기 22장 21절)

- 영과 물질은 하나다. 우리는 무한한 영의 발현이다. 영이 자신을 표현하려면 형태가 필요하다. 몸은 내 안의 경이로움과 영광을 표현할 수 있는 매개체다.

- 물질과 영을 절대 분리해서는 안 된다. 우리는 두 가지 세계에서 살고 있으며, 균형 잡히고 조화로운 삶을 영위하기 위해 이 자리에 있다.

- 마음의 조건을 새롭게 하면 삶을 바라보는 관점이 180도 변한다.

- 하나님을 '선하신 분'이라 부르면서 세상이 추악하다고 하는 건 대단히 어리석다. 이런 식이면 마음에 갈등이 생기고 혼란스러워진다.

- 모두가 푹 빠져 있는 정신적 바다인 군중심리의 거짓된 믿음, 두려움, 무지, 미신을 완전히 거부해야 한다. 바르게 생각하고 느끼고 행동하며 올바르게 기도하면 이를 거부한다.

- 나는 내가 생각한 대로 된다. 내면에 있는 무한자의 속성과 자질, 잠재력을 곱씹으면 나는 더 이상 군중심리에 있지 않다. 그렇게 하면 무한자와 조화를 이루고 더 높은 의식 수준에 살며, 변화하는 세계에서 평화를 찾을 수 있다.

- 현존과 교감하고 생각과 느낌이 운명을 통제함을 알아라. 인생에서 신성한 법과 질서를 주장하고 신성한 사랑과 평화가 삶의 모든 행동과 경험을 통해 움직이고 있음을 깨달아라.

- 하나님이 소유하신 모든 것을 하나님께 바쳐라. 이는 우주적 원칙에 따라 기도하는 것을 뜻한다. 내 안에 있는 무한한 지성, 끝없는 지혜, 절대적인 조화, 지상의 권세에 대해 생각해 보라.

17

영적 성장을 위한
시작과 끝

혼잣말을 하는 것이 정신 이상의 징후냐고 한 여성이 물어 왔다. 남편이 가끔 혼잣말을 하는 것 같다는 것이다. 나는 그녀에게 자신과 대화하는 건 이상한 일이 아니며, 정신 이상의 징후도 아니라고 설명해 주었다.

이러한 반응은 기본적으로 내면에 있는 두 개의 자아, 즉 영적 자아와 오감을 가진 인간의 자아를 감지하면서 일어난다. 아이들은 종종 눈에 보이지 않는 친구와 함께 노는데, 심리학자들은 이 행동이 주관적 자아를 예리하게 감지해서 일어나는 것이라고 설명한다. 어떤 집단에서는 이러한 반응을 초능력이라 일컫고 받아들인다.

남편은 그저 사업상의 압박을 받았을 뿐이었다. 남편과 대화를 나누면서 나는 그가 상당히 이성적인 사람이라는 걸 알았다. 그가 혼잣말을 했던 이유는 심각한 법적 문제를 겪고 있었기 때문이었다.

내면의 영적인 측면이 그가 밖으로 내뱉은 말과 행동을 비난하고 있었다. 이러한 내면과 외면의 다툼은 불균형 상태를 만들었다. 하지만 그가 "내 안에 있는 무한자의 지혜를 통해 신성하고 조화로운 해결책이 마련됩니다"라고 주장하자 문제가 풀리기 시작했다. 그는 이러한 단순한 진리를 고수했고, 짧은 시간 안에 이 기도가 자신에게 이익을 가져다준다는 걸 깨달았다. 결국 법정에서 원만한 합의를 이루었다.

기사를 보고 짜증을 내는 남성

높은 혈압 때문에 고혈압 약을 복용하고 있는 남성과 이야기를 나눈 적이 있었다. 그는 내면의 평화를 찾고 싶다고 불평했다. 하지만 나는 그가 아침 신문에 실린 기사를 보며 상상 이상으로 불안에 떨고 짜증을 내며 불편해한다는 것을 알고 있었다. 심지어 그는 머리기사만 보고도 기분 나빠했다.

세상에서 하나의 위기가 끝나면 또 다른 위기가 시작되는 건 사실이다. 그렇지만 이에 개인적으로 영향을 받을 필요는 없다. 그는 한 명의 개인일 뿐이다. 개인이 범죄, 대량 살상, 사회적 격변, 전쟁, 질병을 예방할 수 없다는 것을 인식하고 이해해야 한다. 그는 자신이 이런 일들은 막을 수는 없지만, 반응에 책임을 지고 태도를 바꿀 수 있음을 깨달았다. 신문 기자가 추악하고 무시무시한 기사를 쓴다고 해서 무조건 분노에 들끓어야 한다는 법칙은 존재하지 않는다.

"아무도 내 목숨을 빼앗아 가지 못했다."(요한복음 10장 18절)

이 구절은 어떠한 사람이나 뉴스 기사, 상황, 조건도 평화나 하나님에 대한 믿음을 빼앗아갈 수 없다는 걸 뜻한다. 생각과 감정을 통제하는 걸 포기하면 평화를 포기해 버리는 것과 마찬가지다.

남성은 요점을 이해했다. 그리고 어떤 기사도 뉴스 보도나 사건도 그의 내면의 평화와 평정, 평온함을 뺏어 가지 못한다고 마음먹었다. 두려움과 분노, 증오의 생각이 마음에 떠올랐을 때 그는 즉시 "하나님의 평화가 나의 영혼을 가득 채웁니다"라고 말하며 생각을 전환했다. 그는 기도하는 습관을 들였다.

그러자 혈압이 정상으로 돌아왔다는 의사의 판정을 받고 혈압약도 끊었다. 2주 만에 그는 내면의 평화와 흠잡을 데 없는 평정심을 찾을 수 있었다.

끝까지 믿어라

며칠 전, 할리우드에 있는 로버트 비처 박사의 마음의 과학 교회에서 '주역의 지혜'를 주제로 강연을 했다. 강연이 끝나자 청중으로 참석했던 오랜 친구가 말을 걸어왔다.

남동생이 거액의 돈을 당장 보내 주겠다고 약속했다는 것이다. 그 돈이 있으면 갑자기 터진 그의 재정 문제가 깔끔하게 해결된다. 항공우편으로 보내진 동생의 편지는 며칠 안에 도착할 예정이었다. 하지만 받지 못했다. 급격한 절망이 덮쳐 그는 매우 우울해졌고, 급성 심장마비가 일어났다. 다음 날, 편지가 특급 항공우편으로 도착했다.

그는 불안이 자신을 통제하도록 허락했다. 만약 그가 신성한 현존을 믿으며 조용하고 차분하게, 긴장을 풀고 기다렸다면 편지가 지금 오고 있는 중이라는 것을 깨달았을 것이다. 아내가 집으로 온 편지를 병원으로 가지고 와서 보여 주자 그의 건강은 경이로울 정도로 빠르게 회복되었다. 주치의는 동생의 편지가 최고의 약이라고 했다. 길에서 한 걸

음씩 내디딜 때마다 믿음을 저버리지 마라. 언제나 답은 있다.

애리조나주 피닉스에 있는 유니티 교회에서 일련의 강연을 마치고 돌아오던 때였다. 나는 비행기에서 한 석유 사업가와 아주 흥미로운 대화를 나누었다.

그의 표현을 빌리자면, 그는 이 업계에 오랫동안 발을 담그고 있었다. 아버지는 수년 전부터 텍사스에서 석유 탐사를 했는데, 그 어디에도 석유가 없다고 넌더리를 치며 포기했다고 한다. 그는 아들에게 "네가 한번 해보지 않겠니?"라고 물었다. 그래서 이 석유 사업가는 아버지가 탐사했었던 들판으로 갔는데, 그곳에서 석유를 찾아냈다고 한다. 그곳의 석유는 그 후 수년 동안 상당한 수입을 올려 주었다. 아버지는 너무 빨리 포기했던 것이다.

아들은 하나님이 자신을 올바른 곳으로 인도하시리라는 태도를 지녔기에, 아버지가 탐사했던 바로 그 지역에서 수익성 높은 유정을 발견했다. 부는 아들의 마음속에 있었다. 땅속에 있는 부를 발견하려면 약간의 지성과 정신적인 감각이 필요했다.

아버지의 맹점은 시기심이었다. 석유를 발견해서 부자가 된 이웃들을 매우 부러워한 것이다. 질투와 시기의 눈으로 바라보니 하나님 아버지의 사물을 똑바로 바라볼 수 없어서 발밑에 있는 석유를 놓쳤다.

지성, 지혜, 힘의 왕국은 내 안에 있다. 다시 말해 하나님은 내 안에 거하시므로 모든 지혜와 인도, 힘, 강인함을 내가 원할 때 즉시 끌어다 쓸 수 있다. 나의 왕국은 마음의 태도이자 사고방식, 감정의 표현이다. 왕국은 내면에 있는 전능하신 하나님의 힘이다. 나는 모든 도전을 이뤄내고 뛰어넘는 법을 알고 있다.

"신성한 평화가 영혼을 채웁니다. 신성한 활동이 나의 모든 활동을 지배합니다. 신성하게 옳은 행동은 나의 것입니다. 신성한 사랑은 나의 것입니다"라고 매일 자주 확언하는 습관을 들여라.

이렇게 기도하는 습관을 들이면 마음 깊은 곳에서 우러나오는 평화와 안식을 얻을 수 있다. 조건이나 상황, 사람, 산, 호수, 바다는 그 자체로 마음에 평화를 주지는 않는다. 세상은 끊임없는 혼란 속에 있다. 그렇기에 내면으로 들어가, 이해할 수 있는 경지를 초월한 평화를 찾고 주장해야 한다. 에머슨의 말처럼, 미소를 지으며 쭉 뻗은 채 쉬고 계신 무한자와 조화를 이뤄라. 기도를 해야 기적이 일어나는 법이다.

세상을 이기다

성경에 이런 구절이 있다.

"너희는 세상에서 환난을 당할 것이다. 그러나 용기를 내어라. 내가 세상을 이겼다."(요한복음 16장 33절)

여기서 세상은 나뭇가지나 돌, 나무, 호수 등 물질적 대상으로 구성된 세상을 일컫는 게 아니다. 세상은 혼란과 증오, 질투, 갈등이 존재하고 꿈과 열망, 선과 악, 전쟁과 다툼이 있는 군중심리를 뜻한다. 다시 말해 80억 인구의 사고와 행동, 반응이 군중심리다.

우리 대다수는 군중심리 또는 평균의 법칙에 빠져 있다. 세상의 갈등으로 흥분하고 동요하며 당황하는 건 소용이 없다. 세상으로부터 도망칠 수도 없는 법이다. 나는 영적으로, 건설적으로, 조화롭게 사고하여 부상할 수 있다. 승리와 성공의 태도로 담대하게 주장하라.

내 가운데 계신 하나님은 나를 인도하시고, 번영케 하시며 극복할 강인함과 힘을 주십니다.

모든 사람에게 사랑과 선의를 발산하라. 고요와 균형과 평정을 주장하라. 이러한 진리를 규칙적으로 주장하면 나는 세상의 사고가 일으키는 소용돌이를 뚫고 만족과 자족, 성취의 경험으로 나아갈 것이다.

새들백 극장에서 강연을 마친 어느 날 젊은 간호사가 나에게 말을 걸어왔다. 그녀는 어떤 병원으로 첫 발령이 났는데, 그 병원에는 불만과 방해 행위, 다툼, 논쟁이 끊이지 않는다고 했다. 그녀는 속이 탄다면서 이렇게 말했다.

"말도 안 되는 상황인 것 같아요. 못 참겠어요."

나는 그녀에게 도망가는 건 아무 소용이 없으며, 도전과 어려움을 맞닥뜨리고 극복하기 위해 그 자리에 있는 거라고 말해 주었다. 불만을 토로하고 방해하며 논쟁을 일으키고 화를 내는 사람들도 자기 일의 일부를 하는 것이다. 경청한 여성은 침착함을 유지하기로 마음먹은 후 자주 다음과 같이 확언했다.

이런 일을 전혀 개의치 아니할 뿐 아니라, 나는 정복하고 섬기며 사랑과 이해를 발산하고 경험을 쌓기 위해 이곳에 있습니다.

그녀는 태도가 바뀌면 모든 게 바뀐다는 걸 깨닫고, 차분한 마음으로 병원에서 일했다.

"잠잠하고 신뢰하여야 힘을 얻을 것이다."(이사야서 30장 15절)

그녀는 혼란과 초조함을 초월하는 힘이 내면에 있음을 발견했고, 그 어떤 상황이 가진 힘보다 내면에 있는 힘이 더 크다는 것을 발견했다.

"여러분 안에 계신 분이 세상에 있는 자보다 크시기 때문입니다."(요한1서 4장 4절)

우리는 세상을 살아가면서 어려움과 도전, 문제, 다툼, 논쟁을 필연적으로 경험한다. 하지만 하나님이 모든 문제 위에 군림하시는 걸 깨닫는 사람은 승리하며, 무한한 현존과 권능과 함께하면 기도의 응답을 받는 기쁨을 누린다. 믿음과 마음의 평화를 이루는 바탕은 내 안에 있는 하나님의 현존에 대한 지식이다.

마음은 씨앗, 다시 말하면 생각과 인상과 믿음을 뿌리는 정원이다. 성경에서는 마음을 포도밭이라고 부른다. 성경은 정신적·영적 법칙을 설명하고 물리적이고 현세적인 상징을 다룬다. 좋든 나쁘든 잠재의식에 남기는 모든 인상은 경험으로 나타난다.

인간은 내면을 들여다보고 종일 생각하는 대로 된다는 것을 깨닫기보다는 끊임없이 자신을 둘러싼 조건과 상황, 환경을 비난한다. 건강과 행복, 번영을 결정짓는 건 사건이나 타인의 행동이 아니라 생각하고 느끼는 방식이다. 생각과 느낌은 운명을 만든다. 내가 스스로 하는 생각과 나에 대한 개념은 미래를 결정짓는다는 걸 기억해야 한다.

마음에 무엇을 투영하는가?

한 남성과 이야기를 나눈 적 있다. 그는 자신의 분노와 원한, 적대감을 동업자들에게 투영하고 있었다. 동료들은 그와 비슷한 태도로 반응했지만 자신이 잘못한 걸 모르고 동업자들을 비난했다.

나는 그에게 마음은 스크린에 이미지를 투영하는 프로젝터와 같다고 설명해 주었다. 내 말을 듣고 그는 태도를 바꾸었다. 그리고 모든 동업자와 동료에게 선의와 사랑, 조화, 평화를 묵묵히 발산하기 시작했다. 그러자 반응이 바뀌는 것을 발견했다. 그는 원인이 내면에 있다고 인식했다.

"심판을 받지 않으려거든, 남을 심판하지 말아라. 너희가 남을 심판하는 그 심판으로 하나님께서 너희를 심판하실 것이요"(마태복음 7장 1~2절)

"너희가 준 그대로 너희에게 도로 주실 것이다."(누가복음 6장 38절)

성경에서 얻을 수 있는 아름다운 해답이다. "아름다움은 보는 이 눈 안에 있다(보는 눈에 따라 아름다울 수도 있고 추할 수도 있다)"라는 말도 있다. 사랑스러운 것과 나를 동일시한다면, 나는 사랑이 넘치는 것만 볼 것이다.

"깨끗한 이에게는 모든 것이 깨끗합니다."(디도서 1장 15절)

마음의 정부를 통치할 권한과 지배권은 나에게 있음을 기억해야 한다. 나는 농부이고 마음은 포도밭이다. 내 마음을 소유하는 법을 배우면서, 무한함의 보물창고가 내 안에 있다는 것을 자주 되새겨라. 내 안에 있는 무한자의 위대한 잠재력을 손에 쥐고, 건강과 행복, 마음의 평화를 더 크게 만들 수 있는 방향으로 나아가 보자.

실제 나이는 90세지만 마음만은 젊었던 남성이 있었다. 그는 새들백 밸리 플라자 극장에서 일요 예배를 마친 후, 나에게 말을 걸어왔다. 자신도 몰랐던 숨겨진 재능을 발견했다고 말이다. 그는 사람들에게 축복과 영감을 줄 수 있는 새로운 창의적인 아이디어를 보여 달라고 무한한 지성에게 기도했다. 그렇게 손이 가는 대로 쓴 아름다운 시를 여러 영적인 출판사에 보냈다. 이 시들은 실제로 지혜의 영적인 보석이었다.

그는 젊은 시절에 의심과 의문을 품고, 두려움과 슬픔 속에서 다른 사람을 증오하고 싸우면서 미국 이곳저곳을 옮겨 다녔다. 그러다 서른 살이 되었을 때, 인생의 가장 큰 선물은 미국 50개 주에 있는 게 아니라 자기 안에 있다는 걸 발견했다. 그는 지금 라구나힐스에 거주하고 있다. 주변 사람들에게 지혜와 용기를 불어넣으며 지역의 아름다움과 조화에 이바지하고 있다.

언제나 내면을 바라보라

하나님께서 내 안에서 살아 임재하신다는 것을 곰곰이 생각하라. 이런 무한한 현존과 권능 안에서 내가 살고 움직이며 존재한다는 점을 깨달아야 한다. 이렇게 자주 하면 모든 면에서 무한한 현존이 나를 지탱하고 강하게 하며 보호해 주신다는 걸 발견할 것이다. 신성한 무언가를 생각하며 매일 약간의 시간을 보내라. 백방으로 뛰어다닌다고 되는 일이 아니다. 중요한 건 성취와 달성이라는 걸 명심하라.

매일 아침 눈을 떴을 때 내가 받은 많은 축복에 감사하고 최고를 기쁘게 기대하면서 살아라. 진정한 자아는 봉사하고 영적으로 성장할 더 좋은 방법을 보여 준다. 오늘이 인생의 최고의 날이라고 주장하라. 잠들기 전에는 하나님의 사랑의 겉옷을 입고, 그날 한 실수를 용서하며, 입으로는 하나님을 영원히 찬미하며 잠들어라.

최근 강연에서 나는 셰익스피어의 말을 인용하며 "마음만 준비되어 있다면 더 이상 준비할 건 없다"라고 했다. 이는 정신적·영적 법칙의 위대한 진리를 가리킨다.

강연에 참석했던 한 젊은 여성이 나에게 편지를 보내왔다. 과거에 이런 말을 한 번도 들어 본 적은 없지만 자기 이야기에 딱 들어맞는다고 했다. 그녀는 결혼을 미루고 있었다. 부모를 돌보고 있었기에 준비가 되지 않았다고 느꼈기 때문이다. 그러다 내 강의를 듣고서 갑자기 "이제 준비가 됐어"라고 결론 내렸다. 결혼하고 싶었던 젊은 남성에게 전화를 걸었고, 나는 결혼식의 주례를 서는 특권을 누렸다.

마음의 준비만 되어 있다면 나는 되고 싶은 사람이 될 수 있고 하고 싶은 일을 할 수 있다. 정신적으로 받아들이고 준비가 되어 있는 것은 인생이 주는 진정한 기회다. 이 젊은 여성의 부모는 인생에서 성취를 이루는 데 걸림돌이 되지 않았다. 부모님은 기뻐했고, 집에서 자신의 생활을 도와줄 간호사와 가정부를 고용했다. 결혼은 실제로 모든 사람에게 훨씬 더 나은 선택이라는 게 증명되었다. 사랑이 삶에 들어 올 때, 나는 곁에 있는 사람뿐만 아니라 모든 사람의 평화와 행복에 이바지한다는 간단한 진리를 기억하라. 정신적으로 준비가 되었다면 모든 준비가 된 것이다.

나는 104세 남성을 위한 추모 예배를 진행한 적이 있다.

미망인은 그녀가 기억하는 한, 남편이 아팠던 적은 단 한 번도 없었다고 한다. 다른 세계로 넘어가기 전날 밤, 남편은 자기가 사랑하는 사람들을 만날 것이라고 이야기했고 잠을 자던 도중 세상을 떠났다. 미망인이 말하길, 남편은 매일 아침 소리 내어 시편 91편을 읽었다고 했다. 그는 다음 구절을 강조했다.

"내가 그를 만족할 만큼 오래 살도록 하고 내 구원을 그에게 보여주겠다."(시편 91편 16절)

남편은 다음 구절도 강조했었다.

"주님께서 몸소 생명의 길을 나에게 보여 주시니"(시편 16편 11절)

"그 무엇보다도 너는 네 마음을 지켜라."(잠언 4장 23절)

이 남성에게 삶은 행복과 성취, 유용성을 뜻했다. 그는 인생을 즐기며 자신의 재능을 멋진 방식으로 세상에 베풀었다. 성경에서 말하는 장수는 기쁨과 자유, 평화와 성취를 긴 시간 동안 누린다는 걸 말한다. 황금률을 지키고 실천하며 하나님을 자신의 삶에서 가장 우선시할 때 풍성한 삶이 나에게 온다.

위저보드를 사용했던 여성

나는 다른 주에 사는 사람들로부터 많은 편지를 받는다. 편지에는 누군가가 밤에 외설적이고 저속한 내용의 말을 귀에 대고 소리를 지른다든가, 온갖 종류의 불경한 말을 듣는다고 주장하는 내용도 있다. 한 여성의 편지에는 어떤 존재가 자신에게 당장 자살을 하고 다음 차원에서 자신과 함께하라고 이야기했다고 쓰여 있었다.

이 여성은 위저보드를 사용하고 있었다. 그리고 어떤 악한 실체가 자신을 장악할까 끊임없이 두려워하며 살았다. 그러자 두려워했던 것이 결국 임했다. 좋든 나쁘든 잠재의식은 모든 종류의 암시를 받아들인다는 걸 그녀는 몰랐다. 악한 실체에 대한 두려움이 잠재의식을 지휘하니, 잠재의식이 이에 응답해 악령 역할을 맡은 것이다. 하지만 사실 그 실체는 말에 대꾸하는 잠재의식이었다.

나는 그녀에게 매우 효과적인 다음 기도문을 써주었다. 필요한 만큼

이 기도를 소리 내어 밤낮으로 자주 반복하면 하나님의 임재를 느끼리라고 말이다. 이러한 인식은 자신을 괴롭히는 부정적인 영향을 전부 마음속에서 사라지게 할 것이다. 이를 현실로 만들고 이러한 진리를 확언하며 담대하게 주장하라.

이 말에 진심을 담아 명합니다. 하나님은 내 안에 사십니다. 하나님께서 내 안에서 말씀하시고 걸으십니다. 나의 삶은 곧 하나님의 삶입니다. 하나님의 평화가 나의 마음과 가슴을 채웁니다. 하나님의 사랑이 내 영혼을 가득 채웁니다. 나는 지혜와 진리, 아름다움 속에서 성장합니다. 나는 온전하고 강하며 행복하고 즐거우며 자유롭습니다. 나는 하나님의 힘으로 모든 것을 할 수 있습니다. 하나님의 힘은 나를 강인하게 합니다. '나는 I AM' 뒤에 붙이는 말이 무엇이 되었든 그렇게 된다는 것을 압니다. 하나님께서는 나를 돌보아 주십니다. 나는 항상 하나님의 사랑과 힘이라는 성스러운 원에 둘러싸여 있습니다. 하나님의 전신 갑주가 나를 에워싸고 있습니다. 하나님께서 나를 인도하고 계십니다. 그의 빛이 내 마음속에 비칩니다.

이런 영적 묵상 후에 그녀는 잠재의식에 담대하고 예리하며 단호하게 명했다.

지금 나가라고 명합니다. 진심입니다. 정말입니다. 나가십시오. 하나님이 지금 이곳에 계십니다. 하나님이 계신 곳에는 악마가 존재하지 않습니다. 사라지십시오. 나는 자유롭습니다.

이 기법을 따르니 그녀는 2주 안에 완전히 자유로워졌다. 위저보드에 이제 더는 손을 대지 않았다.

알파요 오메가다

성경에 이런 구절이 있다.

"나는 스스로 있는 자다."(출애굽기 3장 14절)

스스로 있는 자란 무조건적 존재, 전지전능한 생령을 의미한다. 이름을 붙일 수 없는 이름이고, 유일한 현존이자 권능인 하나님을 뜻한다. 이 구절을 통해 모세는 하나님의 무한한 본성, 그러니까 얼굴도 형태도 형상도 없는 하나님을 표현하려 했다. 하나님은 시간과 나이, 형태를 초월한다.

'스스로 있는자 I AM'는 내 안에 있는 하나님의 임재를 선언한다는 뜻을 지니고 있다. 나는 무한자의 개별화된 존재다. 내가 "나는 I AM 홍길동입니다"라고 말하면, 나는 특정한 이름과 국적, 특성, 삶의 위치 등을 가진 사람임을 선언하는 것이다. 다시 말해 나는 인간의 형태로 나타난 우주적 생명이다.

어떤 말이 되었든 '나는 I AM' 뒤에 붙이는 말과 같은 사람이 된다. 이 확언을 사용하여 내가 확언하는 내용의 진실을 느껴 보라.

나는 온전하고 튼튼하고 강하며 사랑스럽고 번영하고 성공합니다. 나에게 빛이 비추고 영감을 받습니다.

이러한 진리를 되풀이하는 걸 습관으로 만들어라. 그럼 내 안의 보물창고를 여는 열쇠를 찾을 수 있다.

최근 요한계시록에 담긴 속뜻에 관한 수업을 했다. 한 남성이 "나는 알파요 오메가다(처음이자 마지막이다)"에 담긴 의미를 물어 왔다. 그는 사업가였는데, 나는 다음과 같이 설명해 주었다.

스스로 있는 자는 우리 모두의 내면에 임재하신 하나님을 가리킨다. 무조건적인 의식 또는 인식이 유일무이한 현존이자 권능이고 모든 현상의 원인이다. 바로 우리 모두가 가진 생명을 가리킨다. 스스로 있는 자 한 명은 우주의 스스로 있는 자를 인간의 사고와 믿음으로 조건화한 것이다. 이는 개인적인 의식으로, 내가 생각하고 느끼고 믿는 방식이자 정신적으로 동의를 주는 걸 의미하기도 한다.

그는 '나는 처음이자 마지막이다', 즉 처음이자 끝이라는 성경 구절의 의미를 이해하기 시작했다. 자신의 의식으로부터 사업이나 일이 시작되기 때문이다. 행동과 경험, 결과는 부차적이다.

누구든 책 쓰는 걸 시작할 수 있다. 시간이 좀 걸리겠지만 책을 다 쓰면 마지막 순간이 온다. 이는 발명이나 발견, 사업에도 적용될 것이다. 시작은 사람의 마음속에서 일어난다. 믿음과 확신을 두고 새로운 사업을 시작한다면, 그 끝 또는 결과는 성공한 기업일 것이다. 끝은 시작과 일치해야 한다.

이 사업가는 마음속의 큰 사랑을 담아 종교적 그림이 그려진 엽서를 만들기 시작했고, 엽서를 보낸 사람 대부분은 흡족해하며 사랑이 담긴 답신을 보내왔다. 그의 아내도 그 카드를 받은 사람 중 한 명으로, 이렇게 그는 사랑하는 사람이 자신의 인생에 들어오게 했다.

믿음과 확신을 가지고 사업을 시작하면 성공할 것이다. 시작과 끝은 같다. 생각과 느낌은 시작이고 결과는 끝이다.

세 번 실패하다

한 공인중개사의 이야기다.

그녀는 세 번이나 다른 곳에서 공인중개사 사무소를 열었는데 처참하게 실패했다. 교회에 가서 성찬을 받았으며 번영하고 성공하게 해 달라고 규칙적으로 기도했다.

공인중개사에게 치유를 일으킨 것은 설명이었다. 그녀는 실패를 두려워하는 동시에 예상했다. 실패라는 정신적인 이미지를 가지고 있었기에 끊임없는 부정적인 태도가 하는 일마다 악화시켰다. 고객을 유치하고 기회가 찾아왔지만 실패하는 패턴이 지속되었다. 실패하는 생각으로 시작했기 때문에 시작과 결과는 일치했다. 그녀는 정신적인 태도를 바꾸는 법을 배웠고 아침저녁으로 확언함으로써 성공의 패턴을 마음속에 자리 잡게 했다.

무한한 성령은 금전적 여유가 있고 집을 사고 싶어 하는 고객들을 내가 파는 집으로 끌어들입니다. 고객들은 축복을 받고 번영합니다. 그리고 그들처럼 나는 I AM 복을 받고 번영합니다. 나는 I AM 하는 일마다 엄청난 성공을 거두고 있습니다. 나는 인생에서 이기고 성공하기 위해 태어났습니다. 성공하리라는 아이디어로 시작하면 끝도 성공이라는 걸 알고 있습니다.

두려운 생각이 그녀에게 닥쳤을 때, 그녀는 이렇게 확언하며 부정적인 생각을 대체했다.

성공은 나의 것입니다. 멋집니다.

그녀는 이를 습관으로 만들었다. 잠재의식은 습관이 앉는 곳이기 때문에 그녀는 이제 성공할 수밖에 없었다. 지금 그녀는 앞으로 그리고 위로 향하고 있다.

주변에 심술궂고 냉소적이며 타인뿐만 아니라 세상만사를 매일 비판하는 사람이 한 명 정도는 있을 것이다. 이런 사람들은 틀에 박힌 일상에 갇혀 인생의 사다리를 올라가지 못한다. 다른 사람들이 무의식적으로 이 부정적인 태도를 감지하기 때문이다.

자신만 뒤처졌다고 생각하는 사람들은 인생의 사다리를 타고 먼저 올라간 이들을 씁쓸해하고 질투한다. 질투와 시기의 분위기는 삶의 에너지를 뺏고, 언제나 피곤하고 지치게 만들어 정신도 또렷하지 않다.

따듯하고 친절하며 이해심이 많고 사교적인 사람은 삶의 치유력을 발산하고 자기 일에 신성한 사랑의 햇살을 쏟아붓는다.

환경, 유년시절, 부모님, 유전자 탓을 멈추면 좋은 상사가 된다. 다른 사람을 비난하는 건 소용이 없다. 원인은 내 생각과 느낌에 있다. 타인을 바꾸려고 노력하지 말라. 나만 바뀌면 된다.

생각과 느낌, 행동, 반응을 통제하고 명하는 법을 배워라. 내 가정을 다스리는 왕은 나라는 사실을 깨달아야 한다. 신성한 법과 질서가 나를 언제나 지배한다고 주장하라.

내 안의 신성한 중심에서 생각하고 말하고 행동하며 반응하기 시작하라. 널려 있는 생각을 정리하고 어디로 주의를 돌릴지 방향성을 잡을 수 있다. 건강, 성공, 좋은 인간관계 그리고 삶의 모든 단계에서 모든 생각이 이득을 가져다준다는 사실을 바라보아라.

자기 생각에 주도권을 쥐는 걸 거부하는 사람은 조건과 상황 그리고 사람들에게 휘둘리고 통제를 받을 것이다. 군중심리가 자신을 괴롭히고 강요하며 통제하는 상황에 놓인다. 신성한 원칙과 영원한 진리를 바탕으로 하는 생각을 선택하면 내가 가는 길이 모두 즐겁고 평화로워질 것이다.

최근에 한 80세 남성과 이야기를 나누었다.

그의 좌우명은 "나는 운이 좋은 사람이다"였다. 그리고 그는 평생 행운을 누렸다. 퀘이커 교도였던 어머니는 매우 어렸던 그에게 이렇게 말했다고 한다.

"존, 운이 좋으리라고 기대하면 정말 운이 좋을 거란다."

현명한 조언이었다. 왜냐하면 우리는 인생에서 원하는 게 아니라 기대하는 걸 얻기 때문이다. 운이 좋으리라 믿으면 계속해서 행운을 경험할 것이다. 왜냐하면 삶의 법칙은 곧 믿음의 법칙이기 때문이다.

내가 누군지 알아야 한다

성경에 이런 구절이 있다.

"사생아도 주님 총회의 일원이 되지 못하고, 그 자손은 십 대까지 주님 총회의 일원이 되지 못합니다."(신명기 23장 2절)

성경에서 등장하는 '우리 아버지'는 우리 모두의 선조이자 아버지인

생명의 원리를 의미한다. 모두는 형제자매이며 서로와 밀접하게 관련되어 있다.

모든 사람은 자신의 근원이 어디서 샘솟는지 알아야 한다. 성경에는 심리학과 형이상학이 담겨 있으며, 은유와 직유, 비유를 들어 설명한다. 우리는 성경의 숨은 뜻을 보아야 한다. 하나님 또는 무한한 지성이 자기 안에 거하는 걸 모르는 사람은 인생의 시련에 올바르게 대응할 수 없을 것이다. 모든 문제를 해결하고 의기양양하게 일어나게 하며, 자신을 최고 수준으로 표현할 수 있는 지혜와 힘이 자신 안에 있다는 걸 보지 못한다.

만약 사람이 인류의 조상을 자기 존재의 근원으로 본다면, 이는 진정한 의미에서 스스로를 제한하는 것이다. 자신이 처한 환경과 양육 방식, 선조들이 가졌던 제한적인 믿음에 구속되고 국한되어 있다고 느낄 것이다. 하나님이 자신의 진정한 아버지이며 무한자의 능력과 자질, 속성을 물려받은 걸 알면 그는 위대한 일을 할 수 있다는 느낌을 받고 자각할 것이며, 앞으로 나아가며 정복할 것이다.

신명기의 구절을 말 그대로 해석하면 터무니없다. 하지만 사람이 자신의 진정한 근원을 알고 무한자와 조화를 이루면 대중의 환상과 그릇된 믿음, 미신을 완전히 거부하고 자신의 환경과 조건의 주인이 된다. 인간은 왕족 혈통을 타고났다. 아버지이신 하나님이 곧 영이기 때문이다. 에머슨이 말했듯이, 모든 영은 스스로 집을 짓는다. 그렇게 모든 영은 자신의 운명을 책임지고 빚고 만들어 나가는 것이다.

종교인이나 부모, 삼촌, 이모, 교사에게 어떤 가르침을 받았든 잊어버릴 수 있다. 어렸을 때 가진 믿음이나 전통적인 관념 또는 흉내 냈던 어른들의 미신적 행동은 지금 바로 바꿀 수 있고 바로잡힐 수 있다. 하나님의 진리로 마음을 채우면 하나님과 다른 속성을 지닌 모든 것을 마음속에서 몰아낼 것이다.

나는 관념의 영역 전체를 지배하는 왕이므로 내가 왕이라는 걸 주장하라. 나는 살아 계신 하나님의 아들이므로 상속을 요구하라. 내면의 목소리는 그러한 사람에게 이렇게 말씀하신다.

"너는 내 아들, 내가 오늘 너를 낳았다."(시편 2장 7절)

- 두려움, 분노, 증오가 마음에 떠오르자마자, 하나님의 평화가 나의 영혼을 가득 채웁니다라고 말하며 생각을 전환하라.

- 기도하는 습관을 들이고, 마지막까지 믿음을 고수하라. 언제나 답은 있다. 기도하는 습관을 들이면 마음 깊은 곳에서 우러나오는 평화와 안식을 얻을 수 있다. 기도를 해야 기적이 일어나는 법이다.

- 부는 마음속에 있다. 땅속에도 있지만 부를 발견하려면 약간의 지성과 정신적인 감각이 필요하다.

- 우리는 군중심리 또는 평균의 법칙에 빠져 있다. 세상의 갈등으로 흥분하고 동요하며 당황하는 건 소용없다. 세상으로부터 도망칠 수도 없는 법이다. 모든 사람에게 사랑과 선의를 발산하라. 고요와 균형과 평정을 주장하라. 이러한 진리를 규칙적으로 주장하면 나는 세상의 사고가 일으키는 소용돌이를 뚫고 만족과 자족, 성취의 경험으로 나아갈 것이다.

- 태도가 바뀌면 모든 게 바뀐다. 차분한 마음으로 임하라. 그 어떤 상황이 가진 힘보다 내면에 있는 힘이 더 크다.

- 마음은 씨앗, 다시 말하면 생각과 인상과 믿음을 뿌리는 정원이다. 성경에서는 마음을 포도밭이라고 부른다. 좋은 것이든 나쁜 것이든, 잠재의식에 남기는 모든 인상은 경험으로 나타난다. 사람은 종일 들여다보고 생각하는 대로 된다. 건강과 행복, 번영을 결정짓는 건 사건이나 타인의 행동이 아니라 생각하고 느끼는 방식이다. 생각과 느낌은 운명을 만든다. 내가 스스로 하는 생각과 나에 대한 개념이 미래를 결정짓는다.

저자 소개

조셉 머피 박사는 1898년 5월 20일 아일랜드 카운티코크에 있는 작은 마을에서 태어났다. 그리고 엄격한 가톨릭 가정에서 자랐다. 그의 아버지 데니스 머피는 예수회 교육기관인 아일랜드 국립학교의 부제이자 교사였다. 아버지는 매우 독실한 신자였을 뿐 아니라 예수회 신학생들을 직접 가르친 몇 안 되는 평신도 교사 중 하나였다. 많은 주제에 대한 폭넓은 지식을 보유했던 그는 아들 조셉 머피에게 공부를 향한 열망을 불어넣었다.

당시 아일랜드는 경제 불황기를 겪고 있었기 때문에 많은 가정이 굶주림에 시달렸다. 데니스 머피는 일자리를 계속 유지하기는 했지만, 그의 수입은 가족을 겨우 부양할 수 있을 정도였다.

국립학교에 입학한 머피 박사는 우수한 학생이었다. 사제가 되라는 권유에 따라 박사는 예수회 신학대학교에 입학했다. 그러나 10대 후반이 되자 박사는 예수회의 가톨릭적 정통성에 의문을 품어 신학교를 중퇴했다.

박사는 새로운 아이디어를 탐구하며 더 많은 경험을 하겠다는 목표를 품었다. 보수적인 가톨릭 국가인 아일랜드에서는 이러한 목표를 추구하기 어려웠기에 박사는 가족을 떠나 미국으로 건너갔다.

머피 박사는 단돈 5달러만 손에 쥐고 뉴욕 엘리스 아일랜드 연방 이민국에 도착했다. 미국에서 지낼 곳을 찾아야 했던 박사는 운 좋게도 동네 약국에서 일하는 약사와 방을 함께 쓸 수 있었다. 아일랜드에 살던 시절 집과 학교에서는 모두 게일어를 썼기 때문에 머피 박사의 영어 실력은 그다지 뛰어나지 않았다. 그래서 대부분의 아일랜드 이민자처럼 박사도 일용 노동자로 일해서 집세와 밥값은 벌었다.

머피 박사의 룸메이트였던 약사는 좋은 친구가 되어 주었다. 그러다 친구가 일하던 약국에 약사의 조수로 자리가 생겨 일하기 시작했다. 이후 머피 박사는 학교에서 약학을 공부한 뒤 약사 자격증을 취득했다. 결국 그는 자신이 일하던 약국을 매입해 몇 년 동안 약국을 성공적으로 운영했다.

미국이 제2차 세계대전에 참전하자 박사는 미군에 입대해 의료지원 부대에서 약사로 복무했다. 군 복무 기간 동안 그는 종교에 다시 관심을 두고 어마어마한 양의 책을 읽으며 여러 종교의 교리를 공부했다. 제대 후에는 약국으로 돌아가는 대신 미국 전역과 해외 여러 나라를 여행하며 다양한 대학에서 수많은 강의를 들었다.

공부를 하면서 아시아의 여러 종교에 매료된 박사는 좀더 심도 있게 공부하기 위해 인도로 건너갔다. 고대부터 현대에 이르는 위대한 동양 철학자들의 사상을 폭넓게 연구했다. 그 외에 머피 박사에게 가장 큰 영향을 미친 인물은 판사이자 철학자, 의사, 교수를 겸했던 토머스 트로워드 박사였다. 머피 박사는 트로워드 박사에게 철학, 신학, 법학을 배웠다.

여행을 마치고 미국으로 돌아온 머피 박사는 신사고 운동(New Thought Movement)을 지지했다. 신사고 운동은 19세기 후반에서 20세기 초반까지 발전한 운동으로, 삶을 바라보는 새로운 방식을 설교하고 저술하며 실천했다. 신사고 운동은 사람이 생각하며 생활하는 방식을 형이상학적·영적·실용적 접근 방식과 결합해 진정 원하는 것을 달성하는 비결을 밝혀냈다. 신사고 운동 지지자들은 새로운 사고방식을 따르면, 새로운 방법과 더 나은 결과를 끌어낼 수 있으며 삶을 풍요롭게 만들 수 있다고 설파했다.

물론 머피 박사가 이러한 긍정 메시지를 전파한 유일한 목사는 아니다. 당시 신사고 운동이 여러 철학자와 사상가의 지지를 받았던 만큼, 그 영향을 받은 여러 목사와 신도들은 제2차 세계대전 이후 수십 년간 많은 교회를 세우고 발전시켰다.

그들의 행보를 따라 머피 박사 역시 로스앤젤레스에 자신의 교회를 설립해 목사가 되기로 했다. 머피 박사는 자신이 세운 조직을 신성과학교회(The Church of Divine Science)라 명명했다. 박사는 비슷한 생각을 나누는 동료들에게 종종 플랫폼을 공유하고 이들과 합동 프로그램을 진행했으며, 희망하는 사람에게 사역사 양성 교육을 제공했다.

비록 소수의 신도를 데리고 목회 활동을 시작했지만, 희망이 담긴 낙관주의적 메시지를 전파하는 박사를 따르는 신도의 수는 빠르게 늘었다. 급기야 신성과학교회 본당의 규모로는 다 감당할 수 없을 정도로 신도가 늘어나, 과거 영화관이었던 윌셔 이벨 극장을 교회 건물로 사용하기 시작했다.

교회를 키웠음에도 그의 설교를 듣고 싶어 예배에 참석하는 사람이 너무 많았기 때문에 곧 새 건물로도 모든 신도를 수용할 수 없는 지경에 이르렀다. 머피 박사와 직원들은 예배에 참석하지 못한 사람들을 위해 밤낮으로 세미나와 강의를 열었다. 이를 통해 1300~1500명의 사람이 예배당에 들어가지 못해도 박사의 가르침을 받을 수 있었다. 1976년까지 윌셔 이벨 극장에 남아 있던 신성과학교회는 이후 캘리포니아주 내 은퇴자 거주 구역 근처에 있는 라구나 힐스로 본당을 이전했다.

머피 박사는 자신의 메시지를 듣고 싶어 하는 수많은 청중을 위해 라디오로 방영되는 주간 토크쇼 프로그램도 신설했다. 매주 방송 청취자는 100만 명 이상이었다.

머피 박사의 수많은 추종자는 그의 말을 단순히 요약한 것 이상의 콘텐츠를 원했기에 강의 녹화본과 라디오 프로그램 녹음본을 제작해 달라고 제안하기에 이르렀다. 처음에는 망설이던 머피 박사도 결국 한번 해보기로 했다.

당시의 관행에 따라 머피 박사의 라디오 프로그램은 78rpm 레코드판에 녹음되었다. 박사는 레코드판 하나에 담긴 내용을 6개의 카세트테이프를 세트로 제작해 윌셔 이벨 극장 로비의 안내대에 올려놓았다. 테이프는 한 시간 만에 완판되었다. 새로운 모험의 시작을 알리는 사건이었다. 머피 박사의 성경 해석 강연, 청자를 위한 묵상과 기도문을 담은 테이프는 여러 교회와 서점에서도 판매되기 시작했고, 심지어 우편으로 배달해 그의 긍정적 메시지를 멀리까지 전할 수 있었다.

교회가 성장함에 따라 머피 박사는 자신이 담당하는 프로그램과 저서 연구 및 집필을 보조할 전담 직원을 추가 채용했다. 가장 유능했던 직원은 박사의 행정 비서였던 진 라이트 박사였다. 상사와 부하직원이었던 둘은 연인으로 발전해 결혼까지 이어졌고, 평생 동반자로서 함께 풍요로운 삶을 살았다.

1950년대 당시에는 대형 출판사들이 영적인 영감을 주는 글을 출판하는 데 관심이 없었다. 머피 부부는 로스앤젤레스의 소규모 출판사 몇 군데를 통해 30~50쪽 분량의 소책자를 제작해 권당 1.5~3달러에 판매했다. 판매량이 늘어 2~3쇄를 찍자 대형 출판사들도 그제서야 이 분야에 시장 수요가 있음을 인지하고, 자사 카탈로그에 머피 박사의 책을 추가했다.

머피 박사의 명성은 이제 책, 카세트테이프, 라디오 방송 등 다양한 매체를 통해 로스앤젤레스 밖으로 뻗어 나갔고, 전국에서 강연 요청이 빗발쳤다. 박사는 종교적 내용뿐 아니라 삶의 가치관, 사고방식 등을 주제로 하여, 서양 철학에서 동양철학에 이르기까지 세계의 모든 위대한 철학자들의 가르침을 쉽게 풀어서 설명해주는 강연을 했다. 그 강연은 이제 미국을 넘어 전 세계까지 확장되었다.

머피 박사는 운전을 배운 적이 없었기에 여러 강연 장소를 다니며 바쁜 일정을 소화할 수 있도록 도와줄 사람이 필요했다. 박사의 행정 비서이자 훗날 아내가 된 진 라이트는 머피 박사의 강연 일정을 조정하고 출장을 준비하는 업무 또한 수행했다.

이를 계기로 머피 부부는 전 세계 여러 나라를 자주 여행했다. 박사가 가장 좋아했던 출장 겸 휴가 프로그램 중 하나는 크루즈에서 개최하는 세미나였다. 크루즈 세미나는 일주일 이상 진행되었고, 세미나를 하며 머피 박사는 여러 나라를 방문할 수 있었다.

머피 박사가 가장 보람 있게 수행한 활동 중 하나는 교도소를 방문해 수감자들과 이야기를 나누는 일이었다. 수년에 걸쳐 많은 전과자가 박사에게 편지를 보내왔다. 박사의 말이 어떻게 자신의 삶을 진정으로 변화시켰으며, 의미 있는 삶에 대한 어떤 가르침을 얻었는지가 쓰여 있었다.

머피 박사는 미국과 유럽을 거쳐 많은 국가를 여행했다. 박사는 오직 한 분이자 '스스로 있는 재 Am'인 하나님을 향한 신앙을 바탕으로 잠재의식의 힘과 삶의 원리를 이해하는 일의 중요성을 강조하며 강연했다.

머피 박사가 쓴 소책자가 크게 명성을 얻자 그는 더욱 자세하고 긴 책을 쓰기 시작했다. 아내는 글쓰기 스타일에서 머피 박사에게 통찰력을 주었다. 아내는 박사가 연필이나 펜을 세게 쥐고 글을 썼기 때문에 공책의 다음 장에 남은 흔적만 봐도 글의 내용을 알아볼 수 있을 정도라고 말한 적이 있다.

머피 박사는 글을 쓰는 동안 무아지경에 빠진 듯 보였다. 박사는 아무런 방해를 받지 않으며 하루에 4~6시간씩 사무실에 틀어박혀 글을 썼고, 그날 쓸 글을 마무리했다 싶으면 "오늘은 충분히 썼다"라고 말하며 사무실 밖으로 나왔다. 매일 그랬다. 그날 시작한 일을 끝내면 다음 날 아침까지 사무실에 들어가지 않았다. 일하는 동안 음식을 먹거나 음료를 마시지도 않았다.

박사는 사무실에 수많은 참고문헌을 쌓아 두고 자기 생각을 글로 써 내려갔다. 아내는 박사가 글을 쓰다 방해받지 않도록 방문객과 전화 문의를 응대했고, 교회 활동과 기타 활동에 필요한 물품들을 관리했다.

머피 박사는 사람들에게 쉽게 설명하는 방법을 늘 연구했다. 기술이 발전하며 오디오 분야에 새로운 변화가 일어나는 것을 본 박사는 강연 내용 중 일부를 카세트테이프와 레코드 그리고 CD 등 적절한 방식을 활용해 전파했다.

박사가 제작한 CD와 카세트테이프에는 개인이 인생에서 접하는 문제 대부분을 해결해 주는 도구에 대한 설명이 담겨 있었다. 박사의 설명대로 따르면 목표했던 바가 전부 이뤄진다는 것이, 이를 경험한 여러 사람들의 증언들이 오랜 시간 동안 쌓이며 모두 증명되었다.

박사가 전하는 핵심 메시지는 모든 문제의 해결책은 바로 문제 안에 있다는 것이다. 외부 요소로는 생각을 바꿀 수 없다. 즉 한 사람의 마음은 그 사람의 것이다. 더 나은 삶을 살려면 외부 환경이 아니라 마음을 바꿔야 한다. 자신의 현실을 만들어 내는 운명의 주인은 바로 자신이다. 변화할 힘은 개인의 마음속에 있으며, 잠재의식의 힘을 사용하면 더 나은 변화를 끌어낼 수 있다.

머피 박사는 30권 이상의 책을 저술했다. 그중 가장 유명한 저서인 《잠재의식의 힘》은 1963년 출간 직후 베스트셀러로 등극했다. 《잠재의식의 힘》은 역사상 가장 뛰어난 자기계발서라는 찬사를 받았다. 세계 곳곳에서 판매되고 있는 《잠재의식의 힘》의 누적 판매량은 이미 수백만 권을 넘은 지 오래다.

이번에 발간되는 한국어역 조셉 머피 시리즈(총 5권)는 머피 트러스트에서 인정받은 유일한 공식 저서로서, 펭귄랜덤하우스에서 출간한 10권을 각각 주제별로 묶어 5권으로 새롭게 재편집한 것이다. '잠재의식의 아버지'라 불리며 잠재의식을 활용한 다양한 기법의 선구자로 알려진 저자의 대표작들을 총망라한 이번 시리즈는 1년 이상의 준비 기간을 거쳐 한국 독자에게 선보였다.

조셉 머피 박사는 1981년 12월 세상을 떠났다. 아내 진 머피 박사는 조셉 머피 박사의 사후에도 사역을 계속해 나갔다. 진 머피 박사는 1986년 한 강연에서 고인이 된 남편의 말을 인용하며 그의 철학에 담긴 메시지를 전파했다.

"모든 사람에게 내면에 있는 신성한 근원과 힘에 대해 알려 주고 싶습니다. 힘은 내 안에 있으며, 내가 나 스스로를 구원할 수 있음을 가르쳐 주고 싶습니다. 저는 많은 사람에게 다가가고 싶습니다. 힘겹게 길을 걷는 노인에게, 재능과 능력을 억압당한 채 과중한 의무를 짊어진 청년에게 다가가고 싶습니다. 저는 사람들이 의식의 각 단계와 수준을 제대로 이해함으로써 내면의 경이로움을 배우도록 돕고 싶습니다."

옮긴이 **조율리**

글로하나 출판번역 에이전시에서 영어, 스페인어, 독일어 번역가로 활발하게 활동하고 있다. 한국외국어대학교에서 국제통상학·스페인어를 전공하고 동 대학 통번역대학원을 거쳐 독일 하이델베르크대학교 석사 과정을 졸업했으며 캐나다 킹스턴대학교에서 영어 연수를 마친 뒤 주한멕시코 대사관에서 통번역사로 근무했다. 독일에 거주하면서 심리학 학사를 취득하고 스페인 AULASIC 의학번역 석사 과정을 졸업했으며 코칭과 심리 관련 과정을 다수 수료했다. 현재 언어 전문기업 플루마(PLUMA)를 이끌고 있으며, 역서로 《조셉 머피 부의 초월자》 《조셉 머피 성공의 연금술》 《돈의 감정》 《스토아 수업》 《너무 과한데 만족을 모르는》(공역)이 있다.

조셉 머피 영적 성장의 비밀

잠재의식에서 발견한 믿음과 기도의 힘

초판 1쇄 발행 2022년 12월 15일
초판 3쇄 발행 2024년 12월 23일

지은이 조셉 머피
옮긴이 조율리
펴낸이 김선식

부사장 김은영
콘텐츠사업2본부장 박현미
책임편집 김현아 **디자인** 마가림 **책임마케터** 문서희
콘텐츠사업5팀장 김현아 **콘텐츠사업5팀** 마가림, 남궁은, 최현지, 여소연
마케팅본부장 권장규 **마케팅1팀** 박태준, 오서영, 문서희 **채널팀** 권오권, 지석배
미디어홍보본부장 정명찬 **브랜드관리팀** 오수미, 김은지, 이소영, 박장미, 박주현, 서가을
뉴미디어팀 김민정, 고나연, 변승주, 홍수경
지식교양팀 이수인, 염아라, 석찬미, 김혜원, 이지연
편집관리팀 조세현, 김호주, 백설희 **저작권팀** 성민경, 이슬, 윤제희
재무관리팀 하미선, 임혜정, 이슬기, 김주영, 오지수
인사총무팀 강미숙, 이정환, 김혜진, 황종원
제작관리팀 이소현, 김소영, 김진경, 최완규, 이지우, 박예찬
물류관리팀 김형기, 김선민, 주정훈, 김선진, 한유현, 전태연, 양문현, 이민운
외부스태프 주재명

펴낸곳 다산북스 **출판등록** 2005년 12월 23일 제313-2005-00277호
주소 경기도 파주시 회동길 490 다산북스 파주사옥
전화 02-704-1724 **팩스** 02-703-2219 **이메일** dasanbooks@dasanbooks.com
홈페이지 www.dasan.group **블로그** blog.naver.com/dasan_books
종이 한솔피엔에스 **인쇄** 한영문화사 **제본** 대원바인더리 **코팅·후가공** 평창P&G

ISBN 979-11-306-3191-2 (04190)
      979-11-306-2671-0 (세트)

다산북스(DASANBOOKS)는 독자 여러분의 책에 관한 아이디어와 원고 투고를 기쁜 마음으로 기다리고 있습니다. 책 출간을 원하는 아이디어가 있으신 분은 다산북스 홈페이지 '투고원고'란으로 간단한 개요와 취지, 연락처 등을 보내주세요. 머뭇거리지 말고 문을 두드리세요.

조 셉 머 피 잠 재 의 식 의 고 전 시 리 즈

'조셉 머피 잠재의식의 고전' 시리즈는 머피 트러스트에서 인정받은 유일한 공식 저서이며, 미국의 펭귄랜덤하우스에서 출간한 10권을 각각 주제별로 묶어 총 5권으로 재편집한 것이다. 21세기의 상황과 정서를 반영해 개정한 이 시리즈는 번역부터 편집까지 1년 이상 걸려 공들여 만든 국내 최초의 번역본이다.

조셉 머피 부의 초월자
: 무한의 부를 창조하는 잠재의식의 힘
528쪽 | 22,000원

'잠재의식의 아버지'라고 불리는 '조셉 머피'의 책 중에서도 부에 관련된 3권의 책을 합본한 것이다. 내 인생에 부가 들어오는 것을 가로막는 물질적·정신적·감정적 장벽을 극복하고, 잠재의식을 통해 부를 끌어들이는 방법과 사례들을 알려준다. 특히 이 책은 조셉 머피를 처음 접하는 독자들을 위해 확언, 시각화, 거울 기법 등 잠재의식을 이용하는 다양한 방법을 쉽게 알려주며, 100가지가 넘는 사례들을 통해 검증된 73가지 확언과 부·성공·인간관계·건강에 도움이 될 추천 확언이 담겨 있다.

조셉 머피 성공의 연금술
: 일에서 최고의 잠재의식을 깨우는 자기 확신의 힘
296쪽 | 18,000원

조셉 머피가 40년간의 연구를 바탕으로 일과 비즈니스에 관한 잠재의식의 법칙을 최초로 집대성했다. 목표 설정, 자신감 향상, 두려움을 마주하는 법 등 성공에 대한 자기 확신의 힘을 극대화하는 방법부터 사람을 끌어들이는 법, 역동적인 팀을 이끄는 법, 효과적인 의사소통과 시간 관리, 위기를 극복하는 법, 평범한 사람이 위대한 리더가 되는 법까지 직장에서 맞닥뜨릴 수 있는 다양한 문제들을 잠재의식으로 지혜롭게 다루는 법을 소개한다.